História da Filosofia

7

De Freud à atualidade

HISTÓRIA DA FILOSOFIA

Giovanni Reale – Dario Antiseri

VOLUME 1
Filosofia pagã antiga

VOLUME 2
Patrística e Escolástica

VOLUME 3
Do Humanismo a Descartes

VOLUME 4
De Spinoza a Kant

VOLUME 5
Do Romantismo ao Empiriocriticismo

VOLUME 6
De Nietzsche à Escola de Frankfurt

VOLUME 7
De Freud à atualidade

G. Reale – D. Antiseri

HISTÓRIA DA FILOSOFIA

7 De Freud
à atualidade

PAULUS

Dados Internacionais de Catalogação na Publicação (CIP)
(Câmara Brasileira do Livro, SP, Brasil)

Reale, Giovanni.
História da filosofia, v. 7: de Freud à atualidade / Giovanni Reale, Dario Antiseri; [tradução Ivo Storniolo]. — São Paulo: Paulus, 2006. — Coleção História da Filosofia.

ISBN 978-85-349-2498-6

1. Filosofia – História I. Antiseri, Dario. II. Título. III. Série.

06-1252 CDD-109

Índice para catálogo sistemático:
1. Filosofia: História 109

Seja um leitor preferencial **PAULUS**.
Cadastre-se e receba informações
sobre nossos lançamentos e nossas promoções:
paulus.com.br/cadastro
Televendas: **(11) 3789-4000 / 0800 016 40 11**

Título original
Storia della filosofia – Volume III: Dal Romanticismo ai giorni nostri
© Editrice LA SCUOLA, Brescia, Itália, 1997
ISBN 88-350-9273-6

Tradução
Ivo Storniolo

Revisão
Zolferino Tonon

Impressão e acabamento
PAULUS

1ª edição, 2006
4ª reimpressão, 2021

© PAULUS – 2006
Rua Francisco Cruz, 229 • 04117-091 São Paulo (Brasil)
Tel. (11) 5087-3700
www.paulus.com.br • editorial@paulus.com.br

ISBN 978-85-349-2498-6

Apresentação

Existem teorias, argumentações e disputas filosóficas pelo fato de existirem problemas filosóficos. Assim como na pesquisa científica ideias e teorias científicas são respostas a problemas científicos, da mesma forma, analogicamente, na pesquisa filosófica as teorias filosóficas são tentativas de solução dos problemas filosóficos.

Os problemas filosóficos, portanto, existem, são inevitáveis e irreprimíveis; envolvem cada homem particular que não renuncie a pensar. A maioria desses problemas não deixa em paz: Deus existe, ou existiríamos apenas nós, perdidos neste imenso universo? O mundo é um cosmo ou um caos? A história humana tem sentido? E se tem, qual é? Ou, então, tudo – a glória e a miséria, as grandes conquistas e os sofrimentos inocentes, vítimas e carnífices – tudo acabará no absurdo, desprovido de qualquer sentido? E o homem: é livre e responsável ou é um simples fragmento insignificante do universo, determinado em suas ações por rígidas leis naturais? A ciência pode nos dar certezas? O que é a verdade? Quais são as relações entre razão científica e fé religiosa? Quando podemos dizer que um Estado é democrático? E quais são os fundamentos da democracia? É possível obter uma justificação racional dos valores mais elevados? E quando é que somos racionais?

Eis, portanto, alguns dos problemas filosóficos de fundo, que dizem respeito às escolhas e ao destino de todo homem, e com os quais se aventuraram as mentes mais elevadas da humanidade, deixando-nos como herança um verdadeiro patrimônio de ideias, que constitui a identidade e a grande riqueza do Ocidente.

* * *

A história da filosofia é a história dos problemas *filosóficos*, das teorias *filosóficas* e das argumentações *filosóficas*. É a história das disputas *entre filósofos e dos erros dos filósofos*. É sempre a história de novas tentativas de versar sobre questões inevitáveis, na esperança de conhecer sempre melhor a nós mesmos e de encontrar orientações para nossa vida e motivações menos frágeis para nossas escolhas.

A história da filosofia ocidental é a história das ideias que informaram, ou seja, que deram forma à história do Ocidente. É um patrimônio para não ser dissipado, uma riqueza que não se deve perder. E exatamente para tal fim os problemas, as teorias, as argumentações e as disputas filosóficas são analiticamente explicados, expostos com a maior clareza possível.

* * *

Uma explicação que pretenda ser clara e detalhada, a mais compreensível na medida do possível, e que ao mesmo tempo ofereça explicações exaustivas comporta, todavia, um "efeito perverso", pelo fato de que pode não raramente constituir um obstáculo à "memorização" do complexo pensamento dos filósofos.

Esta é a razão pela qual os autores pensaram, seguindo o paradigma clássico do Ueberweg, antepor à exposição analítica dos problemas e das ideias dos diferentes filósofos uma síntese de tais problemas e ideias, concebida como instrumento didático e auxiliar para a memorização.

* * *

Afirmou-se com justeza que, em linha geral, um grande filósofo é o gênio de uma grande ideia: Platão e o mundo das ideias, Aristóteles e o conceito de Ser, Plotino e a concepção do Uno, Agostinho e a "terceira navegação" sobre o lenho da cruz, Descartes e o "cogito", Leibniz e as "mônadas", Kant e o transcendental, Hegel e a dialética, Marx e a alienação do trabalho, Kierkegaard e o "singular", Bergson e a "duração", Wittgenstein e os "jogos de linguagem", Popper e a "falsificabilidade" das teorias científicas, e assim por diante.

Pois bem, os dois autores desta obra propõem um léxico filosófico, um dicionário dos conceitos fundamentais dos diversos filósofos, apresentados de maneira didática totalmente nova. Se as sínteses iniciais são o instrumento didático da memorização, o léxico foi idealizado e construído como instrumento da conceitualização; e, juntos, uma espécie de chave que permita entrar nos escritos dos filósofos e deles apresentar interpretações que encontrem pontos de apoio mais sólidos nos próprios textos.

* * *

Sínteses, análises, léxico ligam-se, portanto, à ampla e meditada escolha dos textos, pois os dois autores da presente obra estão profundamente convencidos do fato de que a compreensão de um filósofo se alcança de modo adequado não só recebendo aquilo que o autor diz, mas lançando sondas intelectuais também nos modos e nos jargões específicos dos textos filosóficos.

* * *

Ao executar este complexo traçado, os autores se inspiraram em cânones psicopedagógicos precisos, a fim de agilizar a memorização das ideias filosóficas, que são as mais difíceis de assimilar: seguiram o método da repetição de alguns conceitos-chave, assim como em círculos cada vez mais amplos, que vão justamente da síntese à análise e aos textos. Tais repetições, repetidas e amplificadas de modo oportuno, ajudam, de modo extremamente eficaz, a fixar na atenção e na memória os nexos fundantes e as estruturas que sustentam o pensamento ocidental.

* * *

Buscou-se também oferecer ao jovem, atualmente educado para o pensamento visual, tabelas que representam sinoticamente mapas conceituais.

Além disso, julgou-se oportuno enriquecer o texto com vasta e seleta série de imagens, que apresentam, além do rosto dos filósofos, textos e momentos típicos da discussão filosófica.

* * *

Apresentamos, portanto, um texto científica e didaticamente construído, com a intenção de oferecer instrumentos adequados para introduzir nossos jovens a olhar para a história dos problemas e das ideias filosóficas como para a história grande, fascinante e difícil dos esforços intelectuais que os mais elevados intelectos do Ocidente nos deixaram como dom, mas também como empenho.

GIOVANNI REALE – DARIO ANTISERI

Índice geral

Índice de nomes, XIII
Índice de conceitos fundamentais, XVII

Primeira parte
AS CIÊNCIAS HUMANAS NO SÉCULO XX

Capítulo primeiro
As ciências humanas no século XX 3

I. Preâmbulo 3
1. Questões gerais, 3

II. A psicologia da forma 4
1. Ehrenfels, a Escola de Graz, a Escola de Wurzburg, 4; 2. Max Wertheimer e a Escola de Berlim, 4.

III. O comportamentalismo 7
1. Watson e o esquema "estímulo-resposta", 7; 2. Pavlov e os "reflexos condicionados", 7; 3. Os desenvolvimentos do comportamentalismo e Skinner, 8.

IV. A epistemologia genética de Jean Piaget 10
1. O que é a epistemologia genética, 10; 2. As fases do desenvolvimento mental da criança, 11.

V. A teoria linguística de Saussure a Chomsky 13
1. Ferdinand de Saussure, 13; 1.1. O que é a "semiologia" e o que é o "signo", 13; 1.2. A primeira "grande oposição": "língua" e "palavra", 14; 1.3. A segunda grande oposição: "sincronia" e "diacronia", 15; 2. O Círculo Linguístico de Praga, 16; 3. O Círculo Linguístico de Copenhague, 17; 4. A gramática generativa de Noam Chomsky, 18; 4.1. "Estrutura profunda" e "estrutura superficial", 18; 4.2. "Competência" e "execução", 19.

VI. A antropologia cultural 20
1. A evolução do conceito de cultura, 20.

VII. Mannheim e a sociologia do conhecimento 22
1. Concepção parcial e concepção total da ideologia, 22; 2. O marxismo é "ideológico"? A distinção entre ideologia e utopia, 23; 3. O "relacionismo" evita o "relativismo"?, 23.

VIII. A filosofia do direito: jusnaturalismo; realismo jurídico; Kelsen e o juspositivismo 25
1. Radbruch e o jusnaturalismo, 25; 2. O realismo jurídico de von Savigny a Pound, 25; 3. Hans Kelsen, 26; 3.1. "Ser" e "dever ser" e a ciência dos valores, 26; 3.2. "Sanção", "norma jurídica" e "norma fundamental", 28.

IX. Chaïm Perelman e a "nova retórica" 29
1. O que é a teoria da argumentação, 29; 2. A "razoabilidade", se não for "racionalidade", não é sequer "emotividade", 30; 3. Argumentação e "auditório", 30.

TEXTOS – H. Kelsen: 1. *A democracia é filha do relativismo filosófico*, 32.

Capítulo segundo
Desenvolvimentos da teoria econômica: o marginalismo austríaco e o intervencionismo de John Maynard Keynes 33

I. A Escola austríaca
de economia _____ 33

1. A refutação da teoria do "valor-trabalho", 34; 2. A lei da utilidade marginal decrescente, 34; 3. Carl Menger: O fundador da Escola austríaca de economia, 36; 4. A segunda geração da Escola austríaca: Eugen von Böhm-Bawerk e Friedrich von Wieser, 36; 5. A terceira e a quarta geração da Escola austríaca: Ludwig von Mises e Friedrich A. von Hayek, 36.

II. O liberalismo de Friedrich
August von Hayek _____ 38

1. A vida e as obras, 39; 2. As ações conscientes como "dados" das ciências sociais, 40; 3. Os erros do construtivismo, 41; 4. Por que a planificação centralizada está destinada à falência, 41; 5. A concorrência: um caminho para a descoberta do novo, 42; 6. Quem controla todos os meios estabelece todos os fins, 42; 7. Para não confundir a lei com a legislação, 43; 8. Um novo modelo constitucional: a demarquia, 43; 9. Estado liberal e defesa dos mais fracos, 43.

III. O intervencionismo
de John Maynard Keynes __ 44

1. A vida e as obras, 45; 2. A ocupação é determinada pela soma dos consumos e dos investimentos, 45; 3. A intervenção do Estado, 46.

TEXTOS – Menger: 1. *A origem espontânea de novas localidades e do Estado*, 48; L. von Mises: 2. *O princípio do individualismo metodológico*, 49; F. A. von Hayek: 3. *Os erros do coletivismo metodológico*, 51; 4. *A tarefa das ciências sociais teóricas*, 52; 5. *A dispersão dos conhecimentos torna impraticável a planificação centralizada*, 53; 6. *Nos regimes totalitários a "verdade" é sistematicamente pisoteada*, 54; J. M. Keynes: 7. *O programa de um intervencionista "liberal"*, 56.

Capítulo terceiro
A psicanálise de Sigmund Freud
e o desenvolvimento
do movimento psicanalítico _____ 61

I. Sigmund Freud
e o problema do "princípio"
de todas as coisas _____ 61

1. Da anatomia do cérebro à "catarse hipnótica", 62; 2. Do hipnotismo à psicanálise, 64; 3. Inconsciente, repressão, censura e interpretação dos sonhos, 64; 4. O conceito de "libido", 66; 5. A sexualidade infantil, 66; 6. O complexo de Édipo, 67; 7. O desenvolvimento das técnicas terapêuticas, 68; 8. A teoria da "transferência", 69; 9. A estrutura do mecanismo psíquico: *Id, Ego, Superego*, 69; 10. A luta entre "Eros" e "Thánatos" e o "mal-estar da civilização", 71.

II. A "rebelião" contra Freud
e a psicanálise
depois de Freud _____ 71

1. A psicologia individual de Alfred Adler, 72; 2. A psicologia analítica de Carl Gustav Jung, 73; 2.1. O conceito de "complexo", 73; 2.2. O inconsciente coletivo, 74; 2.3. A teoria dos "tipos psicológicos", 75; 2.4. A relação com Freud, 75.

TEXTOS – S. Freud: 1. *A descoberta da "repressão" e do "inconsciente"*, 76; 2. *A evolução da técnica terapêutica*, 77.

Capítulo quarto
O estruturalismo _____ 81

I. Por que os estruturalistas
são filósofos _____ 81

1. O significado científico do termo "estrutura", 81; 2. O significado filosófico do termo "estrutura", 82; 3. As raízes do estruturalismo, 83; 4. A proclamação da "morte do homem", 83.

II. Claude Lévi-Strauss
e o estruturalismo
em antropologia _____ 84

1. As estruturas elementares do parentesco, 84; 2. Um "kantismo sem sujeito transcendental", 85; 3. A polêmica anti-historicista, 86; A estrutura dos mitos, 86.

III. Michel Foucault
e o estruturalismo
na história _____ 87

1. "Estruturas epistêmicas" e "práticas discursivas", 87; 2. As estruturas epistêmicas da história do saber ocidental, 88.

IV. Jacques Lacan
e o estruturalismo
em psicanálise _____ 88

1. O inconsciente é estruturado como uma linguagem, 89; 2. Necessidade, demanda, desejo, 89.

Textos – C. Lévi-Strauss: 1. *As tarefas da antropologia estrutural*, 91; 2. *O "método" da antropologia estrutural*, 92; 3. *O estruturalismo "explica" a morte do homem*, 93; M. Foucault: 4. *O homem é uma invenção recente, cujo fim está próximo*, 94; J. Lacan: 5. *"Freud sempre faz uma análise de tipo linguístico"*, 95; 6. *O "estágio do espelho" como descoberta do sujeito*, 95.

Segunda parte
DESENVOLVIMENTO DAS CIÊNCIAS MATEMÁTICAS E FÍSICO-NATURAIS NO SÉCULO XX

Capítulo quinto
Lógica, matemática, física e biologia no século XX _____ 99

I. O desenvolvimento da lógica e da matemática no século XX _____ 99

1. A "pesquisa sobre os fundamentos" e a descoberta da "antinomia das classes", 99; 2. O "programa" de Hilbert e os "teoremas" de Gödel, 100; 3. A semântica de Tarski e o intuicionismo de Brouwer, 101.

II. O desenvolvimento da física no século XX _____ 102

1. Questões gerais, 102; 2. Einstein e as teorias da relatividade, 103; 2.1. A teoria da relatividade restrita, 103; 2.2. A teoria da relatividade geral, 103; 3. A teoria dos "quanta", 104; 4. Física atômica, nuclear e subnuclear, 107; 5. As aplicações técnicas das descobertas da física nuclear, 108; 6. A interdisciplinaridade e as disciplinas "de fronteira", 108.

III. A biologia depois de Darwin _____ 109

1. Os cromossomos, os genes e o DNA, 109; 2. Estrutura do DNA e do RNA, 109; 3. A interpretação do código genético, 110.

Terceira parte
A EPISTEMOLOGIA CONTEMPORÂNEA EM SUA GÊNESE E EM SEUS DESENVOLVIMENTOS

Capítulo sexto
A filosofia da ciência entre as duas guerras _____ 113

I. O neopositivismo vienense _____ 113

1. As origens e a formação do Círculo de Viena, 115; 2. O manifesto programático do "Wiener Kreis", 116; 3. As teorias fundamentais do neopositivismo, 116; 4. A antimetafísica do "Wiener Kreis", 116; 5. Schlick e o princípio de verificação, 117; 6. Neurath e o fisicalismo, 118; 7. Carnap e a linguagem fisicalista como linguagem universal da ciência, 120; 8. O transplante do neopositivismo na América, 121; 9. Liberalização e superação das teses neopositivistas, 122; 9.1. A filosofia do "segundo" Wittgenstein e suas influências, 122; 9.2. A crítica do princípio de verificação, 123.

II. O operacionalismo de Percy Williams Bridgman _____ 123

1. Os conceitos reduzidos a operações, 123; 2. Olhar para o que a teoria faz, 124.

III. A epistemologia de Gaston Bachelard _____ 125

1. Vida e obras, 126; 2. A ciência não tem a filosofia que merece, 126; 3. É a ciência que instrui a razão, 127; 4. As "rupturas epistemológicas", 128; 5. Não há verdade sem erro corrigido, 129; 6. O "obstáculo epistemológico", 129; 7. Ciência e história da ciência, 130.

Textos – M. Schlick: 1. *A metafísica é um monte de pseudoproblemas*, 131; R. Carnap: 2. *Os metafísicos são apenas musicistas sem capacidade musical*, 132; G. Bachelard: 3. *Natureza e significado do "obstáculo epistemológico"*, 134.

Capítulo sétimo
O racionalismo crítico de Karl R. Popper — 139

1. A vida e as obras, 141; 2. Popper contra o neopositivismo, 141; 3. Popper contra a filosofia analítica, 142; 4. A indução não existe, 143; 5. A mente não é "tabula rasa", 144; 6. Problemas e criatividade; gênese e prova das hipóteses, 144; 7. O critério de falsificabilidade, 145; 8. Significatividade das teorias metafísicas, 146; 9. Relações entre ciência e metafísica, 147; 10. Criticabilidade da metafísica, 148; 11. Contra a dialética, a "miséria do historicismo", 148; 12. Crítica do "holismo", 149; 13. A sociedade aberta, 150; 14. Fé na liberdade e na razão, 151; 15. Os inimigos da sociedade aberta, 152.

Textos – K. R. Popper: 1. *Existem genuínos problemas filosóficos?*, 153; 2. *Por que não existe método indutivo*, 154; 3. *Uma teoria é científica se for falsificável*, 155; 4. *A gênese do critério de falsificabilidade*, 156; 5. *As regras da sociedade aberta*, 158; 6. *Platão foi um grande homem, mas cometeu grandes erros*, 158.

Capítulo oitavo
A epistemologia pós-popperiana — 161

I. Thomas S. Kuhn e a estrutura das revoluções científicas — 161

1. O conceito de "paradigma", 162; 2. "Ciência normal" e "ciência extraordinária", 163; 3. As revoluções científicas, 164; 4. A "passagem" de um paradigma para outro, 164; 5. O desenvolvimento ateleológico da ciência, 165.

II. Imre Lakatos e a metodologia dos programas científicos de pesquisa — 166

1. O falsificacionismo metodológico sofisticado, 166; 2. Os "programas de pesquisa" como "sucessões de teorias", 167.

III. A epistemologia anárquica de Paul K. Feyerabend — 168

1. "Contra o método", 168

IV. Larry Laudan e a metodologia das tradições de pesquisa — 170

1. A ciência como "atividade empenhada na solução de problemas", 170; 2. A natureza do progresso científico, 171.

V. Epistemologia e metafísica. Como e por que os epistemólogos contemporâneos defendem a metafísica — 172

1. A posição de Popper, Kuhn e Lakatos sobre a metafísica, 172; 2. Joseph Agassi e a metafísica como física do futuro, 173; 3. P. K. Feyerabend e as ideias metafísicas como "parte essencial" do método empírico, 173; 4. John Watkins e a metafísica confirmável e influente, 174; 4.1. Relações entre ideias metafísicas e ciência, 174; 4.2. Avaliação das teorias metafísicas, 175.

Textos – Th. S. Kuhn: 1. *O que é um "paradigma"?*, 176; 2. *A natureza da "ciência normal"*, 177; I. Lakatos: 3. *A metodologia dos "programas científicos de pesquisa"*, 178; K. Feyerabend: 4. *O anarquismo epistemológico*, 180; L. Laudan: 5. *Em que consiste uma "tradição de pesquisa"*, 181.

Quarta parte
GRANDES PROTAGONISTAS DA FILOSOFIA TEÓRICA AMERICANA CONTEMPORÂNEA

Capítulo nono
Grandes protagonistas da filosofia teórica americana contemporânea — 187

I. Willard van Orman Quine: teoria comportamental do significado, holismo metodológico e epistemologia naturalizada — 187

1. A vida e as obras, 189; 2. O primeiro dogma do empirismo: a distinção entre "analítico" e "sintético", 189; 3. Mas que tipo de coisas são os significados?, 190; 4. A falência das tentativas dirigidas a distinguir entre proposições analíticas e proposições sinté-

ticas, 190; 5. O dogma do reducionismo, 191; 6. A proposta da concepção holística, 192; 7. Uma crítica posterior da distinção entre proposições sintéticas e proposições analíticas, 192; 8. O experimento mental da tradução radical, 193; 9. O significado não é uma entidade; ele é mais um comportamento, 193; 10. Uma tradução indeterminada por princípio, 194; 11. O abandono do mito da "galeria", 194; 12. A relatividade ontológica, 195; 13. Os objetos da física e os deuses de Homero, 195; 14. Do lado dos materialistas, 196; 15. Epistemologia naturalizada, 196; 16. A filosofia "indaga sobre os traços mais amplos do sistema do mundo", 198; 17. Perguntas legítimas e questões filosóficas sem sentido, 198.

II. O neopragmatismo
de Richard Rorty _____ 199

1. A vida e as obras, 200; 2. Dois mitos da tradição filosófica: a mente como "grande espelho" e o conhecimento como "representação acurada", 201; 3. A filosofia fundacional, 202; 4. O abandono da filosofia do fundamento: Dewey, Wittgenstein, Heidegger, 202; 5. Filósofos sistemáticos e filósofos edificantes, 203; 6. A filosofia edificante, 204; 7. Manter aberta a conversação da humanidade, 204; 8. "Historicistas" para a autonomia individual; "historicistas" por uma comunidade mais justa, 205; 9. A solidariedade do "liberalismo irônico", 205; 10. Levar à esfera do "nós" pessoas que antes eram dos "eles", 206.

III. Hilary Putnam:
do realismo metafísico
ao realismo interno _____ 206

1. A vida e as obras, 207; 2. O homem não deve ser deificado, 208; 3. O realismo metafísico, 208; 4. Do realismo metafísico ao realismo interno, 209; 5. Da "perspectiva-externista" à "perspectiva internista", 209; 6. O realismo interno, 210; 7. A relatividade conceitual, 210; 8. A teoria tradicional da referência, 211; 9. A Terra e a Terra Gêmea, 211; 10. Cérebros em uma tina, 212; 11. Se fôssemos cérebros em uma tina, estaríamos em grau de pensar que somos cérebros em uma tina?, 212.

IV. William Bartley:
para uma teoria mais ampla
da racionalidade _____ 214

1. A vida e as obras, 214; 2. Como Karl Popper destruiu a estrutura autoritária da filosofia política, 215; 3. O racionalismo pancrítico, 215; 4. Os quatro métodos da crítica, 216; 5. Uma teoria mais ampla da racionalidade, 217; 6. A falência do pan-racionalismo, 217; 7. O racionalismo crítico e sua fuga no irracional, 217; 8. Justificar não significa criticar, 218.

V. Adolf Grünbaum:
da análise da teoria
da relatividade à análise
da psicanálise _____ 218

1. A vida e as obras, 219; 2. Argumentos contra a filosofia de Popper, 220; 3. O problema da cientificidade da psicanálise, 220; 4. A interpretação hermenêutica da psicanálise, 221; 5. A interpretação hermenêutica da psicanálise não é mais que um mito exegético, 221; 6. Por que Karl Popper se engana ao sustentar que a psicanálise é infalsificável e, portanto, não científica, 221; 7. É a indução eliminatória que demarca a ciência boa da má, 222; 8. A tese da concordância necessária, 223; 9. Os dados clínicos exibidos pela psicanálise estão irremediavelmente contaminados pelo analista, 223; 10. Atualmente a psicanálise não está bem, 224.

TEXTOS– W. Quine: 1. *Os controles holísticos*, 225; R. Rorty: 2. *A figura do "liberal irônico"*, 227; H. Putnam: 3. *O "realismo interno"*, 228; 4. *Religião como "sentido do limite humano"*, 229; W. W. Bartley: 5. *O racionalismo pancrítico*, 230; A. Grünbaum: 6. *Contra a crítica de Popper a Freud*, 232.

Quinta parte
INDIVÍDUO, MERCADO E ESTADO NA POLITOLOGIA AMERICANA CONTEMPORÂNEA: RAWLS, NOZICK, NOVAK

Capítulo décimo
O neocontratualismo
de John Rawls _____ 237

I. A vida e as obras _____ 237

1. "Uma teoria da justiça" de John Rawls, 238; 2. Contra a teoria utilitarista, 238; 3. Um "véu de ignorância" caracteriza a "posição originária", 238; 4. A posição originária faz escolher princípios universais, 239; 5. Dois princípios de justiça, 239; 6. O primeiro princípio de justiça, 240; 7. O segundo princípio de justiça, 240.

TEXTOS – Rawls: 1. *Os dois princípios de justiça*, 242.

Capítulo décimo primeiro
O "Estado mínimo" de Robert Nozick ___ 243

I. A vida e as obras ___ 243

1. O "Estado mínimo" de Robert Nozick, 244; 2. Os direitos invioláveis dos indivíduos e o "Estado mínimo", 245; 3. Do Estado de natureza ao "Estado mínimo", 246; 4. Ninguém pode ser sacrificado em benefício de outros, 246; 5. Os direitos dos animais, 247; 6. Os três argumentos de uma teoria histórica da justiça, 247; 7. Os três princípios da justiça, 247; 8. Não existe nenhum critério para estabelecer qual é a sociedade perfeita, 248; 9. O "Estado mínimo" como único Estado moralmente legítimo e moralmente tolerável, 248.

TEXTOS – R. Nozick: 1. *Ninguém sabe qual é a sociedade perfeita*, 250.

Capítulo décimo segundo
Michael Novak: para uma teologia católica do capitalismo democrático ___ 251

I. A vida e as obras ___ 251

1. O teólogo católico do capitalismo democrático, 252; 2. O significado da maior obra de Novak, 252; 3. O capitalismo democrático: sua natureza e sua importância histórico-social, 253; 4. O pensamento católico não compreendeu a revolução do capitalismo democrático, 254; 5. O capitalismo democrático é melhor do que todos os outros sistemas até agora conhecidos, 255; 6. Uma teologia para o capitalismo democrático, 255; 7. Como se obtém o bem comum: apelando à solidariedade ou por meio do motor do lucro?, 256; 8. Quem é de fato solidário: o socialista ou o capitalista?, 257.

TEXTOS – Novak: 1. *A responsabilidade de reduzir miséria e fome é apenas nossa*, 259.

Índice de nomes*

A

Abro, A. d', 219
Adams W. S., 104
Adler A., 71, **72-73**, 75, 141, 156, 157
Agassi J., 172, **173**, 174
Agostinho de Hipona, 254
Althusser L., 81, 82, 126
Amaldi E., 108
Apel K. O., 207
Aristóteles, 17, 30, 141, 162, 163, 176, 190, 226
Arnauld A., 20
Arnheim, H. von, 5
Arquimedes, 136, 210
Asch S., 52
Ashton T. S., 254
Aston F. W., 107
Avenarius R., 116
Avery O. T., 109
Ayer A. J., 166

B

Bachelard G., 83, 111, **125-130**, *134-137*
Bacon F., 22, 141, 143, 148, 154, 214, 217, 219, 220, 223
Bally C., 13, 14, 15
Barth K., 218
Barthes R., 13
Bartley W. W. III, 173, 174, 185, **214-218**, *230-231*
Baudelaire C., 199, 205
Beadle G. W., 110
Bell D., 241
Bentham J., 116, 237, 238, 243, 247
Benussi V., 4
Benveniste E., 16
Bergson H., 135
Berheim H., 61, 63
Berkeley G., 141, 217
Bethe H. A., 107
Bidney D., 21
Bloomfield L., 13, 18, 19, 122
Boas F., 20, 21, 84
Bobbio N., 26, 29, 30, 31
Böhm-Bawerk, E. von, 33, **36**
Bohr N. H., 105, 106, 107
Bolk, 95
Boltzmann L., 115, 116
Born M., 97, 106
Borradori G., 196, 200, 229, 245
Braithwaite R. B., 153
Brendal V., 17
Bresson F., 13
Breuer J., 61, 63
Bridgman P. W., 8, 111, **123-125**
Broglie, L. V. de, 106, 148
Brouwer I. L. E., **101**
Buhler K., 8, 16, 141

C

Canguilhelm C., 126, 128
Cantor G., 99
Carnap R., 111, 113, 114, 115, 116, 117, 118, 119, **120-121**, 122, 123, *132-134*, 142, 189, 190, 191, 200, 207, 211
Cauchy A. L., 99
Chadwick J., 107
Charcot J.-M., 61, 63
Chargaff E., 109
Chomsky N., 1, 3, 9, 13, **18-20**
Clark, J. B., 39
Cohen R. S., 117
Compton A., 105
Comte A., 52, 116
Condorcet J. A. N., 22
Copérnico N., 166, 179
Coseriu, 13
Crick F., 109, 110

D

Dalì S., 78
Darwin C., 109, 161, 163, 166, 167, 226
Davidson D., 192, 200
De Mauro T., 13
Dell'Utri M., 211
Demócrito, 145
Derrida J., 200
Descartes R., 19, 29, 30, 129, 166, 167, 199, 202, 203, 212, 214, 216, 217, 218
Devoto G., 13
Dewey J., 21, 189, 199, 200, 202, 203, 205
Dickens C., 206, 227
Dilthey W., 133
Dirac P. A. M., 106
Dubislav W., 115
Duhem P., 116, 126, 188, 192
Dummett M., 209
Dunker K., 5
Durkheim E., 84

E

Eccles J. C., 9, 21, 141
Eddington A. S., 103, 157
Ehrenfels, C. von, 4
Ehrlich E., 26
Einstein A., 97, 102, **103-104**, 105, 106, 116, 131, 147, 148, 157, 158, 163, 167, 177, 178, 179, 219, 220, 226, 248, 250
Engels F., 254
Enriques F., 116
Epicuro, 116

---

* Neste índice:
  – reportam-se em versalete os nomes dos filósofos e dos homens de cultura ligados ao desenvolvimento do pensamento ocidental, para os quais indicam-se em **negrito** as páginas em que o autor é tratado de acordo com o tema, e em *itálico* as páginas dos textos;
  – reportam-se em itálico os nomes dos críticos;
  – reportam-se em redondo todos os nomes não pertencentes aos agrupamentos precedentes.

F

Faraday M., 148, 173
Fassò G., 26, 28
Feigl H., 113, 115
Fermi E., 108, 145
Feuerbach L., 116, 208, 230
Feyerabend P. K., 111, 162, **168-169**, 172, 173, 174, *180-181*, 211
Flemming W., 109
Foucault M., 1, 14, 81, 82, **87-88**, *94-95*, 126, 205
Fourier J. B., 248
Frank J., 26
Frank P., 115, 189
Franklin B., 163, 176
Frege G., 99, 100, 101, 116, 190, 191, 202, 203, 211, 225
Frei H., 13
Freud S., 1, 2, 3, **61-71**, 72, 73, 74, 75, *76-79*, 88, 89, 95, 96, 156, 157, 207, 219, 220, 221, 222, 223, 224, 229, 232, 233, 248, 250
Friedman M., 40
Fuchs L., 5
Furtwängler W., 141

G

Gadamer H. G., 200, 204
Galilei G., 103, 166, 168
Gelb, 5
Gell-Mann M., 107
Gerlach W., 106
Gödel K., **100-101**, 116, 189
Goethe J. W., 97
Goldstein J. L., 5
Goodman N., 200, 207, 209
Gordon W., 106
Graaf, R. J. van der, 108
Grelling K., 113, 115
Groddeck G., 69
Grünbaum A., 185, **218-224**, *232-234*
Gurvitch G., 22

H

Haberler, G. von, 37, 39
Habermas J., 200, 205, 207, 219, 221
Hahn H., 113, 115, 116, 117, 121, 141
Hahn O., 108
Halban, H. von, 108
Halley E., 179
Handjaras L., 195
Harris J., 147, 220
Harrod F., 45
Hayek, F. A. von, 1, 35, 36, 37, **38-44**, 45, 48, *51-56*, 214, 215, 254
Heck P., 26
Hegel G. W. F., 32, 140, 141, 152, 205
Heidegger M., 199, 200, 202, 203, 205
Heisenberg W., 106, 107
Helmer O., 113, 115
Helmholtz H., 116
Hempel C. G., 113, 115, 117, 200, 243, 244
Herdan G., 13
Herzberg A., 115
Heyting A., 101
Hilbert D., **100-101**, 116
Hilgarad E., 8
Hitler A., 113, 208, 229
Hjelmslev L., 13, 17
Hobbes T., 27
Hobson J. A., 220
Holmes O. W., 26
Holt E. B., 8
Hull C. L., 8
Hullmann, 13
Humboldt, W. von, 19, 20
Hume D., 39, 43, 116, 156, 190, 191, 216, 217, 218, 225, 237, 238
Husserl E., 199, 202, 203

I

Imhelder B., 10, 11
Izzo A., 24

J

Jacob F., 110
Jakobson R., 13, 16, 18, 84
James H., 206, 228
James W., 200
Jevons W. S., 33, 34, 36
Johnstone H. W., 31
Joliot-Curie F., 108
Joliot-Curie I., 108
Jones D., 16
Jordan P., 106, 107
Jung C. G., 71, 72, **73-75**

K

Kant I., 131, 141, 148, 199, 202, 203, 207, 209, 210, 216, 237, 238, 239
Kantorowicz H., 26
Karcevskij S., 13, 16
Katz D., 5
Kaufmann F., 113, 115, 178
Kelsen H., 1, 3, 25, **26-29**, 32, 41
Kelvin W. T., 105
Kepler J., 164, 166, 179, 226
Keynes J. M., 1, 2, 4, 33, 39, 40, **44-47**, *56-60*
Khorana G., 110
Kierkegaard S., 199, 203, 205, 207, 229
Klein O., 106
Kluckhohn C., 21
Koffka K., 4, 5
Köhler W., 4, 5, 6

Kornberg A., 110
Kraft V., 115, 119
Kreuzer, 158, 159
Kroeber A. L., 20, 21, 84
Kuhn T. S., 103, 111, **161-165**, 167, 168, 170, 172, 173, *176-178*, 179, 203, 211
Kulpe O., 4

L

Lacan J., 14, 81, 82, **88-90**, *95-96*
Laclos, P. A. F. Choderlos de, 206, 228
Lakatos I., 111, 162, **166-167**, 168, 170, 172, 173, *178-180*
Lancelot C., 20
Laudan L., 147, 162, **170-171**, *181-183*
Lavoisier A. L., 163, 176, 177
Lawrence, E. O., 108
Leibniz G. W., 116, 190, 214, 217
Lenzen V. F., 122
Lepschy G., 17
Leroy M., 17
Lessing, G. E., 204
Lévi-Bruhl L., 86
Lévi-Strauss C., 13, 81, 82, 83, **84-86**, *91-94*
Lewin K., 6
Lineu, C., 88, 163
Linkeus, 116
Locke J., 191, 199, 202, 214, 216, 217, 225, 237, 238, 246, 259
Loewie R. H., 20, 21
Lorentz K., 103
Losano M. G., 27
Lyell C., 162, 163, 176
Lyer, 116
Lyons J., 13

M

Mach E., 115, 116
Machlup F., 37
Majorana E., 106, 107, 108
Malebranche, N., 22
Malinowski B., 21, 93
Mandelbrot B., 13
Mandeville, B. de, 41
Manesse D., 17
Mannheim K., 1, 3, **22-25**
Maquiavel, N., 22
Marconi D., 205
Maritain J., 255
Marshall A., 35, 45
Martinet A., 13, 16, 18
Marx K., 3, 22, 34, 59, 116, 140, 152, 156, 200, 205, 207, 229, 254
Mathei J. N., 110
Mathesius V., 16
Mauss M., 84, 93
Maxwell J. C., 103, 106, 148, 177
McGovern A., 259
Mead G. H., 21

Índice de nomes

MEDAWAR P. B., 21
MEILLET A., 13
MEINONG A., 4
MENDEL, 109, 180
MENGER C., 33, 34, **36**, 41, *48-49*, 116
MERLEAU-PONTY M., 13
MERTON R. K., 22
MESELSON, 109
METELLI F., 4
MEYERSON E., 126
MILL J. S., 116, 141, 143, 154, 200, 205, 219, 220, 223, 237, 238
MILLER D., 147, 220
MILLIKAN R. A., 105
MISES, L. VON, 34, 35, **36-37**, 38, 39, 40, *49-50*
MISES, R. VON, 113, 115
MITCHELL W. C., 39
MONOD J., 21, 110
MONTESQUIEU, M. DE, 22
MORGAN T. H., 109
MORGENSTERN O., 37
Morra G., 22
MORRIS C. W., 120, 122
MOWRER O., 8
MOZART W. A., 117, 133
MUELLER K., 116
MURRAY J. C., 260
MUSATTI C., 4

N

NABOKOV V., 205, 206, 228
NAGEL E., 122
NATANSON M., 31
NEGLEY, 8
NENCIONI E., 13
NEUMANN, J. VON, 106
NEURATH M., 117
NEURATH OLGA, 115
NEURATH OTTO, 113, 114, 115, 116, 117, **118-120**, 121, 122, 141, 142
NEWTON I., 103, 148, 155, 161, 162, 166, 167, 176, 178, 179, 219, 220, 226
NIETZSCHE F., 22, 73, 83, 120, 134, 199, 203, 205
NIRENBERG M. W., 110
NOVAK M., 235, 236, **251-258**, *259-260*
NOZICK R., 217, 235, 236, 238, 241, **243-249**, *250*

O

OCHOA S., 110
OLBRECHTS-TYTECA L., 29, 30, 31
OSGOOD C. E., 13
Owen R., 248

P

PAGLIARO A., 13
Palmier, 90
Parrini P., 219

PARSONS T., 21, 22
PASCAL B., 22
PASCH M., 116
Patriarca M., 241
PATRICK, 8
PAUL H., 15
PAULI W., 106, 107
PAULING L. C., 109
PAVLOV I. P., **7-8**, 9
PEANO G., 99, 100, 116
PEIRCE C. S., 93, 182, 191, 207, 209
Pennance F. G., 33, 35, 36
PERELMAN C., 1, 3, **29-31**
PERRIN J. B., 105, 108
PFISTER O., 72
PIAGET J., 3, **10-13**, 81
PIERI M., 116
Pio XI papa, 254
PLANCK M., 97, 104, 105, 106, 164, 177
PLATÃO, 14, 32, 140, 141, 152, 158, 159, 182, 205, 215
POINCARÉ H., 103, 116, 126
PONTECORVO B., 108
POPPER K. R., 9, 21, 38, 39, 40, 108, 111, 114, 115, 116, 119, 122, 126, 129, **139-152**, *153-159*, 166, 168, 172, 173, 178, 179, 182, 214, 215, 216, 217, 218, 219, 220, 221, 222, 223, 230, 231, 232, 233, 234, 238
POUND R., 26
Pratt C. C., 6
PRIETO L., 13
PROUDHON P. J., 248
PROUST M., 199, 205
PTOLOMEU, 161, 162, 163, 176, 226
PUCHTA G. F., 26
PUTNAM H., 185, **206-213**, 228-230

Q

QUINE ORMAN, W. VAN, 185, **187-198**, 200, 217, *225-227*

R

RADBRUCH G., 25
RANK O., 72
RASETTI F., 108
RASK R., 17
Ravazzoli F., 16
RAWLS J., 200, 205, 235, 236, **237-241**, 242, 243, 245, 247
REICHENBACH H., 113, 114, 115, 117, 182, 200, 207, 219
REIDEMEISTER K., 115
REIK TH., 72
RICARDO D., 33, 34, 45
RICOEUR P., 86, 219, 221
Ricossa S., 35, 40, 45, 47
RIEMANN B., 116
Rigotti E., 18

ROBBINS L., 39
ROHEIM G., 72
RORTY R., 185, **199-206**, 217, 227-228
Rossi P., 20
ROUSSEAU J.-J., 237, 238
RUSSELL B., 99, 100, 116, 121, 153, 190, 199, 202, 203, 211, 248, 250
RUTHERFORD E., 105, 108

S

SAINT-SIMON, C. H. DE, 22
Saltari E., 35
SAPIR E., 83
SARTRE J.-P., 83, 95, 96, 200
SAUSSURE, F. DE, 1, 3, **13-16**, 17, 19, 82, 83, 92, 95
SAVIGNY F. C. VON, 25, 26
SCARPELLI U., 29
Scharl J., 105
SCHELER M., 3, 22
SCHLICK M., 111, 113, 114, 115, **117-118**, 120, 121, *131-132*, 189
SCHMOLLER G., 33, 36
SCHOPENHAUER A., 73
SCHREINER O., 206, 227
SCHRÖDER E., 116
SCHRÖDINGER E., 106, 148
SCHWARTZ B., 208, 230
SECHEHAYE A., 13, 14
SEGRÉ E., 108
Seldon A., 33, 35, 36
SELLARS R. W., 200
SKINNER B. F., **8-9**, 19, 196
Smart J. J. C., 197
SMITH A., 33, 34, 246
SÓCRATES, 141, 152, 158, 159, 248, 250
SODDY F., 107
SOLVAY E., 106
SOMMERFELD A. J. W., 106
SOMMERFELT, 13
SOROKIN P., 22
SPENCER H., 116
SPINOZA B., 217
STAHL, 109
Stalin J., 208, 229
STARK W., 22
STEFAN J., 104
STERN O., 106
STÖHR A., 115
STRASSMANN F., 108
SZEMINSKA A., 10

T

TARSKI A., **101**, 142, 189, 200
TATUM E. L., 110
THOMSON J. J., 105
TICHY P., 147, 220
TOLMAN E. C., 8, 9
TORRICELLI E., 175

Toulmin S. E., 31
Trier J., 13
Tristan F., 248
Trubeckoj, N. S., 13, 16, 84
Tylor E. B., 20

U

Uldall H. J., 17

V

Vailati G., 116
Vattimo G., 205
Vavilov, 180
Viano A. C., 31
Voltaire F. M., 22

W

Waismann F., 113, 115, 119, 189
Walras L., 33, 34
Warren J., 248
Watkins J., 172, **174-175**
Watson J. B., 7, 8
Watson J. D., 109
Weber Max, 27
Weierstrass K. T. W., 99
Wertheimer M., 4, 5, 6
Wheeler J. A., 107
White M., 217
Whitehead A. N., 99, 116, 189
Whiting J., 8
Whorf B. L., 83
Wick G. C., 107, 108
Wieser, F. von, 33, **36**, 37
Wilde O., 146

Wilkins M., 109
Wirtinger W., 141
Witasek S., 4
Wittgenstein L., 38, 114, 115, 116, 117, 118, 119, 122, 141, 153, 154, 193, 199, 200, 202, 203, 207, 209, 217, 248, 250
Woods B., 44, 45
Wright R., 206, 227

Y

Yukawa H., 107

Z

Znaniecki F., 22
Zunini G., 6, 73

Índice de conceitos fundamentais

C

capitalismo democrático, 254
ciência normal, 163
complexo de Édipo, 68

E

Estado mínimo, 246
estruturalismo (filosófico), 82

F

falsificabilidade, 146
filosofia edificante, 204
filosofia fundacional
   (fundacionalismo ou fundacionismo), 203

H

holismo (metodológico), 192

I

incomensurabilidade, 168
inconsciente, 65
indução eliminatória, 223

M

mercado (lógica de, economia de), 35

O

operacionalismo, 125

P

paradigma, 162
posição originária, 239
programa científico de pesquisa, 167

R

racionalismo pancrítico, 216
realismo interno, 210
revolução científica, 164
ruptura (*coupure*) epistemológica, 128

S

sociedade aberta, 150

T

tradição de pesquisa, 171

V

verificação (princípio de), 119
verossimilitude (ou verossimilhança), 147

DE FREUD À ATUALIDADE

SÉTIMO VOLUME

AS CIÊNCIAS HUMANAS NO SÉCULO XX

- **Desenvolvimentos da psicologia**
- **Freud e a psicanálise**
- **A linguística de Saussure a Chomsky**
- **A economia entre Keynes e Hayek**
- **Estruturalismo**
- **Kelsen e a filosofia do direito**
- **Perelman: a nova retórica**
- **Mannheim e a sociologia do conhecimento**
- **Antropologia cultural**

"A gramática universal é um conjunto de princípios, que caracteriza a classe das gramáticas possíveis, preconizando o modo com que são organizadas as gramáticas particulares".
Noam Chomsky

" 'Minha' justiça [...] é a justiça da liberdade, a justiça da democracia; em poucas palavras, a justiça da tolerância".
Hans Kelsen

"O problema fundamental do destino da espécie humana parece-me este: se, e até que ponto, a evolução civil dos homens conseguirá dominar as perturbações da vida coletiva provocadas por sua pulsão agressiva e autodestrutiva".
Sigmund Freud

"Em nossos dias, mais que a ausência ou a morte de Deus, é proclamado o fim do homem".
Michel Foucault

"Quem controla todos os meios estabelece todos os fins".
Friedrich A. von Hayek

PRIMEIRA PARTE

Capítulo primeiro
As ciências humanas no século XX   3

Capítulo segundo
Desenvolvimentos da teoria econômica: o marginalismo austríaco e o intervencionismo de John Maynard Keynes   33

Capítulo terceiro
A psicanálise de Sigmund Freud e o desenvolvimento do movimento psicanalítico   61

Capítulo quarto
O estruturalismo   81

Capítulo primeiro

As ciências humanas no século XX

I. Preâmbulo

1. Questões gerais

Resolvemos inserir neste curso de história da filosofia um estudo do desenvolvimento das ciências humanas em nosso século, não pelo desejo de parecer atualizados, nem pelo vão desejo de parecer completos. A razão que nos levou a isso é a mesma pela qual é costume inserir em um manual de filosofia certos desdobramentos das teorias lógicas, das teorias matemáticas, das teorias físicas ou das teorias biológicas: trata-se do fato de que, no desenvolvimento da ciência, continuamente emergem teorias extremamente influentes, por vezes até devastadoras, mas de qualquer maneira estreitamente relacionadas e entrelaçadas ao avanço dos problemas e das argumentações filosóficas. Questões de método, imagens do homem, teorias do Estado e da sociedade, conjecturas sobre a história humana são problemas típicos da tradição da pesquisa filosófica.

Ora, precisamente sobre esses problemas exerce-se a influência de toda uma série de teorias que se costuma reunir sob a expressão "ciências humanas", que vão da psicanálise à psicologia, à linguística, à sociologia, à sociologia do conhecimento, à antropologia cultural, à filosofia do direito e à economia.

De Freud e do *movimento psicanalítico*, vista a clara influência que a psicanálise exerceu e continua exercendo sobre todo o espectro do pensamento contemporâneo, falaremos em capítulo à parte. As outras disciplinas que citamos serão expostas somente *no que diz respeito à sua relevância filosófica*, ainda que não se possa evitar tratar de seus elementos técnicos indispensáveis para a compreensão de seus traços filosóficos.

Essencialmente e em sua maior parte, o empirismo tradicional concebia a mente humana como passiva, mas hoje podemos ver, por exemplo, que a *psicologia da forma* evidencia a espontaneidade da mente no pensamento produtivo.

Contrário à psicanálise e à psicologia da forma, o *comportamentalismo* considera somente os comportamentos observáveis do homem e concebe a mente como reativa aos estímulos do ambiente.

Carecerão essas concepções de interesse para a imagem do homem?

Nem a linguística de Saussure a Chomsky se mostrou irrelevante para a filosofia, não apenas para a filosofia da linguagem: Saussure está na origem do movimento filosófico neodeterminista que é o estruturalismo, e o inatismo de Chomsky é um dos pontos cardeais da controvérsia atual sobre a estrutura e o funcionamento da mente.

Também a *epistemologia genética* de Piaget é avessa à velha ideia de que a mente é tábula rasa e, contra as posições de tipo kantiano, sustenta que "espaço", "tempo", "causalidade" etc., não são formas a priori, e sim formas construídas em estágios diversos pelo desenvolvimento da mente da criança.

Também não é necessário justificar um âmbito de pesquisas como as da *sociologia do conhecimento*, que, de Marx em diante, passando por Scheler e Mannheim, estiveram continuamente presentes no interior da discussão *filosófica* relativa às relações entre sociedade e produções mentais.

O mesmo se diga sobre as investigações de Chaïm Perelman sobre a "Nova Retórica" ou sobre as investigações de *filosofia do direito*, que alcançaram em nosso século, especialmente com Hans Kelsen, alto nível de rigor científico.

Também decidimos inserir algumas considerações sobre a *antropologia cultural*, ao menos para que se veja como foi sendo elaborado pouco a pouco o conceito de cultura.

E, por fim, não poderíamos deixar de acenar brevemente às duas *teorias econômicas* — o marginalismo e a teoria de Keynes — que, além de sua influência prática sobre a vida social dos homens, apresentaram novas ideias sobre o "valor econômico", criticando um dos pilares do marxismo, isto é, a teoria do valor-trabalho.

II. A psicologia da forma

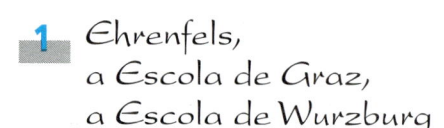

1 Ehrenfels, a Escola de Graz, a Escola de Wurzburg

A *psicologia da forma* ou *Gestaltpsychologie* (em alemão, *Gestalt* significa "forma") teve seus primórdios em um estudo de Christian von Ehrenfels (1859-1932), intitulado *Sobre as qualidades formais* (1890), que evidencia a existência de "objetos perceptivos" (como as formas espaciais, as melodias, as estruturas rítmicas), que não se reduzem à soma de sensações precisas, mas se apresentam originariamente como "formas", isto é, como relações estruturais, ou seja, como algo diferente de uma soma de "átomos" de sensações. Assim, uma melodia não é a soma de notas isoladas, tanto é verdade que se podem mudar as notas isoladamente e continuar captando invariavelmente a "forma melódica" (esse é o princípio da "transponibilidade das qualidades formais").

Depois de Ehrenfels, constituiu-se em Graz, em torno de Alexius Meinong (1853-1920), uma florescente Escola que, no que se refere às funções perceptivas e representativas, distinguiu dois tipos de *objetos*:

1) *objetos elementares*, que seriam os dados sensoriais (como as cores, os sons etc.);

2) *objetos de ordem superior*, entre os quais devem-se relacionar as formas ou estruturas.

Enquanto os objetos elementares seriam o resultado da atividade dos órgãos sensoriais periféricos, os objetos de ordem superior, ligados aos elementares por uma relação de "fundamentação", seriam resultado da atividade específica do sujeito chamada *produção*.

O trabalho mais importante de Meinong é *A teoria dos objetos* (1904). Seus discípulos mais conhecidos são S. Witasek e V. Benussi.

Benussi, logo depois da Primeira Guerra Mundial, mudou-se de Graz para Pádua. Desaparecido prematuramente em 1927, foi sucedido por César Musatti, que mais tarde se transferiu para a Universidade de Milão. A direção do Instituto de psicologia de Pádua (que, recentemente, transformou-se em grande curso de bacharelado em psicologia) foi então assumida por um discípulo de Musatti, ou seja, Fábio Metelli, um dos representantes italianos da *Gestaltpsychologie* em sentido estrito, autor de trabalhos sobre a percepção bastante apreciados em nível internacional.

Uma tendência análoga à da Escola de Graz foi desenvolvida, a partir da rejeição do atomismo e do associacionismo psicológico, também pela Escola de Wurzburg, que, chefiada por Oswald Kulpe (1862-1915), teve como centro de seu interesse a pesquisa dos processos de pensamento e desenvolveu a teoria do "pensamento sem imagens". Kulpe escreveu: "A atividade é o fato principal; a receptividade e o mecanismo das imagens são secundários".

2 Max Wertheimer e a Escola de Berlim

Quando se fala de psicologia da forma, geralmente se entende o filão de pesquisas elaborado, a partir de 1911, pela Escola de Berlim, constituída por três estudiosos originalíssimos: Max Wertheimer (1880-1943), Wolfgang Köhler (1887-1967) e Kurt Koffka (1886-1941). Contra a Escola de Graz (particularmente contra Benussi), que mantinha firmemente a distinção entre sensações e produções de forma, a Escola de

Berlim sustentava que é impossível conservar o velho conceito de "átomos sensoriais". E foi precisamente a psicologia da percepção que constituiu a problemática inicial da Escola de Berlim; depois, o horizonte das perspectivas foi ampliado com a aplicação dos princípios, que haviam demonstrado sua fecundidade no campo dos fenômenos perceptivos, a outros âmbitos: Wertheimer e depois Dunker estudarão o pensamento produtivo; Köhler indagará sobre o problema da inteligência animal; Gelb, Fuchs e Goldstein se dedicarão ao estudo dos problemas psicológicos relacionados à patologia cerebral; Koffka, ao estudo da memória; Asch; à psicologia social; Arnheim, à psicologia da arte.

Mas vejamos a teoria. Todos nós conhecemos o fenômeno do movimento aparente ou fenômeno estroboscópico. Quando um objeto visual — uma linha, por exemplo — é mostrado brevemente em um lugar e, logo depois, um segundo objeto aparece em um segundo lugar, não muito distante do primeiro, o observador não vê dois objetos que aparecem em rápida sucessão em seus respectivos lugares, e sim um único objeto, que se move rapidamente do primeiro para o segundo lugar. Fisicamente, não se dá nenhum deslocamento da linha de um lugar para outro, mas o que se percebe é precisamente esse movimento (basta pensar nos fotogramas imóveis que, projetados sobre a tela, rapidamente, um após o outro, geram exatamente movimentos estroboscópicos, que constituem a percepção cinematográfica). A velha psicologia associacionista, que pensava que as percepções consistissem em "sensações locais independentes", considerava tais percepções como "ilusões", ou seja, como se fossem produto de erro do pensamento do observador. Wertheimer, porém, não procedeu desse modo: não negou os fatos, incômodos e desconcertantes. Ao contrário, ele examinou o *movimento aparente* em numerosos experimentos, e deu-se conta de que o movimento aparente é fato *perceptivo real* e que a hipótese de juízo errôneo não é comprovada pelos fatos: o campo não aparece como um mosaico composto de muitos pedacinhos, nem o movimento estroboscópico é percebido como amontoado de sensações.

Foi nessa pesquisa que se originou o princípio fundamental da *Gestaltpsychologie*: nós percebemos *totalidades estruturadas* e não amontoados de sensações isoladas. E isso não vale somente para o campo visual: as melodias, por exemplo, também são qualidades globais. Aquilo que os músicos chamam de tonalidades "maior" ou "menor" são características das frases e não simples tons. Ou ainda: quando as notas *dó* e *sol* são tocadas juntas, produzem aquela qualidade que, em música, chama-se *quinta*. Essa qualidade não está no *dó* nem no *sol*, nem depende dessas notas em particular, já que qualquer associação de duas notas na proporção de 2/3 será logo reconhecida como uma *quinta*. Essencialmente, a psicologia tradicional associacionista (ou "somativo-agregativa", "positivista" ou "mecânica") estabelece a seguinte equação: sorvete de baunilha = "frio" + "doce" + "cheiro de baunilha" + "mole" + "amarelo". Mas a psicologia da forma rejeita esse modo de pensar "psicoquímico". Escreve David Katz: "Para a psicologia da forma, o todo é mais do que a soma de suas partes individuais, e não (como para o positivismo) nada mais do que a soma dessas partes". A propósito desse princípio ("o todo é mais do que a soma de suas partes"), Köhler preferia a fórmula "o todo é *diferente* da soma de suas partes".

Nossas percepções dos fenômenos, portanto, são percepções de formas ou qualidades estruturadas, que não se reduzem à soma das partes. Eis algumas das leis que guiam a gênese das formas óticas.

1) Lei da proximidade: "as partes de um conjunto perceptivo são captadas em unidade conforme a mínima distância, *ceteris paribus*".

2) Lei da igualdade: "se o estímulo é constituído por grande quantidade de elementos diversos, manifesta-se — *ceteris paribus* — a tendência de reunir em grupos os elementos semelhantes entre si".

3) Lei da "forma fechada": "as linhas que delimitam uma superfície — *ceteris paribus* — são mais facilmente percebidas como unidades do que as que não se fecham".

4) Lei da "boa curva" ou do "destino comum": "as partes de uma figura que formam uma 'boa curva' ou têm 'destino comum' se constituem em 'unidades' com mais facilidade que as outras; essa lei impede frequentemente que partes pertencentes a objetos diversos se fundam em 'unidades' ou, em outras palavras, nos ajuda a ver separadamente objetos que se encontram em contato ótico entre si"; essa lei pode ser exemplificada com a observação das duas figuras seguintes:

Fig. 1

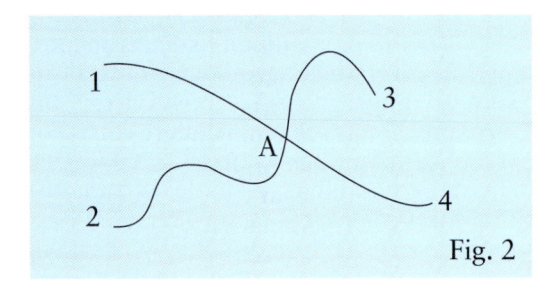

Fig. 2

Na figura 2, por exemplo, nós não vemos a linha de 1 a A a 2, nem vemos 3 A 4, ou 2 A 4 ou 1 A 3, mas vemos 3 A 2 e 1 A 4.

5) Lei do movimento comum: "Constituem-se em unidades os elementos que se movem juntos e de modo semelhante ou, geralmente, que se movem diferentemente de outros elementos parados".

6) Lei da experiência: "Embora não atribuindo à experiência a mesma importância para a organização (perceptiva) das coisas que lhe dá a psicologia associacionista, a psicologia da forma não hesita em reconhecer-lhe uma ação concomitante ao lado dos fatores acima mencionados". Não por acaso todos aqueles que conhecem o alfabeto latino não tardarão a reconhecer na figura 3 um "E" maiúsculo, embora, ao girar a figura em 90° não vejamos mais um "E", e sim três linhas separadas.

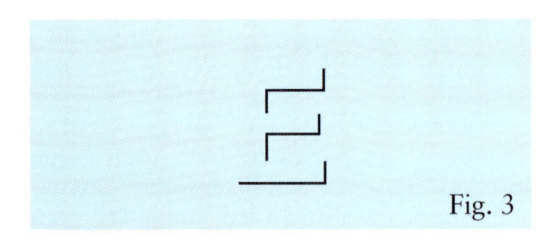

Fig. 3

Além disso, as ilusões óticas sempre constituíram um quebra-cabeça para a psicologia associacionista. De que modo, por exemplo, pode ela, que considera a percepção dos objetos como a soma de simples peças perspectivas, explicar que os dois segmentos da figura 4, geometricamente iguais, apareçam um como mais longo e outro como mais curto?

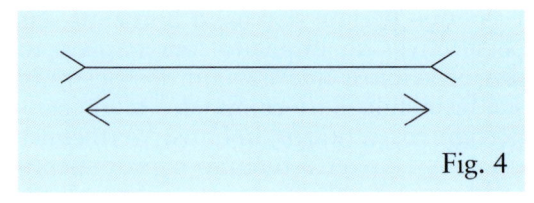

Fig. 4

No entanto, a psicologia da forma, tomando como ponto de partida a totalidade da figura e não seus elementos isolados, explica essa "ilusão" ótica. Assim como também explica uma enorme quantidade de fenômenos sonoros ou, ainda, os modos pelos quais nossas percepções de cores se organizam. Não podemos nos deter aqui nos trabalhos geniais de psicologia animal realizados por Köhler (com macacos que resolvem o problema de pegar uma banana, empunhando um bastão e *utilizando-o como um instrumento;* com macacos que, para pegar uma banana de outra forma inalcançável, enfiam um bambu em outro e depois usam esse *instrumento* para seus objetivos; ou ainda com macacos que, para resolver esse mesmo problema, usam uma caixa como estrado, e assim por diante) nas pesquisas de Wertheimer relativas ao pensamento produtivo, ou ainda nas investigações de K. Lewin sobre a ação da afetividade na direção do comportamento e na determinação das características psicológicas do ambiente.

Por enquanto, são suficientes as seguintes considerações:

1) na psicologia, a psicologia da forma é análoga à teoria de campo na física;

2) ela representa a reação mais decidida à psicologia atomista e associacionista da percepção, que tinha séculos de história por trás de si;

3) por vários aspectos, a psicologia da forma representa "uma reformulação crítica do inatismo" (C. C. Pratt);

4) ela teve o mérito de sublinhar as capacidades de inovação e criação do sujeito humano;

5) "na psicologia animal, introduziu um modo de experimentação e uma concepção que lhe permitem ser verdadeiramente uma psicologia" (G. Zunini);

6) com a psicologia da forma, toda a problemática da aprendizagem teve um impulso muito forte.

III. O comportamentalismo

1. Watson e o esquema "estímulo-resposta"

O fundador do *comportamentalismo* foi o norte-americano John B. Watson (1878-1958), cujos trabalhos mais importantes (*O comportamento. Introdução à psicologia comparada*, 1914; *A psicologia do ponto de vista comportamentalista*, 1919; *Comportamentalismo*, 1925; 1930) são hoje conhecidos de um público muito amplo. Watson iniciou suas pesquisas estudando o comportamento dos ratos em labirintos. Somente mais tarde dedicou-se à investigação dos *comportamentos humanos*.

Sua intenção fundamental é a de tornar a psicologia uma ciência como as ciências naturais. Mas, para tanto, é preciso tomar logo a decisão de eliminar do discurso psicológico os dados da introspecção. Os dados fornecidos pela introspecção são *dados intimistas*, que não podem ser submetidos ao controle público da experimentação e, portanto, não podem ser adotados como base da psicologia como ciência.

Em suma, a "consciência" não pode estar na base da "ciência" psicológica. Entretanto, o que o psicólogo pode estudar, precisamente enquanto psicólogo, são os comportamentos (em inglês, *behaviors*) humanos.

Assim como o químico estuda o comportamento (ou modo de reagir) de uma substância posta em determinadas condições, da mesma forma o psicólogo estuda o comportamento do indivíduo posto em determinadas condições. E assim como o químico muda as condições para ver como a substância reage diferentemente, da mesma forma o psicólogo também muda as condições para ver como o comportamento do indivíduo muda.

O *comportamento*, público e observável, é o único objeto da psicologia. O *homem se reduz a seus comportamentos: a ciência psicológica, portanto, é comportamentalismo*. Assim, o psicólogo trabalha como o cientista da natureza: "Dada [...] uma situação, ele deve estabelecer o que o indivíduo fará diante dela. E vice-versa: vendo que um indivíduo faz uma coisa, é preciso ser capaz de indicar que situação ou que objeto produziram esse ato".

Watson fixou tais princípios em 1913, em opúsculo programático intitulado *A psicologia vista por um behaviorista*. Em *Comportamentalismo*, em 1925, Watson aprofunda o ataque contra a psicologia tradicional e seus dados introspectivos; as velhas "sensações" são substituídas pelas "respostas" do comportamento; sustenta-se que "o pensamento é uma forma de comportamento, é uma organização motora, exatamente como jogar tênis ou golfe [...]". Convicto de ter eliminado do castelo "homem" todos os espectros nele introduzidos pela velha psicologia e pela filosofia tradicional, resta a Watson tão-somente estudar os comportamentos e as leis que, dadas determinadas condições, nos permitem explicá-los e prevê-los.

Os comportamentos são os "únicos" objetos da psicologia, que deve encontrar as leis que os explicam. Mas encontrar as leis que os explicam quer dizer identificar suas causas. E Watson encontra essas causas nos "estímulos" que o indivíduo recebe incessantemente do ambiente: os comportamentos são "respostas" a "estímulos" ambientais e psicologia científica é a ciência da dupla "estímulo-resposta". A diferença entre o animal e o homem, para Watson, estaria na maior complexidade dos comportamentos humanos. Em todo caso, para o comportamentalista, *omnis actio est reactio* (toda ação é reação).

2. Pavlov e os "reflexos condicionados"

Neste ponto, é fácil fazer uma comparação entre a "psicologia" de Watson e a "fisiologia" psicológica de Ivan Petrovich Pavlov (1849-1936), que mostrou a importância que têm para a psicologia os processos fisiológicos em que o organismo dá respostas a estímulos recebidos.

Ficou famoso seu experimento com os cães. É sabido que a visão do alimento provoca salivação nos cães (o que constitui um reflexo incondicionado), e que se, em lugar de apresentar o alimento, se fizer soar uma campainha, o cão não apresenta nenhuma secreção gástrica. Entretanto, se durante certo tempo se faz soar uma campainha enquanto se apresenta o alimento, então ocorre que, ao simples soar da campainha, o cão já começa a salivar. E esse é um "reflexo condicionado". Temos aí, diz Pavlov, "uma secreção psíquica". Um estímulo indiferente (como o soar de uma campainha) torna-se eficaz "sob a condição" de estar relacionado com um estímulo normal.

Prosseguindo suas pesquisas e generalizando-as, Pavlov acreditou poder explicar muitos comportamentos humanos através da teoria do reflexo condicionado. A obra de Pavlov *Os reflexos condicionados* é de 1923. No entanto, desde 1917, necessitando do princípio do reflexo condicionado, os russos fizeram de Pavlov um herói, como recorda B. F. Skinner. Com efeito, se os homens não eram produtivos nem felizes, a culpa era do ambiente; e com a ajuda dos princípios de Pavlov, o governo mudaria o mundo e, com ele, os homens. Entretanto, embora o governo tivesse contado com uma boa oportunidade, na década de 1930 os russos ainda não eram muito felizes e produtivos. "Pavlov caiu em desgraça, e durante vinte anos a pesquisa russa ficou confinada aos processos fisiológicos não diretamente correlatos ao comportamento. Quando a Segunda Guerra Mundial deu novamente confiança à Rússia, Pavlov voltou a ser novamente herói nacional, dando-se outra oportunidade aos reflexos condicionados de construir a vida ideal".

3 Os desenvolvimentos do comportamentalismo e Skinner

Depois de Watson, o behaviorismo teve um desenvolvimento que tomou direções disparatadas. Antes de passá-las brevemente em revista, é útil recordar que, se a epistemologia que está por trás das ideias de Watson é, substancialmente, a do pragmatismo, a epistemologia dos comportamentalistas mais próximos de nossos dias é a do operacionalismo de Bridgman. Watson, por exemplo, criticara duramente a psicanálise, mas E. B. Holt (1873-1946), em seu escrito *O desejo freudiano e seu lugar na ética* (1915), procurou acoplar de novo "consciência" e "comportamento": ele identificou a "resposta específica", que é o comportamento, com a "pulsão freudiana", e nela incluiu coisas como o impulso, a motivação etc.

A psicologia da forma havia sido fortemente crítica em relação ao behaviorismo (que nega a validade da experiência direta), mas E. C. Tolman (1886-1961), que estivera em contato com Buhler, introduziu no comportamentalismo o princípio da psicologia da forma, sustentando que o comportamento é uma *Gestalt*, ou seja, uma organização total. Em *O comportamento intencional nos animais e no homem* (1932), Tolman fala de "comportamento intencional" (*purposive behavior*), no sentido de que as ações humanas (e também animais) não funcionam através do simples esquema mecânico de estímulo-e-resposta; ao contrário, os comportamentos podem ser mais bem explicados se forem considerados como cadeias de ações voltadas para *objetivos precisos*.

Com Clark L. Hull (1884-1952), além de se enriquecer com conceitos como o de "impulso motivacional" (*drive*), o comportamentalismo também assumiu configuração axiomática, enquanto Hull pretendeu apresentá-lo como sistema teórico hipotético-dedutivo. Juntamente com um grupo de colaboradores (O. Mowrer, E. Hilgarad, J. Whiting e outros), Hull criou a Escola antropológica de Yale.

Atualmente, o representante mais conhecido e mais discutido, mas também mais combatido, do comportamentalismo é Burrhus F. Skinner (1904-1990). Criticado por suas provocações antiteóricas (o comportamentalismo consistiria mais em *descrições* de fatos do que em *interpretações* e *explicações* de fatos: mas é possível descrever sem interpretar e, além disso, descrever já não é interpretar à luz de uma teoria?), Skinner foi violentamente atacado por suas aplicações dos princípios comportamentalistas a projetos de reforma social (*Walden Two*, 1948, uma espécie de utopia de uma sociedade baseada nos princípios behavioristas; *Além da liberdade e da dignidade*, 1971). Já se observou que, assim como a concebe Skinner, a manipulação do comportamento levaria a uma opressão total exercida sobre formigas atarefadas, que seriam condicionadas até em sua crença de serem felizes levando tal vida. Negley e Patrick escreveram que "de todas as ditaduras, esta (de Skinner) é a mais profunda — e potenciais ditadores poderiam muito bem encontrar nessa utopia um manual de prática política". Skinner, ao contrário, sustenta que *"Walden Two* descreve uma comunidade imaginária de cerca de um milhar de pessoas que vivem uma Vida Ideal", afirmando que "a vida em *Walden Two* não é apenas boa, mas também parece realizável", e que "as utopias são ficção científica e, como aprendemos, a ficção científica pode se tornar realidade" (já ocorreram e ainda ocorrem nos Estados Unidos tentativas de concretizar *Walden Two* por grupos de jovens).

Contra Tolman, Skinner rejeita a ideia de que um organismo aprende a se comportar de certo modo porque haveria de sua parte a expectativa da verificação de um dado fato. Na opinião de Skinner, recorrer a "acontecimentos mentais" não leva muito longe na ciência. A psicologia é ciência do comportamento. Entretanto, escreve Skinner em *O comportamento dos organismos* (1939), nem todas as atividades do organismo são *comportamento*, mas somente aquelas que "exercem uma ação ou estabelecem um intercâmbio com o mundo circundante".

O comportamento é uma ação que produz um efeito. Para Skinner, essa definição é mais adequada do que a de Pavlov, para quem o comportamento, mais do que ser uma ação sobre o ambiente, é um acontecimento interno do organismo. Por isso, Skinner fala de *comportamento operante*; desse modo, como podemos ler em *Ciência e comportamento humano* (1957), ele quis acentuar o fato de que o comportamento "opera sobre o ambiente, produzindo consequências". Quanto ao comportamento pavloviano ele o chama de *comportamento respondente*, pois se trataria de comportamento passivo diante dos estímulos do ambiente.

Outro ponto a considerar são as reflexões de Skinner sobre o *reforço*. Ele idealizou a hoje célebre *caixa de Skinner* (Skinner-Box). Trata-se de caixa escura e acusticamente isolada, onde é colocado um rato. Na caixa há uma alavanca que, se apertada pelo rato, lhe fornece alimento. Pois bem, a diferença entre esse tipo de condicionamento e o condicionamento clássico (o de Pavlov, para ficar claro) é que, no caso de nosso rato, o reforço, ou seja, o acontecimento que concorre para a aprendizagem, e que a torna resistente à tendência de se extinguir, não é correlato ao estímulo incondicionado que, no condicionamento clássico, é apresentado pelo experimentador; ao contrário, depende da resposta operante do sujeito: o rato *só* tem alimento *se* aperta a alavanca; o reforço, portanto, é condicionado à resposta.

Adversário irredutível do *inatismo*, Skinner recebeu a resposta na mesma moeda por parte dos defensores do inatismo, como o linguista Noam Chomsky e o neurofisiólogo J. C. Eccles. Chomsky escreveu: "A abordagem de Skinner ao comportamento verbal não é mais científica do que as abordagens tradicionais, nem igualmente clara". E Eccles disse que o homem não pode ser bom material para Skinner e para o seu *Além da liberdade e da dignidade,* afirmando: "Creio que, enquanto seres humanos, nós temos liberdade e igualdade. A teoria de Skinner e a técnica do condicionamento operante derivam de seus experimentos com pombos e ratos. Deixemos que delas se beneficiem estes últimos!" Como antiindutivista, por seu turno, Popper afirma que o reflexo condicionado simplesmente não existe.

IV. A epistemologia genética de Jean Piaget

1 O que é a epistemologia genética

Escreve Piaget (1896-1980) que "a epistemologia genética ocupa-se com a formação e o significado do conhecimento e dos meios através dos quais a mente humana passa de um nível de conhecimento inferior a outro, julgado superior [...]. A natureza dessas passagens, que são históricas, psicológicas e, por vezes, também biológicas, é um problema real". Depois dessa definição, Piaget acrescenta que "a hipótese fundamental da epistemologia genética é a de que existe um paralelismo entre o progresso completo e a organização racional e lógica do conhecimento e os correspondentes processos psicológicos formativos".

Piaget submete essa hipótese à prova no estudo do desenvolvimento mental da criança. Em outros termos, como afirma em O *desenvolvimento mental da criança*, "acreditamos que toda pesquisa em psicologia científica deve partir do desenvolvimento, e que a formação dos mecanismos mentais na criança pode explicar melhor sua natureza e seu funcionamento também no adulto". O objetivo essencial da psicologia infantil, portanto, configura-se como o de "constituir um método explicativo para a psicologia científica em geral ou, em outras palavras, dar a dimensão genética indispensável à solução de todos os problemas mentais". Tal dimensão genética é indispensável porque, "na esfera da inteligência, é impossível fornecer uma interpretação psicológica exata das operações lógicas e dos conceitos de número, espaço, tempo etc., sem estudar preliminarmente o desenvolvimento de tais operações e conceitos: desenvolvimento social, naturalmente, na história das sociedades e das diversas formas coletivas de pensamento (particularmente a história do pensamento científico), mas também desenvolvimento individual (o que não é contradição, já que, entre outras coisas, o desenvolvimento na criança constitui uma socialização progressiva do indivíduo)". Por outro lado, "na esfera das percepções [...], não se poderia construir uma teoria exata das 'constâncias' perceptivas, das ilusões geométricas, das estruturações do espaço perceptivo segundo as coordenadas horizontais e verticais etc., sem estudar primeiro o desenvolvimento desses fenômenos, ao menos para ficar de sobreaviso contra as hipóteses demasiado fáceis sobre os fenômenos inatos".

Na realidade, adversário da ideia central do behaviorismo (segundo a qual o indivíduo seria, mais ou menos, uma construção elaborada por um ambiente), Piaget também contesta um inatismo, por exemplo, de tipo kantiano, mas admite um desenvolvimento fixo e definido de estruturas definidas e universais. E o desenvolvimento dessa estrutura encontra analogia profunda no desenvolvimento histórico do pensamento humano. Como podemos ler em *A causalidade física na criança* (1927), "é possível que as leis psicológicas estabelecidas com base em nossos métodos circunscritos possam se transformar em leis epistemológicas estabelecidas com base na análise da história da ciência: a eliminação do realismo, do substancialismo, do dinamismo, o desenvolvimento do relativismo etc., são leis evolutivas que parecem próprias do desenvolvimento, tanto da criança como do pensamento científico".

Piaget realizou o seu programa (onde se entrelaça toda uma série de temas fascinantes, como o desenvolvimento da inteligência e o desenvolvimento da linguagem, o desenvolvimento do juízo moral, o desenvolvimento dos conceitos de número, de causalidade etc.) em toda uma série de obras importantes: *O juízo e o raciocínio na criança*, 1924; *A linguagem e o pensamento na criança*, 1924; *A representação do mundo na criança*, 1926; *A causalidade física na criança*, 1927; *O juízo moral na criança*, 1932; *A gênese do número na criança*, 1941 (em colaboração com A. Szeminska); *O desenvolvimento das quantidades na criança*, 1941 (em colaboração com B. Inhelder); *O desenvolvimento da noção de tempo na criança*, 1946; *A representação do espaço na criança*, 1948 (em colaboração com B. Inhelder); *A geometria espontânea na criança*, 1948; *A gênese da ideia de fortuito*, 1953; *Da lógica da criança à lógica do adolescente*, 1955; *A gênese das estruturas lógicas elementares*, 1959 (em colaboração

Capítulo primeiro – As ciências humanas no século XX

com B. Inhelder); *Biologia e conhecimento*, 1967; *O estruturalismo*, 1968; *Conseguir e compreender*, 1974.

2 As fases do desenvolvimento mental da criança

Vejamos agora o desenvolvimento mental da criança.

1) O período que vai do nascimento à aquisição da linguagem, para Piaget, é marcado por extraordinário desenvolvimento mental. Trata-se de um período decisivo para toda a evolução psíquica posterior: "Com efeito, consiste nada menos do que na conquista de todo o universo prático que circunda a criança, por meio da percepção e do movimento". Essa "assimilação sensomotora" do mundo externo imediato realiza, no espaço de dezoito meses a dois anos, uma revolução copernicana em miniatura: "Enquanto no ponto de partida desse desenvolvimento o recém-nascido refere todas as coisas a si, ou melhor, a seu próprio corpo, já no ponto de chegada, isto é, quando têm início o pensamento e a linguagem, coloca-se praticamente como elemento ou corpo, entre outros, em um universo que construiu pouco a pouco, e que agora já sente como externo a si mesmo". Deve-se notar aqui uma coisa: nesse período "a inteligência aparece [...] muito antes da linguagem, isto é, muito antes do pensamento interior, que supõe o uso dos sinais verbais (linguagem interiorizada)". Trata-se de uma inteligência inteiramente prática, "baseada na manipulação dos objetos e que, ao invés das palavras e dos conceitos, utiliza somente percepções e movimentos organizados em 'esquemas de ação'". Assim, por exemplo, pegar um bastão para alcançar um objeto é um ato de inteligência, bastante tardio até, ocorrendo por volta dos dezoito meses.

2) No período que vai dos dois aos sete anos (período do pensamento pré-operativo), a criança, por obra da linguagem, torna-se capaz de reconstruir as ações passadas sob a forma de relato, e de antecipar as ações futuras através da representação verbal. Daí derivam três fatos de grande importância para o desenvolvimento mental: "possibilidade de intercâmbio entre indivíduos, isto é,

Piaget, no centro, fotografado no XV Congresso Internacional de Psicologia, em 1957, em Bruxelas.

*Jean Piaget (1896-1980),
cujo trabalho em psicologia,
rigorosamente delineado
de um ponto de vista científico,
se concentrou principalmente sobre
o conhecimento do desenvolvimento
mental da criança,
gerando uma cascata de consequências inovadoras
para a teoria e para a prática da educação.*

início da socialização na ação; interiorização da palavra, isto é, aparecimento do pensamento propriamente dito, tendo como base a linguagem interior e o sistema de sinais; por fim, e sobretudo, a interiorização da ação como tal, a qual, até então puramente perceptiva e motora, pode agora ser reconstituída no plano intuitivo das imagens e das 'experiências psíquicas' ". Além disso, do ponto de vista afetivo, realiza-se toda uma série de transformações paralelas: "desenvolvimento dos sentimentos interindividuais (simpatias e antipatias, respeito etc.) e de uma afetividade interior que se organiza de modo mais estável do que nos primeiros estágios". Nesse período, especialmente na primeira fase, prevalece o pensamento egocêntrico, acompanhado de animismo e artificialismo ("a lua move-se para nos acompanhar"; "o sol nasceu porque nós nascemos" etc.); o sujeito "afirma sempre e não prova nunca"; nessa idade as crianças falam, mas não se sabe se se ouvem; muitas fazem o mesmo trabalho, mas não se sabe se se ajudam verdadeiramente. A criança é "egocêntrica", carecendo da capacidade de diferenciar seu ponto de vista do ponto de vista dos outros.

3) O período que vai dos sete aos doze anos é o que Piaget chama de "fase do pensamento operativo-concreto". Quando observamos as crianças dessa idade, chama-nos a atenção um duplo progresso: "concentração individual quando o sujeito trabalha sozinho, e colaboração efetiva quando se desenvolve uma atividade comum". Esses dois aspectos, que aparecem por volta dos sete anos, são complementares e solidários. Nessa idade, tornam-se possíveis as discussões, "com tudo o que comportam de compreensão em relação aos pontos de vista do adversário, e de busca de provas e justificações no que se refere às próprias afirmações". Desaparece também a "linguagem egocêntrica". Na estrutura gramatical utilizada pela criança manifesta-se "a necessidade de coerência e de justificação lógica". Antes dos sete anos, as crianças brincam, mas "sem regras", e todos vencem; depois dos sete anos, os jogos são regulados. Os fatos exigem explicações racionais e a inteligência apresenta-se como inteligência operativa. Trata-se de operações lógicas (com classes e relações); operações aritméticas (adição, multiplicação etc.); operações geométricas (secções, deslocamentos etc.); operações temporais (seriação dos acontecimentos etc.); operações mecânicas, físicas etc. Nessa idade, a criança "pensa concretamente, problema por problema, à medida que a realidade os propõe, nunca relacionando suas soluções com teorias gerais que manifestariam os seus princípios". Entre os sete e os doze anos, a afetividade caracteriza-se pelo aparecimento de novos sentimentos morais, como o respeito mútuo.

4) O período que vai dos onze-doze anos até os catorze é o período da adolescência. Comparado a uma criança, "o adolescente é indivíduo que constrói sistemas e teorias". O que chama a atenção no adolescente "é seu interesse por questões não-atuais, sem relação com as realidades vividas dia após dia, ou que antecipam situações futuras, frequentemente quiméricas, com ingenuidade desarmante". É admirável na criança a felicidade ocasionada pela elaboração de teorias abstratas: "Alguns deles escrevem, criam uma filosofia, uma

política, uma estética [...]. Outros não escrevem, mas falam. A maioria, inclusive, fala pouquíssimo de suas soluções pessoais, limitando-se a ruminá-las de modo secreto e íntimo. Todos, porém, possuem sistemas e teorias que transformam o mundo, de um ou de outro modo". Essa é a passagem do pensamento concreto para o pensamento "formal" ou "hipotético-dedutivo". Antes dos onze anos, as operações da inteligência infantil são somente "concretas", baseando-se nas realidades, nos objetos tangíveis, que podem ser manipulados e submetidos a experiências concretas. Mas, "depois dos onze anos, o pensamento formal torna-se de fato possível, e as operações lógicas começam a ser transpostas do plano da manipulação concreta para o plano das ideias puras, expressas em linguagem (a linguagem das palavras, dos símbolos matemáticos etc.), mas sem apoio da percepção, da experiência ou até da convicção". O pensamento formal, portanto, é "hipotético-dedutivo", pensamento capaz de tirar conclusões a partir de puras hipóteses e não somente de observação concreta. Em entrevista concedida em 1973, Piaget dirá: "O conteúdo de cada hipótese já é uma forma de operação concreta; propor hipóteses e conclusões em relação é operação nova. As operações sobre operações abrem então um campo bem mais vasto de possibilidades".

Essas teorias sobre o desenvolvimento mental da criança foram provadas por Piaget mediante experimentos simples, geniais e persuasivos. Foram submetidas a experimentos por meio de variadas *técnicas de prova*. E é fácil imaginar a influência que Piaget exerceu e ainda exerce na renovação da pedagogia. Do ponto de vista filosófico, as pesquisas de Piaget, por exemplo, mostram que "algumas estruturas lógico-matemáticas não funcionam em todas as idades e, portanto, não são inatas". Entretanto, podemos repetir que, para Piaget, um desenvolvimento de estruturas definidas é inato ou pré-formado. Para ele, como podemos ler no fim de *Biologia e conhecimento*, "as funções cognoscitivas prolongam as regulações orgânicas[...]". Em suma, *o pensamento desenvolve-se em um processo de adaptação que identifica dados com esquemas existentes, ou transforma e reestrutura esses esquemas com base em novos dados*. Influenciado também pela psicologia da forma, Piaget afirma que a psicanálise renovou completamente a psicologia, mas acrescenta que "o futuro da psicanálise começará no dia em que ela se tornar experimental". Além do mais, segundo ele, o conceito de "inconsciente" deve ser mais extenso, "não devendo se limitar à vida emotiva: nós somos conscientes do resultado, não do mecanismo". E "todos os processos são inconscientes em toda área do funcionamento cognoscitivo [...]. O inconsciente é tudo aquilo que não é conceitualizado".

V. A teoria linguística de Saussure a Chomsky

1 Ferdinand de Saussure

1.1 O que é a "semiologia" e o que é o "signo"

"[...] É sabido o quanto a linguística, a semiologia e a antropologia de nossos dias devem a Saussure. Conceitos e temas reunidos no *Cours de linguistique générale* foram utilizados como essenciais em variadíssimas direções de pesquisa. Remetem-se ao *Cours* a sociolinguística de Meillet e Sommerfelt, a estilística genebrina de Bally, a linguística psicológica de Sechehaye, os funcionalistas Frei e Martinet, os institucionalistas italianos Devoto e Nencioni, os fonologistas e estruturalistas de Praga Karcevskij, Trubeckoj e Jakobson, a linguística matemática de Mandelbrot e Herdan, a semântica de Hullmann, Prieto, Trier e Lyons, a psicolinguística de Bresson e Osgood, historiadores como Pagliaro e Coseriu, bem como Bloomfield (não seus seguidores), Hjelmslev e a escola glossemática, Chomsky (não, porém, seus seguidores)" (T. De Mauro). E as coisas não param aí, já que as ideias do genebrino Ferdinand de Saussure (1857-1913) influenciaram o pensamento de estudiosos como Merleau-Ponty, Lévi-Strauss, Roland Barthes, Jacques

Lacan, Michel Foucault e, por meio deles, as "ciências humanas" e a filosofia. No caso da filosofia, porque a história das diversas línguas é, transparentemente, a história das diversas comunidades humanas: é na língua que o homem deposita os produtos de sua evolução espiritual, e a compreensão do modo de funcionamento da língua nos diz muito sobre o modo como opera a mente humana, e sobre as relações entre os homens e entre a mente e as coisas.

Vejamos agora alguns dos mais importantes conceitos da grande obra de Saussure, isto é, o *Curso de linguística geral*, publicado postumamente em 1916 graças a Bally e Sechehaye. O primeiro desses conceitos é precisamente o de *semiologia*. Escreve Saussure: "Pode-se conceber *uma ciência que estuda a vida dos sinais no quadro da vida social*; ela poderia ser parte da psicologia social e, consequentemente, da psicologia geral; nós a chamaremos de *semiologia* (do grego *seméion*, 'signo')". O objetivo dessa ciência está em "nos dizer em que consistem os sinais, quais leis os regulam". Entretanto, os sinais não são apenas os linguísticos. Por isso, a semiologia diz respeito a outros sistemas de sinais, como os ritos simbólicos, o alfabeto dos surdos-mudos, as formas de cortesia, os sinais militares, a própria moda, os sinais visuais marítimos, e assim por diante. Desse modo, a língua é um sistema semiológico especial, ainda que privilegiado. E em que consiste para Saussure o sinal linguístico? Contrariamente às ideias que se encontram na Bíblia e em Platão, "o sinal linguístico não une uma coisa e um nome, mas um conceito e uma imagem acústica".

O sinal, em suma, é uma entidade de duas faces, a do *significado* e a do *significante*: "A língua é comparável a uma folha de papel: o pensamento é a *frente* e o som é o *verso*; não se pode cortar a *frente* sem cortar ao mesmo tempo o *verso*". O sinal, portanto, é a relação entre conceito (significado) e imagem acústica (significante). E são duas as características primordiais do sinal assim definido: a arbitrariedade e a linearidade. A primeira característica nos diz que "o laço que une o significante ao significado é pura convenção, já que não existe nenhuma necessidade de ligar, por exemplo, o conceito de "irmã" com a imagem acústica francesa (s + ö + r) ou italiana (s + o + r + e + l + l + a). A arbitrariedade, obviamente, "não deve dar a ideia de que o significante depende da livre escolha do sujeito falante [...]; nós queremos dizer que é *imotivado*, ou seja, arbitrário, em relação ao significado, com o qual, na realidade, não tem nenhuma relação natural". No que se refere à segunda característica, "o significante, sendo de natureza auditiva, desenvolve-se somente no tempo e tem as características que tira do tempo: *a*) representa uma extensão e *b*) essa extensão é mensurável em uma única dimensão: é uma linha".

1.2 A primeira "grande oposição": "língua" e "palavra"

Saussure põe na base de sua teoria a oposição entre o conceito de *língua* (langue) e o conceito de *palavra* (parole). Essa é "a primeira verdade", a primeira grande escolha ou a "primeira bifurcação". Mas, antes de mais nada, a língua não é a linguagem. A linguagem é uma faculdade comum a todos: é a faculdade universal de falar. Por seu turno, a língua é "um produto social da faculdade da linguagem". A língua é algo de externo ao indivíduo, é um fato institucional; o indivíduo a encontra pela frente, a aprende e a ela é submetido. Como escreve Saussure, a língua é "um *tesouro depositado* pela prática do falar nos homens pertencentes à mesma comunidade", e "a língua existe na coletividade sob a forma de *soma de impressões depositadas* em cada cérebro". A língua é patrimônio de todos, é o tesouro de todos. Com efeito, "formam-se nos sujeitos falantes *impressões* que acabam por ser mais ou menos as mesmas em todos". E entre os indivíduos assim ligados pela linguagem "estabelece-se uma espécie de média: todos reproduzirão — claro que não exatamente, mas aproximadamente — os mesmos sinais unidos aos mesmos conceitos". Esse é um processo que Saussure define como processo de "cristalização social" da palavra na língua.

A *língua*, portanto, é um fato *social*, um sistema de sinais que o indivíduo aprende a manobrar e usar para pensar e para se comunicar; em suma, para viver como homem. Já a *palavra* é diferente da língua: "Separando a língua da *palavra*, separa-se ao mesmo tempo o que é social do que é individual". Diante da língua, que é "um modelo coletivo", um "código", uma máquina institucional adequada para os objetivos da comunicação, "a *palavra* é [...] ato individual da vontade e da inteligência". E Saussure prova que *língua* e *palavra* são duas realidades distintas e, portanto, distinguíveis, e o faz através das afasias (onde o doente compreende as

Frontispício do Cours de linguistique générale, *de F. de Saussure (1916).*

mensagens que recebe, mas perdeu o uso da *palavra*), ou com o fato de que podemos ler as *línguas* mortas. Por tudo isso, "o estudo da linguagem abrange [...] duas partes: uma, a essencial, tem por objetivo a língua, que, em sua essência, é social e independente do indivíduo; a outra, secundária, tem por objeto a parte individual da linguagem, ou seja, a *palavra*, aqui abrangendo a fonação; ela é psicofísica". Embora nunca tendo "enfrentado em suas lições a linguística da *palavra*" (é o que nos diz Bally), Saussure vira que "é a *palavra* que faz evoluir a língua", e isso pelo fato de que "nada entra na língua sem ter estado na *palavra*, e todos os fenômenos evolutivos têm sua raiz na esfera do indivíduo". Entretanto, "toda criação deve ser precedida de uma comparação inconsciente dos materiais depositados no tesouro da língua, onde as formas geradoras são classificadas segundo suas relações sintagmáticas e associativas".

1.3 *A segunda grande oposição: "sincronia" e "diacronia"*

A primeira oposição, portanto, é a existente entre *língua* e *palavra*. E a segunda "grande bifurcação" é a que existe entre *sincronia* e *diacronia*. Em seus *Princípios de história da língua* (1880), Hermann Paul sentenciara que "um estudo científico da língua que não seja histórico nos fins ou no método é deficiente". Paul expressava o que se havia tornado opinião dominante nos programas de trabalho dos linguistas. Pois bem, diante dessa situação, Saussure efetua uma autêntica revolução na ciência da linguagem, com sua oposição entre sincronia e diacronia, e com o privilégio dado à sincronia. A *linguística sincrônica* estuda a língua vista como *sistema*, não considerando as mudanças ocorridas no tempo. Ela investiga a língua com base no "eixo das simultaneidades", não das "sucessões". Escreve Saussure: "A linguística sincrônica tratará das relações lógicas e psicológicas que relacionam termos coexistentes e que formam sistemas, assim como são percebidas pela própria consciência coletiva". Por seu turno, "a linguística diacrônica estudará [...] as relações que ligam termos sucessivos, não percebidos pela própria consciência coletiva, e que se substituem uns aos outros sem formar sistemas entre si". Saussure exemplifica: no antigo alemão, o plural de *gast* (hóspede) e de *hant* (mão) era, respectivamente, *gasti* e *hanti*; analogamente, no anglo-saxão, o plural de *fot* (pé), *toth* (dente) e *gos* (ganso) era *foti, tothi* e *gosi*. Pois bem, é esse tipo de regularidade que interessa à linguística sincrônica: trata-se daquelas regularidades pelas quais a massa falante percebe a língua como sistema. O aspecto sincrônico "é a única realidade para a massa falante". Com o tempo, o plural de *gast* tornou-se *gäste* e o de *hant* tornou-se *hände,* mas, "para o sujeito falante, sua (dos fatos da língua) sucessão no tempo é inexistente". Assim, por exemplo, "se *dépit* já significou 'desprezo' em francês, isso não muda o fato de que, atualmente, tem sentido completamente diferente; etimologia e valor sincrônico são duas coisas bem distintas". Em suma, a etimologia de um termo não é necessária à descrição de seu valor. Portanto, "*sincronia* e *diacronia* designarão respectivamente um estado da língua e uma fase de evolução". Assim, a verdade sincrônica não exclui a diacrônica. Entretanto, "o aspecto sincrônico predomina sobre o outro, porque, para a massa falante, é a única realidade". Tal distinção entre sincronia e diacronia, afirma Saussure, "impõe-se imperiosamente" ao linguista pelo fato de que "a língua é sistema de puros valores, não determinado por outra coisa senão pelo estado momentâneo de seus termos". A linguística sincrônica é "a ciência dos *estados* de uma língua"; é, por assim dizer, *linguística estática*. Já a linguística diacrônica, por assim dizer, é *linguística evolutiva*.

Com base nisso tudo, Saussure traça um esquema (reproduzido abaixo) que indica "a forma racional" que o estudo linguístico deve tomar:

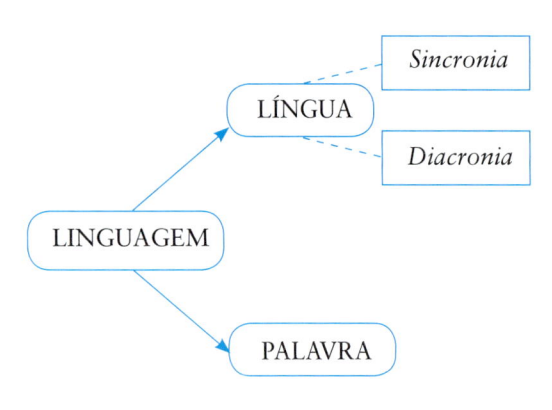

```
                    ┌── Sincronia
           LÍNGUA ──┤
          ↗         └── Diacronia
LINGUAGEM
          ↘
           PALAVRA
```

Naturalmente, em sua história, a língua sofre influências *externas* a ela: fatos como as colonizações, as relações entre língua e instituições (Igreja, escola etc.), as políticas de unificação nacional etc., não deixam de influir na evolução de uma língua. Diz Saussure que a "linguística externa" pode acumular pormenores sobre pormenores "sem sentir-se aprisionada nas malhas de um sistema". Mas com a "linguística interna" tudo ocorre diversamente, já que para ela "a língua é um sistema que conhece somente a ordem que lhe é própria". Uma comparação com o jogo de xadrez, diz Saussure, ajuda a compreender tudo isso melhor, já que em tal caso é relativamente fácil distinguir aquilo que é externo do que é interno: "O fato de o jogo ter passado da Pérsia para a Europa é de ordem externa, mas, ao contrário, tudo o que se refere ao sistema e às suas regras é interno. Se substituo peças de madeira por peças de marfim, a mudança não influi sobre o sistema; mas, se se diminuir ou aumentar o número de peças, essa mudança atinge profundamente a 'gramática' do jogo". O *valor* das peças (ou dos sinais linguísticos) não está vinculado ao material (madeira ou marfim) de que são feitas, mas depende unicamente das relações que se estabelecem entre elas: regras de posições, de deslocamento etc. Os sinais linguísticos, como as peças de xadrez, não valem por sua substância, e sim por sua forma.

2. O Círculo Linguístico de Praga

Fundado por Vilém Mathesius em 1926, o Círculo Linguístico de Praga teve como representantes principais três russos: o príncipe Nikolaj Segeevic Trubeckoj (1890-1938), que, de 1922 até a sua morte, ensinou na Universidade de Viena; Roman Jakobson (1896-1982) e S. Karcevskij (1871-1955). Entre os filiados "europeus" ao Círculo de Praga deve-se recordar sobretudo Karl Buhler, Daniel Jones, Émile Benveniste e André Martinet.

O campo de pesquisas desse grupo foi a *fonologia*. Além de *Os fundamentos da fonologia* (1939), de Trubeckoj, deve-se recordar os oito volumes dos *Trabalhos do Círculo Linguístico de Praga*, publicados entre 1929 e 1938. Em 1928, no primeiro congresso internacional de linguistas, realizado em Haia, Jakobson, Karcevskij e Trubeckoj formularam o princípio pelo qual a *fonética* é o estudo dos sons das *palavras* (estudo fisiológico), ao passo que a *fonologia* é o estudo dos sons dentro do sistema da *língua*, isto é, dos fonemas. A primeira, isto é, a fonética, estuda os sons concretos como *fenômenos físicos*; a segunda, ou seja, a fonologia, estuda os *sinais fônicos* que são usados na comunicação linguística. Os *fonemas* são "unidades distintivas mínimas da língua"; são em número fixo em cada língua, de vinte a quarenta, desenvolvendo uma "função diferencial" dentro do sistema da língua e no plano do significante. Assim, por exemplo, nas palavras italianas *tare, mare, dare, bare, pare*, a "diferença" de significado deve-se aos fonemas iniciais, que são diferenciados e diferenciadores. Ou então basta pensar na função distintiva do fonema /e/ nas palavras italianas *esalare* e *salare*: a segunda palavra distingue-se da primeira somente pela *ausência* do fonema inicial /e/. A fonética, portanto, é o estudo do aspecto material dos sons da linguagem, ao passo que a fonologia considera somente aqueles aspectos dos sons que desenvolvem determinada função na língua, e que se identificam precisamente com os fonemas (F. Ravazzoli).

São de 1929 as famosas *Teses* (*As teses de 1929*) do Círculo Linguístico de Praga, que são teses programáticas enunciadas no Primeiro Congresso dos Filólogos Eslavos, e nas quais os conceitos de "sistema" e de "função" desenvolvem papel central. "Produto da atividade humana, a língua tem em comum com ela o caráter de finalidade. Quando se analisa a linguagem como expressão ou como comunicação, o critério explicativo que se apresenta como o mais simples e natural é a própria intenção do sujeito falante. Assim, na análise linguística, deve-se levar em conta o ponto de vista da função. Desse ponto de vista, *a língua é um sistema de meios de expressão apropriados a um objetivo*. Não se pode compreender nenhum fato linguístico sem levar em conta o sistema a que pertence". Nas pegadas de Saussure, o grupo de Praga defende a ideia de que "o melhor modo para conhecer a essência e o caráter de uma língua consiste na análise sincrônica dos fatos (linguísticos) atuais, os únicos que oferecem materiais completos e dos quais se têm a experiência direta". A concepção da língua como sistema funcional também deve ser levada em conta "no estudo dos estados de língua do passado, tanto em se tratando de reconstruí-los como de constatar sua evolução". Desse modo, o estudo diacrônico não somente não exclui as noções de sistema e função, mas, ao contrário, "fica incompleto se não se levar em conta essas noções". E mais: no que se refere ao aspecto fônico da língua, "o conteúdo sensorial de tais elementos fonológicos é menos essencial do que suas relações recíprocas no interior do sistema (*Princípio estrutural do sistema fonológico*)".

3 O Círculo Linguístico de Copenhague

A tradição linguística dinamarquesa (basta pensar em Rasmus Rask) alcançou seu ponto mais significativo em nosso século com a Escola de Copenhague, cujos representantes de maior destaque são Viggo Brendal, H. J. Uldall e, sobretudo, Luís Hjelmslev (1899-1965). Brendal pretendia "encontrar na linguagem os conceitos da lógica, que, em filosofia, foram elaborados desde Aristóteles até os lógicos modernos". E "o procedimento rigidamente logicizante que levou Brendal a construir sua teoria fazendo os fatos entrarem em quadros preestabelecidos de tipo binário também atraiu outros pesquisadores" (M. Leroy). Por seu turno, em *Fundamentos da teoria da linguagem* (1945), Hjelmslev apresenta uma teoria (a teoria *glossemática*), na qual, nas pegadas de Saussure ("único antecedente indiscutível"), a língua é vista como uma totalidade auto-suficiente. Também para ele "a língua é uma forma e não uma substância", e a função do linguista é a de construir uma teoria que venha a se configurar como uma espécie de "álgebra" de toda língua. Escreve Hjelmslev: "A forma linguística é independente da substância em que se manifesta. A forma não pode ser reconhecida e definida senão colocando-se no terreno da função". A substância de uma língua deve ser estruturada, do contrário permanece uma nebulosa. E, na opinião de Hjelmslev, a estrutura é "uma rede de dependências, ou, para dizê-lo de um modo ao mesmo tempo mais exato, mais técnico e mais simples, é uma rede de funções". A estrutura é "uma entidade autônoma de dependências internas". Disso tudo brota a proposta de que é necessário estudar, não as "partes" da língua (isto é, as unidades substanciais), mas muito mais as relações (ou funções) existentes e constitutivas dessas partes. Todo elemento de um texto (oral ou escrito) é considerado como a intersecção de um "feixe de relações". Assim, por exemplo, no latim existe uma relação de *interdependência* entre o caso e o número, que se pressupõem reciprocamente; há uma relação de *determinação* entre *sine* e o ablativo (*sine* pressupõe o ablativo, mas o ablativo não pressupõe *sine*); existe uma relação de *constelação* entre *in* e o ablativo (eles estão em relação entre si, mas nenhum dos dois pressupõe o outro) (D. Manesse). A teoria linguística de Hjelmslev preocupa-se unicamente com a forma. É por isso que ele a chama de *glossemática* (*glossa*, em grego, é *língua*). Devido a essa preocupação, pode-se compreender muito bem os ataques de Hjelmslev contra os mentalistas e contra os comportamentalistas. Os primeiros, pressupondo uma vontade consciente, fazem intervir o sujeito falante; os segundos fazem intervir o ouvinte a quem a mensagem é endereçada. Mas, para Hjelmslev, tanto o falante como o ouvinte são estranhos à estrutura da linguagem. Muito técnica e abstrata, porém, como escreveu G. Lepschy, "à glossemática deve ser reconhecido o mérito de ter enfrentado muitos problemas, sobretudo inerentes à lógica interna [...] da teoria linguística, silenciados em outras teorias, e de tê-lo feito com notável antecipação em relação ao período mais recente, no qual as pesquisas sobre a teoria linguística, *enquanto distintas das pesquisas sobre a linguagem*, viram reconhecida a importância que a elas cabe".

4. A gramática generativa de Noam Chomsky

4.1 "Estrutura profunda" e "estrutura superficial"

Silenciando sobre importantes contribuições específicas de estudiosos como L. Bloomfield, Jakobson, Martinet e outros, vejamos rapidamente algumas das ideias centrais de Noam Avram Chomsky (nascido em Baltimore, em 1928; professor no famoso Massachusetts Institute of Technology). A gramática tradicional e a linguística estruturalista haviam acumulado grande número de fatos e observações sobre a língua, pondo assim à disposição dos estudiosos grande quantidade de material empírico. A gramática tradicional é normativa e a linguística estruturalista, ao contrário, é descritiva. Mas tanto uma como a outra permanecem no plano das classificações, ainda que por vezes refinadíssimas, dos fatos linguísticos.

Com Chomsky, a linguística deu um salto de qualidade. Com efeito, a linguística estrutural *descreve* a língua, mas *não consegue explicá-la*. E Chomsky deu-se a tarefa de fazer a ciência da linguagem passar do estágio descritivo para o estágio *explicativo*, já que, "hoje, o problema central para a teoria da gramática não é a falta de dados, e sim muito mais o fato de que as teorias existentes não são suficientes para pôr ordem na grande quantidade de dados que dificilmente podem ser postos seriamente em dúvida".

Desde seu aparecimento em 1957 (é esse o ano da publicação de *As estruturas sintáticas*), a concepção de Chomsky sofreu várias modificações, tanto que hoje já se costuma falar de três teorias diversas: a primeira gramática generativa transformacional, a teoria padrão, e a teoria padrão ampliada.

Como foi a teoria padrão que focalizou a discussão posterior, exporemos os núcleos centrais dessa teoria (ou, pelo menos, as ideias de maior relevo para a tradição filosófica). Chomsky, portanto, não quer descrever a língua, e sim explicá-la. E, para esse fim, se propõe a construir uma *gramática generativa*. Esta não analisa descritivamente os enunciados, mas os gera, ou seja, dá um cálculo de tipo lógico-matemático em grau de enumerar de forma recorrente todos e apenas os enunciados gramaticais de uma língua. Desse modo, a gramaticalidade não é a sensatez e tampouco a verdade. É a correção formal de uma sequência. *Incolores verdes ideias dormem furiosamente* é considerado gramatical, ao passo que *ele ler um livro de música* não é considerado tal (E. Rigotti).

Em *As estruturas sintáticas*, Chomsky havia distiguido entre *frases nucleares* e *frases complexas*, estas últimas sendo geradas pelas primeiras através das "transformações". Depois, porém, em *Aspectos da teoria da sintaxe* (1964), Chomsky substituiu essa distinção por outra, entre "estrutura profunda" e "estrutura superficial". Simplificando muito, poderíamos dizer que a *estrutura profunda* está no significado não ambíguo de uma frase. Da estrutura profunda se passa à *estrutura superficial*, através daquelas *transformações* cuja função é reordenar as relações sintáticas segundo as regras próprias de cada língua. (A investigação sobre as transformações generativas é precisamente o que carateriza a gramática transformacional.) *Pedro educa Paulo* e *Paulo educa Pedro* possuem os mesmos elementos léxicos, mas significados diversos. Entretanto, não há diversidade de significado entre *Pedro educa Paulo* e *Paulo é educado por Pedro*, enquanto o segundo enunciado é uma transformação legítima da estrutura profunda do primeiro enunciado. Na estrutura profunda, o enunciado E se ramifica nas categorias maiores, que são o sintagma nominal SN e o sintagma predicativo SP. Estes, por seu turno, se ramificam em outros sintagmas e estes em outros ainda, até chegar-se ao nome N, ao verbo V, ao advérbio Adv., ao adjetivo Adj. etc., como no esquema seguinte:

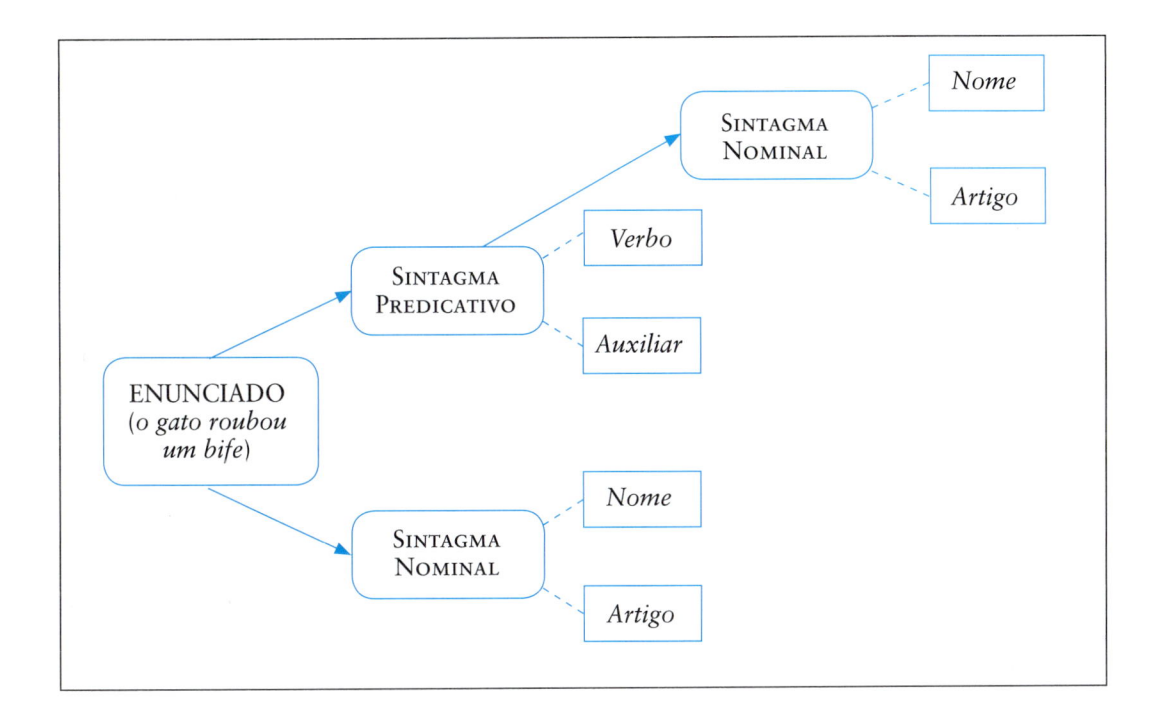

```
                                                    ┌─── Nome
                                    SINTAGMA ──────┤
                                    NOMINAL         └─── Artigo
                          ↗
                                              ┌─── Verbo
              SINTAGMA ──────┤
              PREDICATIVO    └─── Auxiliar
  ENUNCIADO ──┤
  (o gato roubou
   um bife)
              ↘
                    SINTAGMA ──────┬─── Nome
                    NOMINAL        └─── Artigo
```

A distinção entre estrutura profunda e estrutura superficial resulta útil, por exemplo, quando nos embatemos em frases ambíguas, para as quais a análise gramatical pode mostrar que, a estes dois significados, correspondem duas estruturas profundas. "Conhecer uma língua — escreve Chomsky em *Mente e linguagem* (1968) — significa estar em grau de atribuir uma estrutura profunda e uma superficial a uma quantidade infinita de frases, de relacionar essas estruturas entre si de modo justo, e de atribuir uma interpretação semântica e fonética à estrutura profunda e à superficial combinadas".

4.2 "Competência" e "execução"

Paralelamente à distinção entre estrutura profunda e estrutura superficial, existe a distinção entre *competence* e *performance*, traduzidas por *competência* e *execução*. A competência e a execução nos remetem à oposição de Saussure entre *língua* e *palavra*. Como a *língua* em Saussure, a *competência* de Chomsky designa aquele conjunto de normas e mecanismos à disposição do sujeito falante, que lhe permitem executar, criar e avaliar um número infinito de mensagens ou frases. Analogamente à *palavra* de Saussure, a *execução* é a realização concreta da competência. Entretanto, diferentemente de Saussure, Chomsky evidencia que, no sujeito, a *competência* implica atividade *criadora* desconhecida para o falante de Saussure, e ignorada principalmente pelo comportamentalismo de Bloomfield (*A linguagem*, 1953) e de Skinner (*O comportamento verbal* é de 1957). O fato é que o sujeito falante (não somente o adulto, mas também a criança) está em condições de compreender e produzir um número *infinito* de frases que nunca ouviu nem leu, fato que despedaça a ideia comportamentalista de que a aprendizagem da linguagem pode ser explicada através do mecanismo de estímulo e resposta, ou por meio de um adestramento repetitivo.

Referindo-se a von Humboldt, Chomsky afirma que a linguagem é chamada a fazer, "a partir de meios finitos, um uso infinito". Os mecanismos que permitem produzir frases e frases novas, bem como reconhecê-las e julgá-las, entram fortemente em ação desde tenra idade. E nenhuma teoria empirista e comportamentalista, precisamente, é capaz de explicar (através de meios como a imitação, a repetição, a memorização de fatos linguísticos etc.) a "competência" linguística de uma criança de três anos, por exemplo. Posto precisamente diante da "competência" e da "criatividade linguística" das crianças, Chomsky, destacando a total inadequação explicativa das teorias empiristas e comportamentalistas, pressupõe então *capacidades inatas*. Em outros termos, ampla quantidade de conhecimentos linguísticos (de normas linguísticas) chega a nós como herança linguística do patrimônio da espécie. Uma criança é *geneticamente* capaz de falar; o ambiente nada mais faz do que desencadear estas suas capacidades inatas. E Chomsky identifica o conteúdo dessas disposições inatas naqueles "universais linguísticos" cuja descoberta é função da gramática universal. Com efeito, afirma Chomsky, "a gramática universal é um conjunto de princípios, que caracteriza a classe das gramáticas possíveis, preconizando o modo como se organizam as gramáticas particulares". Ela é "um conjunto de hipóteses empíricas sobre a faculdade da linguagem determinada biologicamente". Naturalmente, se a tese inatista afasta Chomsky do empirismo e do comportamentalismo, ela o aproxima, porém, do racionalismo clássico e daquela tradição linguística que Chomsky chama de "linguística cartesiana", que iria de Descartes a Humboldt e que, por exemplo, teria encontrado concretização na *Gramática geral e racional* de Arnauld e Lancelot.

Noam Avram Chomsky (1928-) não quis descrever a língua, mas explicá-la.

VI. A antropologia cultural

1 A evolução do conceito de cultura

O conceito de "cultura", como emerge da atual Antropologia cultural, tem até data de nascimento, ou seja, o ano de 1871, quando Edward B. Tylor (1832-1917) publicou seu *Cultura primitiva*. Nesse livro, Tylor assim definia a cultura: "Entendida em seu amplo sentido etnográfico, a cultura ou civilização é aquele conjunto complexo que inclui o conhecimento, as crenças, a arte, a moral, o direito, os costumes e quaisquer outras capacidades e hábitos adquiridos pelo homem como membro de uma sociedade". Desse modo, Tylor alargava o arco histórico da vida dos povos, enquanto esse arco deixava de coincidir com o desenvolvimento das ciências e da arte dos povos "civilizados": antes de alcançar esse estágio, a humanidade teve uma organização social primitiva, personificou os fenômenos em entidades míticas, concebeu o universo como a morada dos espíritos invisíveis e, todavia, ativos (Pietro Rossi).

Depois de Tylor, Franz Boas (1858-1942) e sua Escola, da qual provêm estudiosos como Robert H. Loewie (1883-1957) e Alfred L. Kroeber (1876-1960, autor de *O superorgânico*, 1917, e de *A natureza da cultura*, 1952), insistiram sobre o caráter *adquirido da cultura*, ou seja, sobre a diferença entre herança biológica e herança cultural, e sobre a impossibilidade de relacionar a segunda com a primeira. Além disso, Boas também fez questão de distinguir a "sociedade" da "cultura". Ele sustenta que a sociedade, ou seja, a organização social, pode ser encontrada também no mundo dos animais; basta pensar no mundo das abelhas, das formigas, dos macacos e dos lobos. Já a *cultura* é típica do homem. Escreve Boas: "A cultura humana se diferencia da vida animal pelo poder de raciocínio e, correlatamente, pelo uso da linguagem".

A exemplo de Boas, Loewie e Kroeber, a irredutibilidade da *cultura* a condições biológicas, econômicas ou geográficas também foi eficazmente propugnada pelo grande Bronislav Malinowski (1884-1942, autor de *Os argonautas do Pacífico ocidental*, 1922; *A vida sexual dos selvagens da Melanésia norte-ocidental*, 1929; *Sexo e repressão na vida dos selvagens*, 1927; *Os fundamentos da fé e da moral*, 1936), que afirmou a esse respeito: "Um negro de sangue puro, transportado para a França desde criança e criado nesse país, seria profundamente diferente do que teria sido se criado na selva de sua terra de origem. Ele teria recebido uma herança social diferente, outra língua, outros hábitos, outras ideias e crenças; teria sido incorporado a uma organização social e a um ambiente cultural diferentes". E Malinowski conclui: "Essa herança social é o conceito-chave da antropologia cultural". Está claro, portanto, que, para a antropologia cultural moderna, a cultura é irredutível a condições extraculturais, como as condições biológicas ou climáticas: raças diversas têm a mesma cultura, e a mesma raça tem culturas diferentes; sob o mesmo clima encontramos culturas diversas e encontramos a mesma cultura sob climas diferentes. Portanto, *omnis cultura e cultura* (toda cultura provém de uma cultura), muito embora seja verdadeiro que os fatores extraculturais influenciam ou condicionam a cultura em certa medida, a ser precisada em cada caso.

Entretanto, de 1930 em diante, outra dimensão entra na problemática da antropologia cultural: a *dimensão normativa*. Afirma-se que são os valores que caracterizam uma cultura. Ou seja, são os modelos de comportamento, ou seja, os modos de vida aos quais são atribuídos valores. Essa posição, favorecida por John Dewey, G. H. Mead, Talcott Parsons e pelo próprio Kroeber, foi expressa sobretudo por Clyde Kluckhohn (1905-1960, estudioso dos navahos, entre outras coisas). Para Kluckhohn, a cultura é um conjunto de modelos normativos compartilhados pelos membros do grupo, modelos que servem para regular sua conduta e que são acompanhados por certas sanções quando a conduta não se conforma a eles. Nas mãos de Kluckhohn, o conceito de modelo normativo tornou-se critério metodológico para distinguir uma cultura de outra cultura, para distinguir culturas diversas (isto é, escalas diversas de valores) no interior da mesma sociedade, e para identificar as várias subculturas no interior de uma cultura. É óbvio que, sendo assim, o etnocentrismo é apenas uma ilusão pseudocientífica, que frequentemente teve consequências cruéis. É uma grande *lição de tolerância* que nos provém da antropologia cultural dos nossos dias. E mais: se a cultura não é determinada por fatores extraculturais, então pode-se ver logo que a cultura implica criatividade. Escreve o antropólogo de origem russa David Bidney (nascido em 1908, autor de *Antropologia teórica*, 1953, e de *O conceito de liberdade em antropologia*, 1963): "A cultura é essencialmente o produto da capacidade criativa do homem [...]. Nós sustentamos que a cultura é criação histórica do homem e, em sua continuidade, depende da transmissão e invenção livre e criativa". Por isso, acrescenta a esse propósito Clyde Kluckhohn, "por mais que os antropólogos sérios fujam de qualquer pretensão messiânica e não afirmem de modo algum que a natureza seja uma espécie de pedra filosofal capaz de resolver todos os problemas, no entanto o conceito explicativo traz consigo um fundo de legítima esperança para os homens e para seus problemas. Se os alemães e japoneses fossem o que foram por causa de sua natureza biológica, as perspectivas para o futuro seriam quase desesperadoras; mas, se sua inclinação para a crueldade e o expansionismo é resultado de fatores situacionais (pressões econômicas) e de suas culturas, nesse caso é possível fazer algo".

Mais recentemente, primeiro Popper e, depois dele, biólogos como John C. Eccles, Jacques Monod e Peter B. Medawar usaram a expressão "*mundo 3*" para significar o conceito de *cultura*. O "*mundo 1*" é o mundo material e dos organismos; o "*mundo 2*" é o mundo da mente humana; o "*mundo 3*" é o mundo feito pelo homem (e que, por seu turno, fez o homem), é o mundo dos produtos humanos, o mundo da cultura (dos mitos, das obras de arte, das teorias científicas, das instituições etc.). Os problemas, as teorias e as argumentações científicas constituem apenas a "*província lógica*" do mundo 3.

VII. Mannheim
e a sociologia do conhecimento

1. Concepção parcial e concepção total da ideologia

No capítulo sobre a fenomenologia, já acenamos para a contribuição dada por Max Scheler à sociologia do conhecimento. Aqui, delinearemos os traços de fundo das teorias de Karl Mannheim (1893-1947), o pensador que, mais do que qualquer outro, juntamente com Scheler, contribuiu (com seu trabalho *Ideologia e utopia*, 1929) para a proposição dos problemas típicos da sociologia do conhecimento (ainda que, também nesse campo, não se devam esquecer os trabalhos de P. Sorokin, G. Gurvitch, W. Stark, T. Parsons, R. K. Merton, F. Znaniecki etc.).

A sociologia do conhecimento ou sociologia do saber estuda os condicionamentos sociais do saber, "procurando analisar a relação entre conhecimento e existência". O fato de pertencer a determinada classe, como, por exemplo, à classe burguesa ou proletária, implica o que para as ideias morais, religiosas, políticas, econômicas, ou para o próprio modo de fazer ciência de quem a ela pertence? E como são condicionadas as produções mentais de quem pertence a uma Igreja, a uma camada social, a um partido ou a uma geração em função dessa participação? Na realidade, escreve Mannheim, "há aspectos do pensar que não podem ser adequadamente interpretados enquanto suas origens sociais permanecerem obscuras".

A consciência do condicionamento social das categorias e das produções mentais não é coisa recente. Assim, apenas para citar alguns pensadores do passado, a teoria dos *idola* de Bacon é exemplo da consciência do condicionamento social do pensamento. Mas essa consciência também pode ser encontrada em Malebranche, Pascal, Voltaire, Montesquieu, Condorcet, Saint-Simon e, mais recentemente, em Nietzsche. Foi Maquiavel quem observou que se pensa de um modo *na praça* e de outro *no palácio*. E Marx, por seu turno, estabeleceu como um dos fulcros de seu pensamento a ideia de que "não é a consciência dos homens que determina seu ser, mas, ao contrário, é o seu ser social que determina sua consciência". Pois bem, a sociologia do conhecimento assume e modifica criticamente essa conhecida afirmação de Marx, no sentido de que, "sem negar que exista a influência da sociedade sobre o pensamento, a sociologia do conhecimento considera que essa influência não é determinação, e sim condicionamento [...]" (G. Morra).

Para Mannheim, o marxismo "viu claramente que por trás de toda doutrina se encerra a consciência de uma classe. Esse pensamento coletivo, que procede de acordo com determinados interesses e situações sociais, Marx o chamou de ideologia". Em Marx, a ideologia é um pensamento subvertido (não são as ideias que dão sentido à realidade, mas sim a realidade social que determina as ideias morais, religiosas, filosóficas etc.) e distorcido (o burguês, por exemplo, propõe suas ideias como universalmente válidas, embora elas sejam somente a defesa de interesses particulares), que tende a justificar e manter uma situação de fato. É a partir da concepção marxista de ideologia que Mannheim começa a tecer a rede de seus conceitos. Antes de mais nada, ele distingue entre *concepção particular da ideologia* e *concepção total*. Escreve Mannheim que, "na primeira, incluímos todos aqueles casos em que a 'falsidade' deve-se a um elemento que, intencional ou não, consciente ou inconsciente, permanece em nível psicológico e não supera o plano da simples mentira". Nessa concepção particular de ideologia, "nos referimos sempre a afirmações específicas que podem ser vistas como deformações e falsificações, sem que por isso fique comprometida a integridade da estrutura mental do sujeito".

Mas a sociologia do conhecimento problematiza precisamente essa estrutura mental em sua totalidade, "tal como ela aparece nas diversas correntes de pensamento e nos vários grupos histórico-sociais". Em outros termos, a sociologia do saber não critica as simples afirmações que camuflam situações particulares; ao contrário, ela muito mais "as examina em plano estrutural ou noológico, que não se apresenta de modo algum igual em todos os homens, mas é tal que a mesma realidade assume diversas formas e aspectos no curso do desenvolvimento social".

A concepção particular da ideologia mantém suas análises "em nível puramente psicológico", enquanto a concepção total da ideologia refere-se à ideologia de uma época ou de um grupo histórico-social, como uma classe. A concepção total "chama em causa toda a cosmovisão da oposição (inclusive todo o seu instrumento conceitual), compreendendo tais conceitos como produto da vida coletiva de que participa". Eu estou desmascarando a ideologia parcial quando, por exemplo, digo ao adversário que essa sua ideia é somente uma defesa do seu posto de trabalho ou deste ou daquele privilégio social, e estou descobrindo uma ideologia total quando constato correspondência entre uma situação social e determinada perspectiva ou consciência coletiva.

2 O marxismo é "ideológico"? A distinção entre ideologia e utopia

Ora, Marx utilizou unilateralmente a descoberta do condicionamento social do pensamento. Com efeito, ele procurou invalidar a concepção burguesa do mundo não porque ela seja um "engano político deliberado", e sim porque determinada por uma situação social precisa. A cosmovisão burguesa é filha direta de uma situação histórica e social. Mas, se o condicionamento social vale para o pensamento burguês, pergunta-se Mannheim, não valerá também para o pensamento marxista? Escreve Mannheim: "Pode-se mostrar facilmente que aqueles que pensam em termos socialistas e comunistas só identificam o elemento ideológico nas ideias de seus adversários, ao passo que consideram suas próprias ideias como inteiramente livres da deformação ideológica. Como sociólogos, não temos nenhuma razão para deixar de aplicar ao marxismo o que ele próprio descobriu, e para não identificar, caso por caso, seu caráter ideológico". E precisamente quando alguém "tem a coragem de submeter não só o ponto de vista do adversário, mas qualquer ponto de vista, inclusive o seu próprio, à análise ideológica", então se passa da *crítica da ideologia* à *sociologia do conhecimento* propriamente dita. Sociologia do conhecimento que realiza também outra distinção: a distinção entre *ideologia* e *utopia*. Por ideologia, diz Mannheim, entendem-se "as convicções e ideias dos grupos dominantes", "os fatores inconscientes de certos grupos [que] ocultam o estado real da sociedade para si e para outros, exercendo, portanto, sobre ele função conservadora". Já o conceito de *utopia* mostra uma segunda e inteiramente oposta descoberta: "Existem [...] grupos subordinados tão fortemente empenhados na [...] transformação de determinada condição social, que só conseguem perceber na realidade os elementos que eles tendem a negar. Seu pensamento é incapaz de uma diagnose correta da sociedade presente". O pensamento de tais grupos "nunca constitui uma visão objetiva da situação, podendo ser usado somente como diretriz para a ação". É pensamento que "dá [...] as costas a tudo o que poderia ameaçar sua convicção profunda ou paralisar seu desejo de revolução".

Portanto, enquanto a *ideologia* é o pensamento conservador que se ergue em defesa dos interesses adquiridos, a *utopia* é o pensamento voltado a destruir a ordem existente. Assim, para Mannheim, a utopia é um *projeto realizável*; trata-se de uma "verdade prematura". De tais utopias, também elas obviamente condicionadas socialmente, Mannheim analisa quatro formas:

1) o quiliasmo orgiástico dos anabatistas;
2) o ideal liberal-humanitário que guiou o movimento da Revolução Francesa;
3) o ideal conservador;
4) a utopia socialista-comunista.

A ideologia é o pensamento da classe "superior", que detém o poder e procura não perdê-lo; a utopia é o pensamento da classe "inferior", que visa libertar-se das opressões e tomar o poder.

3 O "relacionismo" evita o "relativismo"?

Se o pensamento é socialmente condicionado, então também a sociologia do conhecimento deve ser socialmente condicionada. E Mannheim está pronto a reconhecer esse condicionamento: "Podemos [...] identificar, com relativa precisão, as condições que impelem as pessoas a refletir mais sobre o pensamento do que sobre as coisas do mundo e mostrar que, nesse caso, não se faz tanto questão de uma verdade absoluta, e sim muito mais do fato, em si mesmo alarmante, da mesma realidade que se apresenta diversamente para diferentes observadores". Mannheim vê na base da gênese da sociologia do conhecimento "a intensificação da mobilidade social". Trata-se de uma mobilidade vertical e horizontal: a horizontal é "o movimento de uma posição a outra ou de um lugar a outro, sem que ocorra mudança no estado social"; a vertical, ao contrário, consiste em "rápido movimento entre as diversas camadas, no sentido de ascensão ou de declínio social". Um e outro tipo de mobilidade contribuem para tornar as pessoas incertas em relação à sua concepção do mundo e a destruir a ilusão, dominante nas sociedades estáticas, de que "tudo pode mudar, mas o pensamento permanece eternamente o mesmo". Aí, portanto, está a raiz social da sociologia do conhecimento: *a dissolução das sociedades estáveis*.

Chegando-se a esse ponto, resta enfrentar o principal problema da sociologia do conhecimento. Com efeito, se todo pensamento é socialmente condicionado, e se toda concepção do mundo é relativa à condição social de seu portador, então onde está a verdade? Não há mais nenhum critério para distinguir concepções verdadeiras de concepções falsas? O pressuposto fundamental da sociologia do conhecimento (ou seja, o condicionamento social do pensamento) não leva necessariamente ao *relativismo*?

São problemas que não podem ser evitados. E Mannheim os enfrenta e tenta resolvê-los com sua teoria da *intellighentzia* e, vinculada a ela, a teoria do *relacionismo*. O pensamento é socialmente condicionado, diz Mannheim, mas, consciente dos condicionamentos do seu pensamento e dos condicionamentos das outras concepções do mundo, o intelectual, precisamente com base nesta sua consciência, conseguiria se desvincular do condicionamento social. Em suma, na opinião de Mannheim, a *intellighentzia* seria um grupo relativamente independente daqueles interesses sociais que interferem nas concepções de mundo dos outros grupos, limitando-as. Em suma, conscientes dos laços entre as diversas cosmovisões e a existência social, os intelectuais estariam em condições de chegar a "uma síntese das várias perspectivas" e, portanto, a uma visão mais objetiva da realidade. Daí a teoria do *relacionismo*. Escreve Mannheim: "A sociologia do conhecimento submete consciente e sistematicamente todo fenômeno intelectual, sem exceção, à pergunta: em relação a que estrutura social tais fenômenos nascem e são válidos? A referência das ideias individuais a toda a estrutura histórico-social não deveria ser confundida com um relativismo filosófico, que nega a validade de todo modelo e a existência de uma ordem no mundo. Assim como o fato de que toda medida no espaço depende da natureza da luz não significa que nossas medidas sejam arbitrárias, e sim que elas são válidas em relação à luz, da mesma forma é o relacionismo que se aplica às nossas discussões, e não o relativismo e a arbitrariedade a ele implícita. O relacionismo não significa que faltem critérios de verdade na discussão. Segundo ele, entretanto, é próprio da natureza de certas afirmações o não poderem ser formuladas em absoluto, mas somente nos termos da perspectiva posta por determinada situação".

Ora, considerando precisamente o exemplo escolhido por Mannheim, podemos logo ver que há uma diferença abissal entre a *relatividade* dos conhecimentos fornecidos pelas ciências naturais e o *relativismo* das várias perspectivas em que, habitualmente, se faz caminhar a sociologia do conhecimento. Todo conhecimento científico é relativo à época em que é proposto e provado: depende do saber anterior, dos instrumentos disponíveis na época etc. Entretanto, quando respeitadas as condições do método científico, as teorias científicas são *universais* e *válidas para todos*, ainda que desmentíveis em período posterior. Mas que tipo de prova temos para selecionar as diversas concepções do mundo socialmente condicionadas? Se todo fenômeno intelectual é relativo a um contexto social particular, então não será verdade que nos encontramos diante de concepções fechadas, entre as quais é impossível escolher racionalmente, de modo que *o caos do relativismo torna-se inevitável*? A fim de evitar o espectro do relativismo, Mannheim propôs então seu relacionismo. Todavia, "nesse ponto parece-nos difícil identificar verdadeira diferença entre relativismo e relacionismo, aparecendo este último apenas como versão do 'relativismo cultural' defendido por alguns antropólogos, segundo os quais existiriam vários universos sociais com modos de vida próprios, sem possibilidade de comunicação entre os membros de tais universos diferentes" (A. Izzo). Na realidade, é a base epistemológica do pensamento de Mannheim que parece frágil. Falta nele a distinção clara entre a gênese (social ou não) das teorias e sua prova; falta uma ideia adequada de prova e também a distinção entre teorias verificáveis e teorias inverificáveis. Mas, com isso, não se pretende negar a aguda sensibilidade cultural de Mannheim nem o fato de que ele levantou toda uma série de problemas, sobre os quais trabalharia posteriormente a sociologia empírica, tanto europeia como norte-americana.

VIII. A filosofia do direito: jusnaturalismo; realismo jurídico; Kelsen e o juspositivismo

1. Radbruch e o jusnaturalismo

No desenvolvimento deste curso de história das ideias filosóficas, reservamos amplo espaço para a teoria política, para as argumentações visando a legitimar determinado tipo de Estado ao invés de outro (o Estado totalitário ou o democrático), e para as relações existentes entre moral e normas jurídicas. Em nosso século as diversas teorias de filosofia do direito fixaram-se, substancialmente, em torno de três polos principais:
 a) o *jusnaturalismo*;
 b) o *positivismo jurídico*;
 c) o *realismo jurídico*.

O jusnaturalismo — doutrina que desde os tempos antigos (basta pensar na "Antígona" de Sófocles) permeou toda a tradição ocidental — encontra no século XX um representante de prestígio no alemão Gustav Radbruch (1878-1949). Para o jusnaturalismo, uma lei só é válida se for justa; se não for justa, *non est lex sed corruptio legis*. Em sua *Filosofia do Direito* (de 1932. Estamos na Alemanha de Hitler; homem nobre e prestigioso, Radbruch perderá sua cátedra), Radbruch escreve: "Quando uma lei nega conscientemente a vontade de justiça — por exemplo, concedendo arbitrariamente ou rejeitando os direitos do homem —, falta-lhe validade [...]; os juristas também devem encontrar coragem para rejeitar-lhe o caráter jurídico". E ainda: "Pode haver leis tão injustas e danosas socialmente que é preciso rejeitar-lhes o caráter jurídico [...], já que existem princípios jurídicos fundamentais mais fortes do que toda normativa jurídica, a tal ponto que uma lei que os contradiga carece de validade". Em suma, para Radbruch, "onde a justiça não é sequer perseguida e onde a igualdade, que constitui o núcleo da justiça, é conscientemente negada pelas normas do direito positivo, a lei não apenas é direito injusto, mas em geral também carece de juridicidade". Diante dessas expressões de Radbruch, como também diante do comportamento de Antígona, todos aprovam as intenções elevadas e humanitárias do jusnaturalismo e das "leis que os deuses puseram no coração dos homens". Mas como se poderá responder ao pedido de explicitar, enumerar e fundamentar de uma vez por todas essas leis postas pelos deuses no coração dos homens? Em suma, o que é a justiça? Haverá critério absoluto que nos permita estabelecer de modo definitivo e universal o que é justo e o que é injusto? Esse é o problema de fundo do jusnaturalismo e, ao mesmo tempo, sua cruz.

2. O realismo jurídico de von Savigny a Pound

Para o *realismo jurídico* (corrente de pensamento que também possui raízes longínquas), o direito não se funda em um ideal de justiça nem se funde com os ordenamentos jurídicos constituídos. Ao contrário, o direito surge da realidade social onde os comportamentos humanos fazem e desfazem as normas de conduta. Direito não é a norma justa (por certa ética filosófica) ou a norma válida (segundo e em dado ordenamento), e sim a regra eficaz que emerge da vida vivida pelos homens.

Integram essa corrente de pensamento:

– a Escola histórica do direito, de Friedrich Carl von Savigny (1779-1861) e de seu discípulo Georg F. Puchta (1797-1846), representantes do romantismo jurídico que vê no "espírito do povo" e no direito consuetudinário as fontes primárias do direito;

– Hermann Kantorowicz (1877-1940), que, em *A luta pela ciência do direito*, de 1906, sustenta que, ao lado do direito estatal, existe com igual valor o "direito livre", ou seja, o direito "produzido pela opinião jurídica dos membros da sociedade, pelas sentenças dos juízes e pela ciência jurídica: ele vive independentemente do direito estatal e é, aliás, o terreno onde nasce este último" (G. Fassò);

– Eugen Ehrlich (1862-1922), que, em *A fundamentação da sociologia do direito* (1913), escreve que "o centro de gravidade do desenvolvimento do direito [...] está [...] na própria sociedade" e que "constitui erro aquilo em que hoje muitos acreditam, ou seja, que todo o direito é produzido pelo Estado com suas leis. A maior parte do direito tem sua origem imediatamente na sociedade, enquanto é ordenamento interno das relações sociais, do matrimônio, da família, das corporações, da posse, dos contratos, da sucessão, e nunca foi reduzido a normas jurídicas";

– Phillip Heck (1858-1943), que, como representante principal da Escola de Tubingen, quis contrapor à *jurisprudência dos conceitos* a *jurisprudência dos interesses*, onde as leis são consideradas como "as resultantes dos interesses de caráter material, nacional, religioso e ético que se enfrentam em toda comunidade jurídica e lutam para ser reconhecidos".

Estes são apenas alguns dos mais prestigiosos pensadores da tradição do realismo jurídico.

Mais recentemente, quem defendeu essa corrente de pensamento melhor e mais radicalmente do que outros foi o jurista norte-americano Oliver Wendell Holmes (1841-1935), durante muitos anos juiz da Corte Suprema dos Estados Unidos. Holmes "foi o primeiro, precisamente no exercício de suas funções de juiz, a rejeitar o tradicionalismo jurídico das cortes, e a introduzir uma interpretação evolutiva do direito, mais sensível às mudanças da consciência social" (N. Bobbio).

Ao lado de Holmes devemos colocar aquele que é visto como o maior filósofo norte-americano do direito, ou seja, Roscoe Pound (1870-1964), que, nas *Interpretações de história jurídica* (1922), sustentou que se deve pensar o direito "não como um organismo, que cresce por causa e por meio de algumas propriedades a ele inerentes, e sim [...] como um edifício construído pelos homens a fim de satisfazer aspirações humanas, que é continuamente consertado, restaurado e ampliado para atender ao crescimento ou à mudança das aspirações e também à transformação dos costumes". (Mais tarde, Pound orientou-se no sentido de um jusnaturalismo que não deixava de levar em conta a história.)

Outro conhecido realista jurídico norte-americano foi Jerome Frank (1889-1957), o qual afirmou que o desejo da certeza do direito equivale ao "desejo infantil" do pai: os que procuram a certeza do direito tentam satisfazer os desejos infantis encontrando precisamente no direito "um sucedâneo do pai". Mas poder-se-á eliminar tão facilmente a questão da *certeza* do direito? E mais: em uma sociedade com forte mobilidade e sob impulsos inovadores mais diversos e contraditórios, quais "novos" costumes o juiz deverá endossar? Além disso, para que um *fato*, ou seja, um comportamento eficaz, ou seja, ainda, um comportamento seguido por um grupo, se torne norma, ele precisa ser acolhido em determinado sistema jurídico como comportamento obrigatório, ou seja, como comportamento cuja violação implica uma sanção. Mas "essa forma jurídica é atribuída ao direito consuetudinário pela lei, quando a ela se remeter; ou pelo juiz, quando extrair de um costume a matéria de sua decisão, ou ainda pela vontade concorde das partes" (N. Bobbio). Em suma, as normas que o juiz descobre em estado nascente na sociedade não são *ipso facto* normas jurídicas, tornando-se tais somente quando o juiz, com base em uma norma do sistema jurídico que o permita, as reconhece e a elas atribui força coativa.

3. Hans Kelsen

3.1 "Ser" e "dever ser" e a ciência dos valores

O *jusnaturalismo* reduz a validade da justiça, mas enquanto, por um lado, vemos que é difícil encontrar no curso da história um critério absoluto de justiça, por outro lado nos encontramos diante de leis juridicamente válidas e talvez eficazes (isto é, aplicadas), mas que a consciência de grupos e indivíduos consideram injustas. O *realismo* reduz a validade à eficácia, mas não é difícil perceber o fato de que a eficácia nem sempre é acompanhada pela validade. A essas duas grandes correntes se contrapõe o *positivismo jurídico*, que tenta manter distintas a justiça, a validade e a eficácia do direito. Esta é a posição de Hans Kelsen, que é positivista jurídico, mas não o é em sentido "ideológico"; ele é positivista jurídico no sentido de que se orienta para o estudo científico do direito positivo. Em outros termos, o positivismo jurídico, em sua versão ideológica, sustenta que a justiça das normas se reduz ao fato de que elas são fixadas por quem tem força para fazê-las respeitar. Como dizia Hobbes: *iustum quia iussum*. E gorvenado por quem? Por quem detém a força. Portanto, para o positivista jurídico ideológico, o "príncipe" é *criador de justiça*. Kelsen, ao contrário, afirma que o que constitui o direito é sua validade jurídica. E acrescenta que a norma jurídica, diferentemente de outras normas, se qualifica por sua coatividade, mas não sustenta de modo nenhum que o direito *válido* seja também o *justo*. Para Kelsen, o problema da *justiça* é um problema ético, enquanto o problema jurídico é o problema da *validade das normas* (ou seja, o problema de ver:

1) se a autoridade que emanou esta ou aquela norma tinha ou não o poder legítimo para fazê-lo;

2) se a norma não foi anulada;

3) se é ou não compatível com as outras normas do sistema jurídico).

Hans Kelsen (nascido em 1881 em Praga e professor desde 1940 nos Estados Unidos, onde faleceu em 1973) é autor de obras como *Problemas capitais da doutrina do direito do Estado* (1911), *Teoria geral do Estado* (1925), *Os princípios filosóficos da doutrina do direito e do positivismo jurídico* (1928) e *Doutrina pura do direito* (1934), bastante conhecida. As obras de maior destaque publicadas por Kelsen em seu período norte-americano são: *Teoria geral do direito e do Estado* (1945), *Sociedade e natureza* (1943), *Paz através do direito* (1944) e *A teoria comunista do direito* (1955). De 1919 a 1929, Kelsen foi professor na Universidade de Viena, onde esteve em estreito contato com os pensadores neopositivistas. (Deve-se recordar também que colaborou na redação da *Constituição* da jovem República Austríaca.)

Juntamente com Max Weber, com os neokantianos e com os neopositivistas vienenses, Kelsen distingue entre "juízo de fato" (ou descrição científica) e "juízo de valor". Ele afirma: "A ciência não está em condições de pronunciar juízos de valor e, portanto, não está autorizada a isso. O que também se aplica à ciência do direito, ainda que esta seja considerada como uma ciência dos valores. A exemplo de toda ciência dos valores, ela consiste no conhecimento dos valores, mas não pode produzir esses valores; pode compreender as normas, mas não pode criá-las". Se o conhecimento não pode criar os valores, então a função do estudioso do direito não é a de fundamentar um ideal de justiça. Como podemos ler em *A doutrina pura do direito,* a doutrina pura do direito é uma teoria que "pretende conhecer exclusiva e unicamente seu objeto. Ela procura responder à pergunta 'o que é e como é o direito', e não à pergunta 'como deve ser ou como se deve produzir o direito'. É ciência do direito, não política do direito". Eis, portanto, a primeira proposta de Kelsen: *delimitar* o direito em relação ao valor da justiça. Isso não significa eliminar a consideração ética do direito. Significa somente que a avaliação ética das normas jurídicas não é função da ciência jurídica (M. G. Losano). Em suma, o teórico do direito propõe-se e procura resolver problemas relativos à natureza e à função do direito.

Kelsen, portanto, parte da distinção kantiana entre ser e dever ser. Enquanto falamos da natureza através de proposições descritivas, o direito é "dever ser". A relação entre os fenômenos naturais é uma relação causal, ao passo que a norma jurídica enuncia uma relação entre acontecimentos por meio de um juízo que não se baseia no princípio de causalidade, e sim em um princípio que Kelsen chama de "imputação". Distinguindo a norma jurídica da lei natural, Kelsen diz que a norma enuncia que, dado um acontecimento A (que é ilícito), *deve* seguir-se a ele um acontecimento B (a sanção). Entretanto, precisamente, a relação entre o *ilícito* e a *sanção* não é uma relação causal entre fenômenos naturais, que o pensamento simplesmente constata, mas muito mais a *imputação* ou *atribuição* — realizada pela *vontade* de alguém — de uma consequência a um fato que, em si mesmo, não é sua *causa*, e sim sua *condição* — e que o é porque uma vontade a colocou como tal. E, desde o início do pensamento de Kelsen, aparece claramente que a vontade que quer a consequência enunciada pela sanção é *querida* pelo Estado (G. Fassò). O direito, portanto, identifica-se com o Estado, que emprega a força para impedir o emprego da força na sociedade. Nesse sentido, o direito é "técnica social" e "organização da força".

3.2 "Sanção", "norma jurídica" e "norma fundamental"

Uma norma jurídica atribui (eis a *imputação*) uma consequência a uma condição. A consequência é a sanção e a condição é o ilícito. E, na opinião de Kelsen, o ilícito não é tal em si mesmo (no sentido de que existiriam comportamentos ilícitos *em si mesmos*), nem o é pelo fato de ser uma ação proibida por uma ordem. Na opinião de Kelsen, uma ação é ilícita quando a ela é atribuída uma *sanção*. Consequentemente, parece evidente que "o conceito de dever jurídico difere do conceito de dever moral pelo fato de que o dever jurídico não é o comportamento que a norma 'requer', que 'deve' ser observado. Ao contrário, o dever jurídico é o comportamento com a observância do qual evita-se o ilícito, isto é, o oposto do comportamento que constitui uma condição para a sanção. Somente a sanção deve ser aplicada". Em outros termos, toda norma contém dois aspectos: por um lado, diz que dado indivíduo deve observar dada conduta (e esse é o *dever ser* da norma); por outro lado, diz que outro indivíduo deve exercer uma sanção no caso de ser violada a primeira norma. Escreve Kelsen: "Tomemos um exemplo: 'não se deve roubar; se alguém rouba, será punido'. Se admitirmos que a primeira norma, que proíbe o furto, só é válida se a segunda norma relacionar uma sanção ao furto, nesse caso a primeira norma é certamente supérflua em uma exposição exata do direito. Se existe, a primeira norma está contida na segunda, que é a única norma jurídica genuína".

Uma norma, portanto, atribui uma sanção a um ilícito. Mas, para que o juiz seja obrigado a infligir uma sanção, deve existir uma norma ulterior que, por seu turno, impute uma sanção pela falta de execução da primeira sanção: "Devem existir, portanto, duas normas distintas: uma que disponha que um órgão deve aplicar uma sanção contra um sujeito, e outra que disponha que outro órgão deve aplicar uma sanção contra o primeiro órgão, no caso de a primeira sanção não ser executada [...].

O órgão da segunda norma, por seu turno, pode ser obrigado por uma terceira norma a aplicar a sanção disposta pela segunda, e assim por diante". E assim por diante... Mas não se pode retroceder ao infinito: deve haver uma norma que seja a última da série. E esta última é a que Kelsen chama de "norma fundamental", que se encontra na base da validade de todas as normas que constituem um ordenamento jurídico. Mas o que é essa norma fundamental? Ela não é uma norma posta, e sim *pressuposta*. Kelsen afirma que tal norma fundamental *logicamente* necessária e pressuposta é a *constituição*, que é "produtora de direito" pelo fato de que "o indivíduo ou a assembleia de indivíduos que aprovaram a constituição na qual se baseia o ordenamento jurídico são considerados autoridade produtora de direito". Especifiquemos melhor: se perguntarmos por que se realiza um ato coercitivo (um indivíduo põe outro em prisão), responde-se que esse ato foi prescrito por sentença judiciária. Todavia, por que é válida essa sentença judiciária? Porque foi criada em conformidade com uma lei penal. E esta tira sua validade da constituição. Se nos perguntarmos então por que a constituição é válida, talvez remontemos a uma constituição mais antiga, até que "por fim cheguemos a uma constituição que é historicamente a primeira, ditada por um indivíduo usurpador ou por uma assembleia qualquer. A validade dessa primeira constituição é o pressuposto último, o postulado final, do qual depende a validade de todas as normas de nosso ordenamento jurídico".

A obra de Kelsen foi de grande valia para se entender o que é e como funciona o direito. Naturalmente, o positivismo jurídico anda de braços dados com o relativismo: não nos diz o que é justo e o que é injusto; deixa livre nossa consciência. Entretanto, em 17 de maio de 1952, quando deu sua última aula em Berkeley, Kelsen confessou abertamente não ter respondido à pergunta crucial: o que é a justiça? Disse ele: "Minha única desculpa é que, a esse respeito, estou em ótima companhia: teria sido muita presunção fazer crer [...] que eu teria podido alcançar êxito onde falharam os pensadores mais ilustres. Consequentemente, não sei e não posso dizer o que é a justiça, aquela justiça absoluta que a humanidade procura. Devo me contentar com uma justiça relativa. Assim, posso dizer apenas o que é a justiça para mim. Como a ciência é a minha profissão e, portanto, a coisa mais importante de minha vida, a justiça é para mim aquele ordenamento social sob cuja proteção pode prosperar a busca da verdade. 'Minha' justiça, portanto, é a justiça da liberdade, a justiça da democracia; em suma, a justiça da tolerância". Na Itália, colocam-se nas pegadas de Kelsen os agudos trabalhos de Norberto Bobbio (nascido em 1909) e de Uberto Scarpelli (nascido em 1924). Do primeiro, recordamos *A analogia na lógica do direito* (1938); *Teoria da norma jurídica* (1958); *Teoria do ordenamento jurídico* (1960); *Estudos para uma teoria geral do direito* (1970); *Jusnaturalismo e positivismo jurídico* (1965); *Semântica, moral e direito* (1969); *A ética sem verdade* (1982).

IX. Chaïm Perelman e a "nova retórica"

1 O que é a teoria da argumentação

A *teoria da argumentação* ou *nova retórica* está de certa forma relacionada com a filosofia do direito, mas também é extremamente significativa para outros âmbitos de discursos diversos do direito, como, por exemplo, os da filosofia, da política ou da comunicação. Essa teoria foi elaborada por Chaïm Perelman (1912-1984), professor da Universidade Livre de Bruxelas, que em 1958 publicou o *Tratado da argumentação: a nova retórica,* trabalho escrito juntamente com Lucie Olbrechts-Tyteca.

O problema central da teoria da argumentação é o seguinte: além dos discursos expressivos e emotivos, além das deduções matemáticas e além das teorias científicas empiricamente provadas, existe um amplo âmbito de discursos ou *argumentações,* que não são em absoluto poesia, e que, embora não tendo a força e a estrutura das provas demonstrativas, tendem, porém, a "persuadir" e "provar" alguma tese. Esse âmbito é vastíssimo: "Ocupa o campo de toda forma de discurso persuasivo, do sermão à arenga, da oração ao discurso, onde quer que a razão, entendida como faculdade de cogitar argumentos contra ou a favor de uma tese, seja utilizada para sustentar uma causa, para obter um assentimento, para guiar uma escolha, para justificar ou determinar uma decisão. Nele está contido todo o discurso do filósofo que refuta os erros alheios e defende sua teoria da mesma forma que o discurso cotidiano de dois amigos que discutem entre si sobre o melhor modo de passar as férias. Nele se acham contidos principalmente os meios de prova não demonstrativos, isto é, os meios de prova que são próprios das ciências do homem, como o direito, a ética e a filosofia. Estaríamos tentados a definir a teoria da argumentação como a teoria das provas racionais não demonstrativas e, de modo ainda mais significativo, como a lógica (aqui, usando o termo 'lógica' em sentido amplo) das ciências não demonstrativas. Onde estão em jogo valores, não importa se sublimes ou vulgares, a razão demonstrativa, à qual se refere a lógica em sentido estrito, é impotente: nada mais resta a não ser inculcar-lhes (ou impor-lhes) ou então encontrar para defendê-los (ou rejeitá-los) o que chamamos de 'boas razões'. A teoria da argumentação é o estudo metódico das boas razões com as quais os homens falam e discutem sobre opções que implicam referência a valores, quando renunciaram a impô-las pela violência ou a arrancá-las com a coação psicológica, isto é, à imposição ou ao doutrinamento" (N. Bobbio).

Desse modo, distinguindo entre demonstração e argumentação, entre lógica em sentido estrito e retórica, a teoria da argumentação, prossegue Bobbio, se configura "como a tentativa de recuperação ou, se preferirmos, como a descoberta (ou redescoberta) de um território que permaneceu durante longo tempo inexplorado, depois do triunfo do racionalismo matematizante, entre o ocupado pela força invencível da razão e, no oposto, pela razão invencível da força". Na realidade, como podemos ler no *Tratado da argumentação,* "ninguém poderá negar que a capacidade de deliberar e argumentar seja um sinal distintivo do ser racional". Entretanto, depois de Descartes, o âmbito da *racionalidade* permaneceu inexplorado. E ficou inexplorado porque, com Descartes e de Descartes em diante, a *razão* foi identificada com as "demonstrações capazes de estender, a partir de ideias claras e distintas e através de provas apodíticas, a evidência dos axiomas a todos os teoremas". Consequentemente, o raciocínio construído *more geometrico* torna-se o modelo da racionalidade, o único tipo de pensamento que "pode ter dignidade de ciência".

2 A "razoabilidade", se não for "racionalidade", não é sequer "emotividade"

A teoria da argumentação, portanto, representa *a ruptura da tradição da razão apodítica cartesiana*. Como escrevem Perelman e Olbrechts-Tyteca, "nosso método diferirá [...] radicalmente do método dos filósofos que procuram reduzir os raciocínios em matéria social, política ou filosófica aos modelos fornecidos pelas ciências dedutivas e experimentais, e que rejeitam como desprovido de valor tudo o que não se conforma a esquemas previamente impostos". Assim, a *Nova Retórica* rompe com "uma concepção da razão e do raciocínio que nasceu com Descartes, (e) que marcou a filosofia ocidental dos três últimos séculos". Essa ruptura, porém, significa ainda outra coisa: "a retomada [...] de uma antiga tradição, a da retórica e da dialética gregas". De modo que se compreende bem por que o *Tratado da argumentação* se remete "sobretudo ao pensamento renascentista e, para além dele, ao dos autores gregos e latinos que estudaram a arte de persuadir e convencer, a técnica da deliberação e da discussão. É por isso, também, que apresentamos o próprio tratado como *nova retórica*".

A esperança de Perelman e de Olbrechts-Tyteca é precisamente a de fazer "reviver uma tradição gloriosa e secular". Uma tradição de enorme importância, não apenas técnica (basta pensar nos tipos de argumentação que podem se mostrar eficazes nos tribunais ou nas técnicas modernas de propaganda), mas também filosófica, porque precisamente através do *estudo da retórica* tenta-se dizer que o homem não pode ser arbitrariamente reduzido à *emoção* dos gritos da alma ou, ao contrário, à *razão constritiva* dos raciocínios dedutivos. A retórica, precisamente, pretende nos mostrar que, ao lado da *densidade racional*, existe no homem também a densidade do *razoável*.

E encontram-se no âmbito do razoável os valores éticos, políticos ou também religiosos, que são as coisas que mais contam para o homem.

A nova retórica, portanto, pretende arrancar o mundo dos valores do abismo do arbitrário e da pura emotividade, a fim de levá-los à "razoabilidade" que lhes cabe propriamente. E os antigos gregos haviam compreendido isso, razão por que, consequentemente, afirmam Perelman e sua colaboradora, "nossa análise diz respeito às provas que Aristóteles chama de dialéticas, provas que ele examina nos *Tópicos* e cujo emprego mostra na *Retórica*".

Por tudo isso, pode-se compreender muito bem o fato de que a teoria da argumentação se configura como *análise da estrutura, da função e dos limites do discurso persuasivo*. Essa análise determina e delimita "o campo do 'razoável', distinto tanto do racional puro quanto do irracional" (N. Bobbio). Contudo, precisamente para cumprir essa tarefa, a *teoria da argumentação* não é um discurso abstrato e vazio sobre pretensas capacidades humanas. Claro, através dela, de alguma forma, chegamos também a uma imagem do homem, diferente, por exemplo, da imagem de Descartes. Mas chega-se a isso a partir do exame mais amplo possível dos tipos de argumentação persuasiva: "Nós pretendemos, antes de mais nada, caracterizar as diversas estruturas de argumentação" e "procuraremos construí-la (a teoria da argumentação) analisando os meios de prova de que se servem as ciências humanas, o direito, a filosofia; examinaremos argumentações apresentadas por jornalistas em seus jornais, por políticos em seus discursos, por advogados em suas perorações, por juízes nas motivações de suas sentenças, por filósofos em seus tratados".

3 Argumentação e "auditório"

Especificada a natureza da teoria da argumentação, e depois de termos acenado para a sua relevância filosófica e para a antiga tradição que ela faz renascer, podemos dizer agora que aquilo que tipifica a *prova argumentativa* ou razoável em relação à prova racional é a referência a um auditório: "*toda argumentação se desenvolve em função de um auditório*". Se o auditório da ciência e da matemática pretende ser auditório universal, constituído, pelo menos potencialmente, por todos os homens, já o auditório de um advogado, de um religioso, de um político, de um jornalista ou de um pedagogo é um auditório limitado e histórico. Por isso, aquele que, com suas argumentações, quer provocar ou aumentar a adesão das mentes a alguma tese, "deve se preocupar em partir de premissas compartilhadas por seus ouvintes" (N. Bobbio). Como podemos ler, ainda no *Tratado da argumentação*, o auditório é definível como *"o conjunto daqueles sobre os quais o orador quer influir por meio de sua argumentação"*. Todo orador, de modo mais ou menos consciente, pensa "naqueles que procura persuadir e que constituem o auditório ao qual seus discursos se dirigem". Assim, por exemplo, em um discurso ao parlamento, um chefe de governo pode renunciar *a priori* a convencer os membros da oposição. Ou então, ao pedir uma entrevista, um jornalista não pensa no entrevistado, e sim no auditório constituído pelos leitores do seu jornal.

Quem argumenta, portanto, deve em primeiro lugar se preocupar em partir de *premissas geralmente compartilhadas por seus ouvintes*. "E essas premissas podem pertencer à categoria dos fatos ou à categoria dos valores (mais genericamente, ao domínio do real ou ao domínio do preferível). Em segundo lugar, deverá proceder à escolha dos dados que devem servir para a argumentação e, através de sua interpretação e qualificação, à sua adequação aos objetivos que nos fixamos: aqui entram em jogo fluidez, indeterminação e plasticidade, que são próprias das noções de todas as linguagens não formalizadas (e também da maioria das linguagens científicas) e que constituem um dos elementos característicos do procedimento argumentativo. Por fim, não poderá deixar de dar certo relevo ao modo de apresentar os dados pré-selecionados, orientando-se para a forma de apresentação que se prevê poder melhor atingir os ouvintes: foi nesse aspecto puramente formal e exterior da técnica da argumentação (mas de modo algum irrelevante) que se deteve a retórica literária, restringindo ou esterilizando a grande tradição da retórica clássica. A forma literária com que são apresentados os argumentos nada mais é do que um aspecto da técnica de argumentação considerada em sua complexidade" (N. Bobbio).

Concluindo, o *Tratado da argumentação* é o tratado da *lógica das provas não demonstrativas;* é o tratado da "lógica" que procura argumentar pró ou contra o opinável e o preferível. E isso porque, como se pergunta Perelman em *Retórica e filosofia,* "se existem campos de saber nos quais as provas dedutivas e experimentais podem não bastar e nos deixam desorientados diante dos problemas por resolver, será que devemos renunciar a tratá-los racionalmente ou, ao contrário, devemos ampliar o sentido da palavra 'prova', de modo a englobar todos os procedimentos dialéticos e argumentativos que nos permitem estabelecer nossa convicção?"

Ainda no campo da teoria da argumentação, além da obra de Perelman e de Lucie Olbrechts-Tyteca, deve-se mencionar também o trabalho de Stephen E. Toulmin, *Os usos da argumentação* (1958); a obra *Filosofia e argumentação* (1959), de Henry W. Johnstone; o volume de vários autores (organizado por Johnstone e Maurice Natanson) *Filosofia, retórica e argumentação* (1965), bem como o ensaio intitulado *Retórica, magia e natureza em Platão*, publicado por Viano em 1965 na "Rivista di Filosofia": trata-se de um belo ensaio, entre os muitos escritos que, nos últimos tempos, sob o estímulo da "Nova Retórica", têm sido dedicados à história da retórica.

KELSEN

1. A democracia é filha do relativismo filosófico

> "Tolerância, direitos da minoria, liberdade de expressão, e liberdade de pensamento, tão típicos da democracia, não têm direito de cidadania em um sistema político baseado sobre a fé em valores absolutos".

Foi um discípulo de Hegel que, na luta contra o movimento democrático na Alemanha durante o século XIX, lançou a palavra de ordem: Autoridade, não maioria! E, de fato, se alguém crê na existência do absoluto – para usar a terminologia de Platão –, que significado tem deixar que a maioria decida aquilo que é politicamente bom? Legiferar [...] não em conformidade com aquilo que objetivamente é o melhor para os indivíduos sujeitos a essa ordem social, mas em conformidade com aquilo que esses indivíduos, ou a maioria deles, certa ou erradamente, considerem o melhor: esta consequência dos princípios democráticos de liberdade e igualdade é justificável apenas no caso que não haja uma resposta absoluta à pergunta sobre o que é melhor, que não haja algo como um bem absoluto. Permitir que uma maioria de homens ignorantes decida, substituindo a decisão de um só que, em virtude de sua origem divina, ou por inspiração, tem conhecimento exclusivo do bem absoluto, não é sem dúvida o método mais absurdo, caso se creia impossível tal forma de conhecimento pela qual, consequentemente, nenhum indivíduo tem o direito de impor aos outros sua vontade. [...] O respeito da opinião política de outro é um dos princípios fundamentais da democracia, pois todos são iguais e livres. Tolerância, direitos da minoria, liberdade de expressão, e liberdade de pensamento, tão típicos da democracia, não têm direito de cidadania em um sistema político baseado sobre a fé em valores absolutos. Essa fé leva irresistivelmente – e sempre levou – a uma situação em que quem afirma possuir o segredo do bem absoluto reclama o direito de impor sua opinião como sua vontade aos outros que estão no erro. Estar no erro em conformidade com tal opinião é estar em falta, e por isso punível. Se, porém, se reconhece que apenas valores relativos são acessíveis ao conhecimento e à vontade humana, então é justificável impor uma ordem social àqueles que a rejeitam, com a condição, porém, que essa ordem esteja em harmonia com o maior número possível de indivíduos iguais, ou seja, com a vontade da maioria. Pode ser que a opinião da minoria, e não a da maioria, seja a justa. Unicamente por causa dessa possibilidade, que apenas o relativismo filosófico pode admitir – aquilo que é justo hoje pode ser injusto amanhã –, a minoria deve ter a oportunidade de expressar livremente sua opinião e a possibilidade de se tornar, por sua vez, maioria. [...]

No capítulo XVIII do evangelho de São João é descrito o processo de Jesus. A simples história em sua ingênua exposição é um trecho sublime de literatura e, sem querer, torna-se trágico símbolo do antagonismo entre absolutismo e relativismo.

Eram os dias da Páscoa hebraica quando Jesus, acusado de pretender ser o Filho de Deus e o rei dos judeus, é levado diante de Pilatos, procurador romano. E Pilatos ironicamente perguntou a Jesus, que aos olhos do romano não era mais que um pobre louco: "És, então, o rei dos judeus?" Mas Jesus tomou a questão muito seriamente e, totalmente penetrado pela chama de sua missão divina, respondeu: "Tu dizes que eu sou rei. Para isso nasci e para isso vim ao mundo: para dar testemunho da verdade. Quem é da verdade ouve minha voz". Então Pilatos perguntou: "O que é a verdade?" E como ele, o cético relativista, não sabia o que fosse a verdade, a verdade absoluta em que aquele homem acreditava, entregou-se, em perfeita coerência, ao procedimento democrático, remetendo a decisão do caso ao voto popular. Ele foi até os judeus, relata o evangelho, e disse-lhes: "Não encontro nele nenhuma culpa. Mas tendes o costume de que eu vos solte alguém por ocasião da Páscoa. Quereis pois que vos solte o rei dos judeus?" Então todos, de novo, gritaram: "Não este, mas Barrabás". O evangelho acrescenta: "Barrabás era um ladrão". Para aqueles que creem no Filho de Deus e no rei dos judeus como testemunha da verdade absoluta, este plebiscito é sem dúvida um forte argumento contra a democracia. E esse argumento nós, cientistas políticos, devemos aceitar. Mas apenas com uma condição: de estar tão seguros de nossa verdade política a ponto de impô-la, se necessário, com o sangue e com as lágrimas; de estar tão seguros de nossa verdade, como o estava, da sua, o Filho de Deus.

H. Kelsen,
A democracia.

Capítulo segundo

Desenvolvimentos da teoria econômica: o marginalismo austríaco e o intervencionismo de John Maynard Keynes

I. A Escola austríaca de economia

• A teoria do *valor-trabalho* (isto é, que o valor de uma mercadoria equivale à quantidade do trabalho necessário para produzi-la) é um eixo fundamental da economia clássica de Adam Smith e David Ricardo e, sucessivamente, a base da construção teórica marxista.

O primeiro volume de *O Capital* sai em 1867. Pois bem, em 1871 saem em Viena os *Princípios de economia política* de Carl Menger (1840-1921), e na Inglaterra a *Teoria da economia política* de William Stanley Jevons (1835-1882); três anos mais tarde, em 1874, são publicados na França os *Elementos de economia política pura*, de Léon Walras (1834-1910).

Essas obras constituem os clássicos da economia neoclássica ou marginalismo, cuja *pars destruens* consiste na rejeição da teoria do valor-trabalho, enquanto a *pars construens* está na proposta da *lei da utilidade marginal decrescente*.

A rejeição da teoria do valor-trabalho e a lei da utilidade marginal decrescente → § 1-2

A teoria do valor-trabalho deve ser abandonada porque contrária à experiência; e a lei da utilidade marginal decrescente diz que "à medida que um indivíduo adquire unidades a mais de uma mercadoria, aumenta a satisfação ou utilidade total que dela extrai, mas não em medida proporcional: ou seja, ela aumenta segundo uma taxa decrescente, até um máximo final para além do qual o acréscimo de uma unidade não só não produz mais nenhuma utilidade, mas até inutilidade" (A. Seldon – F. G. Pennance). Ou, com as palavras de Carl Menger: "O valor de uma unidade da quantidade de um bem disponível para um indivíduo é igual à importância da mais fraca satisfação por meio de uma unidade da quantidade total do bem".

• Fundador da Escola austríaca de economia foi Carl Menger, o qual, contra os ataques de Gustav Schmoller – chefe da jovem Escola histórica alemã de economia, que pretendia reduzir a economia a *história* de fatos econômicos –, quer restabelecer os direitos da *teoria econômica*; concebeu como trabalho principal do cientista social a análise das consequências não intencionais das ações humanas intencionais; e mostrou como a maior parte das instituições sociais – principalmente as mais importantes (a linguagem, a moeda etc.) – são fruto de ações dirigidas a outros objetivos.

Menger: o fundador da Escola austríaca de economia → § 3

• Seguidores de Menger foram Eugen von Böhm-Bawerk (1851-1914) e Friedrich von Wieser (1851-1926). Do primeiro devemos recordar a obra monumental *Capital e interesse*, do segundo *A lei do poder*.

> **A Escola austríaca de economia e a contribuição de Ludwig von Mises**
> → § 4-5
>
> A terceira geração da Escola austríaca encontra seu representante mais ilustre em Ludwig von Mises (1881-1973). Autor de obras como *Socialismo* (1923), *A ação humana* (1940) e *O Estado onipotente* (1944), Mises percebera desde a década de 1920 a impossibilidade do cálculo econômico (e, portanto, de uma economia racional) naqueles países (fascistas, marxistas, comunistas) que tivessem abolido a propriedade privada dos meios de produção; defendeu o individualismo metodológico ("Apenas os indivíduos raciocinam, pensam e agem"); insistiu sobre a ligação inseparável entre economia de mercado e Estado de direito: com efeito, a liberdade de imprensa seria um puro engano se todas as papelarias e todas as tipografias pertencessem ao Estado, ou seja, à facção no poder; da mesma forma, a liberdade de reunião seria também um engano, se todos os edifícios, incluindo as igrejas, pertencessem ao Estado.

1 A refutação da teoria do "valor-trabalho"

O núcleo teórico fundamental da *economia clássica* de Adam Smith e David Ricardo é dado pela teoria do *valor-trabalho*, ou seja, pela ideia de que o valor de uma mercadoria depende do trabalho socialmente necessário para produzi-la: assim, se para produzir uma mesa dois operários empregaram cinco horas, o trabalho poderá ser trocado no mercado com qualquer outra mercadoria produzida em cinco horas por dois operários. É sabido que Karl Marx assumirá a ideia do valor-trabalho como base de sua construção teórica, na qual ele profetizava o advento iminente de uma revolução que teria abolido a propriedade privada e instaurado a sociedade comunista.

O primeiro volume de *O Capital* aparece em 1867. Pois bem, em 1871 Carl Menger (1840-1921) publica em Viena os *Princípios de economia política*; no mesmo ano aparece na Inglaterra a *Teoria da economia política* de William Stanley Jevons (1835-1882); e em 1874 são publicados na França os *Elementos de economia política pura*, de Léon Walras (1834-1910).

Com a obra destes três autores havia nascido a *economia neoclássica*, uma corrente de pensamento conhecida também como *marginalismo*, cuja *pars destruens* consiste na rejeição da teoria do valor-trabalho, enquanto a *pars construens* está na proposta da *lei da utilidade marginal decrescente* e em suas consequências importantíssimas.

Escreve Carl Menger nos *Princípios de economia política*: "A teoria segundo a qual a quantidade de trabalho empregada para produzir um bem ou então seu custo de produção regulam a relação de troca entre os bens, que devia explicar o fenômeno dos preços, demonstrou-se contrária à experiência e decididamente insuficiente depois de um exame mais aprofundado. Muitíssimas coisas, apesar do trabalho empregado para produzi-las e outros altos custos de produção, atingem preços muito baixos e por vezes não obtêm nenhum preço, enquanto frequentemente os bens que nos são oferecidos pela natureza atingem preços elevados [...]. Os formuladores da teoria econômica não podem ter deixado de pensar que por vezes o preço que pagamos por um bem não depende do trabalho ou dos custos de sua produção, mas que, ao contrário, empregamos trabalho e capitais para produzir bens que pensamos vender a preços vantajosos". Sobre o mesmo assunto W. S. Jevons, na *Teoria da economia política*, afirma: "É um fato que o trabalho, uma vez expendido, não tem mais influência sobre o valor futuro de um objeto: ele desapareceu e está perdido para sempre".

2 A lei da utilidade marginal decrescente

A demonstração da inconsistência e da impotência explicativa da teoria do valor-trabalho é o primeiro traço característico da economia neoclássica, enquanto a lei da utilidade marginal decrescente é o segundo. Na

> ■ **Mercado (lógica de, economia de).** Fisicamente, o mercado indica o lugar em que se realizam contratações de mercadorias e de serviços; e em consideração da extensão pode ser: do bairro, citadino, regional, nacional, europeu, mundial.
> Conceitualmente, o "mercado" ou a economia de mercado é "sinônimo de economia confiada à iniciativa privada ou à livre concorrência. Torna-se também sinônimo de economia na qual os consumidores são livres para expressar suas demandas sobre o mercado, e os produtores são livres de satisfazê-las (talvez também de incentivá-las com a publicidade comercial). O mercado é então considerado o instrumento por excelência de toda economia dirigida a satisfazer os gostos individuais, e até os caprichos dos consumidores, em oposição às economias planificadas, onde, ao contrário, as demandas são políticas, os consumos são de preferência públicos (decididos pela administração pública em nome e por conta das famílias), e os próprios produtores são de preferência públicos e monopolistas" (S. Ricossa). Deve-se notar que devemos a Hayek a definição mais moderna de mercado como ótimo mecanismo para a coleta e a transmissão de informações que, possuídas por milhões de homens, não poderiam ser posse de nenhum centro de decisão: assim o aumento de um preço diz ao mesmo tempo aos consumidores que aquele bem se tornou mais escasso e que portanto deve ser economizado, e aos produtores que a produção daquele bem se tornou mais conveniente. E eis Mises: "O mercado orienta as atividades dos indivíduos na direção em que servem melhor as necessidades dos próprios semelhantes [...]. É um processo realizado pelas interações dos vários indivíduos que cooperam na divisão do trabalho. As forças que determinam o estado, perenemente mutável, do mercado são os juízos de valor dos indivíduos e as ações dirigidas por seus juízos de valor. O estado do mercado a cada instante é a estrutura do preço [...]. Os preços dizem aos produtores o que, como e em qual quantidade produzir".

realidade, o ponto de referência constante do marginalismo "é constituído pelo *consumo*": é a satisfação das necessidades "o ângulo visual a partir do qual a teoria deve olhar o desenvolvimento da atividade econômica para compreender as leis que a regulam" (E. Saltari). E estas necessidades são cultivadas, como é óbvio, no plano individual.

Todos os bens e serviços podem ser mais ou menos úteis. E a utilidade de uma mercadoria (ou de um serviço) consiste na satisfação que o proprietário ou o destinatário obtém. Com essa premissa vemos que, à medida que "um indivíduo adquire unidades acrescidas de uma mercadoria, aumenta a satisfação ou a utilidade total que dela retira, mas não em medida proporcional; ou seja, ela aumenta em uma taxa decrescente, até um final máximo além do qual o acréscimo de unidades não só não proporciona mais nenhuma utilidade, mas até inutilidade (isto é, as novas unidades acrescidas trazem obstáculo, produzem tédio ou são desagradáveis" (A. Seldon — F. G. Pennance).

Assim, por exemplo, se estivermos com sede e bebermos um primeiro copo d'água, este nos proporciona grande dose de prazer ou de utilidade. Bebemos um segundo copo: ainda é útil. Se tomarmos um terceiro, é claro que sua utilidade diminui. E diminuirá sempre mais até que cheguemos ao ponto em que outro copo d'água produzirá enjoo. A utilidade de cada copo que adicionarmos a nosso consumo decresce até zero ou então até chegarmos a valores negativos. Um bife é ótimo para um desnutrido, mas é inútil para um vegetariano. E para o mesmo indivíduo um bem pode ter mais ou menos utilidade, conforme a quantidade em que ele está disponível: 10 dólares nada valem para um milionário, mas têm um valor inestimável para um faminto sem um vintém. E ainda: "Um rico — escreveu Alfred Marshall — que esteja em dúvida se deve gastar uma moeda por um só cigarro, está avaliando entre si prazeres menores do que um pobre que esteja indeciso em gastar um vintém por uma porção de tabaco que lhe durará um mês.

Todas essas considerações encontram sua expressão na *lei da utilidade marginal decrescente*, que afirma, em termos gerais, que "à medida que o consumo de uma mercadoria por parte de um indivíduo aumenta em relação a seu consumo de outras mercadorias, a utilidade marginal da mercadoria em questão — em igualdade de condições — tenderá a diminuir em relação à utilidade marginal das outras mercadorias consumidas" (A. Seldon — F. G. Pennance). E é em base a tais leis que se compreende imediatamente, por exemplo, o motivo pelo qual as quantidades superabundantes de uma mercadoria têm preços baixos; ou se explica a repartição da despesa que um indivíduo faz entre bens diferentes; ou, ainda, o uso otimizado dos recursos em um sistema econômico. Concluindo: "o valor [de uma mercadoria] depende unicamente do grau final de utilidade" (W. S. Jevons); ou, com as palavras de Carl Menger: "O valor de uma unidade da quantidade de um bem disponível para um indivíduo é igual à importância da mais fraca satisfação por meio de uma unidade da quantidade total do bem".

3 Carl Menger: O fundador da Escola austríaca de economia

Carl Menger (1840-1921) foi o fundador da Escola austríaca de economia. Sobre seus *Princípios de economia política* (1871) se formaram seus numerosos discípulos. Em 1883 Menger publica as *Pesquisas sobre o método das ciências sociais e em particular da economia política*. Aqui ele, em primeiro lugar, reforça o primado da *teoria econômica*. Isso é feito contra as concepções da "jovem" escola histórica alemã da economia e de seu líder reconhecido Gustav Schmoller, concepções que reduzem o estudo da economia a pesquisas de história de fatos econômicos. Sem teoria econômica, afirma Menger, não há explicação de fatos econômicos nem previsão. Menger, além disso, põe em evidência o fato das inevitáveis consequências não intencionais das ações humanas intencionais, e faz ver como a maior parte das instituições sociais — e principalmente as mais importantes (a linguagem, a moeda, a formação de muitas cidades, o Estado, o mercado etc.) — são justamente o resultado não intencional das ações humanas dirigidas a outro objetivo. Schmoller reagiu violentamente, em uma recensão do livro de Menger, em relação às teses deste último; e Menger replicou a Schmoller com um ensaio cheio de sarcasmo, escrito sob a forma de cartas a um amigo: *Os erros do historicismo* (1884). Texto 1

4 A segunda geração da Escola austríaca: Eugen von Böhm-Bawerk e Friedrich von Wieser

Não discípulos, mas seguidores entusiastas de Menger, foram Eugen von Böhm-Bawerk (1851-1914) e Friedrich von Wieser (1851-1926). Böhm-Bawerk é autor da obra monumental: *Capital e interesse*; vol. I: *História e crítica das teorias do interesse do capital* (1884); vol. II: *Teoria política do capital* (1889). De 1896 é *A conclusão do sistema marxista*, trabalho que foi definido como o mais poderoso ataque já feito contra a economia marxista.

De Wieser é a *Teoria da economia social* (1914), um tratado sistemático que se refere à determinação do valor não só no caso do mercado de concorrência perfeita, mas também no caso da economia social. Neste livro são discutidos problemas de finança pública e questões ligadas às escolhas de um ministro socialista da produção. Outra obra de Wieser é *A lei do poder* (1926). Conhecida de um público mais amplo é *O fim da Áustria* (1919).

5 A terceira e a quarta geração da Escola austríaca: Ludwig von Mises e Friedrich A. von Hayek

Menger, portanto, representa a primeira geração da Escola austríaca de economia. A segunda geração é representada por Böhm-Bawerk e Wieser. Ludwig von Mises (1881-1973) é, sem dúvida, o representante mais ilustre da terceira geração. Discípulo de Böhm-Bawerk, Mises é autor de obras que deixaram marca não só na economia, mas também no mais vasto âmbito da sociologia e da reflexão política. *Teoria da moeda e do crédito* é de 1913; *Socialismo* aparece em 1923; *A ação humana* é de 1940; de 1944 são *O Estado onipotente* e *Burocracia*; *A mentalidade anticapitalista* sai em 1956.

De grande importância é a teoria, proposta em *Socialismo*, segundo a qual a economia socialista — ou seja, a economia que aboliu a propriedade privada dos meios de produção — é impraticável e fadada necessariamente à falência: a economia de planificação centralizada é carente da bússola que, na economia de mercado, é o cálculo econômico (o cálculo dos custos e benefícios) baseado sobre os preços de mercado (que indicam preferências dos consumidores e escassez ou quase de mercadorias). É assim, justamente, que a economia planificada produz o desastre econômico e, ao mesmo tempo, a corrupção mais desenfreada e o arbítrio sem controle dos governantes sobre os governados. Juntamente com a da impraticabilidade do socialismo, uma tese posterior, defendida por Mises, é a do *individualismo metodológico*. Mises, tanto em *Socialismo* como, ainda mais, em *A ação humana*, põe continuamente em guarda contra a tendência de hipostatizar — ou seja, de atribuir substância e existência real — conceitos coletivos como: a "nação", o "partido", o "Estado", a "sociedade", a "seita" etc. A estes conceitos — diz Mises — não corresponde na realidade efetiva absolutamente nada. Não existe o "partido" como entidade distinta, autônoma e talvez superior a indivíduos que abraçaram certas ideias e que agem coerentemente com essas ideias. Os coletivistas pensam que aos conceitos correspondam realidades substanciais; eles coisificam, fazem se tornar *coisas*, aquilo que, ao contrário, são conceitos abstratos, estenogramas para indivíduos com determinadas ideias e que fazem certas coisas. Tal coisificação dos conceitos coletivos significa, na prática política, a anulação do indivíduo. Mas a verdade — sustenta decisivamente Mises — é que "apenas o indivíduo pensa; apenas o indivíduo raciocina; apenas o indivíduo age". E se o indivíduo não tem liberdade econômica — ou seja, se não existe a propriedade privada dos meios de produção —, não será possível nenhuma outra liberdade. Na sociedade capitalista, na sociedade em que vige a economia de mercado, os soberanos são os consumidores: se as pessoas desejam ler a Bíblia ao invés de livros policiais, o mercado deve produzir cópias da Bíblia. E é claro que, "logo que a liberdade econômica [...] é removida, todas as liberdades políticas e a carta dos direitos se tornam engano [...]; a liberdade de imprensa é um puro engano se a autoridade controla todas as secretarias de imprensa e as fábricas de papel". Em poucas palavras, a eliminação do mercado "tolhe toda a liberdade e deixa ao indivíduo apenas o direito de obedecer". O Estado de direito encontra seu fundamento na economia de mercado.

Discípulo de Wieser e de Mises foi Friedrich August von Hayek, o representante mais conhecido da quarta geração da Escola austríaca, à qual pertencem também outros ilustres economistas como Fritz Machlup, Oskar Morgenstern e Gottfried Haberler.

Texto 2

II. O liberalismo de Friedrich August von Hayek

Existem apenas indivíduos
→ § 1-2

• Discípulo de Mises, primo de Wittgenstein, amigo íntimo de Popper, F. A. von Hayek (1899-1992), primeiramente professor em Londres e depois em Chicago e, finalmente, em Friburgo na Brisgóvia, autor de célebres obras de economia, sociologia e politologia, foi condecorado com o Prêmio Nobel para a economia em 1974. O primeiro objetivo polêmico de Hayek é o *coletivismo metodológico*, ou seja, a ideia – errada e difundida – de que aos conceitos coletivos ("sociedade", "Estado", "partido", "classe", "capitalismo" etc.) corresponda uma entidade substancial qualquer, diferente, independente e autônoma em relação aos indivíduos. Hayek, como seu mestre Mises, defende o individualismo metodológico: existem apenas indivíduos; apenas os indivíduos têm ideias e agem; e sua ação é seguida, em linha geral, pelas consequências não intencionais em cuja análise consiste – na opinião de Hayek – a tarefa exclusiva das ciências sociais teóricas.

Os construtivistas "abusam" da razão
→ § 3

• A necessária emergência de nossas ações das consequências não intencionais é um argumento que Hayek lança contra outro alvo polêmico, ou seja, o *construtivismo*. O construtivismo consiste na ideia pela qual "o homem, dado que criou ele próprio as instituições da sociedade e da civilização, deve também podê-las alterar a seu bel-prazer, de modo que satisfaçam seus desejos e suas aspirações". Contra essa presunção, Hayek insiste que eventos e instituições sociais são de fato sempre fruto da ação humana, mas nem sempre resultados da ação intencional. E se as coisas caminham assim, cartesianos, iluministas e positivistas são todos construtivistas: abusam da razão, da mesma forma que do socialismo "inteiro".

Conhecimentos dispersos entre milhões e milhões de homens
→ § 4-5

• *A presunção fatal: os erros do socialismo* (1988) é o título do último livro, o testamento intelectual, de Hayek. O socialismo inteiro está doente de construtivismo, como o demonstram também a teoria e a prática da planificação econômica centralizada. A planificação centralizada não é praticável porque abole o cálculo econômico; sobre esse ponto Hayek está de acordo com Mises. Mas ele acrescenta que os conhecimentos particulares de tempo e de lugar estão dispersos, espalhados entre milhões e milhões de homens; motivo pelo qual, se quisermos resolver os problemas, será preciso fazer com que as decisões sejam descentradas, que os problemas sejam resolvidos com um sistema competitivo: a concorrência é um caminho para a descoberta do novo.

"Quem possui todos os meios estabelece todos os fins"
→ § 6

• De tudo o que até agora foi dito bem se compreende que nossa liberdade se apoia sobre nossa ignorância: *se* quisermos que os problemas sejam resolvidos, os indivíduos devem ser deixados livres para usar seus conhecimentos, fazer suas propostas, apresentar alternativas às soluções vigentes, criticar. A planificação centralizada é, portanto, impraticável; mas ela é também o meio mais eficaz para destruir a liberdade; e isso porque, escreve Hayek em *Rumo à escravidão* (1944), "o controle econômico não é o simples controle de um setor da vida humana que pode ser separado do resto; é o controle dos meios para todos os nossos fins".

Capítulo segundo – Desenvolvimento da teoria econômica

> • Pode-se perder a liberdade não só com os regimes que abolem a propriedade privada dos meios de produção, mas também com os regimes parlamentares nos quais a maioria tem um poder ilimitado, caindo a fundamental distinção entre *lei* (abstrata, surgida por via espontânea, que não se orienta para fins específicos, é a longo termo, conhecida e certa com antecedência) e a *legislação* (providências administrativas desejadas pela maioria e dirigidas a fins específicos), para vantagem da legislação. Leis abstratas e gerais são, para exemplificar, as três leis de Hume: a estabilidade da posse, a cessão por consenso comum e a observância dos pactos. A verdade é – afirma Hayek em *Lei, legislação e liberdade* (vol. I, 1973; vol. II, 1976; vol. III, 1979) – que "a soberania da *lei* e a soberania de um *Parlamento* ilimitado são inconciliáveis". E a fim de manter bem distinta a ordem espontânea da *lei* em relação à ordem constituída da *legislação*, Hayek propõe um modelo constitucional – a *demarquia* – que consiste em uma *Assembleia legislativa* (a única que pode modificar as normas abstratas às quais está confiada a defesa da liberdade individual) e uma *Assembleia governativa*, que exprime o governo para a gestão dos negócios.
>
> *Quando um Parlamento se torna tirano* → § 7-8
>
> • Um ponto importante do liberalismo de Hayek é a atenção pela defesa dos mais fracos. A "Grande Sociedade" pode ser solidária com os mais fracos, e *pode* sê-lo porque é rica. Mas também *deve* ser solidária com os mais fracos; deve sê-lo porque aqueles que sofrem condições adversas, as quais podem atingir qualquer pessoa, não têm mais a rede protetora dos pequenos grupos nos quais a humanidade viveu por milhões e milhões de anos.
>
> *A atenção para com os desfavorecidos* → § 9

1 A vida e as obras

Friedrich August von Hayek nasceu em Viena em 1899. Em 1917 foi oficial de artilharia no exército austríaco. Depois de ter combatido na Itália, no fronte do Piave, volta para Viena, onde se inscreve na Faculdade de leis. Em 1921 laureia-se em leis, e em 1923 em ciências políticas. No mesmo ano vai para a América; aí, na Columbia University de New York, frequenta as palestras de W. C. Mitchell sobre a história do pensamento econômico, e participa também do seminário de J. B. Clark. Em 1927, em Viena, funda, junto com Mises, o "Instituto austríaco para a pesquisa sobre o ciclo econômico". Dois anos depois, em 1929, Hayek consegue a livre-docência em economia e publica seu primeiro livro: *Teoria da moeda e teoria da conjuntura*.

Em 1931, a convite de Lionel Robbins, Hayek faz quatro palestras sobre o tema *Preços e produção*, na London School of Economics. Obtém aqui um lugar de professor e assim permanece na Inglaterra, decidido antagonista de John Maynard Keynes, por dezoito anos. Em 1935 Gottfried von Haberler atrai a atenção de Hayek sobre a *Lógica da descoberta científica* de Karl R. Popper. Hayek encontrou na obra pensamentos muito próximos a algumas reflexões suas sobre a natureza da ciência. Por isso convidou Popper na London School para ler seu escrito *Miséria do historicismo*. Foi este o início da amizade que durou toda a vida.

De 1937 é o ensaio *Economia e conhecimento*, em que Hayek expõe pela primeira vez sua ideia da *divisão do conhecimento entre milhões e milhões de homens*. Um de seus livros mais conhecidos, *Rumo à escravidão*, aparece em 1944: nele Hayek mostra cruamente as raízes socialistas do nazismo e a inconsistência total das bases teóricas do próprio socialismo. Entre 1941 e 1944 Hayek escreve os ensaios que depois, em 1952, confluirão (com o acréscimo de um escrito sobre *Comte e Hegel* de 1951) no livro *Abuso da razão*, obra com a intenção de lançar descrédito sobre a ideia cientificista segundo a qual o homem pode mudar as instituições segundo seus planos, à vontade. O tema da dispersão do conhecimento é retomado por Hayek no ensaio de 1945: *O uso do conhecimento na sociedade*. De 1946 é *Individualismo: o verdadeiro e o falso*. Outro livro, *Individualismo e ordem*

*Friedrich August von Hayek (1899-1992):
o mais ilustre representante do liberalismo
do século XX;
crítico do intervencionismo estatal defendido,
ao invés, por John Maynard Keynes;
prêmio Nobel de economia em 1974.*

econômica, aparece em 1949. Entrementes, em 1947, Hayek, junto, entre outros, a Mises, Milton Friedman e Karl R. Popper, funda a "Mont Pèlerin Society".

1949 também foi o ano em que Hayek deixa a London School of Economics para se transferir para a Universidade de Chicago. Publica *A ordem sensorial* (1952), um trabalho em que é avançada uma explicação original sobre a relação mente-cérebro. *História e política* é o título da introdução que Hayek acrescenta ao volume coletivo *O capitalismo e os historiadores*; em tal ensaio ele salienta o fato de que a tese marxista, segundo a qual a condição da classe operária teria piorado com o advento do capitalismo, é uma tese completamente refutada pelos fatos. *A sociedade livre*, obra definida como "um clássico da liberdade" por Sérgio Ricossa, é de 1960. Dois anos depois, em 1962, Hayek volta para a Europa e vai ensinar economia política na Universidade de Friburgo, na Brisgóvia. A antologia de ensaios *Estudos de filosofia, política e economia* é publicada em 1967; em 1978, ao contrário, aparece outra antologia de ensaios: *Novos estudos de filosofia, política, economia e história das ideias*. Os três volumes da que talvez é a obra mais importante de Hayek, ou seja, *Lei, legislação e liberdade*, aparecem nesta ordem: 1) *Regras e ordens* (1973); 2) *A miragem da justiça social* (1976); 3) *O sistema político de um povo livre* (1979).

1974 é o ano em que Hayek é condecorado com o prêmio Nobel. Sua obra mais recente apareceu em 1988: trata-se de *A presunção fatal. Os erros do socialismo*, um livro onde se mostra que o socialismo é o resultado do racionalismo construtivista, e no qual o autor salienta a validade de sua concepção evolucionista das instituições sociais. Testemunha da verificação de suas ideias e de suas previsões sobre a natureza e os desenvolvimentos do socialismo, Hayek morreu dia 23 de março de 1992 em Friburgo, na Brisgóvia.

2 As ações conscientes como "dados" das ciências sociais

No *Abuso da razão* Hayek afirma que as ciências sociais têm a ver com as ideias que impelem os indivíduos a agir. Mas aqui, afirma ele, é preciso distinguir com muita atenção e decisão entre as *opiniões motivadoras ou constitutivas*, de um lado, e as *concepções especulativas ou explicativas*, do outro. *Motivadoras* ou *constitutivas* são as ideias ou opiniões que, por exemplo, induzem os seres humanos a produzir, vender ou comprar certas qualidades de mercadorias. *Especulativas* ou *explicativas* são, ao contrário, as ideias que "a mente popular elaborou a respeito de entidades coletivas como 'sociedade' ou 'sistema econômico', 'capitalismo' ou 'imperialismo' etc.". Pois bem, o cientista social deve "abster-se [...] de tratar como 'fatos' tais entidades abstratas"; ele deve antes "partir sistematicamente das concepções pelas quais os homens são induzidos à ação, e não pelos resultados de suas teorizações sobre suas próprias ações". Os fatos ou *dados* das ciências sociais são as crenças e os comportamentos dos indivíduos, as ideias que os movem à ação. O cientista social não deve explicar a ação consciente, não cabe a ele indagar por que um indivíduo prefere uma coisa, ou outra pessoa fabrica certa mercadoria. O cientista social não exerce a profissão do psicólogo. As ações conscientes são para ele os *dados* dos quais deve partir para perceber fenômenos sociais mais complexos. Como se verá adiante, tarefa exclusiva das ciências sociais é, para Hayek, a análise das consequências não intencionais das ações humanas intencionais.

Com tudo isso, estamos em pleno *individualismo metodológico*. Concepção à qual se opõe o *coletivismo metodológico*, com sua tendência de ver realidades substanciais por trás de conceitos coletivos como "sociedade", "classe", "nação", "economia", "capitalismo" etc. O coletivismo metodológico — escreve Hayek — é um erro muitíssimo consistente pelo fato de "considerar como fatos as que não são mais que teorias provisórias [...]". É um erro grave, afinal, "tratar como fatos as coisas que são nada mais do que vagas teorias populares". O coletivismo metodológico é *realismo ingênuo*: trata como objetos reais os que, ao contrário, são construtos mentais, e "acriticamente presume que, se certos conceitos estão no uso corrente, devem também existir em concreto justamente as coisas "dadas" que eles designam". Texto 3

3 Os erros do construtivismo

Quem age, portanto, não são as entidades coletivas (a "nação", o "socialismo", a "seita"); agem sempre e apenas os indivíduos. Ora, porém, como já foi frisado, entre outros, por Bernard de Mandeville (1670-1733) em sua paradoxal *Fábula das abelhas* — cuja moral é que dos vícios privados podem brotar benefícios públicos —, as *ações humanas intencionais produzem consequências não intencionais*. Esta, ao ver de Hayek, é uma descoberta de importância primária, uma vez que devasta a perigosa pretensão dos pseudo-racionalistas que são os construtivistas. E o *construtivismo* consiste na ideia de que "o homem, dado que foi ele próprio que criou as instituições da sociedade e da civilização, deve também podê-las alterar de modo que satisfaçam seus desejos ou suas aspirações". Isto é escrito por Hayek no ensaio *Os erros do construtivismo* (agora incluído em *Novos estudos*); mas, sobre o tema do construtivismo, ele volta continuamente para frisar que os eventos sociais são de fato sempre *fruto* da ação humana, mas não sempre resultados de *projetos* intencionais. E se as coisas são assim, então é claro que cartesianos, iluministas e positivistas, diz Hayek, foram todos construtivistas: não usaram a razão, mas abusaram dela. De construtivismo Hayek acusa seu mestre Hans Kelsen, para o qual o direito se resolve como "uma construção deliberada a serviço de determinados e precisos interesses". O construtivismo é uma doença que corrompeu vastos setores da psiquiatria e da psicologia e o socialismo "inteiro".

E se para Menger a análise das consequências não intencionais das ações humanas intencionais é *uma* tarefa das ciências sociais, para Hayek tal análise é *a* tarefa exclusiva das ciências sociais. Isso pelo motivo de que os resultados intencionais de um projeto, quando o projeto tem sucesso, são descontados, não criam problema. "É apenas à medida que certo tipo de ordem emerge como resultado da ação dos indivíduos, mas sem ter sido por alguns deles conscientemente perseguido, que se coloca o problema de uma sua explicação teórica". Texto 4

4 Por que a planificação centralizada está destinada à falência

O socialismo inteiro está doente de *construtivismo*. E, com efeito, a planificação econômica centralizada — típica de toda sociedade que tenha abraçado o socialismo — é uma clara consequência da atitude "cientificista", racionalista e construtivista. Hayek, todavia, nota que a planificação centralizada não pode ter êxito em suas finalidades, uma vez que jamais poderá utilizar toda a enorme quantidade de conhecimentos teóricos e práticos, "conhecimentos de circunstâncias particulares de tempo e de lugar", que estão difundidas entre milhões e milhões de homens. Assim, escreve Hayek em *O uso do conhecimento na sociedade*, "conhecer e pôr em uso uma máquina não plenamente utilizada ou as capacidades de alguém que poderiam ser empregadas melhor, ou conhecer a existência de provisões em excesso que se pode atingir durante uma interrupção dos reabastecimentos, é socialmente igualmente útil como conhecer técnicas alternativas melhores. O agente marítimo que ganha para viver utilizando viagens vazias ou meios cheios de carretas a vapor, ou o agente imobiliário cujo conhecimento limita-se quase exclusivamente ao de ocasiões temporárias, ou o *arbitrageur* que tira seus ganhos das diferenças locais dos preços das mercadorias, todos eles desenvolvem funções úteis baseadas sobre o conhecimento particular de circunstâncias legadas ao átimo fugidio e ignorado por outros".

Com tal premissa, se é verdade que para deliberar é preciso conhecer, é óbvio que as decisões finais devem ser deixadas para pessoas que estão a par das circunstâncias particulares de tempo e de lugar, que têm "conhecimento direto das mudanças importantes e das circunstâncias imediatamente disponíveis para enfrentá-las". A consequência de tais considerações é que a planificação centralizada deve ser abandonada, porque unicamente a descentralização pode utilizar do melhor modo concebível os conhecimentos espalhados entre os indivíduos. E em um sistema em que o conhecimento de fatos importantes está descentralizado, disperso entre muitas pessoas, apenas "os preços podem servir para coordenar as ações separadas de pessoas diferentes". O sistema dos preços é máquina eficientíssima para comunicar aos interessados as informações essenciais: sobre um produto que não funciona, sobre certos recursos escassos, sobre métodos de produção menos custosos, e assim por diante. Texto 5

5 A concorrência: um caminho para a descoberta do novo

E há mais. Com efeito, se a solução dos problemas depende do melhor uso dos conhecimentos, então deveremos fazer com que se torne possível experimentar grande variedade de diferentes modos de fazer as coisas, para depois escolher os melhores. Isto quer dizer, nota Hayek, que a concorrência, na ciência e também no mundo dos negócios, é o procedimento mais eficaz para descobrir o novo. Mas isso significa também que a liberdade se apoia sobre nossa ignorância. Esta é uma tese fundamental que Hayek propõe em *A sociedade livre*: o conhecimento está disperso no meio de uma multidão enorme de indivíduos; cada um de nós sabe pouco; mas a solução dos problemas exige a proposta de muitas ideias e de críticas agudas e, portanto, cada um deve ser livre para usar seus conhecimentos e fazer valer suas capacidades criativas e críticas. "A liberdade é essencial para deixar lugar para o imprevisível e para o impredizível; temos necessidade dela porque, como aprendemos, dela nascem as ocasiões para alcançar muitos de nossos objetivos".

6 Quem controla todos os meios estabelece todos os fins

Nossa liberdade se apoia sobre nossa ignorância. E "se existissem homens oniscientes [...], haveria pouco a dizer em favor da liberdade". Com efeito, é fácil constatar que a vida da escravidão é o caminho largo da presunção de nossa razão. E a *presunção fatal*, o erro de fundo do socialismo, está em sua pretensão construtivista de poder plasmar segundo planos deliberados as instituições sociais, e de dirigir os desenvolvimentos conforme intenções declaradas. Os socialistas, porém, esqueceram, como bravos construtivistas que são, o que o senso comum sabe, ou seja, que de boas intenções estão pavimentados os caminhos do inferno. Os socialistas querem dominar o presente e fixar o futuro; mas foge a eles a inevitável insurreição das consequências não intencionais das ações humanas intencionais, e não percebem que "o homem não é e jamais será o senhor de seu próprio destino".

Os socialistas aboliram a propriedade privada; puseram nas mãos de poucos poderosos, em geral de um só poderoso, todos os meios de produção. Todavia — escreve Hayek em *Rumo à escravidão* — "o controle econômico não é o simples controle dos meios para todos os nossos fins". E, em *Liberalismo*, Hayek insiste: "Qualquer forma de controle econômico que confere poder sobre os meios, confere ao mesmo tempo poder sobre os fins". Texto 6

7 Para não confundir a lei com a legislação

Como defender, então, a liberdade dos indivíduos? Esta, diz Hayek, pode ser defendida se, ao lado da arrogância construtivista, conseguirmos ainda manter a diferença entre *normas abstratas* (ou *leis*) e *ordens específicas* (ou *particulares*). As *normas abstratas* ou *leis* são regras que fixam o confim dentro do qual "é dada à vida e à atividade de cada indivíduo uma esfera livre e segura". A lei — isto é, o conjunto das regras de conduta — não é o resultado de projetos intencionais. A lei — o conjunto das regras de justa conduta, regras surgidas por via espontânea, como a linguagem ou a moeda, e à qual estão submetidos *todos* — é uma ordem que não se refere a indivíduos particulares, não visa a fins específicos, é a longo prazo, é conhecida e certa por antecedência, é igual para todos. Leis do gênero, abstratas e gerais, são, para exemplificar, as três leis de Hume: a estabilidade da posse, a cessão por comum consenso e a observância dos pactos. As *ordens específicas* ou *particulares* são aquilo que se chama de legislação, isto é, as providências administrativas desejadas por uma maioria parlamentar e dirigidas a fins específicos, para satisfazer interesses particulares.

Ora, confundir a lei com a legislação significa abater a defesa mais importante das liberdades individuais. Onde, como em nossos dias, parlamentos com poderes ilimitados, em nome de uma "imprecisada" justiça social, legiferam sobre tudo, a liberdade está em perigo. Hayek disse: "A maioria substituiu a lei, que por sua vez perdeu seu significado: inicialmente princípio universal, hoje ela é apenas uma norma mutável, destinada a servir interesses privados [...] em nome da justiça social! E a justiça social — continua Hayek — é uma fábula, uma varinha mágica: ninguém sabe em quê ela consiste! Graças a esse termo vago, todo grupo se crê no direito de exigir do governo vantagens particulares. Na realidade, por trás da 'justiça social' há simplesmente a semente da expectativa lançada na mente dos eleitores em relação à generosidade dos legisladores para com determinados grupos. Os governos se tornaram institutos de beneficência expostos à chantagem dos interesses organizados. Os homens políticos cedem tanto mais de bom grado quanto mais a distribuição dos privilégios permite comprar o voto dos partidários".

8 Um novo modelo constitucional: a demarquia

Uma situação desse tipo erode lentamente a fé no ideal da democracia. A democracia se transformou em ditadura da maioria que se reputa sem vínculos em seus poderes de legiferação. Mas um fato é claro, ou seja, que "a soberania da *lei* e a soberania de um *Parlamento* ilimitado são inconciliáveis". E, justamente para manter distinta a ordem espontânea da *lei* em relação à ordem construída pela *legislação*, Hayek propõe um modelo constitucional que ele chama de *demarquia*, que consiste em dois organismos: uma *Assembleia legislativa* (que sozinha pode modificar as normas abstratas de mera conduta às quais está confiada a defesa da liberdade individual), e uma *Assembleia governativa*, que corresponde aos parlamentos atuais, eleitos periodicamente, e que exprimem comitês executivos da maioria (os governos) para a gestão dos negócios.

9 Estado liberal e defesa dos mais fracos

Depois das considerações precedentes sobre a lógica do mercado, e depois do que Hayek sustentou sobre a ideia de justiça social, torna-se muito interessante ver o que Hayek tem a dizer sobre as funções do Estado e sobre a defesa dos mais fracos. Hayek está convicto de que o serviço postal estatal é totalmente ineficiente; propõe a abolição do monopólio monetário estatal ("que foi usado para defraudar e enganar os cidadãos"); combate o monopólio estatal das transmissões televisivas e da escola. E, todavia, no terceiro volume de *Lei, legislação e liberdade*, ele escreve: "Longe de propugnar 'um estado mínimo', consideramos indispensável que em uma sociedade avançada o governo deve usar seu próprio poder de recolher fundos por meio dos impostos, para oferecer uma série de serviços que por várias razões não podem ser fornecidos — ou não podem sê-lo de modo adequado — pelo mercado". É assim, afirma Hayek, que muitas das comodidades capazes de tornar tolerável a vida em uma cidade moderna são fornecidas pelo setor público: "A maior parte das estradas [...], a fixação dos índices de medida, e muitos outros tipos de informação que vão dos registros cadastrais, mapas e estatísticas, aos controles de qualidade de alguns bens e serviços".

Para Hayek a esfera das atividades de governo não vinculada por leis é muito vasta. Sem dúvida, exigir o respeito da lei, a defesa dos inimigos externos, o campo das relações externas, são atividades do Estado. Mas há seguramente mais, pois "poucos porão em dúvida que apenas esta organização [dotada de poderes coercitivos: o Estado] pode se ocupar das calamidades naturais como furacões, enchentes, terremotos, epidemias e assim por diante, e realizar medidas aptas a prevenir ou a remediar tais coisas". É então óbvio "que o governo controle meios materiais e esteja substancialmente livre para usá-los conforme sua própria discrição".

Mas aqui há — e as considerações que seguem são de extrema importância e desmentem diversas interpretações apressadas e certamente não documentadas do pensamento de Hayek —, "há ainda — escreve Hayek — toda outra classe de riscos em relação aos quais foi reconhecida apenas recentemente a necessidade de ações governamentais, devida ao fato de que, como resultado da dissolução das ligações da comunidade local e dos desenvolvimentos de uma sociedade aberta e móvel, um número crescente de pessoas não está mais estritamente ligado a grupos particulares com os quais contar em caso de desgraça. Trata-se do problema de quem, por várias razões, não pode ganhar para viver em uma economia de mercado, como os doentes, velhos, deficientes físicos ou mentais, viúvas e órfãos, ou seja, aqueles que sofrem condições adversas, as quais podem ferir qualquer um e contra as quais muitos não estão em grau de se prevenir por si, mas que uma sociedade que tenha alcançado certo nível de bem-estar pode permitir-se ajudar".

Tal sociedade *pode* permitir-se a realização de tais fins humanitários porque é *rica*; e *pode* fazê-lo por meio de operações *fora* do próprio mercado. Todavia, ao ver de Hayek, eis a razão pela qual ela *deve* fazê-lo: "Assegurar uma renda mínima a todos, ou um nível abaixo do qual ninguém desça quando não pode prover a si próprio, não só é uma proteção absolutamente legítima contra riscos comuns a todos, mas é tarefa necessária da Grande Sociedade em que o indivíduo não pode se recuperar sobre os membros do pequeno grupo específico em que havia nascido". E, na realidade, salienta Hayek, "um sistema que estimula a deixar a relativa segurança gozada quando se pertence a um grupo restrito, provavelmente produzirá fortes descontentamentos e reações violentas, quando os que antes gozavam os benefícios dela se encontrarem, sem sua culpa, privados de auxílio, porque não têm mais a capacidade de ganhar para viver".

III. O intervencionismo de John Maynard Keynes

• Consultor do governo e representante da Grã-Bretanha no exterior (no fim da Primeira Guerra Mundial participa da conferência de paz com a Alemanha; foi um dos protagonistas dos acordos de Bretton Woods), governador do Banco da Inglaterra, John Maynard Keynes (1883-1946) é autor de um dos mais influentes livros deste século: *Teoria geral da ocupação, interesse e moeda* (1936). Embora pretendendo salvar o regime da propriedade privada, Keynes considerava infundadas as pretensões do liberalismo: o grande desemprego que se espalhava entre o fim da década de 1920 e os inícios da década de 1930 estava demonstrando, na sua opinião, que um sistema econômico, deixado livre de funcionar em base apenas na lei do mercado, não leva *necessariamente* ao bem-estar de *todos* e ao pleno *emprego*.

O "mercado" sozinho não é suficiente → § 1

Capítulo segundo – Desenvolvimento da teoria econômica

Porque é necessária a intervenção do Estado
→ § 2-3

• A ideia de fundo de Keynes é que o nível de emprego é determinado pela soma dos consumos e dos investimentos; de modo que, se diminuem os consumos ou diminuem os investimentos, crescerá inevitavelmente o número dos desempregados. Por isso Keines se lança contra a virtude privada que é a poupança; a poupança não incrementa os consumos e, portanto, acaba como "vício público". E se os privados não consomem, o Estado deve *intervir*. Tanto que se, em períodos de crise, o governo pagasse os desempregados para fazerem buracos nas ruas e depois enchê-los novamente, tomaria uma medida economicamente sagaz, porque colocaria em circulação o dinheiro e com isso ativaria os consumos e recolocaria em movimento o sistema produtivo.

---

1. A vida e as obras

O grande inimigo de Hayek foi John Maynard Keynes. Keynes nasceu em Cambridge em 1883. Seu pai era professor de lógica e de economia política na Universidade local. Educado primeiro no colégio de Eton e depois estudante em Cambridge, em 1908 o jovem Keynes — então com vinte e cinco anos — é nomeado leitor de economia. Havia sido indicado por Alfred Marshall. Não particularmente interessado na carreira acadêmica, entra no *Civil Service*, como alto burocrata com funções de conselheiro do governo e representante da Grã-Bretanha no exterior. Durante a Primeira Guerra Mundial trabalha para o Ministério do Tesouro. Participa, vencida a guerra, da conferência de paz com a Alemanha. Também depois da Segunda Guerra Mundial participa das conferências destinadas à criação de um sistema monetário internacional. Os acordos de Bretton Woods aceitaram, em todo caso, apenas em parte as propostas de Keynes. Do mesmo modo que David Ricardo, Keynes se enriqueceu com bem-sucedidas especulações na bolsa. Foi também diretor de uma sociedade de seguros. Alcançando o prestigioso cargo de governador do Banco da Inglaterra, em 1942 Keynes recebe o título de lorde Keynes, barão de Tilton. Este "sustentáculo fundamental da nação", este homem "verdadeiramente insubstituível" — assim o define seu biógrafo R. F. Harrod — morre prematuramente em 1946.

Eis um juízo significativo sobre Keynes de Sérgio Ricossa, economista italiano de orientação não keynesiana: "Talvez Keynes não seja o maior economista de nosso século [...], mas sua *Teoria geral* [...] tem toda probabilidade de ser o livro de economia mais citado. E há razões para isso. Saído em 1936, ele fornecia ampla explicação teórica da misteriosa catástrofe econômica iniciada em 1929: um colapso repentino dos preços, da produção e da ocupação, um retorno difuso da miséria em nações que haviam demonstrado saber ser ricas. Ao mesmo tempo, a *Teoria geral* fundava novamente sobre bases novas a ciência econômica, e fornecia aos homens de governo um novo modo de fazer política".

Além da *Teoria geral da ocupação, interesse e moeda* de 1936, outras obras importantes de Keynes são: *As consequências econômicas da paz* (1919); o *Tratado da probabilidade* (1921); *O fim do laissez-faire* (1926); o *Tratado da moeda* (1930); *Como financiar a guerra* (1940).

2. A ocupação é determinada pela soma dos consumos e dos investimentos

Embora pretendendo salvar o regime da propriedade privada, Keynes considerava absurdas as pretensões do liberalismo desenfreado, e era de opinião que seu trabalho provocaria "grande mudança" e subverteria "os fundamentos ricardianos do marxismo". Já como aluno de Marshall, dotado de forte senso prático, polemista brilhante e conhecedor de vastas áreas da matemática, Keynes influiu de modo decisivo e direto sobre a política de seu país. Seu ponto de honra foi o de ter resolvido a maior crise do capitalismo sem ter abraçado o marxismo.

A economia clássica sustentava que um sistema econômico, deixado livre para funcionar em condições de livre concorrência, teria produzido o bem-estar de todos e criado um regime de ocupação plena. Entretanto, em 1924, na Inglaterra, os desempregados chegaram a um milhão e, nos Estados Unidos, no início da década de 1930, um em cada quatro trabalhadores estava sem emprego. Ora, na opinião de Keynes, essa situação não podia ser resolvida com a velha ideia de que, através da redução do salário, se criariam postos suficientes de trabalho. Escreve Keynes: "Não é nada plausível a afirmação de que o desemprego nos Estados Unidos em 1932 devia-se ao fato de que os trabalhadores rejeitavam obstinadamente a redução dos salários nominais, ou então ao fato de que eles pediam com a mesma obstinação um salário real superior àquele que a produtividade do mecanismo econômico estava em condições de oferecer". A realidade é que um sistema econômico, funcionando livremente com base em suas próprias leis, não leva *necessariamente* ao bem-estar de *todos* e à *plena* ocupação, como os fatos demonstravam. Com efeito, Keynes tornou evidente que o nível de ocupação é determinado pela soma do *consumo* e dos *investimentos*. Consequentemente, se o consumo diminui ou se os investimentos diminuem, então crescerá o número de desempregados. Os economistas clássicos haviam tecido loas à poupança. A poupança é certamente uma virtude individual, denotando espírito de sacrifício e inteligência de previsão. Entretanto, se todos poupam e ninguém investe, naturalmente toma consistência um fatal círculo vicioso: poupando, não se consome; a queda de consumo leva ao acúmulo sempre mais terrível de mercadorias não-vendidas nas lojas; a superprodução gera a paralisação das fábricas; a paralisação das fábricas significa a perda imediata de postos de trabalho, além da impossibilidade de novos investimentos. Por essas razões todas, Keynes volta-se contra a poupança de tipo da vigente no século XIX, pois, para ele, é evidente que a "virtude individual", do ponto de vista da sociedade, transforma-se em fonte de desastres, em "vício público". O que é preciso, diz Keynes, é que o indivíduo consuma, gastando seu dinheiro em bens, talvez até pagáveis em prestações. O aumento do consumo porá em movimento a máquina econômica da nação, já que, para satisfazer à crescente demanda, os empreendedores investirão mais, com duas grandes consequências: por um lado, aumentarão os postos de trabalho e, por outro lado, os recursos da nação (matérias-primas, instalações industriais, estradas e ferrovias, mão-de-obra etc.) serão usados de modo muito mais amplo. Eis, portanto, o caminho para fugir da crise: *aumentar o consumo e os investimentos*. E se os indivíduos não consomem, então se faz necessária a *intervenção* do Estado. Aliás, diz Keynes, a tarefa de estabelecer o volume dos investimentos "não pode ser deixada com tranquilidade nas mãos de particulares".

3 A intervenção do Estado

O Estado não pode ser simples espectador dos comportamentos econômicos dos particulares nem, como sustentam os marxistas, tem a função de eliminá-los. Afirma Keynes: "Consideramos por isso que uma socialização bastante ampla do investimento se revelará como o único meio capaz de garantir, pelo menos aproximadamente, o pleno emprego. O que não quer dizer que se deva excluir todos aqueles compromissos e as diversas fórmulas de vários tipos que permitem ao Estado cooperar com a iniciativa privada. Mas, fora disso, não parece haver nenhuma razão evidente para justificar um socialismo de Estado que assuma a maior parte da vida econômica da comunidade. Se for capaz de determinar o volume global de recursos consagrados ao aumento dos meios de produção e de garantir o mínimo básico de remuneração aos seus detentores, o Estado certamente já terá realizado todo o necessário". Essas palavras, que podemos ler na *Teoria geral da ocupação, juro, moeda*, significam que o problema do emprego pode ser resolvido sem que seja necessária a passagem da propriedade privada à propriedade coletiva dos meios de produção. Os governos, portanto, diante de crises como a de 1929 e dos anos seguintes, não podem ficar de braços cruzados. *Devem intervir.* Dizia Keynes que se o governo tivesse pago os desempregados para fazerem buracos nas estradas e depois enchê-los de novo, teria realizado uma ação economicamente inteligente, já que teria posto dinheiro em circulação e, consequentemente, teria reativado o consumo e reposto em movimento o sistema produtivo.

Com base nisso tudo, parecem claras as indicações de Keynes aos governos. O capitalismo deve ser reformado: o Estado deve intervir na economia e atribuir a si "certos controles centrais [...] que agora, em seu conjunto, são deixados à iniciativa individual". Para Keynes, isso não significa que a iniciativa privada deva ser abolida; significa somente que, diante da iniciativa privada, não deve ser abolido o Estado: "O Estado deverá exercer função diretiva sobre a tendência para o consumo, em parte através do fisco, em parte através das taxas de lucro e talvez ainda de outros modos". Essa política de intervenção do Estado sobre as questões econômicas foi rejeitada pela velha guarda, e enquanto a nova esquerda, como, por exemplo, de Roosevelt e dos homens do *New Deal,* fez suas as teorias de Keynes, já a direita econômica foi contra Keynes por toda parte. Com efeito, a reforma do capitalismo proposta por Keynes devia parecer muito avançada e temerária para os conservadores. Ele sustentava que a diminuição da taxa de lucros permitiria (e que isso deveria ser feito) o desaparecimento dos "receptores de rendas". Isso levaria à supressão da excessiva desigualdade de rendas. Essas são as propostas keynesianas para abolir "os dois vícios essenciais do mundo econômico", ou seja, a desigualdade e o desemprego, salvando as instituições democráticas e a liberdade, bem como a riqueza moral (além de material) da iniciativa privada.

Em todo caso, não há dúvida de que Keynes tinha razão ao sustentar que o mercado não leva espontaneamente à plena ocupação; ele, todavia, observa Sérgio Ricossa, "estava errado ao considerar que a função principal do mercado era necessariamente a de levar ao equilíbrio da procura e da oferta. Se atribuirmos ao mercado a tarefa diferente de inovar (progresso mercadológico, quase sempre unido ao progresso tecnológico), mais ele inova e menos favorece o pleno emprego da velha capacidade produtiva, sem que com isso seja lícito falar de "falência do mercado". Inovação e estabilidade são termos em grande medida antitéticos: Keynes preferia a estabilidade, mas seus argumentos resultam pouco convincentes para quem prefere a inovação. É louvável a autoridade pública que consiga reduzir ao mínimo inevitável os inconvenientes sociais ligados à mudança por inovação, mas essa autoridade não pode ir além no caminho da estabilidade sem proibir de algum modo o progresso tecnológico e mercadológico". Texto 7

MENGER

1. A origem espontânea de novas localidades e do Estado

> *O homem propõe e Deus dispõe: isso é sabido pelo bom senso instruído pela longa experiência de projetos que tiveram resultados diferentes dos programados. Mas isso foi teorizado, entre outros, por Carl Menger e depois também por F. A. von Hayek: as ações humanas sempre têm consequências não intencionais e instituições de importância primária, como a linguagem ou a moeda, não são resultados de planos intencionais; são resultados, sem dúvida, da ação humana, mas não do projeto humano. São resultados não intencionais de ações humanas intencionais. E este é também o caso, sustenta Menger, da origem de muitas novas localidades — surgidas sem um projeto prévio — e da gênese do Estado.*

De modo análogo podemos responder à pergunta sobre a origem de outras instituições sociais, que servem igualmente para o bem-estar comum, ou melhor, que até chegam a ser sua condição, sem que por outro lado tenham sido de regra o resultado de uma atividade intencional, dirigida a promover esse próprio bem-estar.

Também hoje apenas em casos raríssimos acontece que novas localidades se formem pelo fato de que certo número de pessoas, de capacidades e de profissões diversas, se reúnam com o objetivo de fundar uma cidade e, portanto, realizem essa intenção programaticamente, embora, bem entendido, tal origem de novas colônias não deva ser excluída, pois é confirmada pela experiência.

De regra, as cidades novas surgem por via "não-reflexa", ou seja, pela simples manifestação de interesses individuais, que por si, isto é, sem uma intenção precisa, leva a um resultado útil para o interesse geral. Os agricultores que primeiro ocupam um território; o artesão que primeiro se estabelece no meio deles, perseguem em geral apenas um interesse individual; assim o primeiro hospedeiro, o primeiro mercador, o primeiro mestre e daí por diante. Com o crescimento das necessidades entre os membros da sociedade, também outros sujeitos econômicos acham conveniente, no meio dessa comunidade que pouco a pouco se desenvolve, entregar-se a novas ocupações, ou então desenvolver as antigas ocupações. Assim surge gradualmente uma organização econômica que é altamente útil para os interesses dos vários membros da coletividade, ou melhor, sem a qual não se poderia imaginar uma existência normal; no entanto, essa organização não é de fato o resultado de uma vontade comum, dirigida à sua constituição. Essa vontade geralmente se manifesta apenas nos estados mais progredidos da evolução da vida coletiva e provoca não tanto o nascimento, mas apenas o aperfeiçoamento dos institutos sociais já surgidos por via "orgânica".

O mesmo se diga a respeito da *origem do Estado*. Quem for imparcial não poderá pôr em dúvida que, por meio do acordo de um número conveniente de pessoas que têm a disponibilidade de um território, possa, em circunstâncias favoráveis, ser colocada a base para uma comunidade capaz de desenvolvimento. Nem poderá razoavelmente duvidar que das relações naturais de autoridade familiar possa ser tirado um Estado capaz de viver por obra ou de alguns que governam ou de grupos destes, mesmo sem o acordo de todos os que a ele pertencem. Certamente é unilateral a teoria que remete a origem daquele instituto social que chamamos de Estado, exclusivamente a uma formação por via "orgânica". Mas, igualmente errada, ou melhor, ainda mais anti-histórica, é a teoria segundo a qual todos os Estados teriam originariamente surgido por meio de um acordo de alguns poderosos ou de seus grupos, dirigido à fundação do próprio Estado, ou por via de uma atividade conscientemente dirigida a tal objetivo. Sem dúvida, com efeito, os Estados, ao menos nos primeiros estágios da evolução da humanidade, surgiram porque alguns chefes de famílias, que viviam um ao lado do outro livres de qualquer vínculo estatal, sem se colocar de acordo, mas pelo simples fato de que eles haviam aprendido a conhecer sempre melhor seus interesses individuais e se esforçavam para alcançá-los (por meio da submissão voluntária dos mais fracos à proteção dos mais poderosos, por meio do socorro eficaz feito ao vizinho quando este devia sofrer violências em condições tais que também os outros habitantes do território se consideravam ameaçados em seu bem-estar), chegaram a realizar uma comunidade estatal e uma organização mesmo que rudimentar. É possível que acordos dirigidos a reforçar a vida comum e relações de autoridade de vários tipos tenham em alguns casos estimulado efetivamente tal processo de formação estatal; em outros casos, o conhecimento preciso e a afirmação dos interesses individuais por parte de particulares chefes de família que coabitavam sem dúvida levaram à formação do Estado, mesmo sem as influências acima acenadas, ou melhor, até sem que o indivíduo levasse em conta o interesse geral. Também aquele instituto que chamamos de "o Estado" foi, ao menos em suas formas primitivas, o resultado involuntário de uma atividade a serviço de interesses individuais.

Do mesmo modo poder-se-ia demonstrar que outras instituições sociais, como a linguagem, o direito, o costume, e particularmente numerosas instituições econômicas, surgiram sem um acordo expresso, sem coação legislativa, e até sem nenhuma consideração do interesse público, unicamente pelo impulso de interesses individuais e como resultado da afirmação destes. A organização do tráfico em mercados periodicamente recorrentes e localizados, a organização da sociedade por meio da separação de profissões e da divisão do trabalho, os usos comerciais e assim por diante, todas estas instituições que servem de modo eminente ao bem-estar comum e que à primeira vista parecem necessariamente ter tido origem de um acordo ou da vontade do Estado, são não tanto o resultado de convenções, tratados, leis, ou do fato de que os indivíduos particulares tenham particularmente levado em conta o interesse público, e sim o resultado de esforços, a serviço de interesses individuais.

É claro que nesse processo de formação "orgânica" a autoridade legislativa não raramente intervém, e dessa forma acelera ou modifica seus resultados.

Nos primórdios da sociedade, a única origem dos fenômenos sociais, de acordo com os fatos, pode ter sido a não-reflexa. No decorrer da evolução social aparece sempre mais manifesto que, ao lado das instituições surgidas por via "orgânica", também surgiram outras, que são o resultado da operação social voltada para um objetivo determinado; outras instituições, surgidas por via orgânica, encontram sua continuidade e transformação na atividade das autoridades públicas dirigidas conscientemente para fins sociais. O atual sistema do mercado, o sistema monetário, o direito atual, o Estado moderno etc. nos oferecem tantos outros exemplos de instituições, que se apresentam como o resultado da atividade combinada de forças individuais e teológico-sociais, ou seja, em outras palavras, de fatores "orgânicos" e "positivos".

C. Menger,
O método na ciência econômica.

VON MISES

2 O princípio do individualismo metodológico

> *O princípio do individualismo metodológico é o seguinte: "Apenas o indivíduo pensa. Apenas o indivíduo raciocina. Apenas o indivíduo age". Ou ainda: "Para uma coletividade social não há existência e realidade fora das ações dos membros individuais". Existem apenas indivíduos. Por conseguinte, "o caminho para chegar ao conhecimento de todos os coletivos passa através da análise das ações dos indivíduos".*

Primeiramente devemos convir que todas as ações são realizadas pelos indivíduos. Uma coletividade funciona sempre pela intermediação de um ou de diversos indivíduos cujas ações referem-se à coletividade como a uma fonte secundária. É o significado que os indivíduos e agentes e todos aqueles que são tocados pela sua ação atribuem a uma ação que determina seu caráter. É o significado que caracteriza uma ação individual e outra ação como ação do Estado ou da municipalidade. O carrasco, e não o Estado, justicia o criminoso. É a reflexão dos interessados que discerne na ação do carrasco uma ação do Estado. Um grupo de soldados armados ocupa uma praça. É o julgamento das pessoas interessadas que atribui essa ocupação não aos oficiais e aos soldados do lugar, mas à sua nação. Se indagamos o significado das várias ações realizadas pelos indivíduos, devemos necessariamente saber cada coisa sobre as ações dos todos coletivos. *Para uma coletividade social não há existência e realidade fora das ações dos membros individuais.* A vida de uma coletividade é vivida nas ações dos indivíduos que constituem seu corpo. Não há coletividade social concebível que não funcione pelas ações de algum indivíduo. A realidade de um todo social consiste nas ações dos indivíduos que o compõem. Assim, o caminho para chegar ao conhecimento de todos os coletivos passa através da análise das ações dos indivíduos.

Como ser pensante e agente, o homem emerge de sua existência pré-humana já como ser social. A evolução da razão, da linguagem, e a cooperação são o produto do mesmo processo; elas se encontram inseparável e necessariamente ligadas. Mas esse processo tem lugar nos indivíduos. Consiste de mudanças no comportamento dos indivíduos. Não há outra substância em que ele aconteça fora dos indivíduos. Não há substrato de sociedade fora das ações dos indivíduos.

Que existam nações, Estados e Igrejas, que haja cooperação social na divisão do trabalho, torna-se discernível apenas nas ações de certos indivíduos. Ninguém jamais percebeu uma nação sem perceber seus membros. Neste sentido pode-se dizer que uma coletividade social vem a existir através das ações dos indivíduos. Isso não significa que o indivíduo seja seu antecedente temporal. Significa simplesmente que ações definidas de indivíduos constituem a coletividade.

Não há necessidade de discutir se uma coletividade é a soma resultante da adição de seus elementos ou, mais do que isso, se ela é um ser *sui generis*, e se é razoável ou não falar de sua vontade, de seus planos, objetivos e ações e atribuir-lhe uma "alma" distinta. Esses pedantismos são ociosos. Um todo coletivo é um aspecto particular das ações de vários indivíduos e, como tal, uma coisa real que determina o curso dos eventos.

É ilusório crer que seja possível visualizar todos coletivos. Eles nunca são visíveis; seu conhecimento é sempre o resultado da compreensão do significado que os homens agentes atribuem a seus atos. Podemos ver um ajuntamento, ou seja, uma multidão de povo. Se esse ajuntamento é mero agrupamento ou massa (no sentido em que esse termo é usado na psicologia contemporânea), ou então um corpo organizado ou qualquer outra espécie de entidade social, é questão à qual não se pode responder a não ser por meio da compreensão do significado que os indivíduos atribuem à sua presença. E esse significado é sempre o significado dos indivíduos. Não são nossos sentidos, mas é a inteligência, o processo mental, que faz reconhecer as entidades sociais.

Aqueles que desejam iniciar o estudo da ação humana a partir das unidades coletivas encontram um obstáculo intransponível no fato de que um indivíduo pode ao mesmo tempo pertencer e – com exceção dos homens das tribos mais primitivas – realmente pertence a várias entidades coletivas. O problema levantado pelas unidades sociais coexistentes e de seus mútuos antagonismos pode ser resolvido apenas pelo individualismo metodológico.

O eu é a unidade do ser agente. Ele é dado de modo indiscutível e não pode ser dissolvido ou esconjurado por nenhum raciocínio ou pretexto.

O *nós* é sempre o resultado de uma somatória que põe junto dois ou mais *eus*. Se alguém diz *eu*, não é mais necessário perguntar-se outra coisa para estabelecer seu significado. O mesmo vale em relação ao *tu* e, se a pessoa em questão é indicada com precisão, em relação ao *ele*. Mas se se diz *nós*, é necessário informar-se ulteriormente para indicar quais *eus* estão compreendidos no *nós*. São sempre indivíduos que dizem *nós*; ainda que o digam em coro, é ainda uma articulação de indivíduos particulares.

O *nós* não pode agir diversamente de cada um deles por sua conta. Eles podem agir juntos e em uníssono; ou então um deles pode agir por eles todos. No segundo caso a cooperação dos outros consiste na determinação da situação que torna a ação de um homem efetiva para todos. Apenas nesse sentido o funcionário de uma entidade social age pelo todo; os membros individuais do corpo coletivo ou determinam ou permitem que a ação de um homem particular se refira a eles próprios.

L. von Mises,
A ação humana.

Ludwig von Mises (1881-1973) é o representante mais ilustre da terceira geração da Escola austríaca de economia.

VON HAYEK

3. Os erros do coletivismo metodológico

> Os coletivistas (positivistas, hegelianos, marxistas, estruturalistas etc.) pensam que existam entidades sociais coletivas (a "sociedade"; a "estrutura social"; o "partido"; a "classe" etc.) independentes e autônomas em relação aos indivíduos que as compõem. Aqui está exatamente seu erro: em coisificar, em fazer se tornar coisas aqueles que, ao contrário, são apenas conceitos abstratos. "O erro implícito nessa aproximação coletivista consiste em considerar como fatos aquelas que não são mais que teorias provisórias, modelos construídos pela mente ingênua para explicar a ligação existente entre alguns dos fenômenos particulares que observamos [...]".

Intimamente ligado com o "objetivismo" da aproximação cientista é seu globalismo ou coletivismo metodológico, sua tendência a tratar certos "conjuntos" como "sociedade" ou "economia" ou "capitalismo" (como "fase" histórica determinada), ou uma particular "indústria" ou "classe" ou "nação" como objetos dados, em si mesmos completos, cujas leis podemos descobrir observando seu comportamento como "conjuntos". [Tal tendência] resulta favorecida pela constatação empírica que, no comportamento dos indivíduos, poucas são as regularidades que se podem estabelecer de modo rigorosamente objetivo. Por isso voltam a concentrar a atenção sobre os "conjuntos", na esperança de descobrir, pelo menos nestes, a regularidade que procuram. Por fim, devemos ter presente a influência da convicção, ainda que vaga, que sendo objeto de estudo os "fenômenos sociais", o procedimento mais óbvio seja partir da observação direta desses "fenômenos sociais": convicção devida ao fato de que a existência, no uso corrente, de termos como "sociedade" ou "economia" é ingenuamente considerada como prova evidente da existência efetiva de determinados "objetos" que correspondem concretamente a esses termos. O fato de que todos falem de "nação" ou de "capitalismo" leva a crer que o primeiro passo, no estudo desses fenômenos, deva consistir em verificar seu aspecto, exatamente como alguém se comportaria em relação a certa rocha ou a certo animal.

O erro implícito nessa aproximação coletivista consiste em considerar como fatos aquelas que não são mais que teorias provisórias, modelos construídos pela mente ingênua para explicar a ligação existente entre alguns dos fenômenos particulares que observamos [...].

O realismo ingênuo, que acriticamente presume que, se certos conceitos estão em uso corrente, devem também existir em concreto justamente as "dadas" coisas que eles designam, encontra-se tão profundamente enraizado no modo corrente de tratar os fenômenos sociais, que é necessário um esforço decisivo de vontade para dele se livrar. Se muitos estão dispostos a admitir que neste campo pode-se encontrar dificuldades particulares na individuação de "conjuntos" bem definidos, porque não temos jamais diante de nós tantos exemplares de um mesmo gênero, e por isso não podemos distinguir logo entre os atributos constantes e os meramente acidentais, poucos ao invés percebem este outro e muito mais grave obstáculo: que os "conjuntos" como tais não são jamais dados à nossa observação, pois todos eles são indistintamente nossos construtos mentais. Eles não são "fatos dados", dados objetivos do mesmo gênero, que imediatamente reconhecemos como semelhantes em base a seus atributos físicos comuns; eles não podem ser percebidos independentemente de um esquema mental que coloque em evidência a ligação existente entre alguns dos inumeráveis fatos particulares que nos é dado observar. [...]

Por isso, as ciências sociais não se ocupam de dados "conjuntos", mas sua tarefa é proceder à constituição destes conjuntos construindo seus modelos em base a elementos conhecidos.

O erro de tratar como objetos reais os conjuntos, que não são mais que construtos e que não podem ter outras propriedades que as que derivam do modo em que os colocamos juntos a partir dos elementos componentes, manifestou-se de várias formas, mas, talvez mais frequentemente, na forma de teorias que postulam a existência de uma mente "social" ou "coletiva" e, sob esse aspecto, determinou a emergência de pseudoproblemas de todo tipo. A mesma ideia apresenta-se frequentemente, mesmo que imperfeitamente, mascarada na atribuição à sociedade de uma "personalidade" ou "individualidade" específica. Seja qual for a terminologia, estas formas sempre têm em comum esta característica: em vez de reconstruir os conjuntos partindo das relações entre mentes individuais, das quais temos conhecimento direto, tratam uma vaga intuição de conjunto como entidade real, como algo de semelhante à mente individual. O emprego abusivo, sob esta forma, nas ciências sociais, de concepções antropomórficas comportou os mesmos efeitos danosos que provocou nas ciências da natureza. O fato mais singular nesses casos é que, frequentemente, justamente pelo seu empirismo, os positivistas, ou seja, os adversários irredutíveis de todas as concepções antropomórficas, até daquelas que em certo âmbito bem definido tiveram sua validade, são induzidos a postular a existência de tais entidades metafísicas e a tratar a humanidade, ao modo, por exemplo, de Comte, como um "ser social", uma espécie de superpessoa. Mas, como não temos outra alternativa que esta: ou compor o conjunto partindo das mentes particulares ou postular uma supermente à imagem e semelhança da mente individual, os positivistas, rejeitando a primeira proposição da alternativa, são fatalmente obrigados a adotar a segunda. Nesse terreno afunda as raízes a curiosa aliança entre positivismo do século XIX e hegelianismo.

F. A. von Hayek,
O abuso da razão.

4. A tarefa das ciências sociais teóricas

> Os que agem são sempre e apenas os indivíduos; as ações humanas comportam inevitáveis consequências não-intencionais; e o cientista social tem como tarefa justamente a análise de tais consequências não-intencionais. Escreve Hayek: "É apenas à medida que certo tipo de ordem emerge como resultado da ação dos indivíduos, mas sem ter sido por alguns deles conscientemente perseguida, que se põe o problema de uma explicação teórica deles".

A partir do fato de que são as concepções e opiniões dos indivíduos as de que temos conhecimento direto e que constituem os elementos a partir dos quais devemos reconstruir os fenômenos mais complexos, deriva outra importante diferença entre os métodos das disciplinas sociais e das ciências da natureza. Nas ciências sociais são as atitudes dos indivíduos que constituem os elementos primários dos quais nos devemos servir para reconstruir, por meio de combinações, os fenômenos complexos, isto é, para reproduzir os resultados das ações individuais, que nos são muito menos conhecidos – procedimento que frequentemente leva a descobrir, no seio dos fenômenos complexos, a existência de princípios de coerência estrutural que não haviam sido (ou talvez não podiam ser) identificados por meio de observação direta. As ciências físicas, ao contrário, tomam necessariamente como ponto de partida os fenômenos naturais complexos e, procedendo em revés, procuram individuar os vários elementos componentes. O lugar que o homem, enquanto indivíduo, ocupa no cosmo é tal pelo fato de que ele, de um lado, percebe em primeiro lugar fenômenos relativamente complexos, que depois submete à análise; enquanto, do outro, se lhe apresentam como dados os elementos simples que concorrem para a formação daqueles fenômenos complexos que ele não pode submeter à observação em seu conjunto. Ao passo que o método das ciências da natureza é, nesse aspecto, analítico, o das ciências sociais deve ser definido como composto ou sintético. Estes assim chamados conjuntos, estes grupos de elementos estruturalmente ligados, aprendemos a isolá-los da totalidade dos fenômenos observados apenas como resultado dos esforços por nós sistematicamente realizados para estabelecer ligações estáveis entre elementos dotados de propriedades comuns, e a construí-los ou a reconstruí-los partindo das propriedades conhecidas dos próprios elementos.

É importante observar que, em tudo isso, o objeto de nossa explicação não são de fato os vários tipos de crenças e atitudes individuais, e sim simplesmente os elementos a partir dos quais reconstruímos as possíveis estruturas relacionais interindividuais. Quando submetemos análise o pensamento dos indivíduos no âmbito das ciências sociais, não nos propomos de fato a explicar esse pensamento, mas simplesmente distinguir os tipos possíveis de elementos a tomar em consideração na construção de modelos diversos de relações sociais. É um erro, frequentemente favorecido pelo modo pouco rigoroso de expressar-se dos estudiosos de ciências sociais, crer que seja tarefa específica destas explicar a ação consciente. Essa explicação, admitindo que seja possível, é coisa totalmente diferente e representa a tarefa própria da psicologia. Para as ciências sociais, as várias modalidades da ação consciente representam os "dados" que elas têm apenas a tarefa de dispor ordenadamente, a fim de torná-los efetivamente utilizáveis para seus fins. Os problemas que elas procuram resolver se apresentam apenas enquanto a ação consciente de uma multiplicidade de pessoas dá lugar a resultados imprevistos, e enquanto se constata a existência de certas regularidades amadurecidas espontaneamente fora de toda deliberação programática. Se os fenômenos sociais não manifestassem outra ordem fora daquela a eles conferida por uma intencionalidade consciente, não haveria lugar para nenhuma ciência teórica da sociedade e tudo se reduziria exclusivamente, como frequentemente se ouve dizer, a problemas de psicologia. É apenas à medida que certo tipo de ordem emerge como resultado da ação dos indivíduos, mas sem ter sido por algum deles conscientemente perseguida, que se põe o problema de uma explicação teórica deles. Todavia, embora os homens atingidos por preconceito cientista sejam frequentemente induzidos a negar a existência de tais tipos de ordens (e, portanto, a negar a existência de um objeto próprio das ciências teóricas da sociedade), poucos, ou talvez ninguém, mostram-se depois coerentes até o extremo limite: que pelo menos a linguagem represente um conjunto ordenado, sem ser o resultado de algum desígnio prévio, é verdade óbvia que nem mesmo eles ousam pôr em dúvida [...]. [Outro] exemplo [de ordem espontânea] pode ser relativo ao modo pelo qual se formam os caminhos em uma zona desabitada. Em princípio, cada um procura por sua própria conta aquilo que considera o melhor traçado. Mas, pelo simples fato de já ter sido percorrido uma vez, um caminho resulta, de modo verossímil, mais fácil de ser percorrido e, portanto, torna-se mais provável sua utilização posterior; e assim, gradualmente, emergem percursos de traçado sempre mais claro, que terminam por ser utilizados em lugar de outros percursos possíveis. Os movimentos humanos naquela região tendem a se conformar a um modelo bem definido que, embora seja o resultado de decisões tomadas por certo número de pessoas, não foi, todavia, conscientemente projetado por nenhuma delas. Esta explicação daquilo que aconteceu naquele caso constitui uma "teoria" elementar aplicável a centenas de casos concretos particulares.

F. A. von Hayek,
O abuso da razão.

5 A dispersão dos conhecimentos torna impraticável a planificação centralizada

A planificação centralizada é impraticável: e o é porque, para decidir, é preciso conhecer; mas os conhecimentos necessários para resolver os problemas concretos – ou seja, os conhecimentos particulares de lugar e de tempo – estão dispersos, espalhados entre milhões e milhões de homens, e não podem ser centralizados; de modo que "as decisões finais devem ser deixadas para as pessoas que conhecem essas circunstâncias, que têm conhecimento direto das mudanças importantes e dos recursos imediatamente disponíveis para enfrentá-las".

Sugerir hoje que o conhecimento científico não é a soma de todo o saber é quase uma heresia. Mas uma breve reflexão pode mostrar que existe sem dúvida um corpo de conhecimentos muito importantes, mas não organizados, que podem ser considerados científicos, no sentido de conhecimento de leis gerais: refiro-me aos conhecimentos das circunstâncias particulares de tempo e de lugar. Justamente a respeito desse tipo de conhecimentos, praticamente todo indivíduo encontra-se em vantagem a respeito de todos os outros, a partir do momento que ele possui informações únicas, que podem ser utilizadas com proveito, mas apenas se as decisões que dependem delas forem deixadas a ele ou forem tomadas com sua ativa colaboração. Basta recordar apenas o quanto nos resta a aprender em toda ocupação depois que completamos o treinamento teórico, quanta parte de nossa vida de trabalho é dedicada a aprender trabalhos específicos, e quão precioso recurso é, em todas as profissões, o conhecimento das pessoas, das condições locais e das circunstâncias particulares. Conhecer e pôr em uso uma máquina não plenamente utilizada, ou as capacidades de alguém que poderiam ser empregadas melhor, ou ter conhecimento da existência de provisões em excesso a que se pode atingir durante uma interrupção de fornecimentos, é socialmente tão útil quanto conhecer técnicas alternativas melhores. O agente marítimo que ganha a vida utilizando as viagens vazias ou meios cheios de vagões a vapor, ou o agente imobiliário cujo conhecimento se limita quase que exclusivamente ao de ocasiões temporárias, ou o cambista que tira seus ganhos das diferenças locais de preços das mercadorias, todos desempenham funções úteis, baseadas sobre o conhecimento particular de circunstâncias ligadas ao átimo fugidio e desconhecido para os outros.

É curioso o fato de que esse tipo de conhecimento hoje seja geralmente considerado com certo desprezo e que se considere quase desonrosa a ação de quem, com esse conhecimento, tire vantagem com prejuízo de alguém melhor equipado de conhecimentos teóricos ou técnicos [...].

Se concordamos em considerar que o problema econômico da sociedade consiste principalmente na rápida adaptação às mudanças que intervêm nas circunstâncias particulares de tempo e de lugar, parece então possível afirmar que as decisões finais devem ser deixadas para pessoas que conhecem essas circunstâncias, que têm conhecimento direto das mudanças importantes e dos recursos imediatamente disponíveis para enfrentá-las. Não podemos esperar resolver cada problema comunicando todos esses conhecimentos a um escritório central que, em um segundo momento, depois de ter integrado todos os conhecimentos, emane as ordens. Devemos resolvê-lo com alguma forma de descentralização.

F. A. von Hayek,
O uso do conhecimento na sociedade,
e *Conhecimento, mercado, planificação*.

6 Nos regimes totalitários a "verdade" é sistematicamente pisoteada

> *O fim da verdade:* "É próprio de todo o espírito do totalitarismo que ele condene toda atividade humana realizada como fim em si própria e sem objetivos posteriores. A ciência pela ciência, a arte pela arte, são igualmente desprezadas pelos nazistas, pelos nossos intelectuais socialistas e pelos comunistas [...]. Como explicou o ministro nazista da justiça, a pergunta que toda nova teoria científica deve se fazer é: 'Sou útil ao nacional-socialismo para o maior bem de todos?'"

O controle totalitário, em todo caso, estende-se também a sujeitos que à primeira vista parecem não ter nenhum significado político. Por vezes é difícil explicar por que determinadas doutrinas devam ser oficialmente postas de lado e outras encorajadas, e é curioso que esse conjunto de simpatias e antipatias seja de algum modo aparentemente semelhante nos diversos sistemas totalitários. Todos em particular parecem ter em comum uma intensa aversão pelas formas mais abstratas de pensamento, aversão demonstrada também de modo característico por muitos de nossos cientistas de tendência coletivista. A grosso modo se explica assim que a teoria da relatividade seja representada como "um ataque semítico aos fundamentos da física cristã e nórdica", ou impugnada porque está "em conflito com o materialismo dialético e o dogma marxista". E não é muito diferente a circunstância em que certos teoremas de estatística matemática são atacados porque "fazem parte da luta de classes no aspecto ideológico e são o produto do papel histórico da matemática enquanto a serviço da burguesia", ou então que toda uma teoria seja condenada porque "não dá garantias de servir aos interesses do povo". Parece que a matemática pura seja também uma vítima designada, e que até a sustentação dada a uma concepção particular sobre a natureza da continuidade possa ser atribuída a "preconceitos burgueses". Levando em conta o que dizem os Webb, o *Jornal das ciências naturais marxistas-leninistas* publica o seguinte *slogan*: "Nós formamos um partido na matemática. Nós sustentamos a pureza da teoria marxista-leninista na cirurgia". A situação parece ser muito semelhante na Alemanha. O *Jornal da associação dos matemáticos nacional-socialistas* é infestado de expressões do tipo "partido na matemática", e um dos físicos alemães mais conhecidos, o prêmio Nobel Lenard resumiu a obra de toda a sua vida em um volume com o título *A física alemã em quatro volumes*. É próprio de todo o espírito do totalitarismo que ele condene toda atividade humana realizada como fim em si própria e sem objetivos posteriores. A ciência pela ciência, a arte pela arte, são igualmente desprezadas pelos nazistas, pelos nossos intelectuais socialistas e pelos comunistas. Qualquer atividade deve extrair sua própria justificação de um objetivo social consciente. Não deve existir nenhuma atividade espontânea, não controlada, porque poderia produzir resultados não previsíveis e não previstos pelo plano. Poderia produzir algo de novo, que não esteja contemplado na filosofia do planificador. Deixo ao leitor a conjectura se foi na Alemanha ou na Rússia que os jogadores de xadrez foram oficialmente advertidos a "acabar de uma vez e para sempre com a ideia da neutralidade do xadrez". "Devemos condenar de uma vez e para sempre a fórmula 'o xadrez por amor ao xadrez', assim como a fórmula 'a arte por amor da arte'".

Por mais incríveis que possam parecer algumas dessas aberrações, devemos estar atentos para não menosprezar como trivialidades simples e acidentais que não têm nada a ver com o caráter essencial do sistema planificado ou totalitário. Não são. Elas são a consequência direta daquele mesmo desejo de ver todas as coisas guiadas por uma "concepção unitária do todo", da necessidade de sustentar a todo custo os ideais pelos quais se pede ao povo para fazer contínuos sacrifícios, e da ideia geral de que os conhecimentos e as crenças das pessoas são instrumentos a serem usados para um único objetivo. Do momento que a ciência deve servir não à verdade, mas aos interesses de uma classe, de uma comunidade ou de um Estado, o único objetivo ao qual tendem discursos e discussões é o de defender e difundir ainda mais as crenças em base às quais é dirigida toda a vida da comunidade. Como explicou o ministro nazista da justiça, a pergunta que toda nova teoria científica deve se colocar é: "Sou útil ao nacional-socialismo para o maior bem de todos?"

A própria palavra "verdade" deixa de ter seu significado originário. Não descreve mais alguma coisa a encontrar, com a consciência individual como único árbitro que nos diz se devemos acatar a evidência (ou as convicções daqueles que a proclamam tal) em circunstâncias particulares; torna-se algo de preestabelecido pela autoridade, algo em que crer no interesse da unidade do empreendimento organizado e que pode ser modificado como requerem as exigências desse empreendimento.

O clima intelectual que desse modo se produz difusamente, o espírito de cinismo absoluto que se gera em relação à verdade, a perda até de sentido do significado de verdade, o desaparecimento do espírito de independência da pesquisa e da crença no poder da convicção racional, o modo com que as diferenças de opinião em todo germe do conhecimento se tornam questões políticas que devem ser decididas pela autoridade, são todas coisas que devem ser experimentadas pessoalmente: nenhuma descrição breve pode dar uma ideia adequada disso. O fato talvez mais alarmante é que o desprezo pela liberdade intelectual não é uma coisa que nasce apenas como resultado da instauração do sistema totalitário, mas pode-se encontrar em todo lugar entre os intelectuais que abraçaram a fé coletivista e que são aclamados como líderes intelectuais até nos países onde ainda é vigente um regime liberal. Não apenas se absolve também a pior das opressões se é exercida em nome do socialismo, e há pessoas que defendem abertamente a criação de um sistema totalitário pretendendo falar em nome dos homens de ciência nos países liberais, mas também a intolerância é abertamente exaltada. Não vimos recentemente o escrito de um cientista inglês que defendia até a inquisição, porque, a seu ver, "traz benefícios para a ciência quando protege uma classe emergente"? Esse ponto de vista, obviamente, não se distingue na prática daquele que levou os nazistas à perseguição dos homens de ciência, à fogueira dos textos científicos e à sistemática erradicação da *intelligentsia* do povo submetido.

O desejo de impor aos homens um credo considerado salutar para eles não é sem dúvida uma coisa nova, nem peculiar de nosso tempo. Novo é, ao contrário, o argumento com o qual muitos de nossos intelectuais procuram justificar essas tentativas. Não existe verdadeira liberdade de pensamento em nossa sociedade – dizem eles – porque as opiniões e as preferências das massas são forjadas pela propaganda, pela publicidade, pelo exemplo das classes altas, e por outros fatores ambientais que inevitavelmente forçam o pensamento das pessoas para dentro de canais já traçados. Disso se conclui que se os ideais e as preferências da esmagadora maioria são sempre modelados por circunstâncias que se podem controlar, deveremos usar esse poder para voltar deliberadamente o pensamento das pessoas para a direção que consideramos desejável.

Provavelmente é bastante verdadeiro que a grande maioria é raramente capaz de pensar de modo independente, que nas questões mais importantes ela aceita as opiniões que se encontram já prontas, e que estará igualmente contente de ter nascido em um sistema de valores, ou de ser a eles conduzida no mesmo ou em outro. Em qualquer sociedade a liberdade de pensamento terá provavelmente claro significado apenas para uma pequena minoria. Mas isso não quer dizer que deveria haver alguém que, por competência ou poder, selecionasse aqueles a quem deveria ser reservada a liberdade. E certamente não justifica a presunção de que possa haver um grupo qualquer de pessoas que pretendam o direito de decidir o que as pessoas devam pensar ou crer. É índice de confusão mental sustentar que não faz diferença nenhuma se todos devem seguir o mesmo guia, enquanto a maioria das pessoas, sob todo tipo de sistema, coloca-se no seguimento de alguém. Depreciar o valor da liberdade intelectual, porque jamais comporta para todos a mesma possibilidade de independência no julgamento, equivale a perder totalmente as razões que conferem valor à liberdade intelectual. Para fazer com que ela realize sua função como primeiro motor do progresso intelectual não é essencial que alguém esteja em grau de pensar ou de escrever qualquer coisa, mas que cada um possa discutir sobre qualquer causa ou ideia. Enquanto a dissensão não for suprimida, sempre haverá alguém que porá em dúvida as ideias que guiam seus contemporâneos e submeterá novas ideias ao crivo da discussão e da publicidade.

Essa interação entre indivíduos, que possuem diferentes conhecimentos e diferentes opiniões, é aquilo que constitui a vida do pensamento. O desenvolvimento da razão é um processo social baseado sobre a existência de tais diferenças. É na essência desse processo que seus resultados não podem ser previstos, que não se pode saber quais ideias favorecerão seu desenvolvimento e quais não; em suma, que esse desenvolvimento não pode ser governado com nossas ideias do momento sem limitar o próprio tempo. "Planificar" ou "organizar" o desenvolvimento do intelecto, ou então o progresso em geral, é uma contradição em termos. A ideia de que o intelecto humano possa "conscientemente" controlar seu próprio desenvolvimento confunde a razão dos indivíduos, razão que pode sozinha "controlar conscientemente" todas as coisas, por meio do processo interpessoal ao qual se deveu seu crescimento. Se tentarmos controlá-lo, apenas colocaremos limites para seu desenvolvimento, e cedo ou tarde acabaremos por produzir a estagnação do pensamento e o declínio da razão.

A tragédia da concepção coletivista é que ela começa pondo a razão em primeiro lugar, mas acaba por destruí-la porque tem uma ideia errada do processo do qual depende o crescimento da razão. Poder-se-ia dizer, na verdade, que nisso consiste o paradoxo de toda a doutrina coletivista e de sua instância para um controle "consciente" ou para uma planificação "consciente": ou seja, no fato de conduzir necessariamente a uma instância imposta como suprema por algum indivíduo, enquanto apenas a aproximação individualista dos fenômenos sociais nos faz reconhecer as forças metaindividuais que guiam o crescimento da razão. O individualismo é, portanto, uma atitude de humildade diante desse processo social de tolerância das opiniões alheias, e é exatamente o contrário da *hybris*, daquele orgulho intelectual que está na raiz da instância que postula uma direção aberta ao processo social em sua totalidade.

F. A. von Hayek,
O caminho da escravidão.

KEYNES

7 O programa de um intervencionista "liberal"

"A meu ver não há espaço hoje [...] para os que permanecem ligados ao individualismo no velho estilo e ao laissez-faire integral, apesar da grande contribuição que eles deram ao progresso do século XIX". Trecho extraído de uma conferência – com o título Sou um liberal? *– realizada em 1925 na Liberal Summer School de Cambridge.*

Quando um indivíduo é, constitucionalmente, um animal político, é demasiado duro para ele não pertencer a um partido: sentir-se-ia só, abandonado, inútil. Se o partido é forte, com um programa e uma ideologia a ele congeniais, capazes de satisfazer ao mesmo tempo o instinto de associação, o prático e o intelectual, torna-se uma coisa belíssima, e vale a pena dedicar-lhe uma grande subscrição e todo o tempo disponível. Isso para quem seja, constitucionalmente, animal político. Tanto é verdade isso que o animal político, que não consegue convencer-se a pronunciar as desprezíveis palavras "não tenho partido", preferirá pertencer a um partido qualquer em vez de não pertencer a nenhum. E se não consegue pôr-se de acordo em base ao princípio da congenialidade, deverá proceder por eliminações sucessivas e ir até os que o desagradam menos, em vez de permanecer sozinho e abandonado.

Tomemos meu caso e vejamos onde me situo em relação a esse teste negativo.

Como poderia conformar-me de ser um conservador? É um partido que não me dá nem de beber nem de comer, isto é, nem interesse intelectual nem consolação moral. Não estaria, com isso, nem divertido, nem entusiasmado,

Capítulo segundo – Desenvolvimento da teoria econômica

nem edificado. Tudo aquilo que se conforma à atmosfera, à mentalidade, à impostação de vida, de... ora, não vamos dar nomes, pois isso não serve nem para meu interesse *particular* nem para o público. Não tem perspectivas, não satisfaz nenhum ideal, não se conforma a um modelo intelectual; não consegue sequer evitar os riscos ou salvar dos vândalos aquele tanto de civilização que já alcançamos.

Deveria, então, inscrever-me no partido trabalhista? À primeira vista é mais sedutor, mas, olhando de perto, apresenta grandes dificuldades. Para começar, é um partido de classe, e de uma classe que não é a minha. Se eu tivesse de perseguir interesses setoriais, sustentaria os meus. Depois, quando se vai à luta de classes verdadeira e própria, meu patriotismo local e pessoal (como o de qualquer outro, exceto alguns indispostos zeladores) abre-se ao meu ambiente: sofrerei a influência daqueles que a meu ver são justiça e bom senso, mas a *luta de classes* encontra-me do lado da burguesia culta.

Todavia, eu principalmente não creio que os intelectuais conseguirão exercer um controle sobre o partido trabalhista: demasiadas coisas continuarão a ser decididas por aqueles que não sabem *absolutamente* aquilo que dizem; e se, o que não é improvável, o controle do partido tivesse de cair nas mãos de um grupo interno autocrático, seria exercido conforme os interesses da extrema esquerda: a ala do partido que eu definiria como partido da catástrofe.

Sempre com base nas eliminações sucessivas, eu estou propenso a crer que o partido liberal ainda seja o melhor instrumento de progresso, com a condição de ter uma guia forte e o programa justo. [...]

O que, portanto, deveria ser para mim o liberalismo?

De um lado, o conservadorismo é uma entidade bem definida, com uma direita tenaz, de onde lhe vem força e paixão, e uma esquerda que se poderia definir de livres-cambistas do "tipo melhor", instruídos, socialmente sensíveis, da qual recebe como empréstimo respeitabilidade moral e intelectual. Por outro lado, também o trabalhismo é bem definido, com uma esquerda de "catastrofistas" da qual lhe vem força e paixão, e uma direita que se poderia definir de reformistas socialistas do "tipo melhor", instruídos, socialmente sensíveis, da qual recebe respeitabilidade moral e intelectual.

Existe um espaço disponível entre os dois? Ou não deveríamos, a este ponto, decidir pertencer ao "tipo melhor" de livres-cambistas conservadores, ou então ao "tipo melhor" de reformistas socialistas e dar tudo como acabado?

Talvez seja este nosso fim. Mas penso que ainda haja espaço para um partido estranho à divisão de classes e livre, diante da tarefa de construir o futuro, da influência tanto dos tenazes como dos "catastrofistas" que destruirão reciprocamente sua obra. Permitam-me delinear, do modo mais breve, aquelas que a meu ver seriam a "filosofia" e a "prática" de tal partido.

Para começar, tal partido deveria se libertar das quinquilharias do passado. A meu ver, não há espaço hoje (a não ser na esquerda do partido conservador) para os que permanecem ligados ao individualismo no velho estilo e ao *laissez-faire* integral, apesar da grande contribuição que eles deram ao progresso do século XIX. Digo isso não porque considere que tais doutrinas fossem erradas nas condições que as geraram (gostaria de ter pertencido àquele partido, se tivesse nascido cem anos antes!), mas porque não são mais aplicáveis às condições modernas. Seu programa não deve ocupar-se dos problemas históricos do liberalismo, mas das questões (mesmo que ainda não tenham tornado problemas de partido) que têm um interesse vivo, uma grande importância, hoje. Devemos aceitar o risco da impopularidade e da zombaria. Apenas então nossos debates atrairão as multidões, e forças novas entrarão em nosso organismo.

Divido os problemas atuais sob cinco títulos:

a) problemas da paz;
b) problemas de governo;
c) problemas sexuais;
d) problemas do alcoolismo e da droga;
e) problemas econômicos.

A propósito dos problemas da paz, declaramo-nos pacifistas a toda prova. Quanto ao que se refere ao império não penso que subsistam questões graves, exceto na Índia; em todo lugar, com efeito, o processo de dissociação da Grã-Bretanha em matéria de administração pública está quase realizado em bases amigáveis, com grande vantagem para todos. Mas, no que se refere à paz e aos armamentos, estamos apenas nos inícios. Gostaria que aceitássemos correr riscos em favor da paz, assim como no passado assumimos em relação à guerra; mas não desejo que esses riscos tomem a forma de um compromisso a empreender a guerra em várias circunstâncias hipotéticas. Sou contra os pactos de aliança. Empenharmo-nos em usar todas as nossas forças armadas para defender a Alemanha desarmada contra um ataque da França, na totalidade de seu potencial militar, é uma loucura; nem é necessário dizer que deveríamos participar em todas as futuras guerras da Europa ocidental. Ao contrário, sou favorável a dar um bom exemplo, até a custo de nos enfraquecermos, na direção do arbítrio e do desarmamento.

Passo aos problemas de governo, matéria enfadonha, mas importante. Creio que no futuro o governo deverá assumir muitas responsabilidades que no passado evitou. E, para resolvê-las, não servirão nem os ministros nem o parlamento. Nossas tarefas devem ser a descentralização e a devolução de responsabilidades onde possível, e particularmente a instituição de entidades semi-autônomas e de organismos administrativos aos quais confiar tarefas de governo velhas e novas, sem, todavia, prejudicar o princípio democrático ou a soberania última do parlamento. Esses problemas apresentarão no futuro importância e dificuldades semelhantes às que revestiram no passado o sufrágio universal e as relações entre as duas Câmaras.

Os problemas que reúno sob o título "problemas sexuais" jamais foram problemas de interesse político; mas isso porque até agora nunca, ou apenas raramente, foram objeto de debate público. Hoje as coisas mudaram. Não existe argumento pelo qual o grande público se interesse mais, e poucos outros são objeto de maior debate. São problemas de importância social enorme, que não podem deixar de suscitar divergências de opinião autênticas e profundas. Alguns também estão ligados estreitamente à solução de problemas econômicos. Estou certo de que os problemas sexuais estejam a ponto de entrar na arena política. Os ásperos inícios, constituídos pelo movimento em favor do sufrágio feminino, foram apenas um sintoma de problemas mais importantes que estavam no fundo.

Controle de natalidade e uso dos anticoncepcionais, legislação matrimonial, tratamento jurídico dos reatos sexuais e das anormalidades sexuais, posição econômica das mulheres, posição econômica da família: sobre todos esses problemas o estado da lei e dos princípios vigentes ainda é medieval, sem pontos de contato com os critérios e com a prática de uma vida civil e com tudo o que os indivíduos, instruídos ou não, sustentam em privado. Ninguém se iluda de que a mudança de opinião a respeito se refira apenas a uma classe restrita de indivíduos instruídos, apenas uma crosta sobre a massa do magma humano. Ninguém pense que serão as mulheres que trabalham que irão reagir indignadas pela ideia de controlar a natalidade e de reformar o divórcio: para elas essas perspectivas significam nova liberdade, emancipação da mais intolerável das tiranias.

Um partido que enfrentasse abertamente e com inteligência esses problemas em seus congressos, reuniria novas correntes de interesse vivo no eleitorado, pois desse modo a política voltaria a se ocupar de problemas que incidem prontamente sobre a vida de cada um e dos quais cada um quer ser informado.

Também estas questões estão ligadas a problemas econômicos dos quais não se pode fugir. O controle da natalidade toca, de um lado, a liberdade da mulher e, do outro, o dever do Estado de se ocupar com a entidade da população da mesma forma que da entidade do exército ou da do orçamento. A posição das mulheres assalariadas e o projeto de um "salário familiar" se referem não só à condição da mulher (fornecedora de trabalho pago no primeiro caso, de trabalho não pago no segundo), mas levanta também todo o problema da determinação do salário, ou seja, se a devemos confiar às forças da oferta e da procura, coerentemente com as teorias ortodoxas do *laissez-faire*, ou se devemos começar a limitar a liberdade dessas forças em função daquilo que é "equitativo" e "razoável", levando em conta todas as circunstâncias.

Em nosso país o problema dos toxicômanos se reduz praticamente ao problema do alcoolismo, mesmo que eu seja propenso a compreender sob este título o jogo de azar. Considero que a proibição de venda dos produtos alcoólicos e do exercício de tráfico daria bons resultados, mas não resolveria o problema. Até que ponto se pode conceder, a uma humanidade entediada e sofredora, uma evasão temporária, o estímulo excitante, a possibilidade de uma experiência diferente? Esta é a pergunta substancial. Não seria possível conceder uma razoável licença, *Saturnalia* oficiais, carnavais com todas as licenciosidades, em condições que não arruínem necessariamente a saúde ou os bolsos dos foliões e que protejam de tentações irresistíveis a desgraçada categoria de pessoas chamadas, nos Estados Unidos, de *addicts*?

Não posso tardar em responder, pois espera-me o mais amplo dos problemas políticos, que é também aquele sobre o qual estou mais qualificado a falar: o problema econômico.

Um eminente economista estadunidense, o professor Commons (que foi também um dos primeiros a identificar o caráter específico do período de transição econômica do qual estamos vivendo os inícios), individuou na história três épocas, três ordens econômicas: estamos justamente entrando na terceira.

A primeira é a era da penúria "devida tanto à escassa renda como a violências, guerras, tradições, superstições". Em tal período "se tem o mínimo de liberdade individual e o máximo de controle, comunitário, feudal ou governativo, por meio de coação física". Tal foi, com breves intervalos devidos a casos excepcionais, a condição normal do mundo até, digamos, os séculos XV ou XVI.

Segue-se a era da abundância. "Em um período de abundância extrema se tem a máxima liberdade individual, o mínimo controle coercitivo por meio do governo, e as relações de troca individuais substituem o racionamento". Nos séculos XVII e XVIII quebramos vitoriosamente o muro da penúria, saindo para o espaço livre da abundância, e no século XIX essa era alcançou seu ápice glorioso com a vitória do *laissez-faire* e do liberalismo histórico. Não é surpreendente, portanto, nem reprovável, que os veteranos desse partido continuem a olhar para trás, para essa época feliz. Mas agora estamos entrando na terceira era, que o professor Commons chama de período de estabilização, e que justamente ele caracteriza como a "verdadeira alternativa ao comunismo de Marx". Nesse período, afirma ele, "a liberdade individual sofre uma redução imposta em parte por sanções governativas, mas principalmente por sanções econômicas, por meio de uma ação combinada, tanto secreta como semi-explícita e explícita, ou então com ação de caráter arbitrário, de associações, corporações, sindicatos e outros movimentos coletivos de industriais, comerciantes, operários, agricultores e bancários".

As degenerações desta era no âmbito governativo são o fascismo de uma parte e o bolchevismo da outra. O socialismo não oferece um caminho intermédio porque nasceu também ele dos pressupostos da era da abundância, como o individualismo do *laissez-faire* e o livre jogo das forças econômicas, diante das quais os editorialistas da *City*, cegos e truculentos, ainda se inclinam religiosamente, únicos, talvez, entre todos os homens.

A transição da anarquia econômica para um regime que tenda conscientemente ao controle e à direção das forças econômicas no interesse da justiça e da estabilidade social, apresentará dificuldades enormes, tanto técnicas como políticas. Adianto, contudo, a hipótese de que o verdadeiro destino do "novo liberalismo" consiste em buscar sua solução.

Acontece que hoje temos diante de nós, na situação da indústria carbonífera, um caso exemplar dos resultados aos quais leva a confusão de ideias que prevalece neste momento. De um lado o Tesouro e o Banco da Inglaterra estão perseguindo uma política ortodoxa do século XIX, baseada no pressuposto de que o reequilíbrio econômico pode e deve ser determinado pelo livre jogo das forças da oferta e da procura. O Tesouro e o Banco da Inglaterra ainda creem (ou pelo menos acreditavam até algumas semanas atrás) que na vida econômica quotidiana aconteçam verdadeiramente as coisas que se dizem na teoria da livre concorrência e da mobilidade do capital e do trabalho.

Ao contrário, não só os fatos, mas também a opinião pública, se moveram com grandes passos para a era da estabilização indicada pelo professor Commons. Os sindicatos são bastante fortes para interferir no livre jogo da oferta e da procura; e a opinião pública, mesmo que resmungando e com algo mais do que uma suspeita que as *Trade Unions* estejam se tornando perigosas, apoia a mais importante das tomadas de posição sindicais, ou seja, que os mineiros não devem ser as vítimas de forças econômicas cruéis postas em movimento *por outros*.

A convicção do velho partido segundo a qual se pode, por exemplo, modificar o valor da moeda e deixar que os ajustes consequentes sejam determinados pelas forças da oferta e da procura, pertence ao mundo de cinquenta ou cem anos atrás, quando os sindicatos não dispunham de nenhum poder, e quando o *Juggernaut* da economia podia proceder como um rolo compressor ao longo do caminho do progresso sem encontrar resistências, mais ainda, entre a admiração e os aplausos.

Pelo menos metade do livro da sabedoria de nossos estadistas se baseia sobre teorias verdadeiras há um tempo, no todo ou em parte, mas que se tornam a cada dia menos verdadeiras. Devemos inventar uma nova sabedoria para uma nova época. E, entrementes, se quisermos fazer alguma coisa de bom, devemos agitar-nos, mostrar-nos heterodoxos, perigosos, desobedientes a nossos progenitores.

No campo econômico isso significa, em primeiro lugar, que devemos encontrar novos instrumentos e novos critérios políticos para controlar e intervir no funcionamento das forças econômicas, de modo que não interfiram além da medida nos critérios válidos hoje em matéria de estabilidade social e de justiça social.

Não por acaso a fase inicial desta luta política, que durará por muito tempo e assumirá muitos e diversos aspectos, deveria centrar-se sobre a política monetária; com efeito, as interferências mais violentas no caso de estabilidade e de justiça, sofridas pelo século XIX com a devida deferência para com a filosofia da abundância, foram justamente as causadas pela mudança do nível dos preços. Mas as consequências de tais flutuações, principalmente quando as autoridades tentam elevá-las em uma medida superior até mesmo àquela à qual devia se adaptar o século XIX, são inaceitáveis por parte de uma mentalidade e de instituições modernas.

Transformamos a filosofia de nossa vida econômica, a noção de "razoável" e de "aceitável": o movimento de transformação foi imperceptível e se verificou enquanto conservávamos invariáveis nossas técnicas e nossas máximas como subsidiários. Daí nossas queixas e nossos lamentos.

Um programa de partido deve ser construído nos particulares dia a dia, sob a pressão e o estímulo dos fatores concretos; é inútil defini-lo *a priori*, a não ser em seus termos mais gerais. Todavia, se o partido liberal quer recuperar as forças, deve ter uma posição, uma filosofia, uma diretiva. Procurei aqui ilustrar minha atitude política e deixo que outros respondam, à luz do que eu disse, à pergunta com a qual comecei: sou um liberal?

J. M. Keynes,
Sou um liberal?,
em J. M. Keynes,
Exortações e profecias.

Capítulo terceiro

A psicanálise de Sigmund Freud e o desenvolvimento do movimento psicanalítico

I. Sigmund Freud
e o problema do "princípio" de todas as coisas

• A psicanálise é uma criação do vienense Sigmund Freud (1856-1939). Laureado em medicina, Freud estuda primeiro anatomia cerebral para passar sucessivamente às doenças mentais. Transfere-se para Paris e depois para Nancy a fim de aprofundar, sob a guia respectivamente do grande Charcot e de Bernheim, os fenômenos hipnóticos. Voltando a Viena, em 1894, escreve com o dr. Joseph Breuer um relatório sobre um caso de histeria curado anos antes pelo mesmo Breuer por meio do hipnotismo: em estado hipnótico, o paciente – pressionado pelas perguntas do médico – volta à origem do trauma, ilumina os pontos obscuros que em sua vida geraram a doença e que estão escondidos no profundo; o paciente agarra assim a causa do mal e se liberta da perturbação.

O estudo dos fenômenos hipnóticos
→ § 1-2

• Todavia, por qual motivo os pacientes haviam esquecido certos fatos e apenas em estado hipnótico podiam deles se recordar? Respondendo a tal pergunta Freud passa do hipnotismo para a *psicanálise*, com a proposta da *teoria da repressão*: todas as coisas esquecidas tiveram um caráter penoso para o paciente, tinham sido coisas terríveis para ele, dolorosas e vergonhosas. Por isso haviam sido *reprimidas*, escondidas, rejeitadas na parte "inconsciente" da psique; e essas tendências reprimidas teriam procurado sua satisfação por via indireta criando, justamente, a neurose. Eis, então, que Freud se vê obrigado a tomar a sério o conceito de *inconsciente*. É o inconsciente que fala e se manifesta na neurose: "o inconsciente – escreve Freud – é o próprio 'psíquico' e sua realidade essencial". O inconsciente está por trás de nossas fantasias livres, nossos esquecimentos e nossos lapsos; age em nossas amnésias; procura dar seu recado em nossos sonhos. A *Interpretação dos sonhos* (1899), *Psicopatologia da vida quotidiana* (1901) e *A piada e suas relações com o inconsciente* (1905) são três textos clássicos da psicanálise.

A descoberta do inconsciente
→ § 3

• Lapsos, esquecimentos, piadas, sonhos e neuroses levam Freud para dentro do *inconsciente*. E aqui ele encontra, justamente, a *explicação causal* dos lapsos, dos sonhos etc. em pulsões rejeitadas e em desejos reprimidos no inconsciente, mas não cancelados; pulsões e desejos arrancados da "consciência" e arrastados para o inconsciente porque coisas "vergonhosas" e "indizíveis" que uma *censura* contínua procura não fazer reemergir na vida consciente. E *repressão* e *censura* entram em ação porque essas coisas "vergonhosas" são desejos e lembranças de natureza principalmente sexual e, portanto, que devem ser "cancelados". Freud chega assim ao conceito de *libido* ("a força com a qual se

Repressão; censura; libido; e complexo de Édipo
→ § 3-6

manifesta a vida sexual"); ele percebe que, "regularmente, os sintomas doentios estão ligados à vida amorosa do doente [...] e que os distúrbios da vida sexual são uma das causas mais importantes da doença"; investiga a sexualidade infantil; e precisa a ideia fundamental de *complexo de Édipo* (conjunto de ideias e de lembranças muito intensas – reprimidas – ligadas ao fato de que "o menino concentra sobre a pessoa da mãe seus desejos sexuais e concebe impulsos hostis contra o pai, considerado como um rival. Esta é também, *mutatis mutandis*, a atitude da menina").

• Freud escreve: "As teorias da resistência e da repressão no inconsciente, do significado etiológico da vida sexual e da importância das experiências infantis são os principais elementos do edifício teórico da psicanálise". Daqui o desenvolvimento das *técnicas terapêuticas*. Fundamental na prática e na teoria freudiana é a *livre associação das ideias*: o analista faz o paciente se deitar em um divã, em um ambiente relaxante onde não haja luz demasiado intensa; o analista coloca-se atrás do paciente e o convida a manifestar tudo aquilo que chega até seu pensamento; treinado na arte da interpretação, o analista *guia* o paciente, por meio de toda uma série de perguntas, até a descoberta da *resistência*: esta descoberta "é o primeiro passo para sua superação". Além da técnica da livre associação, a prática analítica é também *interpretação dos sonhos, interpretação dos atos falhos*. Por meio dessas brechas o analista procura levar o paciente de novo até seu inconsciente e desfazer, iluminando-as, as obstruções que causaram a doença. O todo, com uma atenção particular para o fenômeno da *transferência*, da intensa relação sentimental do paciente em relação ao analista: a utilização e o aproveitamento da *transferência* são "a parte mais difícil e importante da técnica analítica".

> As técnicas terapêuticas
> → § 7-8

• Aplicada aos fenômenos artísticos, à moral e à religião, à educação e à "civilização", a teoria psicanalítica oferece em primeiro lugar uma ideia de aparato psíquico estruturado em: *Id, Ego* e *Superego*. *Id* é o inconsciente; *Ego* é o representante consciente do *Id*; o *Superego* é a sede da consciência moral e do senso de culpa. O Superego nasce como interiorização da autoridade familiar e se desenvolve sucessivamente como interiorização de ideais, de valores morais, de modos de comportamento propostos pela sociedade por meio da substituição da autoridade dos genitores com a de "educadores, professores e modelos ideais". O "Superego paterno" torna-se um "Superego social". O Ego, o Eu consciente, portanto, se encontra continuamente a comercializar entre o Id e o Superego, entre as pulsões do Id – agressivas e egoístas e que tendem a uma satisfação irrefreável e total – e as proibições do Superego, ou seja, as restrições e as limitações da moral e da "civilização".

> Id, Ego e Superego
> → § 9-10

1 Da anatomia do cérebro à "catarse hipnótica"

No opúsculo *Para a história do movimento psicanalítico* (1914), Freud escreveu "A psicanálise é [...] uma criação minha". E essa *nova ciência* criada por Freud (e hostilizada inicialmente pela maioria e ainda hoje por não poucos), no curso de poucas décadas, estava destinada a exercer enorme e sempre mais maciça influência sobre a imagem do homem, suas atividades psíquicas e seus produtos culturais. Não há "fato humano" que não tenha sido tocado e "abalado" pela doutrina psicanalítica: a criança torna-se uma "perversa polimorfa"; o sexo "pecaminoso" da tradição é alçado a primeiro plano para explicar a vida normal e, sobretudo, as doenças mentais; o Eu e seu desenvolvimento são enquadrados em uma nova teoria; as doenças mentais são enfrentadas com técnicas terapêuticas antes impensadas; fatos como os sonhos, os lapsos, os esquecimentos etc. — geralmente vistos como fatos estranhos, mas irrelevantes para a compreensão do homem —, tornam-se brechas para se olhar nas profundezas do homem; fenômenos como a arte, a moral, a religião e a própria educação são iluminados por uma luz que muitos ainda hoje consideram "abaladora". Os costumes se transformam no encontro com a teoria psicanalítica, e os próprios termos fundamentais da teoria psicanalítica (complexo de Édipo, repressão, censura, sublimação, inconsciente, Superego, transferência etc.) já se tornaram parte integrante da linguagem comum e, bem ou mal, com maior ou menor cautela, mais ou menos a propósito, passaram a constituir instrumentos de interpretação do desenvolvimento mais amplo da vida.

Nascido de família judaica em Freiberg (na Morávia), Sigmund Freud (1856-1939) laureou-se em medicina em Viena, em 1881, ainda que "nunca houvesse sentido particular propensão para a condição e o ofício de médico". Durante algum tempo, estudou anatomia cerebral. Entretanto, para ganhar a vida, teve de se dedicar ao estudo das doenças nervosas. Como escreveu em *A minha vida e a psicanálise* (1925), "atraído pelo célebre nome de Charcot, que conquistara grande fama, decidi assumir primeiro a docência em doenças nervosas e, assim, transferi-me durante algum tempo para Paris". Charcot estava persuadido de que a histeria dependia de uma alteração psicológica, e que o doente podia voltar ao estado de normalidade através da sugestão em estado de hipnose, bem como de que, ainda através da hipnose praticada em sujeitos predispostos, se podia também gerar o ataque histérico. Posteriormente, em 1889, com o objetivo de aperfeiçoar sua técnica hipnótica, Freud foi para Nancy, onde, como ele próprio conta, "fui testemunha das experiências extraordinárias de Bernheim com os doentes do hospital". Bernheim ordenou a um indivíduo sob hipnose que o agredisse depois de determinado tempo, e não dissesse a ninguém o que lhe havia sido ordenado. O sujeito, com efeito, cumpriu o que lhe havia sido ordenado. Bernheim perguntou-lhe o porquê do gesto. Inicialmente, o sujeito respondeu que não sabia explicar a razão, mas depois, com a insistência de Bernheim, afirmou que o fizera porque lhe havia sido ordenado pouco antes.

Voltando a Viena, Freud escreveu em 1894, juntamente com Josef Breuer, um relato sobre um caso de histeria curado por Breuer alguns anos antes: "A paciente apresentava quadro sintomático complexo: paralisia com contrações, inibições e estados de confusão [...]. Submetendo a doente a profundo sono hipnótico, [Breuer] a fazia expressar o que, naqueles instantes, oprimia seu espírito [...]. Por meio desse procedimento, com longo e fatigante trabalho, Breuer conseguiu libertar a doente de todos os seus sintomas". Em 1895, com base também em outras experiências, Breuer e Freud publicam *Estudos sobre o histerismo*, sustentando que o sujeito histérico, em estado hipnótico, volta à origem do trauma, ilumina os pontos obscuros que geraram a doença durante sua vida e que estão ocultos em suas profundezas, percebe assim a causa do mal e, em uma espécie de catarse, se liberta do distúrbio. É assim que tem início a teoria psicanalítica, que depois Freud desenvolveria em escritos como *Totem e tabu* (1913), *Para além do princípio do prazer* (1920), *O Ego e o Id* (1923), *Casos clínicos* (1924), *Psicologia das massas e análise do Ego* (1921), *Futuro de uma ilusão* (1927) etc., além daqueles que, pouco a pouco, recordaremos no texto. Sendo de ascendên-

Sigmund Freud (1856-1939) foi o criador da psicanálise.

cia judaica, Freud foi obrigado a emigrar da Áustria nazista para a Inglaterra, onde morreu de câncer no queixo, em 1939.

2 Do hipnotismo à psicanálise

Nos estudos sobre a histeria, Freud não se dera conta do fato de que, por trás das neuroses, não agem excitações afetivas de natureza genérica, "mas somente de caráter sexual, tratando-se sempre de conflitos sexuais atuais ou de repercussões de acontecimentos sexuais passados". Entretanto, o hipnotismo lhe revelara a existência de certas forças e lhe fizera entrever um mundo diferente, que assim se abria às pesquisas de Freud. Perguntava-se Freud: "Qual podia ser a razão por que os pacientes haviam esquecido tantos fatos de sua vida interior e exterior, mas podiam recordá-los, quando se lhes aplicava a técnica acima descrita?"

A observação dos doentes dava uma resposta a essa interrogação: "Todas as coisas esquecidas, por algum motivo, tinham caráter penoso para o sujeito, enquanto haviam sido consideradas temíveis, dolorosas e vergonhosas para as aspirações de sua personalidade". E "para tornar novamente consciente o que havia sido esquecido, era necessário vencer a resistência do paciente, através de contínuo trabalho de exortação e encorajamento".

Mais tarde, como veremos logo, Freud perceberia que essa resistência deveria ser vencida diversamente (através da técnica da "livre associação"). Mas, entrementes, havia surgido a *teoria da repressão*. Em todo ser humano operam forças, tendências ou impulsos que, frequentemente, entram em conflito. Aparece a neurose quando o Ego consciente bloqueia o impulso, negando-lhe acesso "à consciência e à descarga direta": uma resistência "reprime" o impulso para a parte "inconsciente" da psique. Entretanto, "as tendências reprimidas, tornadas inconscientes, podiam obter descarga e satisfação substitutiva por vias indiretas, tornando desse modo inútil o objetivo da repressão. No histerismo de conversão, tal caminho indireto levava à esfera da inervação somática, e o impulso reprimido ressurgia em uma parte qualquer do corpo, criando sintomas que eram, portanto, resultado de um compromisso; com efeito, eles constituíam uma satisfação substitutiva, ainda que deformada e desviada de seus fins por causa da resistência do Ego".

E foi precisamente a descoberta da repressão que levou Freud a modificar o procedimento terapêutico adotado com a prática hipnótica: na prática hipnótica, procurava-se fazer com que fossem "descarregados" os impulsos levados a um falso caminho; agora, porém, tornava-se necessário "descobrir as repressões e eliminá-las por meio de obra de avaliação que aceitasse ou condenasse definitivamente o que o processo de repressão havia excluído". Substituída a prática terapêutica, Freud mudou também o nome dela: começou a usar o nome de "psicanálise" em lugar de "catarse" para o novo método de pesquisa e cura. E agora, diz Freud, "tomando a repressão como ponto de partida, podemos relacionar com ela todas as partes da teoria psicanalítica".

3 Inconsciente, repressão, censura e interpretação dos sonhos

Com a descoberta das repressões patogênicas e de outros fenômenos dos quais logo falaremos, "a psicanálise [...] se viu obrigada [...] a levar a sério o conceito de inconsciente". É o inconsciente que fala e se manifesta na neurose. Mas não é só isso, pois, para Freud, "o inconsciente é o próprio 'psíquico' e sua realidade essencial".

Desse modo, Freud subvertia a já inveterada e venerável concepção que identificava "consciente" e "psíquico". Todavia, tanto a prática hipnótica anterior como os estudos sobre o histerismo, a descoberta posterior da repressão e as investigações que Freud vinha realizando sobre a gênese dos distúrbios psíquicos e das outras manifestações "não racionais" da vida das pessoas, o convenceram sempre mais da realidade volumosa e determinante do *inconsciente*.

É o inconsciente que está por trás de nossas fantasias livres; é ele que gera nossos esquecimentos e que cancela de nossa consciência nomes, pessoas e acontecimentos. Como é que queríamos dizer uma coisa e dizemos outra? Como é que pretendíamos escrever uma palavra e escrevemos outra? Onde encontramos a causa desses *atos falhos*, isto é, de nossos lapsos? Não surgem eles "da contraposição de duas intenções diversas", uma das quais, precisamente a inconsciente, é "mais forte que nós"?

Foi na *Psicopatologia da vida cotidiana* (1901) e, posteriormente, em *A mudança de espírito e suas relações com o inconsciente* (1905), que Freud apresentou análises brilhantes (muitas vezes, porém, consideradas muito discutíveis pelos críticos) de uma série de fenômenos (lapsos, distrações, associações imediatas de ideias, erros de impressão, esquecimento ou quebra de objetos, mudanças de espírito, amnésias etc.) nunca levados a sério pela "ciência exata" e por trás dos quais Freud mostra a ação incessante de conteúdos que a repressão rejeitou da consciência e ocultou no inconsciente, sem, porém, conseguir torná-los inativos. Freud já mostrara alguns anos antes a ação de conteúdos reprimidos para o inconsciente em *Interpretação dos sonhos* (1899).

A antiguidade clássica via os sonhos como profecias, ao passo que a ciência da época de Freud os havia abandonado ao campo das superstições. Mas Freud resolveu levá-los para dentro da ciência. O resultado é que, no sonho, há um "conteúdo manifesto" (o que recordamos e contamos quando acordamos) e um "conteúdo latente" (o sentido do sonho que o indivíduo não sabe reconhecer: "ora, mas até onde voa a cabeça da gente!"). Pois bem, é precisamente esse conteúdo latente que "contém o verdadeiro significado do próprio sonho, ao passo que o conteúdo manifesto nada mais é do que máscara, fachada [...]". O psicanalista é também — e, frequentemente, sobretudo — um "intérprete de sonhos"; deve refazer o caminho em direção ao conteúdo latente do sonho, conteúdo "sempre cheio de significado", a partir do conteúdo manifesto, "muitas vezes inteiramente insensato". Por meio das associações livres, a técnica analítica "permite identificar o que está oculto".

Encontramos então, nas raízes ocultas dos sonhos, impulsos reprimidos que, dada a reduzida vigilância exercida pelo Ego consciente durante o sono, o sonho procura satisfazer: "o sonho [...] constitui a realização de um desejo", de um desejo que a consciência reputa criticável ou talvez vergonhoso e que "tende a repudiar com estupefação ou com indignação". Em conclusão, "o sonho é a realização (mascarada) de um desejo (reprimido)". Por tudo isso, pode-se compreender muito bem por que, na opinião de Freud, "a interpretação dos sonhos é [...] a via régia para o conhecimento do inconsciente, a base mais segura de nossas pesquisas [...]. Quando me perguntam como alguém pode tornar-se psicanalista, eu respondo: através do estudo de seus próprios sonhos". **Texto 1**

■ **Inconsciente**. É – na teoria psicanalítica de Freud – a parte do aparato psíquico onde foram *reprimidos* desejos e pulsões dos quais o *Ego* se envergonha e que são mantidos freados pela *censura* exercida pelo *Superego* (ideias, valores e comportamentos da sociedade mais ampla). Escreve Freud: "O núcleo do *inconsciente* é constituído por representações pulsionais que aspiram descarregar seu próprio investimento, portanto, por movimentos de desejo".
É sempre Freud que exemplifica: "Para explicar [...] um lapso verbal, vemo-nos obrigados a supor que determinada pessoa tivesse tido a intenção de dizer certa coisa. Adivinhamos isso com certeza pela perturbação que houve no discurso; mas a intenção não havia ocorrido e, portanto, era inconsciente".
E ainda: o inconsciente "é a parte obscura, inacessível, de nossa personalidade; o pouco que dela sabemos, nós o aprendemos pelo estudo do trabalho onírico e pela formação dos sintomas neuróticos [...]. Do *Id* nós nos aproximamos com comparações: nós o chamamos de caos, um caldeirão de excitações ferventes [...]. Impulsos de desejo que jamais transpuseram o *Id*, mas também impressões que foram mergulhadas no *Id* pela repressão, são virtualmente imortais, se comportam depois de decênios como se tivessem apenas acontecido. Somente quando se tornaram conscientes por meio do trabalho analítico eles podem ser reconhecidos como passado, ser desvalorizados e privados de sua carga energética, e sobre isso se funda, e não em mínima parte, o efeito terapêutico do tratamento analítico".

4 O conceito de "libido"

O tratamento das neuroses, a psicopatologia da vida cotidiana, a investigação sobre as mudanças de espírito e a interpretação dos sonhos levaram Freud ao mundo do *inconsciente*. Tudo o que acontece na história de um indivíduo nunca desaparece, tenha ele sido consciente, ou de nada tendo suspeitado.

Assim como, na história da terra, as estratificações anteriores aprofundam, mas não desaparecem, e assim como as camadas sucessivas de uma cidade multissecular continuam existindo, ainda que muitas vezes não visivelmente, da mesma forma também a psique é estratificada.

E o recordar, o errar, o se esquecer e as neuroses encontram sua *explicação causal* em impulsos rejeitados e desejos reprimidos no inconsciente, mas não cancelados.

Eis, porém, um problema inevitável: por que certos impulsos são rejeitados e por que certos desejos e certas recordações estão à disposição da consciência, ao passo que outros parecem, pelo menos na aparência, estar subtraídos a ela e reprimidos no inconsciente? Deve-se ver a razão disso, diz Freud, no fato de que se trata de impulsos e desejos em flagrante contraste com os valores e as exigências éticas proclamados e considerados válidos pelo indivíduo consciente. Por isso, quando há incompatibilidade entre o Eu consciente (seus valores, seus ideais, seus pontos de referência etc.) e certos impulsos e desejos, então entra em ação uma espécie de "repressão" que arranca essas coisas "vergonhosas" e "indizíveis" da consciência e as arrasta para o inconsciente, onde uma contínua "censura" procura evitar que aflorem novamente à vida consciente.

A repressão e a censura entram em ação pelo fato de que "devem" agir sobre desejos e recordações de natureza principalmente — e amplamente — sexual e, portanto, sobre coisas "vergonhosas", que não devem ser ditas, e sim anuladas.

Freud reconduz a vida do homem a uma *libido* originária, isto é, a uma energia relacionada principalmente com o desejo sexual: "Análoga à fome em geral, a *libido* designa a força com a qual se manifesta o instinto sexual, assim como a fome designa a força com a qual se manifesta o instinto de absorção do alimento".

Mas, enquanto desejos como a fome ou a sede não são "pecaminosos" e não são reprimidos, os impulsos sexuais o são para depois reaparecerem nos sonhos e nas neuroses. "A primeira descoberta à qual nos leva a psicanálise é que, regularmente, os sintomas doentios estão ligados à vida amorosa do doente; essa descoberta [...] nos obriga a considerar os distúrbios da vida sexual como uma das causas mais importantes da doença". Os doentes não percebem isso, mas isso ocorre porque "eles carregam um pesado manto de mentiras para se cobrirem, como se houvesse mau tempo no mundo da sexualidade". Trata-se de sexualidade reprimida, que explode em doença ou retorna em muitos sonhos. E é exatamente examinando esses sonhos que Freud descobre a sexualidade infantil. Com efeito, são os sonhos dos adultos que frequentemente remetem a desejos não atendidos e não saciados da vida "sexual infantil".

5 A sexualidade infantil

A criança não está privada de instintos, e muito menos de impulsos eróticos: "A função sexual existe [...] desde o início". A criança, diz Freud, apresenta desde a mais tenra idade as manifestações desse instinto: "Ela traz consigo essas tendências ao vir ao mundo, e é desses primeiros germes que, no curso de uma evolução plena de vicissitudes e com numerosas etapas, nasce a sexualidade dita normal do adulto".

Inicialmente, a sexualidade infantil é independente da função reprodutora, a serviço da qual se colocará mais tarde. Ela serve, muito mais, para propiciar muitos tipos de sensações agradáveis. "A fonte principal do prazer sexual infantil é a excitação de certas partes do corpo particularmente sensíveis, além dos órgãos sexuais: a boca, o ânus, a uretra, assim como a epiderme e outras superfícies sensíveis".

A sexualidade infantil, portanto, é "autoerotismo", que se manifesta como "conquista do prazer", que encontra em "zonas erógenas" do corpo um objeto de prazer. O primeiro grau de organização dos instintos sexuais infantis "aparece sob o predomínio dos componentes orais", no sentido de que a sucção ou mamada dos recém-nascidos é um bom exemplo de satisfação autoerótica propiciada por uma zona erógena (essa é a fase oral, que cobre o primeiro ano de vida); segue-se depois uma fase anal, dominada pelo prazer de satisfazer o estímulo das evacuações (fase anal cobre o período do segundo e terceiro anos de vida); somente a terceira fase (a fase fálica: 4-5 anos) traz consigo o primado dos órgãos genitais, no sentido de que a criança procura satisfação tocando na genitália, e experimenta novo e particular interesse pelos genitores. O menino descobre o pênis, descoberta que se acompanha pelo medo de perdê-lo (complexo de castração). E as meninas experimentam o que Freud chama "inveja do pênis". (Esses "complexos" podem se reapresentar na idade adulta, tornando-se causa de neurose.) Nesse ponto, aparece um processo ao qual, segundo Freud, cabe papel importantíssimo na vida psíquica. Trata-se da *crise edipiana*.

6 O complexo de Édipo

Eis como Freud esclarece esse ponto central de sua teoria: "O menino concentra seus desejos sexuais na pessoa da mãe e concebe impulsos hostis contra o pai, considerado como rival. Essa é também — "mutatis mutandis" — a atitude da menina". Os sentimentos que se formam durante essas relações não são somente positivos, isto é, afáveis e plenos de ternura, mas também negativos, isto é, hostis. Forma-se um "complexo" (vale dizer, um *conjunto* de ideias e recordações ligadas a sentimentos muito intensos) certamente condenado a uma rápida rejeição. Mas, observa Freud, "no fundo do inconsciente, ele exerce ainda uma atividade importante e duradoura. Podemos supor que, com suas implicações, ele constitui o *complexo central* de toda neurose, e podemos esperar encontrá-lo não menos ativo nos outros campos da vida psíquica".

Na tragédia grega, *Édipo*, filho do rei de Tebas, mata seu pai e toma como mulher a própria mãe. Esse mito, diz Freud, "é a manifestação pouco modificada do desejo infantil contra o qual se ergue mais tarde, para esmagá-lo, a *barreira do incesto*". No fundo, o drama de *Hamlet*, de Shakes-

Frontispício da primeira edição de Totem e tabu, *de S. Freud (1913).*

peare, apresenta "a mesma ideia de um complexo incestuoso, porém, mais bem mascarado".

Na impossibilidade de satisfazer seu desejo, o menino sujeita-se a seu competidor, o pai, de quem tem ciúme, o qual então se torna seu patrão interior.

E com a interiorização de um censor interno, a crise edipiana passa. Mas, nesse meio tempo, instaurou-se o *Superego* e, com ele, a moral.

Ao estágio fálico segue-se um período de latência, "durante o qual surgem as formações reativas da moral, do pudor e da repugnância". Esse período de latência dura até a puberdade, quando entram em função as glândulas sexuais, e a atração pelo outro sexo leva à união sexual. Assim, estamos no período propriamente genital.

De todas essas considerações, Freud deduz "ter em primeiro lugar desligado a sexualidade de seus laços demasiado estreitos com a genitália", definindo-a como função somática mais vasta, que tende, antes de mais nada, para o prazer, e que só secundariamente se põe a serviço da reprodução. Em segundo lugar, incluímos entre os instintos sexuais também todos os impulsos somente afetuosos e amigáveis para os quais, na linguagem corrente, usamos a palavra "amor". Essa ampliação do conceito de sexualidade (que, além disso, é uma "reconstituição" do próprio conceito), tornando-a não mais completamente dependente dos órgãos genitais, permite que se considerem também as atividades sexuais não-genitais das crianças e também dos adultos (basta pensar na homossexualidade). Atividades não-genitais e, portanto, *perversas,* não voltadas para a geração. É então que se pode entender o significado (que não é significado moral) da expressão de Freud segundo a qual a criança é "um perverso polimorfo".

7 O desenvolvimento das técnicas terapêuticas

"As teorias da resistência e da repressão para o inconsciente, do significado etiológico da vida sexual e da importância das experiências infantis são — escreve Freud — os principais elementos do edifício teórico da psicanálise". E foram exatamente esses elementos que expusemos nas páginas anteriores.

Passando agora para outros núcleos importantes da própria teoria psicanalítica, podemos ver que, no que se refere à técnica terapêutica, Freud foi levado pelas experiências, que pouco a pouco se acumulavam ao longo de suas investigações, a descartar em primeiro lugar as técnicas hipnóticas e, depois, também a superar a ação "insistente e tranquilizadora" exercida sobre o doente para que vencesse a resistência.

A técnica que se revelou mais adequada para Freud foi a da *livre associação* de ideias: o analista faz com que o paciente se estenda sobre o divã, em ambiente em que não exista luz muito intensa, de modo a colocar o paciente em situação de relaxamento; o analista põe-se, então, atrás do paciente e o convida "a manifestar tudo o que chega a seu pensamento, renunciando a guiar o pensamento intencionalmente".

Essa técnica não exerce pressões sobre o doente, constituindo um caminho eficaz para se descobrir a resistência: "A descoberta da resistência é o primeiro passo para sua superação". Obviamente, para que a análise se desenvolva no sentido justo, o analista precisa desenvolver "uma arte da interpretação, cujo emprego frutífero, para ter êxito, requer tato e experiência". O analista não força o paciente, mas o guia, chamando-o a deixar caminho livre para as ideias que lhe vêm à mente; por vezes ele sugere a palavra, procurando ver que outras

> ■ **Complexo de Édipo.** Um complexo é "um círculo de pensamentos e de interesses afetivamente poderosos", como os do menino que concentra sobre a pessoa da mãe seus desejos sexuais e concebe impulsos hostis contra o pai, considerado como um rival. Complexo *edipiano*: o nome é tirado da tragédia grega do rei Édipo, que é levado pelo destino a matar seu pai e a tomar como esposa sua mãe. Édipo faz de tudo para fugir da sentença do oráculo e, depois de chegar ao conhecimento de ter cometido, embora involuntariamente, os dois delitos, se pune, cegando-se.

ideias e sentimentos ela suscita no paciente. E tudo é registrado e escrito pelo analista, não somente aquilo que o paciente diz, mas também suas hesitações e, sobretudo, suas resistências. O analista, portanto, trabalha com as associações livres do paciente.

Todavia, um papel primário na prática analítica tem a interpretação dos sonhos, que apresentam profunda ligação com desejos reprimidos no inconsciente, desejos que são quase sempre de natureza sexual. A análise "também se aproveita do fato de que são acessíveis ao sonho os elementos esquecidos da vida infantil para, por meio de sua interpretação, vencer a amnésia relativa aos fatos da infância". Desse modo, o sonho vem preencher parte da função que antes se atribuía ao hipnotismo. Dissemos que *quase sempre* o desejo (que o sonho "reelabora" e "substitui por outra coisa") é de origem sexual: *quase sempre,* mas nem sempre. Diz Freud: "Nunca afirmei o que frequentemente se me atribui, isto é, que a interpretação onírica demonstra que todos os sonhos possuem conteúdo sexual [...]. É fácil observar que a fome, a sede e outras necessidades criam sonhos de satisfação, do mesmo modo que qualquer impulso sexual ou infantil reprimido". São exatamente os sonhos das crianças que o provam; e, "sob o estímulo de prementes necessidades, também os adultos podem produzir sonhos semelhantes de tipo infantil".

Além da livre associação de ideias e além dos sonhos, o analista é intérprete dos atos falhos, dos lapsos, dos esquecimentos, dos sonhos de olhos abertos, das associações imediatas, enfim, de tudo o que constitui a "psicopatologia da vida cotidiana". É através dessas brechas e desses atalhos que o analista tenta fazer o paciente retornar a seu inconsciente, aos estrangulamentos que causaram a doença e que, por vezes, põem o doente em estado de sofrimento insuportável. Somente descobrindo a causa da doença é que se pode desatar seus nós; somente ao saber o que aconteceu é que se pode livrar o doente do sofrimento.

Essa é a razão pela qual "o que era o *Id* deve se tornar o *Ego*". É "a transformação do inconsciente em consciente" o caminho da cura, ainda que às vezes possa ocorrer que o médico "tome a defesa da doença por ele combatida": trata-se dos casos nos quais "o médico deve admitir que o desembocar de um conflito na neurose representa a solução mais inócua e socialmente mais tolerável".

Texto 2

8. A teoria da "transferência"

Vimos as técnicas terapêuticas elaboradas e usadas por Freud. Mas ele não tardou a perceber que "em todo tratamento analítico, sem qualquer intervenção do médico, se estabelece intensa relação sentimental do paciente com a pessoa do analista". Freud chamou tal fenômeno de "transferência". Esse fenômeno "assume logo no paciente o lugar de seu desejo de cura e, enquanto se limita a ser afetuoso e comedido, fornece a base para a influência do médico, constituindo o verdadeiro estímulo afetivo para o trabalho analítico comum". Entretanto, esse fenômeno também pode se manifestar com hostilidade tal a ponto de "constituir o instrumento principal da resistência", pondo assim em perigo o próprio resultado do tratamento.

Em todo caso, "sem transferência, nenhuma análise é possível". A transferência é um fenômeno humano geral. O analista identifica a transferência e a isola. "A transferência é tornada consciente para o doente pelo analista, sendo resolvida quando o paciente adquire a convicção de que, em seu comportamento determinado pela transferência, ele revive relações que provêm de suas mais antigas cargas afetivas voltadas para um objeto e pertencentes ao período reprimido de sua infância". É através desse trabalho que a transferência torna-se o melhor instrumento da cura analítica, depois de ter sido a arma mais importante da "resistência": "Sua utilização e sua exploração, contudo, constituem a parte mais difícil e importante da técnica analítica".

9. A estrutura do mecanismo psíquico: Id, Ego, Superego

De tudo o que foi dito até agora, é fácil extrair a *teoria do mecanismo psíquico* proposta por Freud. O mecanismo psíquico é composto 1) pelo *Id*, 2) pelo *Ego* e 3) pelo *Superego*.

1) O *Id* (em alemão, *Es*, pronome neutro demonstrativo que equivale ao "Id" latino, termo que Freud tomou de Georg Groddeck) é o conjunto dos impulsos inconscientes da *libido*; é a fonte da energia biológico-sexual; é o inconsciente amoral e egoísta.

2) O *Ego* é a "fachada" do *Id*; é o representante inconsciente do *Id*; é a ponta consciente daquele *iceberg* que é o *Id*.

3) O *Superego* se forma por volta dos cinco anos de idade e diferencia (por grau e não por natureza) o homem do animal; é a sede da consciência moral e do sentimento de culpa. O *Superego* nasce como interiorização da autoridade familiar e se desenvolve posteriormente como interiorização de outras autoridades, bem como interiorização de ideais, valores e modos de comportamento propostos pela sociedade através da substituição da autoridade dos genitores pela autoridade de "educadores, professores e modelos ideais". O *Superego* "paterno" torna-se um *Superego* "social".

O *Ego*, portanto, encontra-se em um intercâmbio entre o *Id* e o *Superego*, entre os impulsos do Id, agressivos e egoístas, que tendem à satisfação irrefreável e total, e as proibições do Superego, que impõe todas as restrições e limitações da moral e da "civilização".

Em outros termos, o indivíduo encontra-se sob o estímulo originário de uma energia biológico-sexual. Mas essas forças instintivas são reguladas por dois princípios: o princípio do prazer e o da realidade. Pelo *princípio do prazer*, a *libido* tende a encontrar satisfação imediata e total. Nesse caminho, porém, ela encontra o censor representado pelo *princípio da realidade*, que força os impulsos egoístas, agressivos e autodestrutivos a se encaminharem por outras vias: os caminhos da produção artística, da ciência, e assim por diante — *os caminhos da civilização*. Entretanto, diante das repressões do princípio da realidade, o instinto não hesita, não se dá de modo algum por vencido e procura outras saídas para sua satisfação. Então, não conseguindo se "sublimar" em obras de arte, resultados científicos, realizações tecnológicas, educativas ou humanitárias e, por outro lado, se os obstáculos que encontra são maciços e impermeáveis a qualquer desvio substitutivo, o impulso do instinto se transforma em neurose.

Retrato fotográfico de Freud em idade avançada.

10. A luta entre "Eros" e "Thánatos" e o "mal-estar da civilização"

Para dizer a verdade, a questão do instinto, de suas formas e dos princípios que o estruturam constituiu verdadeira preocupação para Freud que, no fim de sua obra, chegou a falar de *instinto de vida* ou *Eros* e de *instinto de morte* ou *Thánatos*. O instinto de vida se expressa no amor, na criatividade e na construtividade. E o de morte se expressa no ódio e na destruição. E este último instinto é poderoso, pois o homem é agressivo. "*Homo homini lupus*: quem tem coragem de contestar essa afirmação depois de todas as experiências da vida e da história?", pergunta-se Freud em *O mal-estar da civilização* (1929). Existe no homem uma "agressividade cruel" que nele revela "uma besta selvagem, para a qual o respeito pela própria espécie é estranho".

A realidade, na opinião de Freud, é que "graças a essa hostilidade primária dos homens entre si, a sociedade civilizada está continuamente ameaçada de destruição, e chega para cada um de nós o momento de deixar de lado, como ilusões, as esperanças que na juventude deposita nos próprios semelhantes, e experimentar o quanto a vida tornou-se dura e pesada por sua malevolência". Por isso, a condenação de Freud não é simplesmente uma condenação da civilização, mas uma condenação às repressões inúteis e excessivas, fontes de angústia e sofrimento.

É precisamente para aliviar esse sofrimento que Freud, com sua genealogia da civilização, apresenta maior consciência desmistificadora de ideais e valores, para que estes, ainda que necessários para dominar o instinto de morte, não se transformem em instrumentos de tormento para a vida dos indivíduos. O homem renuncia a muito de sua felicidade para tornar possível uma vida associada (a civilização) não-autodestrutiva: "O *Superego* é o herdeiro do complexo de Édipo e o representante das aspirações éticas do homem". O *Superego* obrigou Édipo a cegar-se.

Pois o trabalho de Freud volta-se, precisamente, para o seguinte: não negar a civilização, mas também não permitir que o *Superego* cegue o novo Édipo, isto é, faça o homem enlouquecer e lhe torne a vida insuportável e desumana. Se, por um lado, existem doenças (suportáveis) com as quais o homem deve aprender a coexistir, por outro lado o homem civilizado vendeu a possibilidade da felicidade "por um pouco de segurança". O importante é que a vida civilizada, em constante desenvolvimento, seja suportável.

II. A "rebelião" contra Freud e a psicanálise depois de Freud

• Em concomitância e logo depois da publicação das mais importantes obras de Freud se desenvolve vigorosamente – apesar dos não poucos adversários – um verdadeiro e próprio movimento psicanalítico. A teoria encontrava ulteriores campos de aplicação (mitologia, pedagogia etc.); e em 1910 nasce a *Sociedade internacional de psicanálise*, cujo primeiro presidente foi C. G. Jung.

Nasce o movimento psicanalítico → § 1

• Com os sucessos, todavia, chegaram também as duas clamorosas cisões: a de Alfred Adler (1870-1937) e a do suíço Carl Gustav Jung (1875-1961). A cisão de Adler teve lugar em 1911. Adler é o teórico da assim chamada *psicologia individual*, onde se enfrentam os *mesmos problemas* de Freud com um sistema teórico que oferece para eles uma solução diferente da de Freud.

Alfred Adler – o fundador da psicologia individual – separa-se de Freud → § 1

> Freud vê a vida do homem em função de seu passado; Adler, ao contrário, a lê em função de seu futuro; e isso enquanto "o indivíduo é guiado por seu desejo de superioridade, de busca de semelhança divina, pela fé em seu poder psíquico particular". A obra *Prática e teoria da psicologia individual* é de 1920.
>
> • Jung, por sua vez, além da consciência (*Ego*) e do inconsciente pessoal (*Id*), individua na psique outra zona que ele chama de *"inconsciente coletivo"*, feito de *arquétipos*. Estes consistem em esquemas de relações instintivas, de reações psíquicas obrigatórias que encontramos nos sonhos, mas também nas mitologias e nas tradições religiosas, e que se referem a eventos como o nascimento, a morte ou as relações entre os sexos. Jung também é autor de uma interessante teoria dos *tipos psicológicos*. O livro *Tipos psicológicos* é de 1921; *Psicologia e religião*, de 1940; *O eu e o inconsciente* é de 1945.
>
> *Carl G. Jung: uma outra clamorosa cisão de Freud → § 2*

1 A psicologia individual de Alfred Adler

Em 1910 nasceu a *Sociedade internacional de psicanálise*, cujo primeiro presidente foi Carl Gustav Jung. Nesse meio tempo, a psicanálise encontrava novos campos de aplicação fecunda. Th. Reik e o etnólogo G. Roheim desenvolviam as teses contidas no trabalho de Freud *Totem e tabu*. Otto Rank fazia da mitologia o objeto de seus estudos. O pastor protestante O. Pfister, de Zurique, que, no dizer de Freud, "considerou a psicanálise conciliável com uma forma sublimada de religiosidade", aplicou a psicanálise à pedagogia. Os êxitos, portanto, estavam ali. Mas, juntamente com eles, ocorreram também as primeiras cisões importantes, que romperiam decisivamente a uniformidade da perspectiva freudiana.

O artífice da primeira cisão (1911) foi Alfred Adler (1870-1937), o fundador da "psicologia individual" e autor de obras como *O temperamento nervoso* (1912), *Conhecimento do homem* (1917) e *Práxis e teoria da psicologia individual* (1920). Ex-discípulo de Freud, Adler, a partir do *mesmo material* em que se baseava a teoria freudiana e enfrentando os *mesmos problemas* que Freud, constrói um sistema teórico que nega ponto por ponto o sistema de Freud, tanto que este diria, ironicamente, que "a doutrina de Adler, portanto, não se caracteriza tanto por aquilo que afirma, e sim muito mais por aquilo que nega".

A doutrina de Freud vê toda a atividade do homem em função de seu passado, ao passo que a de Adler a vê em função de seu futuro. Adler afirma que não são os princípios do prazer e da realidade a guiar os comportamentos do indivíduo, e sim muito mais sua "vontade de poder". Em toda fase de seu desenvolvimento, escreve Adler, "o indivíduo é guiado por seu desejo de superioridade, por uma busca de semelhança divina, pela fé em seu poder psíquico particular".

A dinâmica do desenvolvimento do indivíduo vive no dissídio entre o "complexo de inferioridade" que se desencadeia diante das tarefas a realizar e diante da competição com os outros, por um lado, e a vontade de afirmar seu próprio poder, por outro. No esforço por sua própria "afirmação viril" e para superar o "complexo de inferioridade", afirma Adler, ocorrem processos de "compensação": quando alguma atividade psíquica é inferior às expectativas da tarefa a enfrentar, então, como nos processos biológicos, dá-se uma "compensação" por alguma outra atividade superior em relação à tarefa.

É com esse instrumental conceitual que Adler interpreta diversamente o "material" freudiano e tenta resolver diversamente os problemas diante dos quais se havia cimentado a psicanálise. Assim, não é o inconsciente que fala nos sonhos; estes expressam muito mais o projeto de vida do indivíduo, projeto que também ficaria claro nos atos falhos e que, na opinião de Adler, se manifestaria como "plano de vida" já por volta dos quatro ou cinco anos de idade. Adler também vê nos impulsos sexuais a vontade de poder em ação para dominar os outros. E a neurose é o sentimento de inferioridade do indivíduo que, diante das dificuldades, volta-se para si mesmo e exige compreensão dos outros, forçando-os a voltar para si suas atenções.

A ideia central do sistema de Adler, portanto, é a "vontade de poder". Sua referência histórica mais imediata é o pensamento de Nietzsche, mas também o de Schopenhauer.

2 A psicologia analítica de Carl Gustav Jung

2.1 O conceito de "complexo"

Já conhecido por seus estudos de psiquiatria, o suíço C. G. Jung (1875-1961) aproximou-se de Freud, mas, em 1913, dois anos depois da "secessão" de Adler, também Jung se afastou de Freud, propondo um sistema influente de ideias psicológicas, que ele chamou de "psicologia dos complexos" ou "psicologia analítica".

Foi Jung quem introduziu o termo "complexo", usando-o em seus *Estudos de associação diagnóstica* (1906). Por "complexo", Jung entende "grupos de conteúdos psíquicos que, desvinculando-se da consciência, passam para o inconsciente, onde continuam uma existência relativamente autônoma, influindo sobre a conduta" (como bem salientou G. Zunini). E, embora possa ser negativa, essa influência também pode assumir valência positiva, quando se torna a razão para novas possibilidades de criação e de sucesso.

Jung usou a noção de complexo na diagnose das associações. Ele propunha diversas palavras, uma após a outra, a um sujeito que deveria responder imediatamente, com a primeira palavra que lhe viesse à mente. Jung, pois, evidenciou que o *tempo de reação*, isto é, o tempo que transcorre entre a apresentação da palavra e a resposta do sujeito, muda de palavra para palavra, e evidenciou também que é diferente a atitude do indivíduo diante de diferentes palavras. Por vezes, a reação é muito hesitante ou então apressada: estamos diante de reações que são indício de complexos, dos quais o sujeito não tem consciência. Por esse cami-

Alfred Adler (1870-1937) foi o artífice da primeira secessão de Freud (1911) e é o fundador da "psicologia individual", onde assume como princípio-guia do comportamento humano "a vontade de poder".

nho, mas também mediante o conteúdo das reações verbais e dos sonhos, Jung penetra no inconsciente.

2.2 O inconsciente coletivo

Investigações posteriores levaram-no àquela que representa talvez sua descoberta fundamental: o "inconsciente coletivo".

Para Jung, a estrutura da psique compreende a "consciência" e um "inconsciente pessoal", onde se conserva e se agita o que a consciência quer reprimir, remover e cancelar. Mas, além da consciência e do inconsciente pessoal, Jung identifica uma zona da psique que ele chama de "inconsciente coletivo". Enquanto o inconsciente pessoal consiste fundamentalmente de *complexos*, o inconsciente coletivo é feito de *arquétipos*: "Os instintos [tendências inatas, não adquiridas] formam analogias muito próximas aos arquétipos. Tão próximas que há razões para supor que os arquétipos sejam as imagens inconscientes dos próprios instintos; em outras palavras, são *esquemas de comportamento instintivo*. Assim, não é mais arriscado admitir a hipótese do inconsciente coletivo do que admitir que existam instintos". O inconsciente coletivo é hereditário, "idêntico em todos os homens, e constitui um substrato psíquico comum, de natureza suprapessoal, que está presente em cada um de nós".

Os arquétipos são esquemas de reações instintivas, de reações psíquicas obrigatórias, que se encontram nos sonhos, mas também nas mitologias e nas tradições religiosas, relacionando-se com características da natureza humana, como o nascimento, a morte, as imagens paterna e materna, e as relações entre os dois sexos.

Carl Gustav Jung (1875-1961) foi o artífice da segunda secessão (1913) de Freud, e é o fundador do influente sistema de ideias psicológicas que ele chamou de "psicologia dos complexos" ou "psicologia analítica".

2.3 A teoria dos "tipos psicológicos"

Outra temática relevante no pensamento de Jung é sua teoria dos "tipos psicológicos". É com base na análise da controvérsia entre Freud e Adler que Jung consegue delinear a tipologia do "introvertido" e do "extrovertido". Freud seria extrovertido, Adler introvertido. Para o extrovertido, os acontecimentos externos a si mesmo são da máxima importância no plano consciente. Em "compensação", no plano inconsciente, a atividade psíquica do extrovertido concentra-se em seu próprio eu. Ao contrário, para o introvertido, o que conta é a resposta subjetiva do indivíduo aos acontecimentos e circunstâncias externas, ao passo que, no plano inconsciente, o introvertido é impelido, com sentido de medo, para o mundo externo. Embora não exista "tipo puro", Jung reconhece a extrema utilidade descritiva da distinção entre "introvertido" e "extrovertido": "Todo indivíduo possui ambos os mecanismos — a introversão e a extroversão —, e somente a predominância relativa de um ou de outro é que determina o tipo". *Tipos psicológicos* é de 1921. E é a partir desse período que Jung dedica sua maior atenção ao estudo da magia, das diversas religiões e das culturas orientais (*Psicologia e religião*, 1940; *Psicologia e alquimia*, 1944; *O eu e o inconsciente*, 1945).

2.4 A relação com Freud

Analisando seu trabalho no contexto de nossa civilização, Jung disse: "Não sou levado por excessivo otimismo nem sou amante dos ideais elevados, mas me interesso simplesmente pelo destino do ser humano como indivíduo — a unidade infinitesimal da qual depende o mundo e na qual, se estamos lendo corretamente o significado da mensagem cristã, também Deus busca seu fim". Ficou célebre, tornando-se fonte de longas controvérsias, a resposta que, em 1959, Jung deu a um entrevistador da BBC que lhe perguntou: "Acredita em Deus?" À essa pergunta, Jung replicou: "Não tenho necessidade de crer em Deus. Eu o conheço".

Diante do sistema de Jung, Freud afirmou: "Aquilo de que os suíços tinham tanto orgulho nada mais era do que a modificação teórica da psicanálise, obtida rejeitando o fator da sexualidade. Confesso que, desde o início, entendi esse 'progresso' como adequação excessiva às exigências da atualidade". Por seu turno, resumindo as várias forças e tendências psíquicas sob o conceito de energia, Jung não quis em absoluto negar a importância da sexualidade na vida psíquica, "embora Freud sustente obstinadamente que eu a negue". Diz Jung: "O que eu procuro é estabelecer limites para a desenfreada terminologia sobre o sexo, que vicia todas as discussões sobre a psique humana, e situar então a sexualidade em seu lugar mais adequado. O senso comum voltará sempre ao fato de que a sexualidade é apenas um dos instintos biológicos e somente uma das funções psicofisiológicas, embora, sem dúvida, muito importante e de grande alcance".

FREUD

1 A descoberta da "repressão" e do "inconsciente"

> *"Todas as coisas esquecidas tiveram, por algum motivo, um caráter penoso para o indivíduo, enquanto foram consideradas temíveis, dolorosas e vergonhosas para as aspirações de sua personalidade". Daí a descoberta da "repressão" e do "inconsciente".*

Minhas esperanças se realizaram inteiramente. Abandonei então o hipnotismo; mas a mudança de técnica trouxe consigo também mudança na natureza do trabalho de catarse. O hipnotismo havia escondido um jogo de forças, que agora vinha à luz, e cuja compreensão fornecia uma sólida base para a teoria.

Qual podia ser a razão pela qual os pacientes haviam esquecido tantos fatos de sua vida interior e exterior e podiam ao invés se lembrar deles, quando se lhes aplicava a técnica acima descrita? A observação dava a esta pergunta uma resposta mais que suficiente. Todas as coisas esquecidas tiveram, por algum motivo, um caráter penoso para o indivíduo, enquanto foram consideradas temíveis, dolorosas e vergonhosas para as aspirações de sua personalidade. Eu era forçado, portanto, a concluir que seu esquecimento, ou seja, o não ter permanecido na consciência, devia-se precisamente a tais características. Para de novo tornar consciente aquilo que fora esquecido, era necessário vencer no paciente a resistência por meio de contínua obra de exortação e de encorajamento. A fadiga variava muito, conforme os casos, crescendo em razão direta à profundidade do esquecimento, e constituía a medida da resistência do doente. Surgiu assim a teoria da repressão.

Desse modo tornou-se possível reconstruir com facilidade o processo patogênico. Descreveremos, como exemplo, um caso simples. Quando, na vida psíquica, se produz uma tendência à qual se opõem outras mais fortes, a resolução normal do conflito psíquico, assim determinado, realiza-se – segundo tal teoria – com uma luta das duas entidades dinâmicas que, para nossos fins imediatos, chamaremos de instinto e de resistência; tal luta desenvolve-se por certo tempo com participação bastante intensa da consciência, até que o instinto é rejeitado e ao impulso correspondente é subtraída a carga energética. Esta é a evolução normal. Na neurose, ao contrário, o conflito, por motivos ainda desconhecidos, tem uma solução diversa. O *Eu* retira-se, por assim dizer, diante do impulso instintivo depois da primeira colisão, negando a ele o acesso à consciência e à descarga direta, motivo pelo qual o impulso conserva toda a sua carga energética. A esse processo, que constituía uma novidade absoluta – com efeito, ainda não fora descoberto nada de semelhante na vida psíquica – dei o nome de repressão. Era, indubitavelmente, um mecanismo de defesa primitivo, comparável a uma tentativa de fuga e antecedente à solução normal sucessiva. A este primeiro ato de repressão ligavam-se diversas consequências. Em primeiro lugar, o *Eu* devia se proteger por meio de um esforço permanente, ou seja, por meio de um contrapeso, contra a pressão do impulso reprimido sempre ameaçador, sofrendo assim um empobrecimento. Além disso, as tendências reprimidas, tornando-se inconscientes, podiam obter uma descarga e uma satisfação substitutiva por vias indiretas, fazendo desse modo falhar o intento da repressão. No histerismo de conversão tal caminho indireto levava à esfera da inervação somática, e o impulso reprimido reaparecia em uma parte qualquer do corpo, criando os sintomas que eram, portanto, o resultado de um compromisso; eles constituíam, de fato, uma satisfação substitutiva, ainda que deformada e desviada de seus fins pela resistência do *Eu*.

A teoria da repressão constituiu a base fundamental para a compreensão das neuroses e trouxe uma modificação ao procedimento terapêutico. O objetivo deste não era mais o da descarga (*abreagieren*) dos impulsos aviados sobre um falso caminho, mas o de descobrir as repressões e de eliminá-las por meio de um trabalho de avaliação, que aceitasse ou condenasse definitivamente aquilo que o processo de repressão havia excluído. Em homenagem a esse estado de coisas, dei ao método de pesquisa e de cura que dele resultava o nome de psicanálise, substituindo o de catarse.

Tomando a repressão como ponto de partida, podemos ligar a ela todas as partes da teoria psicanalítica [...]. A psicanálise, [...] vê-se obrigada, pelo estudo das repressões patogênicas e de outros fenômenos aos quais acenaremos mais adiante, a tomar a sério o conceito do "inconsciente". Para a psicanálise todo ato psíquico é, em princípio, inconsciente, e o atributo da consciência pode acrescentar-se a seguir ou vir a faltar completamente. Estas afirmações chocaram-se contra a oposição dos filósofos, para os quais "consciente" e "psíquico" são uma única coisa, sendo-lhes impossível conceber um absurdo como o de uma "psique inconsciente". A psicanálise teve de, todavia, proceder adiante, sem fazer caso dessa idiossincrasia dos filósofos. Ela foi obrigada a isso pelas experiências, tiradas do material patológico e totalmente desconhecidas para os filósofos, relativas à frequência e à potência de impulsos que são ignorados pelo sujeito e que, todavia, podem ser apesar disso individuados, assim como se pode individuar qualquer outro fenômeno do mundo exterior

S. Freud,
Minha vida e a psicanálise.

2 A evolução da técnica terapêutica

> "Em vez de obrigar o paciente a expressar algum dado que esteja em relação com determinado tema, nós o convidamos a entregar-se à 'livre associação'; ou seja, a manifestar tudo aquilo que chega a seu pensamento, quando ele renuncia a guiar o pensamento intencionalmente".

As teorias da resistência e da repressão do inconsciente, do significado etiológico da vida sexual e da importância das experiências infantis, são os elementos principais do edifício teórico da psicanálise. Desagrada-me ter podido descrever esses elementos apenas isoladamente, e não também nos modos de sua composição e de suas relações; mas agora é tempo de dedicar nossa atenção às modificações que, pouco a pouco, foram introduzidas na técnica do procedimento analítico.

A superação da resistência por meio de uma ação insistente e asseguradora exercida sobre o doente foi o primeiro método, indispensável para pôr o médico em condição de se orientar na matéria. Com o tempo, porém, ele havia se tornado demasiadamente árduo, tanto para o médico como para o paciente, e não parecia isento de críticas fáceis; deveríamos, portanto, substituí-lo por outro método, em certo sentido a ele contraposto. Em vez de obrigar o paciente a expressar algum dado que esteja em relação com determinado tema, nós o convidamos a entregar-se à "livre associação"; ou seja, a manifestar tudo aquilo que chega a seu pensamento, quando ele renuncia a guiar o pensamento intencionalmente. O paciente deve empenhar-se em comunicar verdadeiramente tudo aquilo que a autopercepção lhe oferece, sem ceder às objeções críticas, que tendem a rejeitar algumas associações, ou por falta de importância e de ligação com o tema tratado, ou porque privadas de qualquer sentido.

Sobre a sinceridade não é preciso evidentemente insistir, pois ela é o pressuposto indispensável da cura analítica.

Pode parecer estranho que esse procedimento de livre associação, em relação à regra fundamental psicanalítica, tenha dado o resultado que esperávamos, ou seja, levado à consciência os elementos reprimidos, antes mantidos longe pelas resistências. Devemos porém ter presente que a livre associação não comporta na realidade uma completa liberdade: o paciente, embora não dirija sua atividade mental sobre determinado tema, permanece sob a influência da situação analítica. Com efeito, temos o direito de supor que não lhe virá à mente nada que não tenha relação com tal situação. A resistência contra a recordação dos conteúdos reprimidos poderá agora se manifestar de duas formas diferentes: em primeiro lugar, por meio das objeções críticas, contra as quais dirige-se a regra psicanalítica fundamental. Se o paciente consegue dominar tais objeções, respeitando a regra psicanalítica, a resistência revestirá uma segunda forma, fazendo com que suas fantasias contenham os conteúdos reprimidos apenas na forma de uma alusão; quanto maior for a resistência, tanto mais a fantasia substitutiva, comunicada ao analista, se afastará dos elementos reprimidos pesquisados. O analista, que escuta atentamente o que diz o paciente, sem porém se esforçar, pode utilizar de duas formas distintas o material que lhe é fornecido: pode, com efeito, quando uma resistência não for demasiado intensa, conseguir adivinhar os elementos reprimidos pelas alusões do paciente; ou então, quando se trata de uma resistência mais enérgica, pode deduzir, pelas associações que parecem afastar-se do tema, a natureza de tal resistência, que então revelará ao paciente.

A descoberta da resistência é o primeiro passo para sua superação. Desenvolve-se, assim, no quadro do trabalho analítico, uma arte da interpretação, cujo frutuoso emprego, para ter sucesso, requer tato e experiência, mas que não é difícil de ser aprendida. O método da livre associação, além do fato de ser menos cansativo, apresenta vantagens muito grandes em relação ao precedentemente usado. Ele exerce coerção mínima sobre o analisado, jamais perde o contato com a realidade presente, e oferece ampla garantia de que, em nenhum momento, o médico perca de vista a estrutura da neurose ou nela insira coisas nascidas de suas próprias expectativas. Com tal método é, por assim dizer, deixada completamente ao paciente a função de determinar o andamento da análise e a coordenação da matéria, motivo pelo qual torna-se impossível a elaboração sistemática e isolada dos diversos sintomas e dos vários complexos. Em oposição àquilo que ocorre com o método hipnótico e com o de solicitação, o médico, embora em fases e momentos diversos do tratamento, apreende a estrutura da neurose inteira. Para um ouvinte estranho – que não é todavia admissível durante o desenvolvimento das sessões – a cura analítica seria absolutamente incompreensível.

Outra vantagem do método é que ele na realidade jamais pode falhar. Teoricamente, deve sempre ser possível ao paciente produzir alguma ideia, se ele aprende a não fazer objeções sobre sua natureza. Todavia, isso acontece geralmente em uma única situação, situação que, justamente por sua singularidade, é apta a ser interpretada. Aproximo-me agora da descrição de um fator que acrescenta ao quadro da psicanálise um caráter essencial e tem a máxima importância, tanto do ponto de vista técnico quanto teórico.

Em todo tratamento analítico se estabelece, sem nenhuma intervenção do médico, uma intensa relação sentimental do paciente com a pessoa do analista, relação que não pode ser explicada por nenhum dado de fato real. Essa relação pode ser positiva ou negativa, e varia do enamoramento mais apaixonado e sensual à rebelião, ao ressentimento e ao ódio mais intenso. Tal fenômeno, ao qual damos brevemente o nome de "transferência", toma logo o lugar, no paciente, de seu desejo de cura e, enquanto se limita a ser afetuoso e comedido, fornece a base para a influência do médico, constituindo o verdadeiro estímulo afetivo para o trabalho analítico comum. Mais tarde, quando se torna apaixonado ou se transforma em hostilidade, acaba formando o instrumento principal da resistência; então cessam completamente as associações do paciente, pondo em perigo o próprio resultado do tratamento. Todavia, seria insensato querer evitar esse fenômeno: sem transferência nenhuma análise é possível. Não se deve, porém, crer que a análise crie a transferência e que esta apareça apenas nela. A análise limita-se a revelar a transferência e a isolá-la; ela é um fenômeno humano geral, que decide sobre o resultado de toda a influência médica, e comumente domina até as relações de toda pessoa com aqueles que a circundam. Identifica-se facilmente, em tal fenômeno, o mesmo fator dinâmico ao qual os hipnotizadores deram o nome de sugestionabilidade, como fator que caracteriza a "relação" hipnótica e cuja labilidade e imprevisibilidade também constituíam o defeito do método catártico. Nos casos em que a tendência à transferência afetiva falta ou se tornou totalmente negativa, como na demência precoce e na paranoia, desaparece também a possibilidade de exercer uma influência psíquica sobre o doente.

É indubitável que também a psicanálise age por meio da sugestão, como todos os outros métodos psicoterapêuticos. Ela, porém, se diferencia destes, enquanto não abandona o resultado do procedimento terapêutico à sugestão ou à transferência; ao contrário, serve-se deles para impelir o doente a realizar um trabalho psíquico – a superação de suas resistências pela transferência –, trabalho que comporta modificação duradoura da economia psíquica do próprio paciente. A transferência é tornada consciente ao doente pelo analista, e resolve-se quando o paciente adquire a convicção de que, em seu comportamento, determinado pela

Retrato de Freud feito em nanquim por Salvador Dalí (1938).

transferência, ele revive relações que provêm de suas mais antigas cargas afetivas dirigidas para um objeto e pertencentes ao período reprimido de sua infância. Por meio desse trabalho, a transferência torna-se o melhor instrumento da cura analítica, depois de ter sido a arma mais importante da resistência. Sua utilização e seu desfrute constituem, de todo modo, a parte mais difícil e importante da técnica analítica.

Com o auxílio do procedimento da livre associação e da correspondente arte da interpretação, a psicanálise alcança um resultado que não parecia muito importante do ponto de vista prático e que, ao contrário, a levou a uma posição e a um significado na realidade absolutamente novos no campo da ciência. Com efeito, tornou-se possível demonstrar que os sonhos têm um significado e individuar tal significado. Os sonhos haviam sido considerados na antiguidade clássica como profecias; a ciência moderna, ao contrário, não queria saber nada deles e os abandonava à superstição, declarando-os atos puramente "somáticos", e quase um sobressalto da vida psíquica, de resto submersa no sono. Parecia absolutamente impossível que alguém que tivesse realizado sérios trabalhos científicos pudesse revelar-se depois um "intérprete de sonhos". Contudo, não levando em conta tal condenação do sonho; considerando-o, ao contrário, como sintoma neurótico não compreendido, da mesma forma que uma ideia delirante ou obsessiva; prescindindo de seu conteúdo evidente e, por fim, tornando objeto da livre associação cada um de seus diversos elementos, chegou-se a um resultado totalmente diferente. As numerosas associações do sonhador nos revelaram, com efeito, um fenômeno ideativo, que não podia mais ser qualificado como absurdo ou confuso e que equivalia a um produto psíquico completo; deste, o sonho manifesto não constituía mais que uma transposição deformada, abreviada e mal compreendida, reduzida a imagens visuais. Esse conteúdo latente do sonho contina o verdadeiro significado do próprio sonho, enquanto o conteúdo manifesto não era mais que máscara, uma fachada, da qual podiam tomar impulso as associações, mas não a interpretação.

S. Freud
Minha vida e a psicanálise.

Capítulo quarto

O estruturalismo

I. Por que os estruturalistas são filósofos

• "Estrutura" é um conceito que encontramos em álgebra e física; em química e em sociologia; em geologia, em economia e em psicologia. Há, portanto, o uso do termo "estrutura" dentro das ciências. Mas há também um *uso filosófico* do conceito de "estrutura", e é o que encontramos em estudiosos como Lévi-Strauss, Althusser, Foucault e Lacan.

Estes – contra o existencialismo, o subjetivismo idealista e o humanismo personalista – quiseram eliminar um homem criativo, livre, autoconsciente e artífice de seu futuro. Este homem, para os estruturalistas, não existe. O homem criativo, *livre* e autoconsciente, se quisermos falar dele cientificamente, é devorado por estruturas biológicas, psicológicas, econômicas, linguísticas etc., que são onipervasivas e além do mais onideterminantes, onívoras em relação ao eu. O *estruturalismo* é um leque de propostas que confluem todas no protesto comum contra a centralidade ética, política e religiosa do eu. O estruturalismo pretende explicar o homem; e, "explicando-o", proclama sua morte. As ciências humanas o teriam matado: elas seriam ciências apenas deixando de ser humanas.

Os estruturalistas "explicam" o homem, proclamando sua morte
→ § 1-4

1 O significado científico do termo "estrutura"

O termo "estrutura" circula hoje tranquilamente dentro do intercâmbio linguístico das ciências naturais, das ciências matemáticas e das ciências histórico-sociais.

Assim, por exemplo, falamos de estruturas lógicas e de estruturas linguísticas; temos em física a estrutura nuclear do átomo e, em astrofísica, discorremos sobre a estrutura do universo; em matemática, fala-se de estruturas de pertença (nos conjuntos), de estruturas algébricas (grupos, relações, corpos, isto é, leis de composição), de estruturas espaciais ou topológicas. Temos ainda a estrutura do corpo humano em anatomia e as estruturas sociais e econômicas evidenciadas por sociólogos e economistas; estudamos as estruturas moleculares e as estruturas químicas, e assim por diante. Em linha geral e com cautela, podemos dizer, nas pegadas de Piaget, que uma estrutura é *um sistema de transformações que se autorregulam*.

Em essência, uma estrutura é um conjunto de leis que definem (e instituem) um âmbito de objetos ou de entes (matemáticos, psicológicos, jurídicos, físicos, econômicos, químicos, biológicos, sociais etc.), estabelecendo relações entre eles e especificando seus comportamentos e/ou suas maneiras típicas de se desenvolverem.

É isso, em suma, o que se pode dizer sobre o uso do conceito de estrutura dentro das ciências.

2. O significado filosófico do termo "estrutura"

Mas também existe o *uso filosófico* ou um conjunto de usos filosóficos do conceito de estrutura. Trata-se precisamente dos usos elaborados por pensadores como Lévi-Strauss, Althusser, Foucault e Lacan, que, voltando-se contra o existencialismo, o subjetivismo idealista, o humanismo personalista, o historicismo e o empirismo grosseiramente factualista (com todo o terror que ele tem pela "teoria"), deram origem a um movimento de pensamento, ou melhor, a uma *atitude*, precisamente a atitude estruturalista, apresentando soluções bem diferentes (das propostas pelas filosofias citadas) para urgentes *problemas filosóficos* relativos ao sujeito humano ou "eu" (com sua pretensa liberdade, sua pretensa responsabilidade e seu pretenso poder de fazer a história) e ao desenvolvimento da história humana (e seu pretenso *sentido*).

Em poucas palavras, os estruturalistas pretenderam inverter a direção em que andava o saber *sobre* o homem, decidindo destronar o sujeito (o eu, a consciência ou o espírito) e suas celebradas capacidades de liberdade, autodeterminação, autotranscendência e criatividade em favor de "estruturas" profundas e inconscientes, onipresentes e onideterminantes, isto é, de estruturas onívoras em relação ao "eu". E isso a fim de tornar *científicas* as "ciências humanas".

Mas as ciências humanas "só podem se tornar ciências deixando de ser humanas". E aqui encontramos o ponto de intersecção em que se torna possível identificar melhor a *atitude* estruturalista. Com efeito, o estruturalismo não se qualifica como um conjunto compacto de doutrinas (não existe uma "doutrina" estruturalista); ele se caracteriza muito mais pela polêmica comum mantida pelos estruturalistas contra o subjetivismo, o humanismo, o historicismo e o empirismo. Podemos dizer assim: o *estruturalismo filosófico* é um leque de propostas díspares que, contudo, encontram sua unidade em um protesto comum contra a exaltação do eu e a glorificação do finalismo de uma história humana feita ou, de qualquer forma, guiada ou co-criada pelo homem e por seu empenho.

■ **Estruturalismo (filosófico).** Em 1916 foi publicado o *Curso de linguística geral* de Ferdinand de Saussure; e exatamente a partir da concepção da língua como *sistema* ou *estrutura* desenvolveu-se no segundo pós-guerra, principalmente na França, um movimento de ideias conhecido como *estruturalismo*, que conta, entre seus mais famosos representantes, Claude Lévi-Strauss para a antropologia cultural, Jacques Lacan para a psicanálise, Louis Althusser para a análise marxista dos eventos sociais, e Michel Foucault para a filosofia e para a história da cultura.

O estruturalismo tem valência filosófica justamente porque teoriza pelo menos dois grandes temas filosóficos: o do *eu* e o da *história*.

Contra o existencialismo, o subjetivismo idealista e o humanismo personalista – doutrinas que exaltam a centralidade de um "eu" criativo, livre, responsável, construtor de seu próprio futuro –, os estruturalistas proclamam a morte do homem, e isso em nome de estruturas profundas e inconscientes (econômicas, psicológicas etc.) onívoras em relação ao sujeito. Lévi-Strauss escreve em *O pensamento selvagem*: "O fim último das ciências humanas não consiste em constituir o homem, mas em dissolvê-lo". Igualmente duro é o contraste que opõe o estruturalismo e toda forma de historicismo, em que se exalta o finalismo, a continuidade, o progresso de uma história humana feita ou co-criada, ou em todo caso guiada pelo homem. A história humana, precisará Foucault em *As palavras e as coisas*, é *descontínua*; não há nenhum progresso, mas apenas sucessão de *estruturas epistêmicas*. Por outro lado, afirma Lévi-Strauss, apenas para um observador que não conheça as regras que guiam o jogo, os eventos históricos parecerão arbitrários e novos. Mas não é assim para quem conhece as regras e as estruturas das quais são geradas as configurações da vida social dos homens e também seus produtos mentais, ou seja, culturais.

3 As raízes do estruturalismo

Desenvolvendo-se na França a partir da década de 1950, o protesto estruturalista teve como alvo mais *imediato* o existencialismo, cujo humanismo (com o papel primário que ele atribui ao *eu* "condenado a ser livre" e criador de história) é logo acusado, entre outras coisas, de não ser nada científico, antes, pelo contrário, de ser completamente refratário a toda uma série de resultados científicos que proclamam inequivocamente a falsidade da imagem do homem construída pelo humanismo existencialista, transmitida e defendida por todo espiritualismo e por qualquer idealismo.

De Saussure em diante, a linguística estrutural mostrou os complexos mecanismos (fonológicos, sintáticos etc.) da estrutura que é a linguagem, dentro de cujas possibilidades move-se nosso pensamento; a etnolinguística (Sapir e Whorf) mostrou como e em que medida nossa visão do mundo depende da linguagem que falamos; o marxismo evidenciou o peso da estrutura econômica na construção do indivíduo, de suas relações e de suas ideias; a psicanálise mergulhou nosso olhar na estrutura inconsciente que sustenta os fios dos comportamentos conscientes de nosso eu; a antropologia e as ciências etnográficas põem a nu sistemas compactos de regras, valores, ideias e mitos que nos plasmam desde o nascimento e nos acompanham até o túmulo. E uma historiografia renovada, sobretudo sob os estímulos de Bachelard (é central a sua ideia de "ruptura epistemológica"), nos põe diante de uma história do saber como *desenvolvimento descontínuo* de estruturas que *in-formam* o pensamento, a prática e as instituições de diversas épocas e, com isso, de segmentos culturais diferentes da história do homem.

Diante de tudo isso, diante da lúcida consciência do torniquete representado pela onipresença e pela onipotência de estruturas psicológicas, econômicas, "epistêmicas" ou "psicológicas" e sociais, continuar falando de "sujeito" ou "eu" ou "consciência" ou "espírito" livre, responsável, criativo e construtor da história, quando não é ignorância, é brincadeira (da qual devemos "sorrir") ou é um engano, derivado de um antiengano (que é preciso desvelar). Desse modo, o estruturalismo configura-se como a filosofia que pretende erigir-se com base em nova consciência científica (linguística, econômica, psicanalítica etc.) e que, por seu turno, traz a consciência da redução da liberdade em um mundo sempre mais "administrado" e "organizado": ele é a consciência dos *condicionamentos* que o homem descobre e — digamos — dos *obstáculos* que talvez ele próprio criou para si e cria no caminho de sua iniciativa livre e criadora.

4 A proclamação da "morte do homem"

Para sintetizar, podemos dizer que, para o estruturalismo filosófico, a categoria ou ideia de fundo não é o *ser*, mas a *relação*; não é o *sujeito*, mas a *estrutura*.

A exemplo das peças do jogo de xadrez, das cartas do jogo de cartas, ou então dos entes linguísticos, matemáticos ou geométricos, os homens não têm significado e "não existem" fora das relações que os instituem, os constituem e especificam seu comportamento. Os homens, os sujeitos, são *formas* e não *substâncias*.

O humanismo (e "o existencialismo é um humanismo" — como dizia Sartre) exalta o homem, mas não o explica. O estruturalismo, ao contrário, pretende explicá-lo. Mas, explicando-o, o estruturalismo proclama que o homem está morto.

Nietzsche afirmou que Deus está morto; hoje, os estruturalistas afirmam que o homem é que está morto. E teria sido morto pelas *ciências* humanas. A ciência do homem não é possível sem anular a consciência do homem. Como escreveu Lévi-Strauss em *O pensamento selvagem*, "o fim último das ciências humanas não consiste em constituir o homem, mas em dissolvê-lo".

II. Claude Lévi-Strauss
e o estruturalismo em antropologia

Os sistemas de parentesco como sistemas de comunicação
→ § 1-2

• Na vasta obra do antropólogo francês Claude Lévi-Strauss (nascido em 1908) confluem influências de E. Durkheim e M. Mauss, de F. Boas e A. Kroeber; mas o encontro decisivo de Lévi-Strauss foi com o estruturalismo linguístico de Jakobson e Trubeckoj. Esta foi a intuição de Lévi-Strauss: as ciências humanas, e a antropologia em particular, não podem continuar indiferentes diante dos sucessos da linguística; devem adotar seus métodos. É assim que ele, em *As estruturas elementares do parentesco* (1949), abandona a tradição do estudo monográfico dos sistemas de parentesco nesta ou naquela cultura; e, sobre a base de uma analogia de método e de objeto entre linguística e antropologia, olha a sociedade como conjuntos de indivíduos colocados em comunicação por meio de diversos aspectos da cultura. Eis, então, que as regras do matrimônio e os sistemas de parentesco são considerados como uma espécie de linguagem, um sistema de comunicação: e a mensagem é aqui constituída "pelas *mulheres do grupo* que circulam entre os clãs, as estirpes e as famílias". A proibição do incesto é uma *consequência* da regra universal que impõe a instauração de relações abertas de parentesco.

Uma razão oculta estrutura o aparente caos dos fenômenos sociais
→ § 3-4

• Desse modo percebe-se que há uma *razão oculta* que guia e *estrutura* o caos aparente da variedade e da complexidade dos fenômenos sociais. Nem se deve pensar que a história tenha um sentido ou um fim, ou que se desenvolva de modo progressivo: a história humana é como o jogo de xadrez, onde as configurações das peças parecem as mais arbitrárias e sempre novas para um observador que não conheça as regras. O estruturalismo pretende, exatamente, ter apreendido as regras que, engastadas no "espírito da humanidade", estruturam não só as configurações sociais dos homens, mas também seus produtos mentais, como é o caso dos *mitos*.

1 As estruturas elementares do parentesco

Nascido em Bruxelas em 1908, mas vivendo depois em Paris, Claude Lévi-Strauss, depois de ter deixado a Faculdade de Direito, laureou-se em filosofia em 1931. Desiludido da orientação idealista da filosofia, Lévi-Strauss decide dedicar-se à antropologia, seguindo então os seminários de Marcel Mauss no Museu Etnográfico de Paris. É com Mauss que Lévi-Strauss aprende a considerar o mundo "primitivo" como algo que não tem nada de irracional. Em 1935, indo ensinar em São Paulo, no Brasil, realiza suas primeiras investigações sobre os "selvagens" da Amazônia e do Mato Grosso. Decisivo, nessa direção de pensamento, foi o encontro de Lévi-Strauss com o estruturalismo linguístico da Jakobson e Trubeckoj. O sucesso da linguística estrutural não pode, portanto, lembra Lévi-Strauss, deixar de interessar às disciplinas limítrofes. Estas devem ver se a aplicação dos métodos que levaram ao sucesso da linguística também as levará ao sucesso.

Lévi-Strauss verificou essa hipótese em *As estruturas elementares do parentesco* (1949). Abrindo novas perspectivas, ele abandonou o estudo monográfico e setorial das relações de parentesco nesta ou naquela cultura, estudo que, por mais longe que fosse, não permitira obter leis de validade universal, capazes de dominar a maior variedade dos modos e das relações de parentesco. Utilizando o modelo da linguística (usando estatísticas, conceitos e técnicas lógico-matemáticas), Lévi-Strauss conseguiu evidenciar relações e estruturas constantes subjacentes à variedade e à complexidade diversa dos sistemas de parentesco. Existe, portanto, uma *razão oculta* que guia e estrutura o caos (que o é só *aparentemente*) dos fenômenos humanos. Com efeito, partindo da ideia de que "as regras do matrimônio e os sistemas de parentesco devem ser considerados como uma espécie de linguagem, isto é, um conjunto de operações destinadas a assegurar, entre os indivíduos e os grupos, certo tipo de comunicação", e supondo que "a mensagem seja aqui constituída "pelas *mulheres do grupo* que *circulam* entre os clãs, as estirpes ou as famílias [...]", Lévi-Strauss conseguiu estabelecer que as regras de matrimônio observáveis nas sociedades humanas "representam modos de assegurar a circulação das mulheres no seio do grupo social, isto é, substituir um sistema de relações consanguíneas, de origem biológica, por um sistema sociológico de aquisição de parentesco". Em outros termos, o que Lévi-Strauss demonstra é que "a finalidade profunda das estruturas segundo as quais os 'primitivos' constroem suas relações de parentesco consiste em impedir que cada clã familiar se feche isoladamente em si mesmo". Textos 1 2

Claude Lévi-Strauss,
antropólogo estruturalista,
é conhecido principalmente por ter evidenciado
"estruturas", isto é, relações constantes,
sob a variedade e a diversa complexidade
de sistemas de parentesco.

2 Um "kantismo sem sujeito transcendental"

Tal interpretação das estruturas elementares do parentesco, enquanto de um lado consegue pôr ordem em uma série ilimitada de fenômenos à primeira vista desconexos ou, de qualquer modo, nunca vistos da perspectiva de um *princípio único*, do outro explica a *proibição universal do incesto*. Essa proibição não deve ser explicada com argumentações de tipo biológico ou com razões morais. Ela é muito mais consequência da estrutura inconsciente e universal que impõe a instauração das relações abertas de parentesco. Desse modo, o homem passa de uma dimensão natural para uma dimensão cultural. E "se a proibição do incesto e a exogamia têm função essencialmente positiva, se a razão de ser delas é a de estabelecer entre os homens um laço sem o qual eles não poderiam erguer-se acima da organização biológica, a fim de alcançar a organização social, então é preciso reconhecer que linguistas e sociólogos não apenas empregam os mesmos métodos, mas se dedicam ao estudo do mesmo objeto. Com efeito, desse ponto de vista, exogamia e linguagem têm a mesma função fundamental: a comunicação com os outros e a integração do grupo".

Essa comunicação com os outros especifica-se no sentido de que a proibição da união com mulheres mais próximas "entrega" estas últimas a homens sempre mais distantes — e, desse modo, *o grupo se amplia sempre mais*. Na realidade, toda união matrimonial torna outras impossíveis para a geração sucessiva.

Nesse ponto não devemos rejeitar uma questão relevante para a pesquisa filosófica: trata-se do fato de que Lévi-Strauss considera as formas estruturais do parentesco por ele evidenciadas não tanto e não só como instrumentos heurísticos ou modelos corroborados pela experiência, porém, muito mais como formas dotadas de verdadeira *consistência ontológica*. Elas seriam produtos variados de uma dotação psíquica *comum* e *inata* da humanidade. Consequentemente, os fenômenos antropológicos são vistos como material exemplificador que não pode deixar de atestar as formas invariáveis do "espírito humano". Como disse Paul Ricoeur, o estruturalismo de Lévi-Strauss se configura desse modo como um *kantismo sem sujeito transcendental*: há um inconsciente (de tipo kantiano e não freudiano) formado de categorias, que constituiria a matriz de todas as outras estruturas.

3. A polêmica anti-historicista

Podemos então compreender também a polêmica anti-historicista de Lévi-Strauss: a história não tem nenhum sentido, nela não existe um fim, nem se desenvolve de modo contínuo e progressivo; o que opera nela são estruturas inconscientes e não homens, com seus fins declarados e seus objetivos claros, os quais são apenas aparências. Tampouco existe uma lei de progresso que guia a história humana em sua globalidade: cada "zona de história" tem "sequência própria" e uma "codificação diferencial do antes e do depois". Não pode haver na história transformação real, progresso verdadeiramente arrebatador e inovador.

Ao contrário, diz Lévi-Strauss, existem *sociedades frias*, que não pensam em se desenvolver nem pretendem transformar suas próprias condições de vida. A essas sociedades frias, que ele identifica em algumas populações primitivas, Lévi-Strauss contrapõe as *sociedades quentes*, ou seja, as sociedades civilizadas e evoluídas. Em *Tristes trópicos* (1955) e também em *Antropologia estrutural*, ele dirá que a vida dos primitivos é melhor, mais autêntica e mais harmonizada com a natureza do que a dos povos civilizados.

A ação humana é uma ação toda regulada pelas poucas normas "formais" que o estruturalismo faz emergir. A história humana é como um jogo de xadrez, com peças que se deslocam segundo as indicações das regras. As mais diversas configurações das peças no tabuleiro podem parecer arbitrárias e sempre "novas" para o observador externo que ignora as regras. Mas não é assim para quem conhece as regras. E o estruturalista pretende captar as regras que, encastoadas no "espírito da humanidade", estruturam não apenas as configurações da vida social dos homens, mas também seus produtos mentais.

4. A estrutura dos mitos

Essa tese, ou seja, a ideia de que existem estruturas "psico-lógicas" profundas, estruturas elementares do pensamento humano, Lévi-Strauss demonstra-a, de um lado, com o exame do *pensamento selvagem* e, de outro, com a *análise dos mitos*. Em seus estudos sobre os "primitivos", Lucien Lévy-Bruhl acentuara os aspectos emocionais da mentalidade dos povos primitivos, sustentando que encontramos nela uma quase ausência de funções lógicas. Pois bem, em *O pensamento selvagem* (1962), com base em rica documentação, Lévi-Strauss sustenta a falsidade da posição de Lévy-Bruhl. O pensamento "selvagem", diz ele, não é de modo algum menos lógico do que o pensamento do homem "civilizado", o que pode ser visto na catalogação que os "primitivos" fazem dos fenômenos naturais ou em suas classificações totêmicas. O pensamento selvagem é ordenação da natureza que revela uma racionalidade bem clara. Da mesma forma, uma rígida lógica estrutural é revelada pelos *mitos*, analisados por Lévi-Strauss nos quatro volumes das *Mitológicas* (*O cru e o cozido*, 1964; *Do mel às cinzas*, 1966; *A origem dos bons modos à mesa*, 1968; *O homem nu*, 1972).

O mito é frequentemente considerado como o espaço da fantasia e da arbitrariedade. Mas Lévi-Strauss afirma que ele é uma estrutura lógico-formal que dá lugar a produtos (os mitos) com os quais a mente humana ordena, classifica e dá sentido aos fenômenos. Estudados no plano de sua organização sintática, desdobrados em seus elementos e considerados em suas relações, geralmente binárias, conjuntivas, opositivas etc. (o herói e a vítima, o amigo e o inimigo, o pai e a mãe, o cru e o cozido etc.), os mitos de diversas sociedades, aparentemente diversos e sem vinculações, podem ser agrupados e ordenados.

O que Lévi-Strauss faz é "trazer à luz não tanto o que há *nos* mitos [...] e sim, muito mais, o sistema de axiomas e postulados que definem o melhor código possível, capaz de dar significado comum e elaborações inconscientes, inerentes a espíritos, a sociedades e a culturas escolhidos entre os mais distantes uns dos outros".

Existe, portanto, a lógica dos mitos, que é imanente à própria mitologia. E "os esquemas míticos apresentam eminentemente o caráter de objetos absolutos".

III. Michel Foucault
e o estruturalismo na história

> • Michel Foucault (1926-1984) – autor de *Nascimento da clínica* (1963) e da *História da loucura na era clássica* (1961) – exemplificou, em *As palavras e as coisas* (1966), a abordagem estruturalista do estudo da história.
> Para Foucault a história não tem sentido; e a ideia de progresso é simplesmente um mito, por meio do qual o homem ocidental quer representar seu contínuo e glorioso desenvolvimento. Esta continuidade, porém, não existe. A história, afirma Foucault, é antes *descontínua*. Ela é governada por *estruturas epistêmicas* ou *epistemas* que agem na profundidade, estão em função em nível inconsciente. E com estrutura epistêmica ou epistemas Foucault entende "todas as relações que existiram em certa época entre os vários campos da ciência".
> E a ciência que estuda tais *epistemas* é chamada por Foucault de *arqueologia do saber*. Esta é a ciência que faz ver como na história não há de fato a continuidade ostentada pelos historicistas.
> Em *As palavras e as coisas* Foucault mostra que na história do saber ocidental sucedem-se, sem nenhuma continuidade progressiva, três estruturas epistêmicas: a que se conservou até a Renascença; a que floresceu nos séculos XVII e XVIII; e a que se afirmou no século XIX.
>
> *A história é governada por "estruturas epistêmicas" descontínuas* → § 1-2

1 "Estruturas epistêmicas" e "práticas discursivas"

Embora declare não ser estruturalista (e todos os mais conhecidos estruturalistas declaram que não o são), Michel Foucault (nascido em 1926) é um dos mais significativos estruturalistas contemporâneos. Autor do *Nascimento da clínica* (1963) e, dois anos antes, de *A História da loucura na época clássica* (1961), Foucault não quis escrever uma história da psiquiatria entendida como história das teorias relativas ao tratamento prático dos doentes mentais, mas como uma reconstrução do modo pouco racional, na verdade, com que os homens "normais" e "racionais" da Europa Ocidental deram expressão a seu medo da não-razão, estabelecendo de modo repressivo o que é mentalmente "normal" e, ao contrário, o que é mentalmente "patológico".

Seja como for, é com *As palavras e as coisas* (1966) que Foucault exemplifica, de modo já considerado clássico, a abordagem estruturalista do estudo da história. Ele rejeita também o mito do progresso: a continuidade na qual o homem ocidental pretende representar seu glorioso desenvolvimento é continuidade que não existe. A história não tem sentido, a história não tem fins últimos. *A história é*, antes, *descontínua*. E, no que se refere à história da cultura, ela é *informada* ou governada por típicas *estruturas epistêmicas* (ou *epistemas*), que agem no nível inconsciente.

Mas o que é, mais precisamente, uma estrutura epistêmica? Diz Foucault: "Quando falo de 'epistemas', entendo todas as relações que existiram em certa época entre os vários campos da ciência. Penso, por exemplo, no fato de que, a certo ponto, a matemática foi utilizada para pesquisas no campo da física; de que a linguística, ou melhor [...], a semiologia, a ciência dos sinais, foi utilizada pela biologia (para as mensagens genéticas); de que a teoria da evolução pôde ser utilizada ou servir de modelo para os historiadores, os psicólogos e os sociólogos do século XIX. Todos estes são fenômenos de relações entre as ciências ou entre os vários 'discursos' nos vários setores científicos que constituem o que eu chamo 'epistema' de uma época". E Foucault chamou a ciência que estuda tais discursos e tais *epistemas* de *arqueologia do saber*. Essa ciência "arqueológica" mostra exatamente que não há nenhum progresso na história, e que não existe a continuidade de que se orgulha todo historicismo. O que a arqueologia do saber mostra é uma sucessão descontínua de *epistemas*, com a afirmação e a decadência de *epistemas* em uma história sem sentido.

2. As estruturas epistêmicas da história do saber ocidental

Em *As palavras e as coisas* Foucault distingue, na história do saber ocidental, *três estruturas epistêmicas* que se sucedem sem nenhuma continuidade.

A primeira é a que se conservou até a Renascença; a segunda é a que se impôs nos séculos XVII e XVIII; a terceira se afirmou no século XIX.

Mas o que tipifica essas diversas *estruturas epistêmicas*, que, por seu turno, qualificariam três diversas épocas culturais? Na primeira estrutura, "as palavras tinham a mesma realidade do que significavam"; o que as coisas são pode-se ler nos sinais do livro da natureza. Assim, por exemplo, pela forma externa pode-se ver o que é um animal ou uma planta. Igualmente, no caso da moeda, "os sinais que indicavam e mediam as riquezas deviam ter, eles próprios, valor real. [...] Para os economistas da Renascença [...], a idoneidade da moeda para medir as mercadorias e seu poder de troca baseava-se em seu valor intrínseco". Por volta de fins do século XVI e princípio do século XVII, porém, ocorre profunda transformação, no sentido de que o *discurso* rompe os laços que o uniam às coisas. Os sinais diretamente perceptíveis, quando não são ídolos enganadores, se configuram somente como pequenos auxílios para que o sujeito que conhece possa chegar a uma representação da realidade. Assim, por exemplo, Lineu não classifica mais, como se fazia antes, com base em sinais que se supunha retratassem a coisa ("este pássaro caça à noite", "este animal vive na água" etc.), e sim com base na identidade e nas diferenças a analisar e descobrir.

Em fins do século XVIII, o saber assume novo aspecto: ele não se detém nem se reduz à representação do visível, mas busca nova dimensão do real, ou seja, a da estrutura oculta. O pensamento e o saber se retraem do âmbito da *representação* visível para sondar o das estruturas ocultas. Assim, por exemplo, é a estrutura da linguagem ou o sistema gramatical que dá sentido às palavras; é a função biológica que se torna o princípio da classificação dos seres vivos na anatomia comparada; não é o dinheiro, e sim o trabalho necessário para produzir um bem que se torna a medida do valor desse bem.

São essas, portanto, as *estruturas epistêmicas* que, de modo inconsciente, estruturaram as *práticas discursivas* (só aparentemente livres) dos homens em três diversas e descontínuas épocas da história do saber no Ocidente.

IV. Jacques Lacan
e o estruturalismo em psicanálise

J. Lacan: o inconsciente fala porque sofre → § 1-2

• Jacques Lacan (1901-1981) não está de fato de acordo com os que praticam a psicanálise para readaptar os indivíduos aos ritmos e aos modelos da sociedade existente. Para ele o fim da psicanálise está em mostrar ao indivíduo a verdade que lhe escapa e o imobiliza na repetição. É por tal razão que Lacan volta a Freud. Freud "assumiu a responsabilidade [...] de nos mostrar que há doenças que falam, e de fazer-nos entender a verdade daquilo que dizem". O inconsciente fala porque sofre; quanto mais sofre, mais fala. O *Id* fala. E a tarefa da psicanálise não consiste em restabelecer a relação entre o paciente e a realidade social; não há nenhuma esperança de reconciliação; nenhum lenitivo para

> a dilaceração humana, nenhum sentido da vida (o "sentido" poderia ser apenas religioso). O psicanalista, de preferência, deve fazer o paciente entender a verdade do inconsciente; de um inconsciente que funciona como linguagem estruturada e que os métodos da linguística contemporânea podem ajudar a decifrar. Foi Freud que entendeu a estrutura gramatical do sonho. E Lacan propõe, com outros temas interessantes, a estrutura gramatical do *desejo*, analisando suas relações com a *necessidade* e a *demanda*.

1 O inconsciente é estruturado como uma linguagem

Levantando-se contra a tendência que a psicanálise, especialmente a norte-americana, passou a manifestar depois de Freud, isto é, a tendência de readaptar os indivíduos à ordem existente, Jacques Lacan (1901-1981) quis praticar a via do "retorno a Freud" e ao "espírito" dos ensinamentos de Freud. Freud "assumiu — escreve Lacan na *Intervenção sobre a transferência* (1952) — a responsabilidade de nos mostrar que há doenças que falam, e de nos fazer entender a verdade do que dizem [...]".

Existem, portanto, doenças que falam. É o inconsciente que fala porque sofre e, quanto mais sofre, mais fala. E a função da análise não é a de restabelecer uma relação entre o sujeito e a realidade, e sim muito mais fazer com que o sujeito consiga compreender a verdade do inconsciente. O *Id* ("Ça", diz Lacan) fala. Mas o discurso dele é indecifrável para o sujeito consciente: *"é o discurso do Outro"*.

O inconsciente fala e, por isso, "o inconsciente está estruturado como uma linguagem", ou seja, funciona como linguagem estruturada. Consequentemente, se o *Id* funciona como linguagem estruturada, "a linguística pode nos servir de guia, já que esse é o papel dela no ápice da antropologia contemporânea, e diante da qual não podemos permanecer indiferentes".

Claro, Freud não conhecia a linguística estrutural. No entanto, afirma Lacan, ele se comportou como linguista. E esse seu modo de trabalhar encontraria sua expressão mais flagrante na afirmação da estrutura gramatical do sonho.

Por isso, a psicanálise ensina o sujeito a reconhecer as folhas em branco de sua história. Escapa ao sujeito a verdade de sua própria história: o *Ego* e o *Id* estão desconectados. O objetivo da análise é o de ensinar ao sujeito a verdade que lhe escapa e que o imobiliza na repetição. E somente reconhecendo a verdade do discurso do inconsciente é que o sujeito "é restituído à plenitude da dimensão histórica de sua existência. Se o psicanalista conduz o sujeito a algum lugar, é para uma decifração que pressupõe uma lógica já no inconsciente".

Texto 5

2 Necessidade, demanda, desejo

O conceito de *desejo* é ponto central na teoria de Freud. Mas Lacan considera que ele é ainda muito impreciso. E é por isso que tenta compreendê-lo, colocando-o em contato com a *necessidade* e a *demanda*.

A *necessidade* é essencialmente um fato fisiológico (necessidade de água, de ar, de açúcar). A necessidade é satisfeita pelo objeto que alcança. É bem verdade que, entrando nas redes da linguagem (simbólica), a necessidade nunca se encontra em estado puro, pois a ela podem se misturar a demanda e o desejo.

Mas o que é a *demanda*? Ela "é demanda de presença e de ausência. É, antes de mais nada, uma demanda de amor". A demanda é um apelo dirigido ao Outro.

Entretanto, frequentemente a demanda apresenta-se mascarada pela necessidade. E quem não sabe reconhecer esse mascaramento pode até responder à necessidade, mas não responde à solicitação de amor. Assim, por exemplo, quando a criança pede um doce, parece estar exprimindo uma necessidade, enquanto, frequentemente, trata-se de uma demanda de amor dirigida à mãe: a criança pede o doce, mas o que quer é o amor. A mãe pode recusar-lhe o doce, mas, com um abraço, dar-lhe o amor. Porém também pode dar-lhe o doce, negando-lhe o amor. Também pode acontecer, ainda, que a demanda de amor seja sempre desconhecida,

Jacques Lacan (1901-1981) propôs uma "volta a Freud", em que "o inconsciente é estruturado como linguagem".

ainda que sejam satisfeitas as necessidades da criança. Quando isso ocorre, a criança não amada rejeita o alimento com que a empanturramos.

Ela o rejeita porque não é acompanhada de amor, procura-o e não o obtém, recebendo em seu lugar aquela "papa asfixiante". A mãe "confunde seus cuidados com o dom de seu amor". E, assim, a criança nutrida recusa o alimento. E começa aquilo que se chama "anorexia mental", que não raramente se conclui com o suicídio. A necessidade, portanto, é um fato substancialmente fisiológico. A demanda é demanda de amor.

E o desejo? O desejo não é demanda de amor; além disso, ele não se satisfaz com um objeto, como se fosse uma necessidade. Escreve Lacan: "O desejo do homem é desejo do Outro". Ele, comenta Palmier, é desejo de outro desejo, é desejo de fazer o outro reconhecer seu próprio desejo.

Nos últimos anos de sua vida, Lacan não ocultava seu pessimismo lúcido. Não há receitas para a vida, repetia ele. "O homem é dilacerado pela sua condição. Não existem receitas que o reconciliem de modo nenhum com coisa nenhuma". O que se pode esperar? "Absolutamente nada. Não há nenhuma espécie de esperança. Pelo menos eu não tenho". E não há esperança de se alcançar uma teoria que "atribua um lugar preciso e definitivo a cada um dos elementos entre os quais o homem é dilacerado".

Ainda nos últimos anos de sua vida, também é interessante notar que Lacan confessava ter perdido seu duelo mais importante, o duelo com a Igreja católica. "A estabilidade da religião vem do fato de que o *sentido* é sempre religioso". Afirmava ele que a religião "é feita precisamente para curar os homens; ou melhor, feita de propósito para que não percebam o que não vai bem". O "sentido" é sempre religioso. Por isso, a religião vence no confronto com a psicanálise: esta, com a descoberta do inconsciente, ilumina a dispersão do sentido e as dilacerações incomponíveis do ego.

Texto 6

Lévi-Strauss

1 As tarefas da antropologia estrutural

> De que modo a antropologia estrutural consegue mostrar uma ordem por trás do caos.

Este livro [*O cru e o cozido*] se propõe mostrar como categorias empíricas, quais cru e cozido, fresco e podre, molhado e queimado etc., defíníveis com precisão por meio da simples observação etnográfica e assumindo toda vez o ponto de vista de uma cultura particular, podem apesar de tudo servir como instrumentos conceituais para fazer emergir certas noções abstratas e concatená-las em proposições.

A hipótese inicial requer, portanto, que nos situemos logo no nível mais concreto, ou seja, no seio de uma população, ou de um grupo de populações suficientemente vizinhas no que se refere ao hábitat, à história e à cultura. Todavia, embora sendo taxativa, essa precaução metodológica não pode dissimular ou limitar nosso projeto. Por meio de um exíguo número de mitos, tirados de sociedades indígenas que nos servirão como laboratório, realizaremos uma experiência que, em caso de sucesso, terá um porte geral, uma vez que esperamos dela que demonstre a existência de uma lógica das qualidades sensíveis, rastreie suas linhas de desenvolvimento e manifeste suas leis.

Partiremos de *um* mito, proveniente de *uma* sociedade, e o analisaremos primeiro recorrendo ao contexto etnográfico, depois a outros mitos da mesma sociedade. Estendendo progressivamente a pesquisa, passaremos então a mitos originários de sociedades vizinhas, tendo o cuidado de situar também esses mitos em seu contexto etnográfico particular. Pouco a pouco chegaremos a sociedades mais distantes, mas sempre com a condição de que, entre umas e outras, sejam traçadas, ou pelo menos possam ser razoavelmente postuladas, relações reais de ordem histórica ou geográfica. Nesta obra serão descritas apenas as primeiras etapas desta longa viagem através das mitologias indígenas do Novo Mundo, viagem que começa no coração da América tropical e que, como prevemos, nos levará até as regiões setentrionais da América do Norte. Contudo se, do início ao fim, o fio condutor é constituído por um mito dos índios bororo do Brasil central, a razão disso não deve ser procurada nem nas hipóteses de que esse mito seria mais arcaico do que outros que estudaremos a seguir, nem no fato de que o julgaremos mais simples ou mais completo. As causas que o impuseram antes à nossa atenção são amplamente contingentes. E se tivermos desejado que a exposição sintética reproduzisse do modo mais aderente possível o trabalho analítico, é porque nos pareceu que, por este caminho, a ligação íntima que em semelhantes matérias nos parece intercorrer entre o aspecto empírico e o sistemático teria emergido ainda melhor se o método seguido tivesse começado por atestá-la.

Como tentaremos mostrar, o mito bororo, que será doravante designado com o nome de *mito de referência*, não é mais que uma transformação mais ou menos profunda de outros mitos provenientes tanto da mesma sociedade, como das sociedades vizinhas ou distantes. Teria sido legítimo, portanto, escolher como ponto de partida um representante qualquer do grupo. Sob este aspecto, o interesse do mito de referência não depende de seu caráter típico, e sim muito mais de sua posição irregular no seio de um grupo. Com efeito, para os problemas de interpretação que levanta, tal posição é um estímulo particular para a reflexão.

Devemos temer que, mesmo assim precisada, nossa tentativa incorra em objeções preconceituosas por parte dos mitógrafos e dos especialistas da América tropical. Ela, com efeito, não se deixa circunscrever nos limites territoriais ou no âmbito de uma classificação. De qualquer modo que a consideremos, nossa pesquisa desenvolve-se como uma nebulosa, sem jamais reunir de modo duradouro ou sistemático a soma total dos elementos aos quais a própria substância atinge, na convicção de que o real lhe servirá de guia e lhe mostrará um caminho mais seguro do que os que ela teria podido inventar. A partir de um mito escolhido, talvez arbitrariamente, mas em todo caso em virtude do sentimento intuitivo de sua riqueza e de sua fecundidade, pois analisado segundo as regras estabelecidas nas obras precedentes, nós constituímos para cada sequência o grupo de suas transformações, tanto dentro do próprio mito, como elucidando as relações de isomorfismo entre sequências tiradas dos vários mitos provenientes da mesma população. Assim nos elevamos já, da consideração de mitos particulares, à de certos esquemas condutores que se ordenam sobre um mesmo eixo. Em cada ponto desse eixo, marcado por um esquema, traçamos então perpendicularmente, se assim se pode dizer, outros eixos que resultam da mesma operação, mas realizada não mais sobre mitos de uma só população, aparentemente todos diferentes, e sim sobre os que apresentam tais analogias com os primeiros, ainda que provenham de populações vizinhas. Por conseguinte, os esquemas condutores se simplificam, se enriquecem ou se transformam. Cada um origina novos eixos – perpendiculares aos precedentes sobre outros planos – onde logo se inserirão, graças a duplo movimento prospectivo e retrospectivo, sequências tiradas tanto de mitos provenientes de populações mais distantes, como de mitos em um primeiro tempo deixados de lado porque pareciam inúteis ou impossíveis de interpretar, ainda que pertencessem a povos já estudados. Portanto, à medida que a nebulosa se estende, seu núcleo se condensa e se organiza. Filamentos esparsos soldam-se, certas lacunas são preenchidas, novas conexões se estabelecem, algo que se assemelha a uma ordem transparece por trás do caos. Como ao redor de uma molécula germinal, algumas sequências ordenadas em grupos de transformações vêm se juntar ao grupo inicial, reproduzindo sua estrutura e suas determinações. Nasce um corpo multidimensional, cujas partes centrais revelam a organização, enquanto ao redor reinam ainda a incerteza e a confusão.

C. Lévi-Strauss,
O cru e o cozido.

Lévi-Strauss durante um discurso na Académie Française, em 1974.

2 O "método" da antropologia estrutural

> Assim como a fonologia recusa estudar os termos como entidades independentes e, pondo a atenção sobre a análise das relações entre termos, introduz a noção de sistema, também a antropologia estuda os fenômenos, inserindo-os dentro de redes de relações, dentro de sistemas que funcionam como uma "espécie de linguagem". "Ninguém contestará que a antropologia reúna, em seu próprio campo, pelo menos alguns de tais sistemas de sinais (ritos simbólicos, fórmulas de cortesia etc.), aos quais se acrescentam muitos outros: linguagem mítica, sinais orais e gestuais de que se compõe o ritual, regras de matrimônio, sistemas de parentesco, leis consuetudinárias, certas modalidades de trocas econômicas".

O que é, portanto, a antropologia social? Ninguém, parece-me, esteve mais próximo de defini-la – embora apenas por preterição – do que Ferdinand de Saussure quando, apresentando a linguística como parte de uma ciência ainda por nascer, reserva a esta última o nome de *semiologia*, e lhe atribui, como objeto de estudo, a vida dos sinais no seio da vida social. Ele próprio, por sua vez, não antecipava talvez nossa adesão, quando, na ocasião, comparava a linguagem "à escritura, ao alfabeto dos surdos-mudos, aos ritos simbólicos, às fórmulas de cortesia, aos sinais militares etc."? Ninguém contestará que a antropologia reúna, em seu próprio campo, pelo menos alguns de tais sistemas de sinais (ritos simbólicos, fórmulas de cortesia etc.), aos quais se acrescentam muitos outros: linguagem mítica, sinais orais e gestuais de que se compõe o ritual, regras de matrimônio, sistemas de parentesco, leis consuetudinárias, outras modalidades de trocas econômicas.

Entendemos, portanto, a antropologia como a inquilina de boa-fé daquele campo da semiologia que a linguística ainda não reivindicou como próprio; e na espera de que, ao menos para certos setores desse campo, não se constituam ciências especiais dentro da antropologia.

Todavia, é necessário precisar a definição que demos de duas maneiras.

Antes de tudo nos apressaremos a reconhecer que alguns fatos que acabamos de citar são também de competência de ciências particulares: economia, direito, ciência política. Todavia, tais disciplinas consideram principalmente os fatos que estão mais próximos de nós e, portanto, que apresentam para nós um interesse privilegiado. Digamos que a antropologia social os considera tanto em suas manifestações mais distantes, como na perspectiva de sua expressão mais geral. Deste último ponto de vista, ela não pode fazer nada de útil sem colaborar intimamente com as ciências sociais particulares; mas estas últimas, de sua parte, não poderiam pretender a generalidade, a não ser graças ao concurso do antropólogo, o único que é capaz de citar suas verificações e inventários, procurando torná-los completos.

A segunda dificuldade é mais séria; com efeito, podemos nos perguntar se todos os fenômenos, pelos quais a antropologia social se interessa, apresentam de fato o caráter de sinais. Isso é bastante claro para os problemas que estudamos mais frequentemente. Quando consideramos certo sistema de crenças – digamos o totemismo –, certa forma de organização social – clãs unilineares, matrimônio bilateral –, o problema que nos colocamos é justamente: "o que significa tudo isso?" e, para responder, nos esforçamos por *traduzir*, em nossa linguagem, regras primitivamente dadas em linguagem diversa.

Mas isso vale também para outros aspectos da realidade social como a instrumentação, as técnicas, os modos de produção e de consumo? Pareceria que aqui se tenha o que fazer com objetos, não com sinais, dado que o sinal, conforme a célebre definição de Peirce, é "aquilo que substitui alguma coisa para alguém". O que substitui, portanto, uma lasca de pedra, e para quem?

A objeção é válida até certo ponto, e explica a repugnância que alguns experimentam ao admitir, no campo da antropologia social, fenômenos que dependem de outras ciências, como a geografia e a tecnologia. O termo antropologia cultural é, portanto, oportuno para distinguir essa parte de nossos estudos, e para salientar sua originalidade.

Todavia, é bem conhecido – e tê-lo estabelecido de acordo com Malinowski foi um dos títulos de glória de Mauss – que, principalmente nas sociedades de que nos ocupamos, mas também nas outras, esses setores estão prenhes de significado. Por tal aspecto eles já nos concernem.

Finalmente, a intenção que se esgota, que inspira nossas pesquisas, transforma em medida suficientemente ampla o objeto. Certas técnicas tomadas isoladamente podem aparecer como um dado absoluto, desafio histórico ou resultado de um compromisso entre as necessidades do homem e as constrições do ambiente. Mas, quando as situamos no inventário geral da sociedade que a antropologia se esforça para construir, elas aparecem sob uma luz nova, pois as imaginamos como o equivalente de outras tantas escolhas, que toda sociedade parece fazer (expressão cômoda, que deve ser despojada de seu antropomorfismo), dentro de uma dada gama de possíveis dos quais fixaremos o elenco. Em tal sentido compreende-se como certo tipo de lasca de pedra pode ser um sinal: em um contexto determinado ele substitui, para o observador capaz de compreender seu uso, o utensílio diferente que outra sociedade empregaria com os mesmos fins.

Portanto, também as técnicas mais simples de uma sociedade primitiva qualquer assumem o caráter de um sistema, analisável nos termos de um sistema mais geral. O modo com que certos elementos do sistema foram reunidos e outros excluídos permite entender o sistema local como um conjunto de escolhas significativas, compatíveis ou incompatíveis com outras escolhas, que toda sociedade, ou toda fase de seu desenvolvimento, viu-se induzida a operar.

C. Lévi-Strauss,
Elogio da antropologia,
em *Raça, história
e outros estudos de antropologia.*

3 O estruturalismo "explica" a morte do homem

"O mundo começou sem o homem e terminará sem ele". E o esforço do homem é apenas máquina que desagrega uma ordem originária na direção de uma inércia que "um dia será definitiva".

O mundo começou sem o homem e terminará sem ele. As instituições, os usos e os costumes que por toda a vida catalogai e procurei compreender são uma florescência passageira de uma criação em relação à qual eles não têm nenhum sentido, a não ser talvez o de permitir que a humanidade sustente seu papel. Embora esse papel esteja bem longe de lhe conferir um lugar independente, e embora o esforço do homem – apesar de condenado – seja o de opor-se em vão a uma decadência universal, aparece também ele como máquina talvez mais aperfeiçoada do que as outras, que trabalha para a desagregação de uma ordem originária e precipita uma matéria poderosamente organizada na direção de uma inércia sempre maior, e que um dia será definitiva. Desde que começou a respirar e a se alimentar até a invenção das máquinas atômicas e termonucleares, passando pela descoberta do fogo – e salvo quando se reproduz –, o homem não fez mais que dissociar alegremente bilhões de estruturas para reduzi-las a um estado em que não são mais suscetíveis de integração. Sem dúvida, construiu cidades e cultivou campos; mas, se pensarmos bem, essas coisas são também máquinas destinadas a produzir inércia em um ritmo e proporção infinitamente mais elevados do que a quantidade de organização que implicam. Quanto às criações do espírito humano, seu sentido existe apenas em relação ao homem e se confundirão na desordem quando ele desaparecer. De modo que a civilização, tomada em seu conjunto, pode ser definida como mecanismo prodigiosamente complexo em que seríamos tentados a ver a possibilidade oferecida a nosso universo de sobreviver, se a função dela não fosse a de fabricar aquilo que os físicos chamam de entropia, isto é, inércia. Toda palavra trocada, toda linha impressa estabelecem uma comunicação entre dois interlocutores, tornando estável um nível que antes era caracterizado pela falta de informação e, portanto, de uma organização maior. Mais que antropologia precisaríamos chamar de "entropologia" esta disciplina destinada a estudar em suas manifestações mais elevadas este processo de desintegração.

Todavia, eu existo. Não certamente como indivíduo; porque o que sou eu, sob esta relação, a não ser a aposta a cada instante desafiada, da luta entre outra sociedade formada de algum bilhão de células nervosas reunidas no formigueiro de meu crânio, e meu corpo que lhe serve como robô? Nem a psicologia nem a metafísica nem a arte podem servir-me como refúgio, mitos doravante passíveis, também por dentro, de uma sociologia de um novo tipo que nascerá um dia, e que não será para eles mais benévola do que a outra. O Eu não é apenas odioso: ele não tem lugar entre um "nós" e um "nada". E se finalmente escolho este "nós" embora reduzido a uma aparência, é porque, para não destruir-me – ato que suprimiria as condições de opção –, não tenho mais que uma única escolha possível entre esta aparência e o nada. Ora, basta que eu escolha para que, por causa dessa própria escolha, eu assuma sem reservas minha condição de homem: liberando-me assim de um orgulho intelectual do qual meço, pelo seu objeto, toda a vaidade, aceito também subordinar suas pretensões às exigências objetivas da liberação de uma multidão para a qual os meios de tal escolha são sempre negados.

C. Lévi-Strauss,
Tristes trópicos

FOUCAULT

4 O homem é uma invenção recente, cujo fim está próximo

> *Escreve Foucault: "Antes do fim do século XVIII o homem não existia, assim como não existiam a potência da vida, a fecundidade do trabalho, ou a espessura histórica da linguagem. É uma criatura recentíssima a que a demiurgia do saber fabricou com suas mãos, há menos de duzentos anos ou mais". E "talvez seu fim está próximo".*

Uma coisa em todo caso é certa: o homem não é o problema mais antigo ou mais constante posto ao saber humano. Tomando uma cronologia relativamente breve e uma circunscrição geográfica restrita – a cultura europeia do século XVI em diante – podemos estar certos de que o homem nela constitui uma invenção recente. Não é ao redor dele e de seus segredos que, por muito tempo, obscuramente, o saber vagou. De fato, entre todas as mutações que alteraram o saber das coisas e de sua ordem, o saber das identidades, das diferenças, das características, das equivalências, das palavras – em suma, no meio de todos os episódios desta profunda história do *Mesmo* – apenas um, aquele que se iniciou há um século e meio e que talvez esteja se fechando, deixou aparecer a figura do homem. Não se tratou da libertação de uma ânsia milenar, do acesso à objetividade daquilo que por longo tempo havia permanecido preso em fés ou filosofias: foi o efeito de uma mudança nas disposições fundamentais do saber. O homem é uma invenção de que a arqueologia de nosso pensamento mostra facilmente a data recente. E talvez o fim próximo.

Se tais disposições tivessem de desaparecer como apareceram, se, como consequência de algum evento do qual podemos no máximo pressentir a possibilidade, mas do qual não conhecemos por ora nem a forma nem a promessa, se precipitassem, como na virada do século XVIII aconteceu para o papel do pensamento clássico, podemos sem mais apostar que o homem seria eliminado, como um rosto de areia sobre a orla do mar.

M. Foucault,
As palavras e as coisas.

Lacan

5 "Freud sempre faz uma análise de tipo linguístico"

> *"O inconsciente está estruturado como uma linguagem. [...] De resto, isso é evidente a todo aquele que se dê ao trabalho de abrir uma obra de Freud".*

Em nossa *práxis* tudo funciona na ordem simbólica, e podemos observar que das *palavras*, e sobretudo de palavras ditas em tais condições, seja impossível que saia alguma coisa de verdadeiro; motivo pelo qual, se delas sai alguma coisa de eficaz, é provável que manejar a palavra queira dizer agitar um registro importante, um registro que em geral não é manejado de modo rigoroso; queira dizer, enfim, fazer intervir o quanto pode haver de mais tipicamente originário no âmbito da linguagem. Sem dúvida, a linguagem é algo já estruturado; a Sartre agrada defini-la como o prático-inerte, isso faz parte de sua filosofia, e não vejo inconvenientes nisso. Todavia, para mim é extremamente necessário salientar que as estruturas fundamentais da linguagem — as que encontro no plano da mais moderna análise linguística, ou aquelas, por exemplo, da formalização lógica — são como as próprias coordenadas que me permitem captar tudo o que acontece no plano do inconsciente, ou seja, elas me permitem dizer que o inconsciente está estruturado *como uma linguagem*. E não se trata de uma analogia; quero justamente dizer que sua estrutura é a da linguagem. De resto, isso é evidente a todo aquele que se dê ao trabalho de abrir uma obra de Freud: em qualquer nível, quando realiza uma análise do inconsciente, Freud sempre faz uma análise de tipo linguístico. Antes que a nova linguística nascesse, Freud já a havia inventado. O Sr. perguntou em que eu me distingo de Freud: eis, justamente nisto, no fato de que eu conheço a linguística. Ele não a conhecia; não pôde, portanto, perceber que aquilo que fazia já era linguística, e a única diferença entre sua posição e a minha está no fato de que eu, abrindo um livro dele, digo imediatamente: isso é linguística. Posso dizer isso porque a linguística surgiu poucos anos depois da psicanálise. Saussure a começou pouco depois que Freud, na *Interpretação dos sonhos*, havia escrito um verdadeiro e próprio tratado de linguística. Esta é a minha "distância" em relação a Freud [...].

P. Caruso,
Diálogos com Lévi-Strauss, Foucault, Lacan.

6 O "estágio do espelho" como descoberta do sujeito

A fase da descoberta do sujeito, ou, em outro nível, do imaginário, eu a caracterizei como "*estágio do espelho*". Essas referências têm para mim importância biológica. Quero dizer que, se se lê bem meu breve artigo intitulado justamente *Estágio do espelho*, o fundamento da captura por meio da imagem especular, por meio da imagem do semelhante, e seu caráter de cristalização cativante, aquilo que se chama de cristalização narcisista do homem, está em um fato biológico, ligado aos fatos biológicos que Bolk descreveu como prematuração do nascimento, como, por assim dizer, atraso, manutenção da constituição anatômico-embrional no vertebrado que é o homem. O córtex cerebral é um córtex embrional, e é específico da anatomia cerebral do homem (de sua anatomia neurológica). O estágio do "espelho" deve ser entendido em uma acepção biológica.

A partir do momento que estamos sobre este terreno, pode esclarecer-me o que entende precisamente por "descentração do sujeito"?

Jamais escrevi coisa semelhante. Falei, com Freud, de *Spaltung*, de divisão do sujeito.

Mas muitos, falando desta sua teoria, a entendem como substancial "descentração". Por exemplo Sartre, na entrevista que deu para o "Arc".

Sei muito bem disso. Trata-se na realidade de um "fender-se" do sujeito. Para enunciar estas teorias me fundamentei, como sempre, sobre uma experiência clínica. Não há necessidade de recorrer a Freud para perceber o fenômeno pelo qual um sujeito é capaz, sobre um único e idêntico ponto de importância nodal, de ter duas verdadeiras e próprias séries de defesas, das quais uma deriva do fato de admitir este ponto como resolvido em um certo sentido, e a outra série, exatamente paralela à primeira, em sentido diametralmente oposto. Cada série tem sua proliferação. Tal experiência é tão corrente que se pode dizer que seja a própria base daquilo que é mais fundamental no homem, ou seja, a crença. A crença é sempre, ao mesmo tempo, um não crer em alguma coisa. Este "fender-se" do sujeito, absolutamente essencial para o próprio sujeito, é algo tão ligado à nossa experiência quotidiana que talvez valha a pena promover uma topologia que o explique. É o que procuro fazer, em torno dela cristalizei todas as minhas referências (por exemplo, a que chamei de *faixas de Moebius* permite explicar coisas interessantíssimas). Tanto que termino me perguntando se aqui de fato não toco a substância do fenômeno.

P. Caruso,
*Diálogos com Lévi-Strauss,
Foucault, Lacan.*

SEGUNDA PARTE

DESENVOLVIMENTO DAS CIÊNCIAS MATEMÁTICAS E FÍSICO-NATURAIS NO SÉCULO XX

"Aquele a quem a boa sorte permitiu cooperar para a construção do edifício da ciência exata, encontrará sua satisfação e íntima felicidade, com o nosso grande poeta Goethe, na consciência de ter explorado o explorável e de ter venerado silenciosamente o inexplorável".

Max Planck

"A ligação entre física e política é a técnica. A política baseia-se no poder, o poder baseia-se nas armas, e as armas na técnica".

Max Born

"No campo daqueles que procuram a verdade não existe nenhuma autoridade humana. Todo aquele que tentar ser o magistrado será envolvido pelas risadas dos deuses".

Albert Einstein

Capítulo quinto
Lógica, matemática, física e biologia no século XX

Capítulo quinto

Lógica, matemática, física e biologia no século XX

I. O desenvolvimento da lógica e da matemática no século XX

1. A "pesquisa sobre os fundamentos" e a descoberta da "antinomia das classes"

Como vimos no capítulo dedicado ao desenvolvimento das ciências no século XIX, um grupo de matemáticos geniais, de Cauchy até Weierstrass, empenhara-se em um programa de *rigorização conceitual* das noções fundamentais do cálculo infinitesimal (limite, infinitésimo, continuidade, infinito matemático etc.). Esse programa, com Weierstrass e sua Escola, chegou ao que foi chamado de "aritmetização da análise", isto é, à redução dos conceitos fundamentais da análise (a matemática que tem como ponto cardeal a teoria dos "números reais") aos conceitos da aritmética (a matemática que tem como ponto cardeal a teoria dos números inteiros positivos, isto é, dos números naturais e, por extensão, dos números racionais). Ora, dado que era sabido que a geometria podia ser reconduzida à análise (por meio das operações que constituem a geometria analítica), a aritmética (à qual, precisamente, era reduzida a análise) veio a se configurar como "base natural" de todo o edifício matemático.

Tal processo de redução de toda a matemática à aritmética encontrou seu ponto culminante na obra de Peano que, em 1899, propôs sua já clássica axiomática da aritmética elementar. O sistema axiomático de Peano consta de cinco axiomas, formulados com a ajuda de três primitivos, que são: *número, zero, sucessor imediato de.*

Ora, exatamente no período em que Peano trabalhava em seu projeto, havia estudiosos como Frege e Cantor que, não convencidos da "naturalidade" da base constituída pela aritmética, procuravam conduzir a própria aritmética a uma base ainda mais profunda, reduzindo o conceito de número natural ao conceito lógico de *classe,* de modo que a lógica das classes apresentava-se como a teoria mais adequada para a investigação sobre os fundamentos da matemática. Essa ideia, ou seja, o fato de que a definição de número possa ser dada em termos de classes (Frege e Russell) ou, para recorrer a Cantor, em termos de conjuntos, sem ser capazes de "contar" os elementos dessas classes ou conjuntos, encontra sua mais clara expressão na obra que Bertrand Russell publicou em 1903, os *Princípios da matemática,* onde ele sustenta sua convicção de que "a matemática e a lógica são idênticas" e de que "toda a matemática pura trata exclusivamente de conceitos definíveis em termos de um número muito pequeno de conceitos lógicos fundamentais".

Russell elaborou as teses desse livro por meio do contato com a obra de Frege e do conhecimento da técnica lógica de Peano, o qual se empenhou no grandioso programa de construção *efetiva* de toda a matemática a partir da lógica, programa que Russell realizou juntamente com Alfred N. Whitehead nos três grandes volumes intitulados *Principia mathematica,* publicados entre 1910 e 1913.

Foi por esse modo que Russell procurou levar a efeito a intenção de Frege de construir toda a matemática sobre bases lógicas. Nesse meio tempo, ou seja, entre

1901 e 1902, Russell pusera em crise a lógica das classes e, com isso, atingira no coração a fundamentação da aritmética que Frege efetuara, precisamente com base na lógica das classes. Isso ocorreu com a descoberta de uma antinomia que mostrava como uma proposição, legítima nos fundamentos da aritmética de Frege, era no entanto auto-contraditória.

2. O "programa" de Hilbert e os "teoremas" de Gödel

Frege, Peano e Russell (ainda que, depois, este último suavizasse um pouco sua posição) eram, essencialmente, platônicos: acreditavam em um mundo "objetivo", existente por si mesmo, de entes e relações matemáticas, que o pesquisador deve *descobrir* e não inventar.

A Escola formalista, ao invés, ou seja, a que tem à sua frente David Hilbert, sustenta que um ente matemático existe quando for definido de modo não-contraditório. Consequentemente, a demonstração de não-contraditoriedade das teorias matemáticas torna-se o problema central da pesquisa matemática. Um modo de provar a não-contraditoriedade de uma teoria matemática era o de encontrar um "modelo" dos axiomas da teoria dentro de uma teoria já existente e que, por concordância unânime, era considerado como coerente. Devido a tudo isso, ou seja, devido à descoberta das antinomias, devido à agora admitida crise da força de base da evidência intuitiva, devido às dificuldades da orientação logicista (Frege e Russell), devido à concepção diferente da natureza dos entes matemáticos, e devido ao fato de que atribuir a prova da não-contraditoriedade de um sistema formal a outra teoria de cuja não-contraditoriedade não estamos certos, devido a tudo isso, portanto, Hilbert, com dois relatórios de 1922-1923, propõe o chamado "programa hilbertiano", pretendendo oferecer uma prova não mais "relativa" (a outro sistema), mas "direta" ou "absoluta" de um sistema axiomático.

E como, depois de todo o trabalho anterior, a matemática "clássica" se reduzia a três grandes sistemas axiomáticos — o da aritmética, o da análise e o dos conjuntos — e como, além disso, as pesquisas realizadas no século XIX faziam com que se considerasse fundamental a "teoria aritmética", era então natural que Hilbert partisse da demonstração da coerência da aritmética para depois estender tal coerência ao âmbito da análise e ao âmbito dos conjuntos.

Naturalmente, axiomatizando a aritmética, deve-se reconhecer (o que, depois de Frege, era inevitável) a necessidade de explicitar escrupulosamente todos os ingredientes e mecanismos linguísticos e lógicos por meio dos quais organiza-se e desenvolve-se a teoria (ao menos para nos garantir contra aquelas contradições que possam brotar do próprio instrumental lógico com que deduzimos os teoremas da teoria). Isso leva à *formalização completa da teoria* cuja coerência se quer provar.

Desse modo, a teoria assume a forma de *puro cálculo*, que prescinde dos significados associáveis a seus símbolos e a suas expressões. Sendo assim, a não-contraditoriedade de uma teoria identifica-se com a impossibilidade de, aplicando as normas de manipulação admitidas, se obter uma cadeia demonstrativa em que apareça uma proposição e sua negação, isto é, uma contradição. Assim, a axiomatização completa de uma teoria comporta a formalização também da lógica utilizada para construí-la.

Em 1928, Hilbert propusera, nesse meio tempo, o problema da abrangência da teoria dos números, ou seja, perguntara-se se os axiomas de Peano a respeito da teoria elementar dos números eram ou não capazes de demonstrar ou rejeitar toda proposição daquela teoria. Todavia, em 1931, Kurt Gödel (1906-1978) demonstrou, em seu escrito *Proposições formalmente indecidíveis dos "Principia Mathematica" e de sistemas afins,* que *não é possível* construir uma teoria axiomática dos números que goze do caráter completo pretendido por Hilbert. Mas as coisas foram bem mais além disso, pois, desse primeiro resultado, Gödel extraiu o corolário: um cálculo lógico, com potência suficiente para formalizar a aritmética elementar, se for coerente, é tal que, nele, é indemonstrável a fórmula que expressa sua coerência. Assim, não se pode obter a coerência da aritmética usando os instrumentos pertencentes ao sistema formal com que se expressa a aritmética. Esse resultado determinava claramente a falência do programa hilbertiano (já que os métodos finitísticos usados por Hilbert para a demonstração da não-contraditoriedade da aritmética também são formalizáveis no interior do sistema axiomático da aritmética).

Em suma, Gödel mostrou que era impossível uma prova puramente sintática da não-contraditoriedade de um sistema formal, pelo menos tão rico a ponto de expressar a aritmética elementar. Desde então, a garantia da coerência dos sistemas formais ou cálculos passa a ser buscada em interpretações que sejam "modelos" de tais cálculos.

3. A semântica de Tarski e o intuicionismo de Brouwer

Devemos mencionar aqui o ensaio de Alfred Tarski (1902-1983) *O conceito de verdade nas linguagens formalizadas* (1934), sobre a *semântica dos sistemas formais* (que, em seguida, se desenvolveria a ponto de se tornar aquele ramo importante da lógica-matemática constituída pela "teoria dos modelos"). Precisando o conceito de "verdade" (verdade como consonância com os fatos: "a afirmação 'a neve é branca' só é verdade se a neve for branca"; entre outras coisas, Tarski nos diz que, se tivermos uma definição de verdade como consonância de afirmações com fatos, não temos um critério de verdade e sempre podemos nos enganar ao dizer que uma teoria é verdadeira) e o conceito de "consequência lógica" (que é uma noção semântica e não sintática, como a de "derivabilidade"), Tarski investiga as relações que podem se estabelecer entre as linguagens formalizadas e os conjuntos de objetos sobre os quais tais linguagens podem ser interpretadas de modo a dar origem a proposições verdadeiras sobre aqueles objetos. Depois dos resultados alcançados por Gödel, a semântica lógica adquiriu importância sempre mais central, já que é possível demonstrar que, se um cálculo admite um modelo, então esse cálculo é coerente. E assim consegue-se ter uma prova de coerência de tipo semântico.

Não é possível encerrar estas notas sobre a matemática no século XX sem uma menção ao intuicionismo. Se os platônicos como Frege veem os entes matemáticos como entes existentes em si mesmos e a serem descobertos, e se os formalistas como Hilbert pensam que um ente pode ser considerado como matematicamente existente se definido sem contradições, o holandês Jan Luitzen Egbertus Brouwer (1881-1966) e seus seguidores, entre os quais Arend Heyting (1898-1980), sustentam que um ente deve ser considerado como matematicamente existente só quando se consegue construí-lo, isto é, somente sob a condição de que sejamos capazes de dar um exemplo dele ou de indicar o procedimento que, através de um número finito de passagens, nos permite chegar a semelhante exemplo. Essa concepção, chamada de concepção *intuicionista*, veta o recurso ao *infinito atual*. Quando se fala de infinito, não se fala do modo como dele se fala na teoria dos conjuntos, e sim unicamente no sentido de que, por exemplo, todo ponto que tenha sido eventualmente alcançado pode ser superado. O infinito é potencial e nunca atual. O infinito atual não é construtível. Por outro lado, se a existência de um ente matemático significa sua construção efetiva, ou seja, a ocorrência de sua constituição, então aquele tipo de demonstração conhecida como "lei do terceiro excluído" ("para toda proposição *p*, ou *p* ou não *p*") não pode ser aceito. É óbvio que, trabalhando-se a partir da aceitação das regras dos intuicionistas, isto é, construindo um a um os entes matemáticos, então evitar-se-ão os perigos das antinomias. Mas, no início, por volta da década de 1920, o intuicionismo não foi compreendido e, com sua carga polêmica, parecia querer jogar ao mar muito da matemática "clássica". Hoje, as coisas já mudaram; o intuicionismo mostrou toda a sua fecundidade, constituindo uma das correntes mais interessantes da matemática contemporânea.

II. O desenvolvimento da física no século XX

1 Questões gerais

Já sabemos que o desenvolvimento da física no século XIX presta-se a uma esquematização bastante simples, em termos de sucesso e posterior queda do programa de pesquisa mecanicista. No que se refere à física do século XX, porém, evidentemente não são possíveis avaliações de conjunto tão claras assim. Entretanto, pelo que se pode ver, não parece que a pesquisa física atual esteja seguindo um caminho de desenvolvimento descritível com tanta linearidade. Quando muito, podemos dizer que, até agora, a pesquisa se caracterizou por um dualismo fundamental de programas.

O primeiro desses programas se desenvolveu nas primeiras décadas do século, a partir da crise da mecânica, no seu impacto com o eletromagnetismo e em torno do paradigma relativista einsteiniano. No fim do século XIX, a partir do estudo dos fenômenos de interação entre a matéria e as radiações, desenvolvia-se o outro programa, de caráter quantista. Os dois programas, embora convergindo por vezes (com efeito, existe também uma quantística relativista), essencialmente referem-se a dois níveis bem diversos de observação: efetivamente, ambas as teorias admitem a física clássica como a melhor aproximação para os valores das grandezas físicas, dentro dos limites de nossa experiência cotidiana; mas a quantística torna-se necessária para fenômenos em vários níveis microscópicos (por exemplo, fenômenos atômicos, nucleares ou subnucleares), e a relatividade para velocidades e distâncias muito grandes, como, por exemplo, em escala astronômica.

Consequentemente, os dois programas devem ser estudados separadamente, já que a unificação entre eles ainda não parece próxima, embora não tenha sido observado e nem sequer hipotetizado algum motivo de incompatibilidade entre eles.

Albert Einstein (1879-1955) foi um dos maiores cientistas de todos os tempos, criador da "teoria da relatividade".

2 Einstein e as teorias da relatividade

2.1 A teoria da relatividade restrita

Na passagem entre os séculos XIX e XX, muitas tentativas haviam sido feitas para recompor o contraste entre as teorias de Maxwell e Newton. A última tentativa foi realizada por H. Poincaré, que, como já vimos, aceita a teoria de Lorentz e o princípio da relatividade clássica, segundo o qual os fenômenos físicos devem respeitar as mesmas leis se observados de sistemas de referência que se movem um em relação ao outro com movimento retilíneo e uniforme, mas conserva a ideia do éter como realidade física. As obras de Lorentz e de Poincaré apareceram entre o fim do século XIX e o início do século XX. Em 1905, porém, Albert Einstein (1879-1955) publica os fundamentos da nova teoria resolutiva, conhecida como *teoria da relatividade estrita*, no histórico artigo *Sobre a eletrodinâmica dos corpos em movimento*. Eis o núcleo central da teoria: "Os fenômenos da eletrodinâmica, bem como da mecânica, não possuem propriedades correspondentes à ideia de repouso absoluto. Eles sugerem muito mais que [...] as próprias leis da eletrodinâmica e da ótica sejam válidas para todos os sistemas de referência para os quais valem as equações da mecânica. Erigiremos essa conjectura [...] ao estado de postulado e, ademais, introduziremos outro postulado, que é apenas aparentemente inconciliável com o primeiro, isto é, que a luz se propaga sempre no espaço com velocidade definida, que é independente do estado de movimento do corpo emitente". O primeiro postulado elimina a exigência do éter. Além disso, ele seria incompatível com o segundo se fossem mantidas as transformações de Galileu: então, Einstein substitui estas pelas de Lorentz, formulando-as independentemente a partir dos dois postulados. Essa teoria comporta uma reformulação dos conceitos tradicionais de espaço e de tempo. Com efeito, com base nisso podem-se demonstrar teoremas que se mostram em contraste com a "experiência comum", como, por exemplo:

– a duração de um fenômeno sobre um corpo em movimento é maior do que a duração do mesmo fenômeno sobre um corpo em repouso;

– dois fenômenos simultâneos em relação a um observador podem não sê-lo em relação a outro, e vice-versa;

– o comprimento de uma régua se reduz na direção de seu movimento;

– a massa de um corpo aumenta com sua velocidade;

e, sobretudo, aquela famosa lei que está na base de tantos fenômenos nucleares, segundo a qual a massa equivale a uma quantidade de energia dada pela fórmula $E = mc^2$ (E é a energia; m é a massa; c é a velocidade da luz). Tudo isso permitiu numerosos e acuradíssimos controles, que possibilitaram fortes corroborações à teoria. A passagem da mecânica clássica à relatividade estrita foi dada por Kuhn como um dos melhores exemplos de "revolução científica", entendida como transição de um paradigma a outro, não cumulativa, mas com nova fundamentação teórica global.

2.2 A teoria da relatividade geral

A relatividade estrita afirmou-se em curto espaço de tempo, superando obstáculos e oposições. Mas, apenas onze anos depois, o próprio Einstein propõe nova teoria que supera a anterior, generalizando-a. Com efeito, removendo as limitações a movimentos retilíneos uniformes, ele afirma que as leis da física são as mesmas se observadas a partir de qualquer sistema de referência, ainda que acelerado, desde que se levem em conta também os efeitos do campo gravitacional eventual: é o núcleo da "teoria da relatividade geral". Para chegar a esse resultado, Einstein parte da constatação de que a massa de um corpo é a mesma se medida segundo a lei da gravitação universal, ou a segunda lei da dinâmica (a massa inercial é igual à massa gravitacional): daí deriva a possibilidade de referir todo efeito aceleratório a oportunos campos gravitacionais, eventualmente aparentes, que modificam a estrutura geométrica do espaço. Por essa razão, em última análise, todo problema físico deve ser resolvido através do estudo das propriedades geométricas do espaço.

Essa teoria contém a teoria "restrita" como caso-limite: conserva, portanto, todas as consequências da anterior e lhe acrescenta outras, que a expõem a controles experimentais ulteriores. Entre estes, além das trajetórias exatas de vários planetas, recordamos a deflexão de um raio de luz por ação de um campo gravitacional (A. S. Eddington,

Frontispício da edição inglesa (1920) de Relatividade. Exposição divulgadora, de Einstein, traduzida por Robert W. Lawson para o editor Methuen, de Londres.

1919) e o deslocamento das linhas espectrais de luz emitidas por estrelas de grande massa (W. S. Adams, 1924). Abre-se aí um caminho de desenvolvimento de "ciência normal", que, por um lado, consiste na elaboração da sempre mais árdua parte matemática e, por outro, na submissão da construção teórica a verificações experimentais sempre mais acuradas e, até agora, sempre com resultado positivo. Entre os numerosos experimentos atualmente em estudo, grande interesse concentra-se na eventualidade de detectar as ondas gravitacionais de origem cósmica, assim como hoje se detectam as ondas eletromagnéticas.

3 A teoria dos "quanta"

Outro caminho de pesquisa, diferente, nasce também, como já dissemos, do estudo dos fenômenos de interação entre a matéria e as radiações. *Quanto* foi o termo cunhado por Max Planck (1858-1947) para a solução de um problema de emissão eletromagnética: o problema do "corpo negro" (conceito abstrato, matemático, que indica um objeto que absorve toda a energia radiante incidente, transformando-a em calor). A função que expressa a energia emitida por um corpo negro na variação da temperatura (J. Stefan, 1879) se mostrara incompatível com a termodinâmica e, portanto, com a mecânica clássica. A solução de Planck (1900) consistiu em hipotetizar que a energia não é emitida ou absorvida sob forma de radiação da matéria com continuidade, isto é, por quaisquer valores, mas somente por múltiplos inteiros de certa quantidade, iguais ao produto entre a frequência v da radiação e certa constante h, a constante de Planck; a quantidade hv é precisamente chamada "quanto de energia", e a constante h "quanto de ação". O que nos interessa do ponto de vista conceitual é que Planck chega à sua descoberta recusando-se a tentar adaptar as teorias existentes à evidência

Capítulo quinto – Lógica, matemática, física e biologia no século XX

Retrato a bico-de-pena de Einstein, feito por J. Scharl em Princeton, em fevereiro de 1950.

experimental contrária: nesse sentido, ele é comparável à Einstein. E justamente de Einstein veio a primeira comprovação da teoria de Planck.

Ele hipotetizou que qualquer radiação é quantizada, e chamou de "fóton" a partícula correspondente a uma radiação de frequência v, tendo energia hv e quantidade de movimento hv/c: isso lhe permitiu enquadrar o efeito fotoelétrico na teoria, fornecendo-lhe, assim, comprovação. Em 1923, terá êxito em uma análoga operação em relação à difusão dos raios x ou y, por parte de elétrons (efeito Compton). Fundiu-se logo com o da quantística o estudo da estrutura do átomo, iniciado por J. J. Thomson (1856-1940) em 1897, com a descoberta do elétron, cuja carga foi determinada por R. A. Millikan (1868-1953) entre 1908 e 1911. Logo, foram propostos dois modelos diferentes para o átomo: segundo J. B. Perrin (1870-1942), ele é formado por um núcleo central em torno do qual giram os elétrons (1901); segundo lorde Kelvin (1824-1907), há nele uma distribuição uniforme de carga positiva, no interior da qual se encontram os elétrons em condições de equilíbrio (1902). Trata-se de dois programas diferentes de pesquisa científica em competição: um "nuclear" e o outro "não nuclear". Foi E. Rutherford (1871-1937), com a histórica experiência do feixe de partículas *a* (núcleos de hélio) contra uma finíssima chapa de ouro, quem fez prevalecer o primeiro programa (1911).

Surgia então a questão de saber qual era a situação dos elétrons em torno do núcleo. A primeira resposta veio em 1913, de N. H. Bohr (1885-1962): ele hipotetizou que os elétrons girassem segundo órbitas circulares bem precisas, calculáveis segundo as leis da quantização energética, e que os átomos absorvessem e emitissem energia através de saltos dos elétrons de uma órbita para outra, respectivamente mais alta ou mais baixa. Esse modelo foi logo aperfeiçoado (1916) por A. J. W. Sommerfeld (1868-1951). As primeiras comprovações, mas também parciais desmentidos, provieram de experimentos de espectroscopia. Entretanto, a experiência histórica (1921-1922) de O. Stern (1888-1969) e de W. Gerlach (1889-1979) deu à teoria de Bohr e a toda a quantística uma de suas mais substanciais confirmações. É claro que essas ideias, para os níveis microscópicos, contrastam com as de Maxwell para os níveis macroscópicos. Mas foi o próprio Bohr a superar a contradição potencial, propondo (1916) que se interpretasse a teoria de Maxwell como uma descrição estatística do que acontece com grande número de componentes elementares. Essa foi a primeira enunciação do "princípio de correspondência", que representa uma das chaves para compreender e aplicar a teoria dos "quanta". A ideia não é muito diferente da que, no século anterior, permitira superar o contraste potencial que se evidenciara entre a termodinâmica macroscópica e a mecânica clássica aplicada microscopicamente.

Em 1924, a teoria se enriqueceu ainda mais, graças a L. V. de Broglie (1892-1987). Ele hipotetizou que, como a cada onda eletromagnética corresponde um corpúsculo, também a qualquer partícula, com massa em repouso de m_0 e velocidade v, corresponde uma onda de comprimento $\lambda = h/m_0 v$ (em que h é a constante de Planck), pondo assim a base para um novo filão de estudo teórico, a chamada *mecânica ondulatória*.

Com base experimental sempre mais ampla, constatava-se, no estudo dos fenômenos mecânicos e eletromagnéticos, que não é possível renunciar nem ao modelo corpuscular nem ao modelo ondulatório. A partir disso, foi ainda Bohr quem teorizou que todo fenômeno, na realidade, apresenta dois aspectos, ambos verdadeiros e reciprocamente complementares e excludentes. Essencialmente, esse é o *princípio de complementaridade*, base da *lei quantitativa de indeterminação* formulada por W. Heisenberg (1901-1976), que estabelece limites precisos na possível *determinação simultânea* de grandezas que se referem aos dois aspectos complementares. Para exemplificar, é impossível determinar, em dado instante, a posição e o momento (isto é, o produto entre velocidade e massa) de uma partícula com pequenas precisões à vontade: quanto mais se determina uma grandeza com precisão, tanto menos é possível precisar a outra, e vice-versa. A mecânica ondulatória encontra sua sistematização teórica com E. Schrödinger (1887-1961), que determina a equação à qual deve obedecer a onda de de Bloglie (1926); M. Born (1882-1960) interpreta tal equação de onda como um dado de significado probabilístico.

Chegamos assim às bases da interpretação de toda a teoria dos "quanta" em sentido indeterminista, ou seja, uma visão bem diversa da que havia prevalecido para a mecânica clássica no século anterior.

A interpretação vencedora, todavia, foi a "interpretação de Copenhague", que se difundiu talvez também graças ao papel desempenhado pela figura de Bohr, tanto no centro de pesquisa de Copenhague (fundado e dirigido pelo próprio Bohr, e no qual trabalharam Heisenberg, Born, P. A. M. Dirac [1902-1984], W. Pauli [1900-1958] e muitos outros, entre os mais prestigiados estudiosos da época), como nos congressos organizados a partir de 1911 por E. Solvay (1838-1922), e continuados depois de sua morte.

A teoria dos *quanta* encontra sua primeira axiomatização em 1927, graças a Dirac e P. Jordan (1902-1980), e uma segunda, mais geral, elaborada por volta de 1930 por J. von Neumann (1903-1957). A partir daí, o estudo da quantística consistirá, mais do que em qualquer outra coisa, na extensão de suas aplicações e na revisão de sua formulação de modo mais acurado, sem qualquer crítica aos princípios fundamentais. Como no caso da relatividade, portanto, abre-se um período de "ciência normal", pelo menos nos limites dentro dos quais tal termo é aplicável a uma ciência em um período em que ela é dominada por dois paradigmas ao invés de apenas um. Entre 1925 e 1940, foram desenvolvidas e estudadas as primeiras equações que aplicam juntas as duas teorias fundamentais, através de, entre os autores mais conhecidos, Schrödinger, Pauli, Dirac, O. Klein, W. Gordon e E. Majorana (1906-1938). As pesquisas nesse setor ainda estão em curso, mas as numerosas e contínuas tentativas de construir uma teoria unificada da natureza não desembocaram até hoje em algum resultado significativo, embora nelas se tenham empenhado estudiosos como Einstein e Heisenberg. Entretanto, podemos encontrar posteriores inovações de fundo no setor em que o único limite que os pesquisadores encontraram foi o da instrumentação técnica, todavia em rápida evolução. Estamos falando do setor da estrutura interna do núcleo.

4 Física atômica, nuclear e subnuclear

Depois da descoberta do elétron e da estrutura nuclear do átomo, a atenção dos físicos concentrou-se neste último. Com efeito, em 1925, Pauli formulou o *princípio de exclusão*, que permite posicionar os elétrons em torno do núcleo de modo coerente com as descobertas da química. E, a partir desse momento, o estudo das estruturas eletrônicas se tornará da competência dos químicos. E foi ainda Bohr quem chamou de "prótons" as partículas de carga positiva presentes no núcleo. As experiências de F. W. Aston (1887-1945) nos anos de 1919/1920 sobre os isótopos (descobertos em 1913 por F. Soddy, 1877-1956) fizeram surgir a exigência de um terceiro tipo de partículas, pesadas e eletricamente neutras: os "nêutrons", cuja existência foi demonstrada experimentalmente por J. Chadwick (1891-1974) em 1932. Foram então propostos os primeiros modelos do núcleo (H. A. Bethe, nascido em 1906; G. C. Wick, 1909-1992; mas, sobretudo, Bohr com J. A. Wheeler, nascido em 1911). Entretanto, esse quadro complicou-se rapidamente com a descoberta de grande número de novas partículas elementares, a começar pela família dos "mésons", cujo primeiro componente fora teorizado por Heisenberg e Majorana, e que foi detectado experimentalmente por H. Yukawa (1907-1981), em 1935.

É notável a história de outra partícula elementar: o "neutrino". Ela fora cogitada por Pauli em 1930, para enquadrar as contas relativas a certos fenômenos radiativos, mas a teoria foi formulada de tal modo a não permitir de modo nenhum sua detecção com o instrumental disponível na época. Tratava-se, portanto, de uma teoria que tinha todo o aspecto de "hipótese ad hoc" para salvar a teoria dos *quanta* de evidências aparentemente contraditórias. Somente cerca de trinta anos depois se pôde ter a prova experimental da existência do neutrino e, portanto, o ingresso efetivo da teoria no âmbito da ciência.

A descoberta do nêutron implicou a introdução de um terceiro tipo de força, além da força gravitacional e da força eletromagnética: a "interação forte". E o

Werner Heisenberg (1901-1976), prêmio Nobel para a física em 1933. Desenvolveu, com Niels Bohr e Pascual Jordan, a mecânica quântica; enunciou o famoso "princípio de indeterminação"; ligou seu nome a pesquisas sobre os núcleos atômicos, sobre os raios cósmicos e sobre os supercondutores.

estudo do neutrino evidenciou a quarta força: a "interação fraca". Durante décadas, sucederam-se as tentativas de unificar as teorias das quatro forças fundamentais da natureza; até agora, porém, só foram alcançados resultados parciais.

Entretanto, encontra-se mais avançado o processo de simplificação dos componentes elementares da natureza: as mais de cem partículas que foram teorizadas e experimentadas da década de 1930 até hoje parecem poder ser reconduzidas a combinações de poucas partículas sub-elementares (3, 4, 5, 6...), chamadas "quarks", hipotetizadas em primeiro lugar por M. Gell-Mann (nascido em 1929). A primeira teoria nesse sentido foi formulada recentemente, e ainda mais recentes são os primeiros dados experimentais significativos a respeito. O conjunto da questão, porém, ainda não está muito claro, esperando-se uma resposta mais precisa em um futuro que se almeja não demasiado distante.

5. As aplicações técnicas das descobertas da física nuclear

Rápida, porém, foi a contribuição dos estudos nucleares às aplicações técnicas. O caminho aberto por Rutherford, experimentando o bombardeamento dos núcleos com partículas menores, revelou-se muito fértil, especialmente a partir da década de 1930, com a disponibilidade de aparelhos em condições de dar aos projéteis velocidades elevadas (R. J. van der Graaf, 1901-1967; E. O. Lawrence, 1901-1958).

Entre os experimentadores desse período, destacam-se o casal Irène (1897-1956) e Frédéric Joliot-Curie (1900-1958) e o grupo de Roma, dirigido por E. Fermi (1901-1954), composto por E. Amaldi (1908-1989), E. Segré (1905-1989), B. Pontecorvo (1910-1993), F. Rasetti (1901-2002), Majorana e Wick. Nessas pesquisas descobriu-se logo que um átomo de urânio atingido por prótons pode se romper em duas partes, libertando alguns nêutrons e enorme quantidade de energia (a fissão nuclear, 1938: O. Hahn, 1879-1968, e F. Strassmann, 1902-1980), e que, em determinadas condições, os nêutrons liberados podem romper outros núcleos de urânio em sucessão contínua (reação em cadeia, teoria de 1939, sobretudo de H. von Halban e J. B. Perrin). Essas duas descobertas levarão Fermi à pilha atômica (1942) e outros à bomba atômica (1945). A teoria para as duas diversas aplicações é a mesma: no primeiro caso, a reação em cadeia torna-se lenta com a colocação de determinadas substâncias entre os vários blocos de urânio, as quais diminuem a velocidade de difusão dos nêutrons, ao passo que, no segundo caso, ela ocorre com enorme velocidade, desenvolvendo a energia em brevíssimo tempo. A primeira está na base do funcionamento das centrais eletronucleares, dos motores a propulsão nuclear e de tantas outras aplicações pacíficas; a segunda, ao contrário, de mortíferos instrumentos bélicos.

Mas a bomba a fissão nuclear não é o mais poderoso engenho destrutivo até agora construído: na década de 1950 foi experimentada, e logo reproduzida em numerosos exemplares, uma bomba que se baseia na agregação de diversos núcleos de hidrogênio para obter hélio e muita energia (a fusão nuclear). Felizmente, essa bomba nunca foi experimentada no homem. Entretanto, ainda não se conseguiu controlar essa reação nuclear, fazendo-a desenvolver-se lentamente: se isso fosse possível, o problema energético estaria resolvido por séculos. As pesquisas nesse campo continuam.

6. A interdisciplinaridade e as disciplinas "de fronteira"

A partir do começo do século XIX assistimos a um processo de progressiva especialização dos cientistas, e hoje vemos os efeitos exasperados disso. Entretanto, seria erro ver aí um caráter distintivo da ciência avançada: a divisão dos conhecimentos em disciplinas é frequentemente pura convenção, e a especialização foi preço caro que se pagou pela rapidez vertiginosa do progresso. Como demonstrou Popper, a ciência se origina dos problemas, e os problemas geralmente não se enquadram nos esquematismos disciplinares. Assim, devem ser entendidos como correções oportunas da anômala situação, na qual se encontra a pesquisa científica atual, duas realidades metodológicas que emergiram neste século e hoje caracterizam a pesquisa atual. A primeira é a instituição de equipes formadas por estudiosos de culturas e formações diversas. Ótimos exemplos da validade e da proficuidade desse modo de atuar podem ser encontrados nos progressos recentes da pesquisa biomédica, particularmente os que levaram à biologia molecular.

A segunda realidade é constituída pelo nascimento e desenvolvimento das disciplinas "de fronteira", ou seja, a cavalo entre os setores disciplinares tradicionais: entre elas, recordamos a químico-física, a astrofísica, a bioquímica, a biofísica, a geofísica e outras. Essas disciplinas, verdadeiramente novas, ao invés de contribuírem para maior setorização, constituem, juntamente com as equipes interdisciplinares, canais através dos quais as disciplinas e os pesquisadores voltam a se comunicar após cerca de um século e meio de separação. Assim, encontramos de novo uma orientação para a unicidade da pesquisa científica, que havia sido perdida no século passado.

III. A biologia depois de Darwin

1. Os cromossomos, os genes e o DNA

A história da evolução depois de Darwin caracteriza-se pela pesquisa dos modos com que as diferenças individuais se transmitem aos descendentes, e justamente sobre esse problema se construíram os fundamentos da ciência genética moderna. Seu ponto de partida ocorreu com as descobertas de Mendel, que abriram caminho a uma série de posteriores descobertas experimentais (os *cromossomos*, identificados por Walther Flemming entre 1870 e 1880; os *genes*, descobertos pelo zoólogo americano Thomas Hunt Morgan entre 1910 e 1920) que, em seu conjunto, fizeram progredir notavelmente tanto o conhecimento das modalidades de transmissão das características, como, em geral, o processo da reprodução. Em concomitância com tais progressos vinha crescendo o interesse pela estrutura molecular da célula, na qual, com justa razão, se considerava que deviam se encontrar os fatores fundamentais e determinantes da hereditariedade. A genética moderna, portanto, esforçou-se por pesquisar a natureza das moléculas que servem como "vetores" desta transmissão. Conheciam-se macromoléculas como as proteínas e os ácidos nucléicos e se hipotetizava seu papel fundamental no fenômeno, mas um ataque experimental no problema das bases moleculares da hereditariedade não foi iniciado antes da década de 1940. Por volta de 1944 O. T. Avery (1877-1955), do Instituto Rockefeller de New York, obtivera boas provas de que os traços hereditários fossem transmitidos por uma célula bactérica a uma outra mediante o ácido desoxiribonucleico (DNA). Sabia-se há tempo, por outro lado, que o núcleo das células animais, que contêm os cromossomos e, portanto, os genes, era o pequeno órgão subcelular mais rico de ácidos nucléicos e sobretudo de DNA. As macromoléculas de DNA são polímeros, constituídos por resíduos de ácido fosfórico, de um açúcar, ou seja, desoxiribósio, e por bases azotadas, ou seja, adenina, guanina, citosina e timina.

No início da década de 1950, nas pegadas do trabalho de Pauling, que esclarecera a estrutura das proteínas, macromoléculas helicoidais constituídas de combinações diversas de uma vintena de *aminoácidos*, foi enfrentado o problema da macromolécula de DNA, que se supunha devesse ser uma estrutura helicoidal constituída de combinações diversas de quatro *nucleotídeos* diferentes. Cada nucleotídeo é composto por um resíduo de ácido fosfórico, uma molécula de desoxirebósio e uma das quatro bases azotadas. Tais pesquisas eram realizadas com métodos químicos e cristalográficos, e foram importantes para a solução do problema os dados recolhidos por E. Chargaff (nascido em 1905), que demonstrara, em exemplares diversos de DNA, a igualdade dos resíduos de timina e adenina e a dos resíduos de citosina e guanina. A ideia de dispor os componentes moleculares do DNA em forma de *dupla hélice*, estabilizada pelas interações entre bases azotadas "complementares", respectivamente como adenina-timina e citosina-guanina, foi elaborada em Cambridge por F. Crick e J. Watson (nascido em 1928), enquanto os dados de difração dos raios X necessários para comprovar esse modelo foram fornecidos por M. Wilkins (nascido em 1916).

2. Estrutura do DNA e do RNA

O modelo da dupla hélice consta de duas cadeias polinucleotídeas, que se envolvem de modo necessariamente helicoidal, por causa dos requisitos estruturais das bases azotadas e das ligações de hidrogênio que elas formam de modo complementar. A natureza complementar das sequências de bases justifica o processo de duplicação, isto é, a formação de duas hélices duplas a partir de uma hélice dupla em que os dois filamentos se separem. O DNA dá lugar a um tipo de réplica chamado "semiconservativo". E o fato de que cada filamento isolado de DNA dá origem a uma nova hélice dupla foi reconhecido em 1958 por Meselson e Stahl em Caltec. Além do DNA, existe outro tipo de ácido nucléico, chamado ribonucléico ou RNA, contido principalmente no citoplasma celular e diferente do DNA pelo tipo de açúcar (que, para o RNA, é o rebósio) e pelas bases azotadas, que são adenina, guanina, citosina, e urácil. A estrutura do RNA parece principalmente de filamento isolado. E, juntamente com a do DNA, a atividade do RNA é crucial como base molecular do mecanismo de transmissão genética. O material genético da vida e tudo o que, no passado, se identificava com o nome de gene são constituídos pelo DNA, ao passo que o ramo da biologia que, a partir do comportamento de moléculas como o DNA e o RNA, procura extrair as leis que regem a transmissão da hereditariedade se define como *biologia molecular*.

3 A interpretação do código genético

Desde 1941 já se sabia que cada gene controla a formação de uma enzima, como foi demonstrado por G. W. Beadle (1903-1989) e E. L. Tatum (1909-1975). E como as enzimas são proteínas, isto é, filamentos constituídos por aminoácidos, e os genes são DNA, isto é, filamentos duplos constituídos por bases azotadas, logo ficou claro que a *sequência* de bases do DNA podia determinar de algum modo a sequência de aminoácidos das proteínas. O problema estava em compreender como é que um alfabeto composto de *quatro* letras podia representar um grupo de cerca de *vinte* letras. Já que, combinando as quatro bases duas a duas, se obtêm somente 16 combinações, ficou claro que era preciso combinar as bases três a três para obter 64 combinações, que eram amplamente suficientes para representar os vinte e um aminoácidos presentes nas proteínas. Assim, cada *trio* de bases azotadas representa um aminoácido.

Em 1955, S. Ochoa conseguiu sintetizar o RNA *in vitro* e, em 1956, A. Kornberg, também *in vitro*, obteve o DNA. Em 1961, F. Jacob e J. Monod demonstraram a existência de um RNA mensageiro, isto é, de uma macromolécula de RNA, que se sintetiza pela matriz do DNA (processo de transcrição) e se vincula aos *ribossomos*, partículas subcelulares do citoplasma, onde ocorre a síntese protéica. O RNA mensageiro é uma espécie de fita que contém, escrita em código de trios, a sequência protéica: tal fita é "lida" pelo ribossomo, que assim pode construir a proteína de sequência especificada na molécula do RNA mensageiro. Na década de 1960, M. W. Nirenberg e J. N. Matthei, incubando com camadas de *Escherichia coli* moléculas de RNA sintético constituídas de sequências de uma só base, isto é, uracil, obtiveram a formação de um polipeptídeo constituído por uma sequência de um único aminoácido, isto é, uma polifenilalanina. O trio uracil-uracil-uracil desginava assim o aminoácido fenilalanina. Essa descoberta permitiu decifrar a chave do código genético, assim como a estela de Rosetta permitiu decifrar os hieróglifos egípcios. Então, todo o código foi esclarecido por Nirenberg, Crick, Khorana e outros, que reconheceram o significado de todos os 64 trios que constituem o próprio código. Os tipos de RNA reconhecidos na célula são o RNA ribossomial, de alto peso molecular, o RNA mensageiro e um RNA solúvel, chamado RNA de transferência ou tRNA. O processo pelo qual a informação genética é transmitida pelo DNA ao RNA denomina-se *transcrição*, e uma enzima, chamada RNA-polimerose, catalisa a síntese do RNA mensageiro com base na matriz constituída pelo DNA. A síntese da cadeia polipeptídea, que concretiza na sequência protéica a informação proveniente do DNA, ocorre no chamado processo de *tradução*. A sequência de todo o processo de biossíntese protéica pode, portanto, ser representada abreviadamente do seguinte modo:

DNA → RNA → Proteínas
transcrição   tradução

A replicação do DNA e a transcrição do RNA mensageiro explicam-se por causa das possibilidades de acoplamento estéreo-específico de bases azotadas complementares, a adenina "reconhece" a timina, e a citosina "reconhece" a guanina. O processo de tradução ocorre graças a vetores intermediários, que são moléculas de RNA capazes de ligar tanto aminoácidos como bases azotadas. Desse modo, existe uma vintena de tRNA, cada qual capaz de ligar um aminoácido e provido de um local que "reconhece" um trio do RNA mensageiro. O tRNA vincula-se ao ribossomo e aqui "lê" a fita do mensageiro, transportando o aminoácido especificado na mensagem. A sequência dos aminoácidos é assim construída no nível do ribossomo, que possui a maquinaria enzimática necessária para iniciar e completar a leitura da sequência escrita no RNA mensageiro. A descoberta do código genético permitiu interpretar de modo "mecanicista" fenômenos como a reprodução, a hereditariedade, as variações e mutações. Esse código é universal, ou seja, representa uma linguagem comum a todos os organismos, dos vírus às bactérias, das plantas aos animais. Trata-se de importante etapa na realização do programa que visa a levar o fenômeno da "vida" para o interior da razão.

A EPISTEMOLOGIA CONTEMPORÂNEA EM SUA GÊNESE E EM SEUS DESENVOLVIMENTOS

"Tarefa específica da filosofia é a de pesquisar e de esclarecer o sentido das afirmações e das questões".
Moritz Schlick

"Os metafísicos são músicos sem talento musical".
Rudolf Carnap

"Por conceito nós não entendemos mais que um grupo de operações; o conceito é sinônimo do grupo correspondente de operações".
Percy W. Bridgman

"Não existe verdade sem erro corrigido".
Gaston Bachelard

"A ciência é falível, porque é ciência humana".
Karl Popper

"Todos os cientistas abraçam um novo paradigma para cada tipo de razões, e em geral para diversas razões ao mesmo tempo".
Thomas S. Kuhn

"Que fato novo o marxismo predisse, digamos, a partir de 1917?"
Imre Lakatos

"Há um só princípio que possa ser defendido em todas as circunstâncias e em todas as fases do desenvolvimento humano. É o princípio: qualquer coisa pode servir".
Paul K. Feyerabend

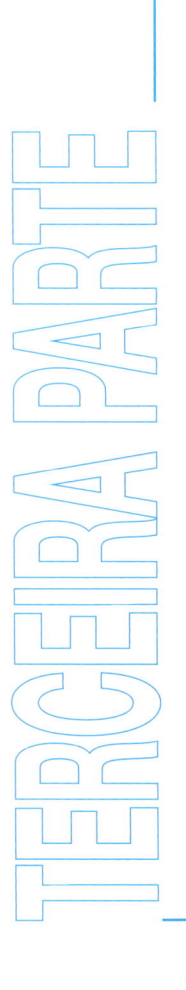

TERCEIRA PARTE

Capítulo sexto
A filosofia da ciência entre as duas guerras 113

Capítulo sétimo
O racionalismo crítico de Karl R. Popper 139

Capítulo oitavo
A epistemologia pós-popperiana 161

Capítulo sexto

A filosofia da ciência entre as duas guerras

I. O neopositivismo vienense

• A reflexão sobre o método científico conhece, nos anos que intercorrem entre as duas guerras, um impulso decisivo. O principal centro para a *filosofia da ciência* foi, nesse período, a Universidade de Viena, onde um grupo de intelectuais (Rudolf Carnap, Herbert Feigl, Friedrich Waismann, Otto Neurath, Hans Hahn, Félix Kaufmann etc.) se reuniram, a partir de 1924, ao redor de Moritz Schlick, dando vida ao que se tornou o Círculo de Viena (*Wiener Kreis*), cuja atividade, que consistia de discussões, seminários, congressos, publicações, durou até pela metade da década de 1930. A tomada do poder por Hitler levou consigo também o fim do Círculo de Viena, enquanto significou a diáspora de neopositivistas (Feigl, Carnap na América, Neurath na Holanda e depois na Inglaterra).

O Círculo de Viena: nascimento, desenvolvimentos, diáspora → § 1

Paralelamente ao Círculo de Viena, e em ligação estreita de intenções, desenvolveu-se o assim chamado Círculo de Berlim ou Sociedade para a filosofia científica, entre cujos membros será preciso lembrar Hans Reichenbach, Richard von Mises (de origem vienense), Carl Gustav Hempel, Kurt Grelling e Olaf Helmer.

• É em 1929 que, com a assinatura de Neurath, Hahn e Carnap, aparece o manifesto do Círculo de Viena, pequeno volume com o título *A concepção científica do mundo*, cujas linhas programáticas eram:
1) a formulação de uma ciência unificada, compreendendo todos os conhecimentos provenientes da física, das ciências naturais etc.;

O manifesto do neopositivismo → § 2

2) o meio para tal fim devia consistir no uso da lógica matemática;
3) contribuir para o esclarecimento dos conceitos e das teorias da ciência empírica e para o esclarecimento dos fundamentos da matemática.

• O princípio fundamental do neopositivismo – que é, justamente, a filosofia do Círculo de Viena – é o *princípio de verificação*, segundo o qual têm sentido apenas as proposições que podem empiricamente ser verificadas, ou seja, apenas as proposições que podem se reduzir ou traduzir na linguagem "coisificada" da física: ou seja, têm *sentido* unicamente as proposições da ciência empírica (física, química, geografia, história, geologia etc.).

A antimetafísica, consequência do princípio de verificação → § 3-5

Daí a *antimetafísica* dos neopositivistas vienenses, para os quais as afirmações metafísicas junto com as religiosas são simplesmente não-sentidos, justamente pela razão de que não são verificáveis. Carnap dirá que "nem Deus nem diabo algum poderão jamais dar-nos uma metafísica", e que "os metafísicos são musicistas sem talento musical". Do mesmo parecer foram, em relação à antimetafísica, Schlick e os outros frequentadores do Círculo. Para Neurath, mais especificamente, a rejeição da metafísica constituía uma batalha, justamente como se se tratasse de marchar contra um inimigo político. E Hans Reichenbach dirá que é um fato decididamente positivo o abandono de qualquer metafísica ou poesia em conceitos.

Da fase semântica à fase sintática → § 6

• Tendo admitido o princípio de verificação, o trabalho filosófico sério não consistirá mais na construção de teorias metafísicas, e sim muito mais na análise dos conceitos e das teorias científicas. E de grande valor foram as contribuições dos filósofos vienenses na análise das teorias científicas e na discussão de seu significado filosófico. E isso enquanto a discussão sobre a base empírica da ciência – ou seja, seus protocolos ou afirmações-de-observação –, que pareceu estar cheia de solipsismo (a observação de alguma coisa é sempre a observação feita por *um* indivíduo), levou Neurath, seguido em parte por Carnap, a inverter a orientação *semântica* do Círculo na direção *sintática* ou, como foi dito, *fisicalista*: a linguagem é assumida como um fato físico; é eliminada sua função de representação projetiva dos fatos; e à verdade como *correspondência* com os fatos substituiu-se a verdade como *coerência* entre proposições. De modo que uma proposição é "não-correta" se ela não está de acordo com as outras proposições reconhecidas pelos cientistas e por eles já aceitas no *corpus* da ciência; se, ao contrário, está de acordo com as outras proposições, então está "correta".

Carnap: a linguagem física como linguagem da ciência unificada → § 7

• Embora fortemente influenciado por Neurath, Carnap achou que as formulações deste eram "de modo nenhum irrepreensíveis". Carnap não insistiu sobre a redução da linguagem a fato físico nem rejeitou a função simbólica dos sinais; ele, porém, aceitou totalmente a tese da universalidade da língua fisicalista. Em *Filosofia e sintaxe lógica* (1935) Carnap escreve: "Nós, nas discussões no Círculo de Viena, chegamos à concepção de que a linguagem física é a linguagem-base de toda a ciência, uma linguagem universal que abraça os conteúdos de qualquer outra linguagem científica". E a *linguagem física* deve ser a linguagem da ciência unificada (na qual entram também a psicologia, a sociologia, enfim, as chamadas "ciências do espírito") por causa de sua *intersensualidade, intersubjetividade* e *universalidade*. E se para Carnap – que naquele tempo trabalhava na *Sintaxe lógica da linguagem* – a questão da relação entre linguagem e realidade não interessava muito, ela constituía o problema mais candente para Schlick: para ele uma linguagem não contraditória não é suficiente para dar razão da ciência; de fato, também uma fábula bem engenhada pode ser não contraditória, mas não é ciência. Dentro do neopositivismo vienense Schlick teve a função dialética da remitência contínua aos fatos.

A liberalização do neopositivismo → § 8-9

• O princípio de verificação comporta dificuldades que não foram de fato protegidas. Com efeito, ele é um princípio *cripto-metafísico; autocontraditório* (diz que têm sentido apenas as proposições que podem empiricamente ser verificadas, mas o próprio princípio é uma proposição não verificável e, portanto, também ele é insensato); e incapaz, sendo indutivo, de dar conta das afirmações universais da ciência. E enquanto pelo fim da década de 1920 Ludwig Wittgenstein – cujo *Tractatus logico-philosophicus* havia incitado os neopositivistas à construção de uma linguagem perfeita – voltava a filosofar e não via mais "o sentido de uma proposição no método de sua verificação", e sustentava que o *significado* de uma palavra ou de uma expressão está no *uso* que dela se faz; em 1934 Karl Popper rejeitava o critério de verificação – que é um critério de significância –, e propunha a falsificabilidade como critério de demarcação entre ciência e não ciência; entrementes, com o transplante do neopositivismo nos Estados Unidos, o neo-empirismo se liberalizava e o próprio Carnap,

> em *Controlabilidade e significado* (1936), em vez de *verificabilidade* falará de *controlabilidade* e *confirmabilidade*: "Diremos que uma proposição é controlável se, de fato, conhecemos um método para proceder à sua eventual confirmação; ao passo que diremos que é confirmável, se soubermos sob quais condições ela em linha de princípio seria confirmada".

1. As origens e a formação do Círculo de Viena

O neopositivismo é a filosofia do Círculo de Viena, que teve início quando o físico e filósofo Moritz Schlick (1882-1936) foi chamado por Kiel para a Universidade de Viena, a fim de ocupar a cátedra de filosofia das ciências indutivas, cátedra que já havia sido de Ernst Mach, que depois foi sucedido por Ludwig Boltzmann e Adolf Stöhr (pensador de tendência antimetafísica).

Viena constituía terreno particularmente adequado para o desenvolvimento das ideias neopositivistas, em virtude do fato de que, durante a segunda metade do século XIX, o liberalismo (com seu patrimônio de ideias originado do iluminismo, do empirismo e do utilitarismo) representou a orientação política predominante. Além do mais, diferentemente da maioria das universidades alemãs, a Universidade de Viena se mantivera, graças à influência da Igreja católica, substancialmente imune ao idealismo. Desse modo, foi a *mentalidade escolástica*, como recorda um dos membros mais ativos do Círculo de Viena, isto é, Neurath, que preparou a base para a *abordagem lógica* das questões filosóficas.

Assim, em 1922 Schlick foi chamado a Viena. Entretanto, como conta Herbert Feigl, antes ainda da guerra de 1914-1918, "um grupo de jovens doutores em filosofia, que haviam estudado principalmente física, matemática ou ciência sociais — entre os quais se destacavam Philipp Frank, Hans Hahn, Richard von Mises e Otto Neurath —, encontravam-se toda sexta-feira à noite, em um café da velha Viena, para discutir especialmente questões de filosofia da ciência. Naqueles dias, era principalmente o positivismo de Ernst Mach que inspirava esse pequeno grupo de estudiosos".

Mais tarde, no interior do Círculo de Viena, essas reuniões antes da Primeira Guerra Mundial seriam recordadas, com simpatia e respeito, como a época "pré-histórica" do neopositivismo, cuja história propriamente dita inicia-se em 1924, quando Herbert Feigl e Friedrich Waismann foram conversar com Schlick sobre a ideia de formar um grupo de discussão. Schlick concordou e, como resultado, tiveram início os colóquios das sextas-feiras à noite. Isso marcou o início do Círculo de Viena, que contou entre seus primeiros membros com o matemático Hans Hahn, o sociólogo e economista Otto Neurath e sua mulher Olga (irmã de Hahn, ela própria matemática e lógica), Félix Kaufmann (então docente de filosofia do direito), Victor Kraft (filósofo versado em história e interessado em metodologia científica) e o matemático Kurt Reidemeister, que, em 1924 (ou, talvez, em 1925), propôs a leitura e discussão do *Tractatus logico-philosophicus*, de L. Wittgenstein. Em 1926, Rudolf Carnap também foi chamado à Universidade de Viena. Hahn e Schlick o preferiram a Hans Reichenbach, que, por seu turno, em Berlim, formara a *Sociedade para a filosofia científica*, entre cujos membros de destaque é preciso recordar Richard von Mises (de origem vienense), Kurt Grelling, Walter Dubislav, Alexander Herzberg e, mais tarde, os discípulos de Reichenbach: Carl G. Hempel e Olaf Helmer.

Os objetivos e as atividades da *Sociedade berlinense* eram análogos aos do *Círculo vienense*. E desde o início estabeleceram-se relações estreitas entre os dois grupos, inclusive com base nas relações pessoais existentes entre Carnap e Reichenbach e entre von Mises e Philipp Frank, na época professor de física em Praga. Frank, que não foi membro efetivo do *Círculo*, mas que o visitava frequentemente (sendo, entre outras coisas, amigo de Hahn e de Schlick), tornou-se, juntamente com Schlick, diretor da coleção "Schriften zur Wissenschaftlichen Weltauffassung" (Escritos para uma concepção científica do mundo), na qual, entre outros, apareceram textos importantes como *A lei da causalidade e seus limites*, de Philipp Frank (1932), *Compêndio de lógica*, de Carnap (1929), *Sintaxe lógica da linguagem*, ainda de Carnap (1934), e *Lógica da descoberta científica*, de Karl Popper (1935).

2. O manifesto programático do "Wiener Kreis"

Em 1929, sob a responsabilidade de Neurath, Hahn e Carnap, era publicado o "manifesto" do Círculo de Viena, *A concepção científica do mundo*.

As linhas essenciais do programa neopositivista, formuladas no escrito programático do grupo, eram as seguintes:

1) a formação de uma *Einheitswissenschaft*, isto é, de uma ciência unificada, abrangendo todos os conhecimentos fornecidos pela física, ciências naturais, psicologia etc.;

2) o meio para tal fim devia consistir no uso do método lógico de análise elaborado por Peano, Frege, Whitehead e Russell;

3) os resultados da aplicação desse método ao material das ciências empíricas seriam: a) a eliminação da metafísica; b) uma contribuição para a clarificação dos conceitos e das teorias da ciência empírica e para a clarificação dos fundamentos da matemática.

Ainda nesse escrito programático, eram assim classificados, por assunto, os *antecessores* do Círculo: a) *positivismo e empirismo:* Hume, os iluministas, Comte, Mill, Avenarius, Mach; b) *bases e métodos das ciências empíricas:* Helmholtz, Riemann, Mach, Poincaré, Enriques, Duhem, Boltzmann, Einstein; c) *logística:* Leibniz, Peano, Frege, Schröder, Russell, Whitehead, Wittgenstein; d) *axiomática:* Pasch, Peano, Vailati, Pieri, Hilbert; e) *eudemonismo e sociologia positivista:* Epicuro, Hume, Bentham, Mill, Comte, Feuerbach, Marx, Spencer, Mueller-Lyer, Popper-Linkeus, Carl Menger (o economista). Essa longa série de nomes é extremamente importante, pois nos indica claramente a *tradição*, ou melhor, as *tradições* em que se situa o neopositivismo.

3. As teorias fundamentais do neopositivismo

No que se refere às teses de fundo da filosofia dos neopositivistas, deve-se dizer que, embora com discordâncias, por vezes até profundas (como no caso da polêmica sobre os protocolos ou afirmativas de observação), eles afirmaram:

1) O *princípio de verificação* constitui o critério de distinção entre *proposições sensatas* e *proposições insensatas*, de modo que tal princípio se configura como *critério de significância* que delimita a esfera da linguagem sensata da linguagem sem sentido, que leva à expressão o mundo das nossas emoções e dos nossos medos.

2) Com base nesse princípio, só têm sentido as proposições passíveis de verificação empírica ou factual, ou seja, as afirmações das ciências empíricas.

3) A matemática e a lógica constituem somente conjuntos de tautologias, convencionalmente estipuladas e incapazes de dizer algo sobre o mundo.

4) A metafísica, juntamente com a ética e a religião, não sendo constituídas por conceitos e proposições factualmente verificáveis, são um conjunto de questões aparentes (*Scheinfragen*) que se baseiam em pseudoconceitos (*Scheinbegriffe*).

5) O trabalho que resta ao filósofo sério é o da análise da semântica (relação entre linguagem e realidade à qual a linguagem se refere) e da sintática (relações dos sinais de uma linguagem entre si) do único discurso significante, isto é, do discurso científico.

6) Por isso, a filosofia não é doutrina, e sim atividade: *atividade clarificadora da linguagem*.

Devido a essa concepção do trabalho filosófico, e devido também à competência dos neopositivistas nas diversas ciências, é fácil imaginar as grandes contribuições que os vienenses deram à análise das ciências empíricas (causalidade, indução, estado das leis científicas, relações entre termos teóricos e termos de observação, probabilidade etc.), e dos fundamentos da lógica e da matemática (basta recordar aqui o trabalho de Kurt Gödel, obra que determinou uma reviravolta decisiva nos estudos de lógica-matemática). A realidade é que, em Viena, com a obra desse grupo, assumiu firme consistência *a filosofia da ciência*, entendida hoje como disciplina autônoma que visa à explicitação consciente e sistemática do método e das condições de validade das afirmações assumidas pelos cientistas.

4. A antimetafísica do "Wiener Kreis"

A atitude antimetafísica é uma constante da filosofia neopositivista. No *Tractatus logico-philosophicus*, Wittgenstein sustenta que "a maioria das proposições e das questões escritas em matéria de filosofia não são falsas, mas desprovidas de sentido".

Nas pegadas de Wittgenstein, Schlick compara os metafísicos a atores que continuam a representar seu insosso papel até depois que a plateia se esvaziou. Em *Positivismo e realismo* (1932) escreveu que "afirmações como 'realidade absoluta' ou 'ser transcendente', ou outras do mesmo gênero, nada mais significam do que determinados estados de espírito".

Rudolf Carnap também assestou ataque análogo ao de Schlick contra a metafísica, sempre com base no princípio de verificação. Escreve ele em *A superação da metafísica através da análise lógica da linguagem* (1932): "Nem Deus nem diabo algum poderão jamais nos dar uma metafísica". As proposições da metafísica servem somente "para expressar sentimentos vitais". O metafísico, afirma Carnap, talvez possa se expressar otimamente na música de Mozart: "Os metafísicos são músicos sem talento musical". Em suma, para Carnap, a metafísica surge quando se aceita como significantes termos que não têm referência na experiência e, com tais termos (como "absoluto", "coisa em si", "incondicionado" etc.), se constroem frases que pretendem, sem podê-lo, nos falar da realidade.

Neurath, por sua vez, diz que a tarefa de "elaborar uma linguagem o mais livre possível da metafísica" constituía tarefa improrrogável. Fautor de uma sociologia empírica, Neurath era contrário à ideia de Wittgenstein segundo a qual um fato deveria *refletir-se* na estrutura de uma proposição; hostilizou também as conclusões místicas do *Tractatus,* e mostrou-se constantemente vigilante em relação às infiltrações metafísicas nas discussões do Círculo de Viena.

A propósito disso, a segunda mulher de Neurath, Marie, e R. S. Cohen recordam o seguinte episódio: "Neurath interrompia frequentemente, exclamando 'Metafísica!', durante a leitura e a discussão do *Tractatus* de Wittgenstein nas reuniões do Círculo, irritando M. Schlick, que, por fim, disse-lhe que estava interrompendo muito amiúde os trabalhos. Como bom conciliador, Hans Hahn propõe a Neurath que dissesse só 'M'. Como contou mais tarde Hempel, depois de um longo murmúrio, Neurath fez outra proposta a Schlick: 'Acho que economizaremos tempo e esforço se eu disser 'Não-M' toda vez que o grupo *não* estiver falando de metafísica' ". Para Neurath, o conhecimento científico não pode ser outra coisa senão o sistema das proposições aceitas na época pelos cientistas. A rejeição da metafísica constituía para ele uma batalha, exatamente como se se tratasse de lutar contra um inimigo político. Assim era a antimetafísica de Neurath.

E Hans Reichenbach, na *Introdução* ao primeiro número da revista do Círculo, "Erkenntnis" (Conhecimento), dirá tratar-se de um fato decididamente progressista o abandono de qualquer metafísica ou poesia em matéria de conceitos (*Begriffsdichtung*), abandono posterior àquele que o próprio Reichenbach chamou de "desdivinização" (*Entgötterung*) da natureza.

5 Schlick e o princípio de verificação

Como já dissemos, os primeiros membros do Círculo de Viena leram e comentaram o *Tractatus logico-philosophicus,* de

Reichenbach (1891-1953) foi, com Carnap, diretor da revista do Círculo, "Erkenntnis".

Ludwig Wittgenstein. Este escrevera que "compreender uma proposição significa saber como estão as coisas no caso de ela ser verdadeira". Para Schlick, como se pode ver em seu ensaio *Significado e verificação*, isso queria dizer que "o significado de uma proposição é o método de sua verificação". Em *Positivismo e realismo*, diz Schlick: "A função específica da filosofia é a de pesquisar e esclarecer o sentido das afirmações e das questões". E "o sentido de uma proposição consiste unicamente no fato de que a proposição expressa determinado estado de coisas", que é necessário mostrar, portanto, se quisermos indicar o sentido de uma proposição. Portanto, "quando quisermos encontrar o sentido de uma proposição, devemos transformá-la através da introdução de definições sucessivas, até que, por fim, nos encontremos diante de palavras que não possam ser ulteriormente definidas com palavras, isto é, cujo significado só poderá ser demonstrado diretamente. O critério para a veracidade ou falsidade de uma proposição, portanto, consiste no fato de que, sob determinadas condições, alguns acontecimentos se dão ou não. Quando se estabeleceu isso, estabeleceu-se tudo aquilo de que se fala na proposição — e, com isso, se conhece seu sentido". É óbvio que a verificabilidade em questão não é verificabilidade de fato, e sim *de princípio*, "já que o sentido de uma proposição não depende naturalmente do fato de que as circunstâncias em que nós nos encontramos diretamente em dado tempo permitem ou impedem sua verificação factual. A proposição 'sobre a outra face da lua existem montanhas com a altura de três mil metros' é, sem dúvida, absolutamente sensata, ainda que nos faltem os meios técnicos para verificá-la".

Essa também era a linha de Carnap, do Carnap da *Construção lógica do mundo* (1928), na qual a redução de todas as proposições das ciências, realizadas por meio do "sistema de constituição" *(Konstitutionssystem),* fazia com que todo o edifício da linguagem sensata, para ser significante, tivesse de se apoiar nos *Elementarerlebnisse,* ou seja, nos dados da experiência imediata.

Carnap é extremamente claro: fora das expressões de lógica e matemática, que são apenas transformações tautológicas, não há fonte de conhecimento além da experiência: não existe nenhum juízo sintético a priori, nenhuma intuição, nenhuma visão eidética. As palavras só têm significado quando indicam algo de factual, e as afirmações só têm sentido quando expressam um possível estado de coisas; do contrário, no primeiro caso temos um *Scheinbegriff* (pseudoconceito) e no segundo uma *Scheinsatz* (pseudoproposição). E somente se estivermos em condições de decidir com base nos dados da experiência é que será possível escapar "daquele inextricável novelo de problemas, conhecido sob o nome de filosofia", escreve Carnap em *Sintaxe lógica da linguagem.*

Textos 1 2

6 Neurath e o fisicalismo

O princípio de verificação logo se tornou objeto de severas críticas. Ele imediatamente parece para muitos um princípio metafísico (ou, para ser mais exato, criptometafísico), que, em nome da ciência, condenava aprioristicamente o *sentido* de qualquer outro discurso. Mas, à parte isso, a ciência não parecia encontrar, com o princípio de verifi-

Moritz Schlick (1882-1936) foi o fundador do Círculo de Viena.

■ **Verificação (princípio de).** O princípio de verificação é um princípio tornado próprio pelos neopositivistas do Círculo de Viena para separar as *asserções sensatas* das ciências empíricas das asserções insensatas das várias metafísicas ou também das fés religiosas.
O princípio é, portanto, um princípio de significância que tende a demarcar a linguagem sensata da linguagem insensata. Na formulação de Waismann ele soa: "O sentido de uma proposição é o método de sua verificação".
Isso equivale a dizer que têm sentido unicamente as proposições que podem ser factualmente verificadas; por conseguinte, as proposições que não podem ser verificadas são privadas de sentido. É oportuno observar aqui que dizer de uma proposição que ela é privada de sentido não significa afirmar que ela é falsa, mas exatamente que é privada de sentido. A asserção "a lua tem a forma de um quadrado" é uma proposição falsa; a asserção "a lua é um número primo" é uma proposição insensata. Pois bem, para os neopositivistas as asserções metafísicas (como: "existe Deus", "não há nenhum Deus", "a história é guiada por uma inelutável lei dialética", "a alma é imortal", e daí por diante) são asserções insensatas, porque não são verificáveis.
O princípio de verificação não teve vida fácil já dentro das discussões do Círculo de Viena.
Carnap, em seu período americano, deixou de falar de verificabilidade, propondo os conceitos de controlabilidade e confirmabilidade.
O "segundo" Wittgenstein irá além do princípio de verificação com seu princípio de uso e a teoria dos jogos de língua.
Popper, por sua vez, criticou desde o início o princípio de verificação; e, em vez de demarcar entre linguagem sensata e linguagem insensata, propôs, com seu critério de falsificabilidade, uma demarcação entre ciência e não ciência.

cação, uma sistematização capaz de salvá-la, visto que a ciência via-se baseada em experiências inteiramente subjetivas e prenhes de solipsismo, como os *Erlebnisse*. Como observou Kraft, as proposições elementares ou protocolos eram algo psicológico, ao invés de lógico. Além disso, formulado o princípio de verificação, encontrávamo-nos imediatamente diante do seguinte dilema: ou o critério é uma assertiva factual, e então não é mais uma norma absoluta com a qual julgar a linguagem como significante ou insignificante; ou então se afirma como norma e aí se cai num impasse, uma vez que, por tal princípio, a norma não tem sentido.

Na tentativa de superar essa situação difícil da primeira fase do Círculo (a chamada fase "semântica"), Neurath, seguido por Carnap, subverteu sua orientação semântica em *sentido sintático* ou, como se diz, *fisicalista*. Para afastar qualquer perplexidade, Neurath, em *Ciência unificada e psicologia* (1933), afirma a necessidade de apresentar as proposições em linguagem na qual todas elas *desde o início* se mostrem intersubjetivas. Para tanto, não é necessário partir da concepção irremediavelmente viciada de metafísica, segundo a qual se assume a linguagem em sua função de *representação projetiva dos fatos*. A linguagem deve ser tomada como fato físico, como conjunto de sons e de sinais. A ciência é a totalidade das afirmações empíricas pronunciadas e escritas, e estas — traços de tinta ou sistemas de ondas aéreas — são ao mesmo tempo aquilo de que a ciência fala e aquilo com que ela se expressa. Escreve Neurath em *Fisicalismo* (1931): "A teoria da linguagem pode ser inteiramente integrada à teoria dos processos físicos: estamos sempre no mesmo âmbito". Em suma, não podemos sair da linguagem e ser ao mesmo tempo acusadores, acusados e juízes; nós aumentamos a ciência, aumentando a quantidade de suas proposições, confrontando as novas proposições com as já em uso, e criando um sistema privado de contradições, capaz de fazer previsões com êxito. Precisa Neurath em *Sociologia no fisicalismo* (1931-1932): "Nós podemos afirmar apenas que operamos hoje com o sistema espaço-tempo que corresponde à física".

A adoção da linguagem como fato físico e a eliminação de sua função de representação projetiva dos fatos levam a uma mudança radical no critério de *aceitabilidade*. A teoria da verdade como *correspondência* entre uma proposição e um fato é substituída pela teoria da verdade como *coerência entre proposições*. Uma proposição, portanto, é "não-correta" se não se harmoniza com as outras proposições reconhecidas e aceitas no *corpus* das ciências, caso contrário é "correta". Esse é o único critério com o qual se pode projetar uma *enciclopédia da ciência unificada*, utilizando a única linguagem sensata, a das ciências físicas.

No escrito *Sociologia empírica*, de 1931, Neurath fala de enciclopédia e não de sistema, pela abertura e caráter incompleto que distinguem a primeira, onde é possível fazer confluir os resultados anônimos das diversas ciências positivas ou, para dizer com Nietzsche, "as verdades sem pretensão", que, ao contrário dos fascinantes erros das eras metafísicas, evitam se transformar em mausoléu e permanecem uma força intelectual viva e útil para a humanidade.

7 Carnap e a linguagem fisicalista como linguagem universal da ciência

As ideias radicais sobre o fisicalismo propostas por Neurath levaram ao Círculo de Viena poderosíssimos germes de discussão. Carnap foi quem, mais do que qualquer outro, sofreu as influências neurathianas. Como, porém, as formulações de Neurath, na opinião de Carnap, eram "absolutamente discutíveis", foi precisamente Carnap quem tentou seu repensamento, para a fundamentação mais adequada do fisicalismo.

Como já dissemos, dois eram os núcleos do fisicalismo em Neurath, isto é, a concepção da linguagem como fato físico (concepção que prescindia da questão da linguagem como "projeção" do mundo) e a exigência da ciência unificada em bases fisicalistas. Carnap aceita, sem dúvida, a tese da universalidade da língua fisicalista, sem, porém, insistir na redução da linguagem a um fato físico e, portanto, sem rejeitar a função simbólica dos sinais. Com efeito, os ensaios *A linguagem fisicalista como linguagem universal da ciência* (1931) e *A psicologia na linguagem fisicalista* (1932), escritos em defesa do fisicalismo, referem-se quase que exclusivamente ao tema da universalidade da língua fisicalista.

Escreve Carnap em *Filosofia e sintaxe lógica* (1935): "Nós, nas discussões do Círculo de Viena, chegamos à concepção de

Frontispício da
Enciclopédia internacional da ciência unificada,
que teve entre seus promotores
Otto Neurath, Rudolf Carnap e Charles W. Morris.

que a linguagem física é a linguagem básica de toda a ciência, uma linguagem universal que abrange os conteúdos de qualquer outra linguagem científica". E, segundo ele, a *linguagem física* deve ser adotada como linguagem da ciência unificada (na qual entram também a psicologia e a sociologia, ou seja, as chamadas "ciências do espírito"), porque possui as três características da *intersensualidade*, da *intersubjetividade* e da *universalidade*.

Naturalmente, podemos admitir facilmente, com Carnap, que o fisicalismo é uma tese lógica, que não fala de coisas, mas de palavras. Mas de que coisa falam essas palavras? Como podemos determinar a relação linguagem-realidade? Foi sobre essa relação que explodiu a polêmica Schlick-Neurath. No fundo, essa questão não interessava muito a Carnap, que, nesse período, estava dedicado à *Sintaxe lógica da linguagem* e, portanto, à determinação das estruturas formais, da sintaxe lógica, das linguagens. Mas, se não interessava a Carnap, o problema era candente para Schlick, que não

Rudolf Carnap (1891-1970), membro do Círculo de Viena, é um dos representantes mais eminentes do neo-empirismo contemporâneo.

podia se conformar com a proposta dos "convencionalistas" de considerar válida toda linguagem não contraditória. Com efeito, uma linguagem não contraditória *não é suficiente* para explicar a ciência: até uma fábula bem elaborada pode ser não-contraditória, sem que por isso deva ser considerada científica.

Em todo caso, embora não encontrando formulações adequadas para seu critério ("nosso princípio é de uma trivialidade sobre a qual não se pode sequer discutir"), Schlick desempenhou no Círculo de Viena a função dialética da referência contínua aos fatos, referência que, como diz Russell, torna verdadeira qualquer afirmação. E isso contra os convencionalistas (Neurath e, em parte, também Carnap e outros), que, preocupados com uma suposta e temida infiltração da metafísica no pensamento de Schlick, acabavam quase que por abandonar o empirismo. Os convencionalistas pareciam se esquecer de que o objetivo das palavras é o de se ocupar de coisas diferentes das palavras. Para eles, é como se a ciência fosse mais ou menos como uma fábula bem estruturada: tratar-se-ia sempre de jogos de sinais. Schlick, porém, insiste no fato de que a ciência é um jogo de sinais, sim, mas um jogo que é jogado no tabuleiro da natureza. Os convencionalistas, diz ainda Russell, parecem dizer "no princípio era o verbo", enquanto Schlick queria afirmar que "no princípio era aquilo que o verbo significa".

8. O transplante do neopositivismo na América

De 1930 até 1938, ano em que se realiza a anexação da Áustria pelos nazistas, assiste-se à fase da *decolagem internacional* do Círculo de Viena. Essa fase é marcada por abalizados reconhecimentos e por relevantes aquisições doutrinárias, bem como pelo desaparecimento de Schlick — que foi assassinado por um seu ex-aluno em 1936, dois anos depois da morte de Hans Hahn — e pela diáspora progressiva do grupo originário, com o consequente "transplante" do movimento de pensamento, agora já conhecido como "neopositivismo", "positivismo lógico" ou "empirismo lógico", sobretudo para além-Atlântico, ou seja, para os Estados Unidos.

A entrada do neopositivismo nos Estados Unidos, por um lado, permitiu aos filósofos norte-americanos aguçarem analiticamente sua orientação científica, concentrando-se em problemas metodológicos bem circunscritos, e, por outro, induziu os pensadores de origem europeia a enriquecerem, com considerações de caráter semântico-pragmático, sua perspectiva filosófica, atenuando-lhe a ênfase formalista inicial em matéria de linguagem.

Para concluir, uma observação sobre o empreendimento que, do ponto de vista da colaboração orgânica entre tais estudiosos, representa o documento mais significativo: a *International Encyclopedia of Unified Science* (*Enciclopédia internacional da ciência unificada*). A ideia de uma coletânea enciclopédica das ciências foi de Otto Neurath, que a cultivou com tenacidade a partir de 1920. O encontro de alguns expoentes do Círculo de Viena com pensadores norte-americanos como Morris, Nagel, Lenzen e Bloomfield permitiu a Neurath preparar um programa válido de trabalho e, a partir de 1938, encaminhá-lo para a concretização, sob sua direção, de Carnap e de Morris. O desencadeamento da guerra e, sobretudo depois da morte do próprio Neurath em 1945, a atenuação do impulso unitário de vários colaboradores prejudicaram o pleno desenvolvimento da iniciativa.

9 Liberalização e superação das teses neopositivistas

9.1 A filosofia do "segundo" Wittgenstein e suas influências

As dificuldades com que se haviam defrontado as teses neopositivistas, sobretudo o princípio de verificação, não foram de modo algum escamoteadas. Pelo contrário, foram formuladas com toda clareza. E o esforço para superá-las levou, por um lado, à nova filosofia de Wittgenstein (à filosofia do chamado "segundo" Wittgenstein) e, por outro, à epistemologia falsificacionista de Karl Popper; por outro ainda, à liberalização do neopositivismo realizada por Rudolf Carnap.

Em janeiro de 1929, Wittgenstein voltou a Cambridge, retomou seu trabalho filosófico e escreveu grande quantidade de observações. Depois, reuniu as notas escritas de janeiro de 1929 a setembro de 1930 em um manuscrito intitulado *Observações filosóficas*, que constitui um documento do qual é possível extrair os pontos em que se afastou de suas concepções filosóficas do *Tractatus*, que inspirara o Círculo de Viena, e ver sua abertura para perspectivas mais liberais. Se, para o "primeiro" Wittgenstein, "o sentido de uma proposição é o método de sua verificação", agora, nas *Observações filosóficas*, ele diz que "o que uma palavra significa apreende-se quando se vê como ela é usada; se alguém conheceu seu uso, então aprendeu também o que ela significa". Se a filosofia do primeiro Wittgenstein levara os membros do Círculo de Viena a construírem uma linguagem perfeita, agora a introdução, pelo próprio Wittgenstein, do *princípio de uso* (segundo o qual o significado de uma palavra é seu uso na língua) impele os seguidores do neopositivismo a reexaminarem sua atitude intransigente e, principalmente, seu programa de construção de uma linguagem privilegiada.

À passagem de Wittgenstein da fase rígida do *Tractatus* para a fase liberal das *Observações filosóficas* devem-se acrescentar as críticas que, a partir da *Lógica da descoberta científica*, de 1934, Karl Popper passou a fazer ao princípio de verificação, que lhe parecia autocontraditório, criptometafísico e incapaz de explicar as leis universais das ciências empíricas. Em sua autobiografia *A busca que não tem fim*, ele se pergunta, a propósito da dissolução do Círculo de Viena: "Quem é o responsável?" E responde: "Creio que tenho de admitir minha responsabilidade".

Quem, antes e mais do que os outros membros do Círculo de Viena, encaminhou a liberalização do empirismo foi R. Carnap, a partir da década de 1930, quando ainda ensinava em Praga.

Segundo a concepção originária do *Wiener Kreis*, embora se tornando constantemente mais abrangente, o sistema de conhecimento era considerado um sistema fechado no seguinte sentido: segundo seus membros, pelo menos no início de seu trabalho, havia um mínimo de conhecimento, o conhecimento do imediatamente dado, que era indubitável; eles supunham que todo outro tipo de conhecimento se apoiasse solidamente nessa base e, por isso, se pudesse identificar com igual certeza. Era essa a imagem que o

Capítulo sexto - A filosofia da ciência entre as duas guerras

próprio Carnap apresentara na *Construção lógica do mundo*. Essa concepção, estreitamente ligada ao princípio wittgensteiniano da verificabilidade, implicava simultaneamente uma (não muito defensável) imagem justificacionista da ciência.

9.2 A crítica do princípio de verificação

Com efeito, o princípio de verificação (pelo menos como havia sido formulado nos primeiros tempos pelo Círculo de Viena) é incapaz de explicar a ciência por duas razões fundamentais: em primeiro lugar, as assertivas protocolares (de base ou de observação) não são absolutamente incontrovertíveis; além disso (e esta é uma questão central), até uma série numerosa de observações análogas reiteradas não basta para fundamentar logicamente as leis universais da ciência. Por tudo isso, em *Controlabilidade e significado* (1936), ao invés de verificabilidade, Carnap falaria de *controlabilidade* e de *confirmabilidade*: "Podemos dizer que uma proposição é controlável se, de fato, conhecemos um método para proceder à sua eventual confirmação, ao passo que podemos dizer que é confirmável se sabemos sob que condições, em princípio, ela seria confirmada".

Além disso, Carnap distingue entre confirmabilidade completa e confirmabilidade incompleta: temos a primeira quando a proposição é redutível a uma classe finita de proposições que contenham predicados observáveis (exemplo: "todas as maçãs deste cesto são vermelhas"); por outro lado, uma proposição é incompletamente confirmável se houver uma classe infinita de proposições que contenham predicados observáveis e sejam consequências da proposição dada (assim, por exemplo, a proposição universal "todos os metais, quando quentes, se dilatam" é incompletamente confirmável).

E, para Carnap, a exigência de confirmabilidade incompleta constitui uma formulação suficiente do princípio do empirismo: é uma formulação capaz de explicar o conhecimento científico, que está em condições de distingui-lo das afirmações metafísicas e está desprovida dos defeitos de que o princípio de verificação estava carregado.

II. O operacionalismo de Percy Williams Bridgman

> • Não distante de alguns núcleos teóricos do neopositivismo está, sempre nos anos entre as duas guerras, o *operacionalismo* do físico americano Percy Williams Bridgman (1882-1961), perspectiva que ele elaborou em dois volumes: *A lógica da física moderna* (1927) e *A natureza da teoria física* (1936). Para Bridgman a atitude do físico deve ser "uma atitude de puro empirismo"; e esta, a seu ver, equivale a *"reduzir o significado dos conceitos científicos a uma operação empírica ou a um conjunto de operações"*. Assim, por exemplo, o conceito de comprimento ocorre nas operações com que o comprimento é medido. *"O conceito é sinônimo do conjunto correspondente de operações"*. Bridgman acreditava que a aproximação operacionista nos teria permitido evitar muitas questões e que teria reformado "a arte social da conversação".
>
> *Reduzir o significado dos conceitos a um conjunto de operações → § 1-2*

1. Os conceitos reduzidos a operações

A teoria ou imagem da ciência que passou a ser chamada de operacionismo (ou operacionalismo ou operativismo) deve-se ao físico (e prêmio Nobel) norte-americano Percy Williams Bridgman (1882-1961), que a elaborou em duas obras (*A lógica da física moderna*, 1927, e *A natureza da teoria física*, 1936) e, depois, especificou-a pouco a pouco

Percy Williams Bridgman (1882-1961), prêmio Nobel de física em 1946, foi o teórico do operacionalismo.

em uma série de ensaios escritos de 1934 a 1959 (atualmente reunidos, em italiano, em *A crítica da ciência*).

Diante das reviravoltas revolucionárias da física contemporânea, Bridgman, em *A lógica da física moderna*, sustenta que "a atitude do físico deve [...] ser uma atitude de puro empirismo. Ele não deve admitir nenhum princípio *a priori* que determine ou limite a possibilidade de novas experiências. A experiência só é determinada pela experiência. Isso significa praticamente que devemos renunciar à pretensão de abranger toda a natureza em uma fórmula, simples ou complicada". O reconhecimento da "impossibilidade essencial de extrapolar o significado dos experimentos para além de seus limites atuais" fará com que "nossa experiência do momento não hipoteque o futuro". E para que só a experiência seja guia de si mesma, Bridgman sustenta que é necessário *reduzir o significado dos conceitos científicos a uma operação empírica ou a um conjunto de operações*. Diz Bridgman que podemos ilustrar essa nova atitude diante dos conceitos considerando o conceito de comprimento. "O que entendemos por comprimento de um objeto? Evidentemente, sabemos o que entendemos por comprimento se pudermos dizer qual é o comprimento de qualquer objeto. E para o físico não é preciso mais nada. Para encontrar o comprimento de um objeto, devemos realizar certas operações físicas. O conceito de comprimento, portanto, é fixado quando são fixadas as operações através das quais se mede o comprimento. Ou seja, o conceito de comprimento implica nada mais nada menos que o grupo de operações com que o comprimento é determinado. Em geral, por *conceito*, não entendemos mais que um *grupo de operações: o conceito é sinônimo do grupo de operações correspondente*".

2 Olhar para o que a teoria faz

É evidente, escreve Bridgman em *A lógica da física moderna*, que, se definirmos um conceito não em termos de propriedade, e sim em *termos de operações efetivas*, então "evitamos o perigo de ter de rever nossa atitude em relação à natureza. Com

Capítulo sexto – A filosofia da ciência entre as duas guerras

■ **Operacionalismo.** É a concepção da ciência proposta por P. W. Bridgman em trabalhos clássicos como *A lógica da física moderna* (1927) e *A natureza da teoria física* (1936). Tal concepção sustenta que o significado dos conceitos científicos se reduz a uma operação empírica ou a um conjunto de operações. Em outros termos: "por *conceito* não entendemos mais que um *grupo de operações, o conceito é sinônimo do grupo correspondente de operações*".
Assim, o conceito de "comprimento" consiste nas operações de medida de um comprimento. Se, depois, o conceito não é um conceito físico e sim matemático, então as operações serão de tipo mental. Enquanto conceitos como os de espaço e tempo absolutos resultarão privados de significado, pelo fato de que não é possível reduzi-los a conjuntos de operações. Os defeitos do operacionalismo são os de um empirismo demasiado rígido; entre seus méritos temos o de ter introduzido um estilo de clareza e de ter desencorajado certa verbosidade filosófica.

Esses, basicamente, são os núcleos teóricos fundamentais da concepção operativista da ciência. Uma consequência primeira e imediata dessa concepção é que, uma vez adotado o ponto de vista operativo, toda uma série de problemas e conceitos se veriam privados de significado. "Se uma questão específica tem sentido, deve ser possível encontrar operações através das quais ela pode ter uma resposta. Em muitos casos, ver-se-á que tais operações não podem existir e que, portanto, a questão não tem sentido. Por exemplo, não significa nada perguntar se uma estrela está em repouso ou não. Outro exemplo é uma questão proposta por Clifford, isto é, se não é possível que, com o movimento do sistema solar de uma parte do espaço para outra, mude também a escala absoluta das grandezas, de modo tal a influenciar igualmente todos os objetos, de forma que a mudança de escala não se poderia jamais relevar". Da mesma forma, na perspectiva operacionalista, "muitas das questões propostas a respeito de objetos sociais e filosóficos mostrar-se-ão desprovidas de significado, quando examinadas do ponto de vista das operações".

Bridgman acreditava que o pensamento operativo (por um lado, mais fácil, pela inutilizabilidade de antigas generalizações e idealizações nesse tipo de pensamento; por outro lado, mais difícil, dado que frequentemente as implicações operativas de um conceito são bastante ocultas) reformaria "a arte social da conversação", e que seu efeito final seria "economia de energias individuais em favor de intercâmbios de ideias mais estimulantes e interessantes".

efeito, se a experiência é sempre descrita em termos de experiência, haverá sempre correspondência entre a experiência e nossa descrição dela".

III. A epistemologia de Gaston Bachelard

• Matemático e filósofo francês, Gaston Bachelard (1884-1962) ensinou na Universidade de Dijon e sucessivamente, até 1954, na Sorbonne. Seu pensamento encontra-se em obras como: *O novo espírito científico* (1934); *A formação do espírito científico* (1938); *A filosofia do não* (1940); *O racionalismo aplicado* (1949); *O materialismo racional* (1953). A de Bachelard é uma filosofia não positivista (e não neopositivista) das ciências; a influência de sua filosofia manteve-se ao longo dos anos e suas ideias, como a de "ruptura epistemológica" ou de "obstáculo epistemológico", e

Uma filosofia não positivista → § 1

sobretudo sua consideração da história da ciência como instrumento primário na análise da racionalidade, se revelaram, em nossos dias, sempre mais importantes.

• O filósofo – escreve Bachelard – deve ser contemporâneo da ciência de seu tempo; e isso porque a filosofia sempre está em atraso de uma mutação em relação ao saber científico, com a consequência de que a ciência não tem a filosofia que merece. É preciso entrar de fato dentro da ciência para entender que não é a razão filosófica que ensina a ciência, mas que é *"a ciência que instrui a razão"*; e para compreender – diversamente dos neopositivistas – que "um pouco de metafísica nos afasta da natureza, muita metafísica dela nos aproxima".

"Coupures" e obstáculos epistemológicos → § 2-7

E, diversamente ainda dos neopositivistas, Bachelard chama a atenção para a história da ciência; uma atenção que o faz dizer – em *A formação do espírito científico* – que se conhece sempre *contra* um conhecimento anterior ("não há verdade sem erro retificado"), que a pesquisa avança por meio de sucessivas *rupturas epistemológicas*, mesmo se tais rupturas efetivas ou *coupures* não são passos tão fáceis, uma vez que o pesquisador choca-se frequentemente com aqueles que Bachelard chama de *obstáculos epistemológicos* (por exemplo, o *obstáculo animista*: "a palavra *vida* é uma palavra mágica. É uma palavra valorizada").

1 Vida e obras

Gaston Bachelard nasceu em Bar-sur-Aube, na França meridional, em 1884. Com 28 anos laureou-se em matemática; com 36, em filosofia; alistado para o serviço militar em agosto de 1914, foi dispensado em 1919. De 1919 a 1928, ensinou física e ciências naturais no Colégio de Bar-sur-Aube. Em 1928, foi encarregado de um curso complementar de filosofia na Universidade de Dijon, onde ensinou até 1940, ano em que sucedeu a Abel Rey na cátedra de história e filosofia da ciência na Sorbonne. Ensinou na Sorbonne até 1954. Morreu em Paris em 1962.

As obras epistemológicas de Bachelard (*O pluralismo coerente da química moderna*, 1932; *As intuições atomistas, ensaio de classificação*, 1933; *O novo espírito científico*, 1934; *A dialética da duração*, 1936; *A formação do espírito científico: contribuição para uma psicanálise do conhecimento objetivo*, 1938; *A filosofia do não*, 1940) apareceram em um momento em que a filosofia da ciência (pensamos precisamente no neopositivismo vienense ou também no operacionalismo norte-americano) se apresenta como concepção antimetafísica, por um lado, e substancialmente a-histórica, do outro. É bem verdade que Bachelard continuaria seu trabalho de epistemólogo e historiador da ciência também depois da Segunda Guerra Mundial (*O racionalismo aplicado*, 1949; *A atividade racionalista da física contemporânea*, 1951; *O materialismo racional*, 1953), mas deve-se dizer que ainda nesse momento, enquanto ainda não se havia difundido o pensamento de Popper e de sua Escola, a filosofia científica (isto é, a filosofia ligada à ciência e que pretendia dar conta da ciência) ainda era o neopositivismo.

2 A ciência não tem a filosofia que merece

A epistemologia de Bachelard (seguida depois de vários modos por Canguilhem, Foucault e Althusser), devido à época em que surgiu e se desenvolveu, representa o pensamento, prenhe de novidade, de um filósofo solitário (ainda que não isolado) que, dentro da tradição francesa de reflexão sobre a ciência (Meyerson, Poincaré, Duhem), ultrapassa a filosofia "oficial" da ciência de sua época (o neopositivismo) e propõe, como escreveu Althusser, um *não positivismo radical e deliberado*.

Com base nisso, devemos registrar logo que (prescindindo aqui de todos os estudos que Bachelard dedicou à atividade fantástica, ou seja, à *rêverie*: *A psicanálise do fogo*, 1938; *A poética do espaço*, 1957; *A poética da rêverie*, 1960) os pontos fundamentais

Capítulo sexto - A filosofia da ciência entre as duas guerras

Gaston Bachelard (1884-1962), epistemólogo e historiador da ciência, exerceu grande e justificada influência. Propôs um não positivismo radical e deliberado.

de seu pensamento podem ser reduzidos a quatro:

1) o filósofo deve ser "contemporâneo" à ciência de seu próprio tempo;

2) tanto o empirismo de tradição baconiana como o racionalismo idealista são incapazes de dar conta da prática científica real e efetiva;

3) a ciência é um evento essencialmente histórico;

4) a ciência possui um "inevitável caráter social".

Em *O materialismo racional*, Bachelard constata amargamente que "a ciência não tem a filosofia que merece". A filosofia está sempre atrasada em relação às mudanças do saber científico. E Bachelard procura opor à "filosofia dos filósofos" a "filosofia produzida pela ciência": o que caracteriza a filosofia dos filósofos são atributos como a unidade, o fechamento e a imobilidade, ao passo que os traços marcantes da "filosofia científica" (ou filosofia criada pela ciência) são a falta de unidade ou centro, a abertura e a historicidade. Diz Bachelard em *A filosofia do não*: "Pediremos aos filósofos que rompam [...] com a ambição de encontrar um só ponto de vista para julgar uma ciência tão vasta e tão mutável como a física". Para Bachelard, a filosofia das ciências é filosofia dispersiva, *distribuída*: "Dever-se-ia fundar uma filosofia do pormenor epistemológico, uma filosofia *diferencial*, para contrapor à filosofia *integral* dos filósofos. Essa filosofia diferencial seria encarregada de medir o futuro de um pensamento". Esse tipo de filosofia diferencial "é a única *filosofia aberta*. Toda outra filosofia estabelece seus princípios como intangíveis, suas verdades primeiras como totais e adquiridas. Toda outra filosofia se orgulha de seu *fechamento*".

3 É a ciência que instrui a razão

Em *O racionalismo aplicado*, Bachelard afirma que "a epistemologia deve ser tão móvel quanto a ciência". Porém, é óbvio que, para haver uma filosofia dispersiva, distribuída, aberta, diferencial e móvel, é necessário penetrar nas práticas científicas, em vez de julgá-las do exterior — em suma, é preciso que o filósofo tenha confiança no cientista, que ele próprio seja cientista (*savant*) antes de ser *philosophe*.

Na opinião de Bachelard, existem poucos pensamentos filosoficamente mais variados do que o pensamento científico. E "o papel da filosofia da ciência é o de recensear essa variedade e mostrar como os filósofos aprenderiam se quisessem meditar sobre o pensamento científico contemporâneo". Enquanto os neopositivistas procuravam um princípio rígido (o princípio da verificação) capaz de separar claramente a ciência da não ciência, Bachelard não aceita um critério a priori que tenha a presunção de captar a essência da cientificidade. Não é a razão filosófica que domestica a ciência, e sim muito mais "*a ciência que instrui a razão*".

Assim, contrariamente aos neopositivistas, Bachelard não aceita um princípio que estabeleça a priori a cientificidade das ciências, nem a rejeição da história feita pelos próprios neopositivistas. Por outro lado, combate a filosofia dos filósofos, porém não considera a metafísica como insensata ou indiferente para a ciência, como o fizeram os filósofos do Círculo de Viena. Escreve ele: "O espírito pode mudar a metafísica, mas não pode prescindir da metafísica". E se é verdade que "um pouco de metafísica nos afasta da natureza, muita metafísica nos aproxima dela".

Por aí pode-se ver que Bachelard não nutre preconceitos antifilosóficos ou antimetafísicos em nome da ciência. Ele é avesso à filosofia não contemporânea da ciência e arremete contra os filósofos que "pensam antes de estudar", e sob cuja pena "a relatividade degenera em relativismo, a hipótese em suposição, o axioma em verdade primeira". E esses juízos depreciativos em relação à "filosofia dos filósofos" brotam da "firme vontade" de Bachelard "de dar à filosofia uma oportunidade para que se torne contemporânea da ciência", como escreveu Canguilhem a respeito.

4 As "rupturas epistemológicas"

Para Bachelard, não podemos considerar a ciência independentemente de seu devir. E o "real científico" não é imediato e primário: "*Ele precisa receber um valor convencional. É preciso que ele seja retomado em um sistema teórico. Aqui, como em toda parte, é a objetivação que domina a objetividade*". O "dado científico", portanto, é sempre relativo a sistemas teóricos. O cientista nunca parte da experiência pura. No tocante a isso, escreve Bachelard em *A formação do espírito científico*: "Conhece-se *contra* um conhecimento anterior, destruindo conhecimentos malfeitos e superando o que, dentro do próprio espírito, constitui um obstáculo à espiritualização. O espírito nunca é jovem quando se apresenta à cultura científica. Ao contrário, é muito velho, porque tem a idade de seus preconceitos. Ter acesso à ciência significa rejuvenescer espiritualmente, quer dizer aceitar brusca mudança que deve contradizer um passado".

Segundo Bachelard, essas *sucessivas* contradições do "passado" são autênticas *rupturas* (*coupures*) epistemológicas, que, de vez em quando, comportam a negação de algo fundamental (pressupostos, categorias centrais, métodos) que sustentava a pesquisa na fase anterior. A teoria da relatividade e a teoria quântica, pondo em discussão os conceitos de espaço, tempo e causalidade, representariam algumas das mais flagrantes confirmações da ideia de ruptura epistemológica. A história da ciência, portanto, avança por meio de sucessivas rupturas epis-

---

■ **Ruptura (*coupure*) epistemológica.** Este é um conceito criado por Gaston Bachelard.

A ciência se desenvolve por meio de sucessivas *rupturas* (*coupures*): "conhecemos *contra* um conhecimento anterior, destruindo conhecimentos malfeitos, superando aquilo que, dentro do mesmo espírito, faz obstáculo para o espírito, faz obstáculo para a espiritualização". Estas sucessivas destruições dos conhecimentos do passado são, justamente, *rupturas* epistemológicas, negações de alguma coisa fundamental (pressupostos, conceitos cruciais, métodos) sobre as quais se sustentava a fase precedente da pesquisa: a teoria da relatividade, pondo em discussão conceitos como o de espaço e de tempo absolutos. É um exemplo típico de ruptura epistemológica no decorrer da ciência física contemporânea.

temológicas. Mas, contrariamente a muitos outros, entre os quais Popper, Bachelard sustenta que também existe ruptura entre saber comum e conhecimento científico: "O conhecimento vulgar tem sempre mais respostas do que perguntas. Tem respostas para tudo". No entanto, o espírito científico "nos proíbe ter opiniões sobre questões que não compreendemos, sobre questões que não sabemos formular claramente. Antes de mais nada, é preciso saber propor os problemas". Para o espírito científico, toda teoria *é* a resposta a uma pergunta.

E o sentido e a *construção* do problema são as características primeiras do espírito científico: o conhecimento vulgar é feito de respostas, o conhecimento científico vive na agitação dos problemas. "O eu científico é *programa de experiências,* ao passo que o não científico é *problemática já constituída*".

5 Não há verdade sem erro corrigido

Há mais, porém; diferentemente das rotinas incorrigíveis da experiência comum, o conhecimento científico avança através de sucessivas *retificações* das teorias anteriores: "*não há verdade sem erro retificado*". Mas, afirma Bachelard em *O novo espírito científico,* para além do sentimento psicológico, "o espírito científico é essencialmente retificação do saber, ampliação dos esquemas do conhecimento. Ele julga seu passado histórico, condenando-o. Sua estrutura é a consciência de seus erros históricos. Do ponto de vista científico, o verdadeiro é pensado como retificação histórica de um longo erro, e a experiência como retificação da ilusão comum e primitiva".

Uma verdade sobre o fundo de um erro: essa é a forma do pensamento científico, cujo método "é método que busca o risco [...]. A dúvida está na frente do método e não atrás, como em Descartes. E esse é o motivo por que posso dizer sem grandiloquência que o pensamento científico é pensamento empenhado. Ele põe continuamente em jogo sua própria organização. Há mais: paradoxalmente, parece que o espírito científico vive na estranha esperança de que o próprio método se choque com xeque-mate vital. E isso porque um xeque-mate tem por consequência o fato novo e a ideia nova".

As hipóteses científicas podem sofrer xeques-mates; o espírito não científico, ao contrário, é aquele que se torna "impermeável aos desmentidos da experiência". Esta é a razão por que as rotinas incorrigíveis e as ideias vagas são sempre verificáveis. E essa é a razão por que é anticientífica a atitude de quem sempre encontra um modo de comprovar sua teoria, ao invés de mostrá-la errada e, portanto, retificá-la.

6 O "obstáculo epistemológico"

O conhecimento científico avança por meio de rupturas epistemológicas sucessivas. É desse modo que ele se aproxima da verdade: "não encontramos nenhuma solução possível para o problema da verdade, senão a de ir descartando erros cada vez mais sutis".

Entretanto, o progresso da ciência, essa contínua retificação dos erros anteriores, especialmente as retificações que constituem autênticas *coupures,* não são passos que se efetuam com facilidade, em virtude do seu choque com o que Bachelard chama de "obstáculos epistemológicos".

Podemos dizer que o obstáculo epistemológico é uma ideia que impede e bloqueia outras ideias: hábitos intelectuais cristalizados, a inércia que faz estagnar as culturas, teorias científicas ensinadas como dogmas, os dogmas ideológicos que dominam as diversas ciências – eis alguns obstáculos epistemológicos.

a) O primeiro obstáculo a superar é o de derrubar a opinião: "A opinião, por direito, está sempre errada. A opinião *pensa* mal, não *pensa, traduz* necessidades por conhecimentos. Decifrando os objetos segundo sua utilidade, impede-se de conhecê-los. Não se pode basear nada na opinião: antes de mais nada, é preciso destruí-la".

b) Outro obstáculo é a falta de genuíno sentido dos problemas, sentido que se perde quando a pesquisa se encerra na casca dos conhecimentos dados como adquiridos e não mais problematizados. Mediante o uso, diz Bachelard, as ideias se *valorizam* indevidamente. E esse é um verdadeiro fator de inércia para o espírito. Por vezes, ocorre que uma ideia dominante polariza o espírito em sua totalidade. "Há cerca de vinte anos, um epistemólogo irreverente dizia que os grandes homens são úteis para a ciência na primeira metade de sua vida, e nocivos na segunda metade".

Obstáculos importantes e difíceis de remover são:

c) o obstáculo da *experiência primeira,* ou seja, da experiência que pretende se situar além da crítica;

d) aquele que pode ser chamado *obstáculo realista,* e que consiste na sedução da ideia de substância;

e) por fim, aquele que se pode chamar de *obstáculo animista* ("a palavra *vida* é palavra mágica. É palavra valorizada").

Diante dessas realidades constituídas pelos obstáculos epistemológicos, Bachelard propõe uma *psicanálise do conhecimento objetivo,* voltada para a identificação e para a remoção dos obstáculos que bloqueiam o desenvolvimento do espírito científico.

Tal catarse torna-se absolutamente necessária se quisermos tornar possível o progresso da ciência, já que se conhece sempre contra um conhecimento anterior. **Texto 3**

7 Ciência e história da ciência

Tudo isso mostra também a função da *negação* dentro de nossa atividade de conhecimento e dentro da própria filosofia, que, na opinião de Bachelard, deve se configurar como *filosofia do não,* firme na rejeição das pretensões dos velhos sistemas a se apresentarem como concepções absolutas e totalizantes da realidade e a imporem à ciência princípios intangíveis. A tese de Bachelard é de que a evolução do conhecimento não tem fim, e de que a filosofia deve ser instruída pela ciência. Isso pode até perturbar o filósofo. "No entanto, é necessário chegar a essa conclusão se quisermos definir a filosofia do conhecimento científico como *filosofia aberta,* como a consciência de espírito que se fundamenta trabalhando sobre o desconhecido, e procurando no real o que contradiz conhecimentos anteriores".

Schlick

1 A metafísica é um monte de pseudoproblemas

> A atividade de uma filosofia válida e profícua consiste no esclarecimento do sentido dos conceitos e das proposições das ciências empíricas. A metafísica, por sua vez, é apenas um monte de pseudoproblemas e pseudoproposições. A sorte dos metafísicos é análoga à dos atores que "insistem um bom tempo recitando, antes de perceber que os expectadores pouco a pouco se dirigiram para outros lugares".

Que o trabalho da filosofia não consiste em asserir proposições, ou seja, que a determinação do sentido dos enunciados não pode por sua vez se realizar por meio de enunciados, é fácil de entender. Se, com efeito, por exemplo, esclareço o significado de minhas palavras por meio de proposições explicativas ou definições, ou seja, com o auxílio de novas palavras, é preciso então posteriormente pôr em questão o significado delas, e assim por diante. Mas tal processo não pode continuar ao infinito, e encontra sempre seu epílogo na ostentação, na exibição material daquilo que se entende, ou seja, na realização de certos atos concretos. E apenas estes não são nem capazes nem necessitados de explicações posteriores. A última determinação do significado, portanto, ocorre sempre por meio de ações. Elas constituem a atividade filosófica.

Um dos mais graves erros do passado é o de ter acreditado poder formular o sentido autêntico e o conteúdo último das proposições por meio de enunciados posteriores, ou seja, de podê-lo representar sob a forma de conhecimentos: eis o erro da "metafísica". A aspiração dos metafísicos foi sempre dirigida ao objetivo absurdo de expressar o conteúdo puramente qualitativo (a "essência" das coisas) por meio de conhecimentos, isto é, de dizer o indizível. As qualidades não se deixam "dizer"; as qualidades podem se mostrar apenas na experiência; mas, o conhecimento nada tem a ver com isso.

Desse modo, a metafísica cai, não porque a solução de seu problema seja um empreendimento que ultrapassa a capacidade da razão humana (como, por exemplo, considera Kant), e sim porque não subsiste o próprio problema. É com a descoberta de que a formulação disso é inadequada, também a história das polêmicas metafísicas se torna compreensível.

Se nossa concepção é em geral justa, ela deve se legitimar historicamente. Deve mostrar que está em grau de dar razão, pelo menos até certo ponto, da mudança de significado do termo "filosofia".

Ora, isto é justamente o que acontece. Se na antiguidade, e até recentemente, a filosofia sem mais se identificou com qualquer pesquisa científica puramente teórica, a coisa dependeu do fato de que a ciência se encontrava, no momento, em um estágio em que devia ainda considerar como sua tarefa precípua a elucidação de seus próprios conceitos fundamentais. E a emancipação das ciências particulares de sua genitora comum, a filosofia, é expressão da circunstância de que o sentido de certos conceitos fundamentais já se tornara suficientemente claro para permitir, com seu uso, trabalhar posteriormente de modo profícuo. Além disso, se ainda hoje, por exemplo, a ética e a estética, e por vezes até a psicologia, são tratadas como ramos da filosofia, com isso aparece que elas não dispõem ainda de conceitos fundamentais suficientemente claros e que seus esforços são mais, de prevalência, ainda dirigidos a determinar o *sentido* de suas proposições. Por fim, se dentro da ciência firmemente consolidada se manifesta, improvisamente, em algum ponto, a necessidade de tomar novamente consciência do verdadeiro significado dos conceitos fundamentais, provocando assim um esclarecimento mais radical de seu sentido, essa análise é logo percebida como um ato eminentemente filosófico. Todos estão de acordo sobre o fato de que, por exemplo, a pesquisa de Einstein, desenvolvida com base em um exame do sentido dos enunciados sobre o tempo e sobre o espaço, foi, no momento, um verdadeiro e próprio empreendimento filosófico. Podemos aqui acrescentar que as aquisições da ciência verdadeiramente decisivas, as que fizeram época, sempre foram desse tipo, ou seja, fundadas sobre uma nova elucidação do sentido dos princípios fundamentais. Tais aquisições são por isso acessíveis apenas àqueles que têm disposição para a atividade filosófica. Isso significa que o grande cientista é sempre também filósofo.

O fato de às vezes receber o nome de filosofia também atividades intelectuais que não buscam o puro conhecimento, e sim a sabedoria do costume, parece igualmente fácil de se entender. De fato, quem é sábio distingue-se da massa dos incultos precisamente porque sabe ilustrar melhor do que os outros o sentido dos enunciados e dos problemas referentes às relações, aos fatos e às finalidades da vida.

A grande viragem da filosofia implica também o abandono definitivo de certos caminhos errados, que foram percorridos até a segunda metade do século XIX e que não podiam deixar de conduzir a uma colocação e a uma avaliação da filosofia totalmente absurdas: quero dizer, as tentativas de reivindicar seu caráter indutivo, e por isso a tendência de crer que ela consiste apenas de proposições hipotéticas. A ideia de reivindicar apenas a probabilidade das proposições filosóficas era bem remota para os pensadores precedentes, e eles a teriam rejeitado como algo incompatível com a dignidade da filosofia. Nisso se tornava evidente um instinto sadio, aquele pelo qual se reputa que a filosofia deve constituir o fundamento último do saber. Naturalmente, nós agora vislumbramos no dogma contraposto a tal ideia, segundo o qual a filosofia ofereceria princípios *a priori* absolutamente verdadeiros, uma expressão bem mais infeliz deste instinto, a partir do momento que ela não consiste sequer de proposições. Mas também acreditamos na dignidade da filosofia e reputamos incompatível com isso o fato de lhe atribuir uma natureza opinável e meramente probabilística. Alegramo-nos, portanto, que a grande viragem torne impossível reconhecer-lhe tal caráter. Não é sem motivo, para a determinação do sentido, na qual consiste a filosofia, não ser de fato aplicável o conceito da probabilidade ou da opinabilidade. Trata-se, antes, de postulações que estabelecem o sentido dos enunciados como algo de definitivo. Ou nós *temos* esse sentido, e então sabemos o que significam os enunciados; ou não o temos, e então estão diante de nós palavras privadas de significado, e não enunciados. Não existe um terceiro caso, e não se pode falar de significado provavelmente válido. Depois da grande viragem, portanto, a filosofia mostra seu caráter conclusivo de modo ainda mais claro que anteriormente.

E é em virtude desse caráter que se pode pôr fim à briga entre sistemas. Sobre a base dos esclarecimentos acima expostos, repito, estamos autorizados desde hoje a considerar encerrada tal polêmica, e espero que isso possa ter-se tornado sempre mais perspícuo sobre as páginas desta revista em seu novo período de vida.

Haverá certamente ainda algum desencontro de retaguarda, e certamente muitos perseverarão ainda por séculos nos caminhos utilizados, enquanto os estudiosos de filosofia continuarão a discutir por muito tempo sobre velhos pseudoproblemas. Mas, no fim não se lhes dará mais atenção e eles se parecerão com aqueles atores que insistem um bom tempo recitando, antes de perceber que os expectadores voltaram sua atenção para outra coisa. Não será mais necessário, então, falar de "questões filosóficas", pois se falará filosoficamente de todo problema, e isto quererá dizer: de modo sensato e claro.

M. Schlick,
A viragem da filosofia.

CARNAP

2 Os metafísicos são apenas musicistas sem capacidade musical

> Com base no princípio de verificação "as proposições da metafísica são totalmente privadas de sentido". "O metafísico acredita que se move em um âmbito que se refere ao verdadeiro e ao falso. Na realidade, ao contrário, ele não afirma nada, mas limita-se a expressar sentimentos, como um artista".

Quando dizemos que as proposições da metafísica são totalmente privadas de sentido e não significam nada, é verossímil que também aqueles, que intelectualmente aceitam nossos resultados, fiquem, apesar de tudo, perturbados por um sentimento de grande perplexidade: como então tantos homens dos mais diversos períodos e povos, não excluindo gênios eminentes, dedicaram de fato tanto cuidado, e até paixão, à metafísica, se esta não contém mais que meras palavras combinadas em frases sem sentido? E como se poderia compreender o fato de que os livros de metafísica tenham exercido uma influência tão forte sobre os ouvintes e leitores, se eles não contivessem sequer erros, ou melhor, exatamente nada? São estas perplexidades que subsistem com razão, pois a metafísica contém efetivamente alguma coisa; apenas que isso não tem valor teórico. As (pseudo) proposições da metafísica *não servem* para a *representação de dados de fato* nem existentes (então se trataria de proposições verdadeiras), nem inexistentes (então se trataria, pelo menos, de proposições falsas), mas servem apenas para a *expressão* do sentimento da vida.

Talvez, não é errado supor que o *mito* esteja na origem da metafísica. A criança fica irada contra a "mesa malvada" que a machucou ao bater; o primitivo preocupa-se de apaziguar o demônio ameaçador do terremoto ou adora com gratidão a divindade da chuva fecundante. Encontramo-nos, aqui, diante de personificações de fenômenos naturais, que exprimem de modo quase poético a relação emotiva do homem com o ambiente. A herança do mito é, de um lado, acolhida pela poesia, que conscientemente usa todos os meios adequados para produzir e exaltar tudo o que o mito desenvolve em função da vida; e, do outro, pela teologia, em que o mito se desenvolve em sistema. Qual é, então, a parte que a metafísica sustenta na história? Talvez não seja errado perceber nela um sucedâneo da teologia no nível do pensamento sistemático, conceitual. As (presumidas) fontes sobrenaturais do conhecimento da teologia são então substituídas por fontes de conhecimento naturais, mas consideradas aptas para transcender a experiência. A uma pesquisa mais aprofundada, embora na nova veste repetidamente variada, pode-se todavia reconhecer o mesmo conteúdo do mito: também a metafísica nasce da necessidade do homem de expressar seu próprio sentimento da vida, sua própria atitude emotiva e volitiva em relação ao ambiente, à sociedade, às tarefas a que ele se dedica e às adversidades que deve suportar. Este sentimento da vida se manifesta, no mais das vezes inconscientemente, em tudo aquilo que o homem faz e diz; ele se imprime também em seus traços e até em seu modo de andar. Ora, muitos homens sentem a exigência de dar uma forma particular, além da costumeira, à expressão de seu sentimento da vida, para que ele se torne perceptível de modo mais intenso e penetrante. Se tais homens têm capacidades artísticas, então encontram a possibilidade de se exprimir na criação de uma obra de arte. O modo com que o sentimento da vida se evidencia no estilo e na forma da obra de arte já foi esclarecido por diversos autores (por exemplo, por Dilthey e seus discípulos). (A este respeito frequentemente se usa a expressão *Weltanschauung*; nós a evitamos apenas por causa de sua ambiguidade, em virtude da qual a distinção entre sentimento da vida e teoria torna-se confusa, ao passo que ela é decisiva para a presente análise). Aqui, para nossas considerações, há apenas um ponto essencial, isto é, que, como meio de expressão do sentimento da vida, a arte é o instrumento adequado, enquanto a metafísica não o é. Em si e por si, naturalmente, não haveria nada a objetar contra o uso de um meio de expressão qualquer. Mas em metafísica se dá o caso de que a forma de expressão é enganadora, pois cria a ilusão de um conteúdo que ela não tem. Trata-se da forma de um sistema de proposições ligadas entre si por uma (aparente) relação de implicação, ou seja, a forma de uma teoria. E isso leva a crer que haja um conteúdo teórico, onde, ao contrário, como vimos, uma coisa do tipo não existe de fato. Não só o leitor, mas também o próprio metafísico permanece vítima da ilusão de que as proposições metafísicas signifiquem alguma coisa, descrevam situações de fato. O metafísico acredita que se move em um âmbito que se refere ao verdadeiro e ao falso. Na realidade, ao contrário, ele não afirma nada, mas limita-se a exprimir sentimentos, como um artista. E que o metafísico seja vítima desta ilusão, não o podemos depreender da simples circunstância que ele escolhe como meio de expressão a linguagem, e como forma de expressão as proposições enunciativas; com efeito, o poeta lírico faz o mesmo, sem todavia subjazer ao mesmo engano. Mas o metafísico aduz argumentos para sustentar suas proposições, requer o consentimento a respeito de seu conteúdo, polemiza contra o metafísico de outra perspectiva, procurando refutar suas proposições na própria doutrina. O lírico, ao contrário, não cuida de refutar com sua poesia as proposições tiradas da poesia de outro lírico; ele sabe, com efeito, que opera no âmbito da arte, não no da teoria.

A música talvez seja o meio mais puro de expressão do sentimento da vida, pois sabe libertar-se do modo mais radical de toda referência objetiva. O sentimento harmonioso da vida, aquilo que o metafísico quer expressar em um sistema monista, revela-se com maior clareza na música de Mozart. E quando o metafísico representa seu sentimento da vida de tipo heroico-dramático em um sistema dualista, não pode ocorrer que o faça apenas porque lhe falta a capacidade de um Beethoven de exprimir este sentimento com meios adequados? Os metafísicos são apenas musicistas sem capacidade musical. Em compensação, possuem uma forte inclinação para trabalhar com instrumentos teóricos, combinando conceitos e pensamentos. Mas eis que, em vez de concretizar esta inclinação no âmbito da ciência, de um lado, e de satisfazer separadamente a necessidade de expressão na arte, do outro, o metafísico confunde as duas coisas e cria uma mistura que resulta tão ineficiente para o conhecimento como inadequada para o sentimento.

Nossa conjectura, segundo a qual a metafísica não seria mais que um substituto, e mais ainda insuficiente, da arte, parece confirmada também pelo fato de que justamente o metafísico com o mais forte temperamento artístico que talvez tenha existido, ou seja, Nietzsche, cometeu menos de todos o erro de fazer aquela mistura. A maior parte de suas obras tem um prevalente conteúdo empírico: trata-se, por exemplo, da análise histórica de determinados fenômenos artísticos, ou então da análise histórico-psicológica da moral. Todavia, na obra em que ele expressa com a máxima eficácia aquilo que outros dizem por meio da metafísica ou da ética, ou seja, em *Assim falou Zaratustra*, ele não escolhe a equívoca forma teórica, mas decide-se abertamente pela forma da arte, a poesia.

R. Carnap,
*A superação da metafísica
por meio da análise lógica
da linguagem.*

Gaston Bachelard em seu escritório, em uma fotografia da década de 1950.

BACHELARD

3 Natureza e significado do "obstáculo epistemológico"

O obstáculo epistemológico é ideia que proíbe uma outra ideia. "O problema do conhecimento científico deve ser colocado em termos de obstáculos". E não se trata de obstáculos externos; "lentidões e disfunções aparecem [...] dentro mesmo do ato cognoscitivo". A verdade é que "conhecemos contra um conhecimento anterior, destruindo conhecimentos malfeitos, superando aquilo que, dentro do próprio espírito, torna-se obstáculo para a espiritualização". Exemplos de obstáculos epistemológicos são a experiência anterior – ou a presunção de possuir evidências incontestáveis –, a ideia de substância e a de vida ("A palavra vida é uma palavra mágica"). Tudo isso nos faz compreender que "aceder à ciência quer dizer [...] rejuvenescer, quer dizer aceitar uma brusca mudança que deve contradizer um passado".

1. O "obstáculo epistemológico"

Quando se procuram as condições psicológicas do progresso científico, chega-se logo à convicção de que *o problema do conhecimento científico deve ser colocado em termos de obstáculos*. E não se trata de considerar obstáculos externos, como a complexidade e a fugacidade dos fenômenos, nem de incriminar a fraqueza dos sentidos e do espírito humano: lentidões e disfunções aparecem, por uma espécie de necessidade funcional, dentro mesmo do ato cognoscitivo. É aqui que mostraremos causas de estagnação e até de regressão, é aqui que descobriremos as causas de inércia que chamaremos de obstáculos epistemológicos. O conhecimento do real é uma luz que sempre projeta sombras em alguma parte. Ele nunca é imediato e pleno. As revelações do real são sempre recorrentes. O real nunca é "aquilo que se poderia crer", mas aquilo que deveríamos ter pensado. O pensamento empírico é claro *para coisas feitas*, quando o aparato das razões foi atualizado. Voltando a um passado de erros, encontramos a verdade em um autêntico arrependimento intelectual. Com efeito, conhecemos

Capítulo sexto – *A filosofia da ciência entre as duas guerras*

contra um conhecimento anterior, destruindo conhecimentos malfeitos, superando aquilo que, dentro do próprio espírito, se torna obstáculo para a espiritualização.

A ideia de partir do zero para fundar e acrescentar o próprio patrimônio cultural é própria das culturas de simples justaposição, nas quais um fato conhecido é imediatamente uma riqueza. Mas, diante do mistério do real, a alma não pode se tornar, por decreto, ingênua. Então é impossível anular de um só golpe os conhecimentos habituais. Diante do real, aquilo que se acredita saber claramente ofusca aquilo que se deveria saber. Quando se apresenta à cultura científica, o espírito nunca é jovem. É, ao contrário, muito velho, porque tem a idade de seus preconceitos. Aceder à ciência quer dizer, espiritualmente, rejuvenescer, quer dizer aceitar uma brusca mudança que deve contradizer um passado.

A ciência, por causa de sua necessidade de completitude e por motivos de princípio, opõe-se absolutamente à opinião. Se lhe ocorre legitimar, sobre um ponto particular, a opinião, isso acontece por razões diversas das que fundam a opinião; de modo que a opinião, por direito, sempre erra. A opinião pensa mal; ela não *pensa*, mas *traduz* necessidades em conhecimentos. Designando os objetos segundo sua utilidade, ela se impede de conhecê-los. Não se pode fundar nada sobre a opinião: é preciso em primeiro lugar destruí-la. É o primeiro obstáculo a ser superado. Não bastaria, por exemplo, retificá-la sobre pontos particulares, mantendo, como uma espécie de moral provisória, um conhecimento vulgar provisório. O espírito científico nos proíbe ter opiniões sobre questões que não compreendemos, sobre questões que não sabemos formular claramente. Antes de tudo, é preciso saber colocar problemas. E, diga-se o que se quiser, na vida científica os problemas não se colocam por si mesmos. É justamente este *sentido do problema* que dá o traço distintivo do verdadeiro espírito científico. Para um espírito científico, todo conhecimento é uma resposta a uma pergunta. Se não houve uma pergunta, não pode haver conhecimento científico. Nada acontece por si. Nada é dado. Tudo é construído.

Também um conhecimento adquirido com um esforço científico pode envelhecer. A pergunta abstrata e genuína se deteriora; a resposta concreta permanece. A partir desse momento, a atividade espiritual muda de direção e se bloqueia. Um obstáculo epistemológico insere-se sobre o conhecimento não problematizado. Hábitos intelectuais que foram úteis e sadios podem, com o tempo, obstacularizar a pesquisa.

"Nosso espírito – diz justamente Bergson – tem uma tendência irresistível de considerar mais clara a ideia que mais frequentemente o serve". A ideia adquire desse modo uma clareza intrínseca abusiva. Mediante o uso, as ideias se *valorizam* indevidamente. Um valor em si se opõe à circulação dos valores. Este é um fator de inércia para o espírito. Por vezes uma ideia dominante polariza um espírito em sua totalidade. Um epistemólogo irreverente dizia, cerca de vinte anos atrás, que os grandes homens são úteis para a ciência na primeira metade de sua vida, e nocivos na segunda metade. O instinto *formativo* é tão persistente em certos homens de pensamento que não devemos nos alarmar dessa *boutade* [= capricho]. No fim, porém, o instinto formativo acaba por ceder ao instinto *conservativo*. Chega um momento em que o espírito gosta mais daquilo que confirma o saber do que daquilo que o contradiz, mais das respostas do que das perguntas. Então o instinto conservativo domina e o crescimento espiritual se detém.

A noção de *obstáculo epistemológico* pode ser estudada no desenvolvimento histórico do pensamento científico e na prática da educação. Em ambos os casos, esse estudo não é cômodo. A história, em seu princípio, é de fato hostil a todo juízo normativo. Todavia, é preciso pôr-se dentro de um ponto de vista normativo, caso se queira julgar a eficácia de um pensamento. Tudo aquilo que se encontra na história do pensamento científico está longe de servir efetivamente à evolução desse pensamento. Certos conhecimentos também justos bloqueiam muito rapidamente pesquisas úteis. O epistemólogo deve, por isso, selecionar os documentos reunidos pelo historiador. Deve julgá-los a partir do ponto de vista da razão evoluída, porque apenas a partir do presente podemos julgar plenamente os erros do passado espiritual. Por outro lado, também nas ciências experimentais, é sempre a interpretação racional que põe os fatos em seu justo lugar. É sobre o eixo experiência-razão e na direção da racionalização que se encontram ao mesmo tempo o risco e o sucesso. Apenas a razão dinamiza a pesquisa, uma vez que apenas ela sugere, para além da experiência comum (imediata e enganosa), a experiência científica (indireta e fecunda). É, portanto, o esforço de racionalidade e de construção que deve atrair a atenção do epistemólogo. Podemos ver aqui aquilo que distingue o mister do epistemólogo em relação ao do historiador das ciências. O historiador das ciências deve considerar os fatos como se fossem ideias, inserindo-os em um sistema de pensamentos. Um fato mal interpretado por uma época permanece um fato para o historiador. Segundo a óptica do epistemólogo ele é um *obstáculo*, um contrapensamento.

Aprofundando principalmente a noção de obstáculo epistemológico, daremos o pleno valor espiritual à história do pensamento científico. Com demasiada frequência a preocupação com a objetividade, que leva o historiador das ciências a catalogar todos os textos, não chega a medir as variações psicológicas que podem ser encontradas na interpretação de um mesmo texto. Em uma mesma época e sob uma mesma palavra encontram-se conceitos tão diferentes! O que nos engana é o fato de que a mesma palavra contemporaneamente designa e explica. A designação é igual, a explicação é diferente. Por exemplo, à palavra telefone correspondem conceitos que diferem totalmente para o assinante, para a telefonista, para o engenheiro, para o matemático interessado nas equações diferenciais da corrente telefônica. O epistemólogo, portanto, deve se esforçar para captar os conceitos científicos em efetivas sínteses psicológicas, ou seja, em sínteses psicológicas progressivas, estabelecendo para cada noção uma hierarquia de conceitos, e mostrando como um conceito produziu outro e se ligou com outro. Então haverá alguma possibilidade de medir uma eficácia epistemológica. Rapidamente o pensamento científico aparecerá como dificuldade vencida, um obstáculo superado.

Na educação, a noção de obstáculo pedagógico é igualmente desconhecida. Tenho sido frequentemente atingido pelo fato de que os professores de ciência, se é possível ainda mais que os outros, não compreendem o fato de que não se compreenda. Pouco numerosos são os que aprofundaram a psicologia do erro, da ignorância e da irreflexão. [...] Os professores de ciência imaginam que o espírito comece como uma lição, que se possa sempre refazer uma cultura indolente repetindo uma aula, e que se possa fazer compreender uma demonstração, repetindo-a ponto por ponto. Não refletiram sobre o fato de que o adolescente chega às aulas de física com conhecimentos empíricos já constituídos: por isso, não se trata tanto de *adquirir* uma cultura experimental e sim de *mudar* cultura experimental, e abater obstáculos já acumulados na vida quotidiana. Um só exemplo: o equilíbrio dos corpos flutuantes é o objeto de uma intuição familiar que é um tecido de erros. De modo mais ou menos claro, atribui-se uma atividade ao corpo que flutua, ou melhor, ao corpo que *nada*. Se procurarmos afundar com a mão um pedaço de madeira que se encontra na água, vemos que ele resiste. Não se atribui facilmente a resistência à água.

Por isso, é bastante difícil fazer compreender o princípio de Arquimedes em sua estupenda simplicidade matemática, se em primeiro lugar não se criticou e se desorganizou o complexo impuro das primeiras intuições. Em particular, sem essa psicanálise dos erros iniciais, jamais se fará compreender que o corpo que emerge e o corpo completamente imerso obedecem à mesma lei.

De modo que toda cultura científica deve começar, como explicaremos longamente, com uma catarse intelectual e afetiva. Resta, além disso, a tarefa mais difícil: colocar a cultura científica em um estado de mobilização permanente, substituir o saber fechado e estático por um conhecimento aberto e dinâmico, dialetizar todas as variáveis experimentais e, por fim, dar à razão razões de evolução. [...]

2. Algum exemplo

a) A experiência anterior. Na formação de um espírito científico, o primeiro obstáculo que se encontra é a experiência anterior, ou seja, a experiência colocada antes e acima da crítica que é necessariamente um elemento integrante do espírito científico. Uma vez que a crítica não operou explicitamente, a experiência anterior não pode, em nenhum caso, ser um ponto de apoio seguro. Daremos numerosas provas da fragilidade dos conhecimentos anteriores, mas desejamos logo opor-nos claramente àquela filosofia fácil que se apoia sobre um sensismo mais ou menos genuíno, mais ou menos romanceado, e que pretende receber diretamente seus próprios ensinamentos a partir de um *dado* claro, nítido, seguro, constante, a todo momento oferecido a um espírito sempre disponível.

Eis então a tese filosófica que sustentaremos: o espírito científico deve ser formado *contra* a natureza, contra aquilo que é, em nós e fora de nós, o impulso e o ensinamento da natureza, contra a dedução natural, contra o fato colorido e diversificado. O espírito científico deve ser formado reformando-se. [...]

b) O obstáculo "realista". Se quisermos procurar caracterizar de modo justo a sedução da ideia de substância, não devemos temer procurarmos seu princípio até no inconsciente, lugar em que se formam as preferências indestrutíveis. A ideia de substância é uma ideia tão clara, tão simples e tão pouco discutida, que deve se apoiar sobre uma experiência muito mais íntima do que qualquer outra. [...]

c) O obstáculo "animístico". A palavra *vida* é uma palavra mágica. É uma palavra valorizada. Todo outro princípio empalidece quando se pode invocar um princípio vital. O

Capítulo sexto - *A filosofia da ciência entre as duas guerras*

livro do conde de Tressan (2 tomos, cada um com 400 páginas) estabelece uma síntese que reúne todos os fenômenos por meio da única intuição de uma matéria *viva* que governa uma matéria *morta*. Uma vez que essa matéria *viva* é o fluido elétrico, este anima e move todo o universo, os astros e as plantas, os corações e os germes. Ele é a fonte de todo impulso, de toda fermentação, de todo crescimento, porque é "repulsivo a si mesmo". Em uma tal obra pode-se facilmente surpreender a intuição de uma intensidade de algum modo indefinida e inexaurível, com a qual o autor condensa um valor vital sobre um material infinitamente pequeno. Sem dar nenhuma prova, com a simples sedução de uma afirmação valorizante, o autor atribui uma potência sem limites a alguns elementos. Também o fato de fugir à experiência é um sinal de potência. "A matéria morta é inerte e sem forma orgânica, a matéria viva é um milhão de vezes mais sutil do que a menor molécula de matéria morta, da matéria que o melhor microscópio possa fazer-nos perceber". Por mais que se procure no volumoso tratado do conde de Tressan, não se encontrará nada que possa provar essa tenuidade, nada que possa legitimar essa substancialização de um impulso vital. Mais uma vez, estamos diante das metáforas sedutoras da vida. E esta não é a intuição de um só autor. O conde de La Cépède, em 1781, escreve como um axioma: "A expansibilidade não pode pertencer de algum modo à matéria morta". Todo impulso é vital.

A vida marca com um *valor* indiscutível as substâncias que ela anima. Quando uma substância deixa de ser animada, ela perde alguma coisa de essencial. A matéria que abandona um ser vivo perde algumas propriedades importantes. "A cera e a seda são desse tipo: ambas não são eletrizáveis. Para impelir este raciocínio mais além, a cera e a seda, com efeito, não são mais que excrescências de corpos que viveram".

G. Bachelard,
Epistemologia.

Capítulo sétimo

O racionalismo crítico de Karl R. Popper

• Karl Raimund Popper nasceu em Viena em 1902. Em 1937 emigra para Nova Zelândia, onde permanece até 1946, quando é chamado para ensinar na London School of Economics. Morreu dia 17 de setembro de 1994.

Viena; Nova Zelândia; Londres → § 1-3

Crítico em relação ao neopositivismo, à Escola de Frankfurt e à filosofia analítica, é talvez o maior filósofo da ciência do século XX e defensor tenaz e agudo da sociedade aberta, ou seja, do Estado democrático.

Suas obras fundamentais são três: *Lógica da descoberta científica* (1934), *A miséria do historicismo* (1944-1945) e *A sociedade aberta e seus inimigos* (1945).

• As hipóteses ou teorias são *conjecturas* inventadas (por mentes criativas) como tentativas de solução dos *problemas*. As hipóteses são fruto de esforços criativos, e não resultados de procedimentos rotineiros. Para Popper, *indução não existe*: não se verifica a *indução por repetição* (quantos cisnes brancos devo observar para poder dizer que "*todos* os cisnes são brancos?"; e quem nos garante que o próximo cisne que teremos ocasião de observar também seja branco?); nem é sustentável a *indução eliminatória* (esta diz que, para ter a teoria válida, basta eliminar todas as teorias falsas propostas como solução do problema; mas as teorias propostas para a solução de um problema são, em linha de princípio, infinitas, motivo pelo qual o procedimento da indução eliminatória é inexequível).

Por que a indução não existe → § 4-6

• Com o princípio de verificação ("têm sentido apenas as proposições que podem ser factualmente verificadas"), os neopositivistas pretenderam estabelecer uma linha de demarcação entre linguagem sensata (a das ciências empíricas) e linguagem insensata (a das teorias metafísicas, das fés religiosas etc.). Diversamente dos neopositivistas, Karl Popper propõe seu *critério de falsificabilidade* como critério de demarcação entre ciência empírica e não ciência: uma teoria pertence à ciência empírica apenas se puder ser desmentida ou falsificada (tornada falsa) pelos fatos. A asserção "chove ou não chove" jamais poderá ser desmentida; ao passo que a proposição "amanhã choverá aqui" pode ser desmentida (por um sol que brilha o dia inteiro).

Como demarcar a ciência da não ciência → § 7

• Todo o método científico se reduz a três palavras: problemas-conjecturas-tentativas de refutação. Inventamos teorias para poder resolver problemas; e depois submetemos essas teorias ao controle dos fatos. Dada a *assimetria lógica* que existe entre verificação e falsificação de uma teoria (milhões de confirmações não tornam certa uma teoria; um só fato contrário logicamente a destrói; cem milhões de confirmações não tornam certa a teoria "todas as madeiras flutuam na água"; um só pedaço de ébano

Todo o método científico se resolve em três palavras: problemas, teorias, críticas → § 7

– que é madeira e que afunda – falsifica a teoria "todas as madeiras flutuam na água"), todo controle sério de uma teoria se resolve em uma tentativa de falsificá-la. E a descoberta do *erro* põe a comunidade científica na necessidade de propor e pôr à prova uma teoria melhor do que a precedente, uma teoria com maior poder explicativo e previsível.

• Assim como existem as teorias científicas que respondem a problemas científicos, também existem as teorias filosóficas que respondem a problemas filosóficos: se a ciência pode oferecer teorias certas ou não; se a história humana tem um sentido ou não; se as teorias se obtêm por indução ou por outro caminho; se os valores éticos são racionalmente fundados ou se apenas se oferecem, ao contrário, à nossa escolha responsável; quais são os fundamentos da democracia; se é válido o determinismo ou então o indeterminismo; se o cérebro está em grau de explicar a mente; se o futuro é previsível ou não etc. As teorias filosóficas existem; são sensatas; algumas delas são humana e socialmente da máxima importância; de algumas teorias filosóficas brotaram teorias científicas (pense-se no atomismo antigo e na teoria atômica atual). As teorias filosóficas, em todo caso, são filosóficas enquanto não são falsificáveis; e, todavia, existem teorias filosóficas que são racionais. As *teorias filosóficas são racionais quando são criticáveis*; e são criticáveis quando podem se chocar contra alguma teoria científica, algum teorema matemático, algum resultado de lógica ou alguma outra teoria metafísica, aquisições teóricas na época bem consolidadas e às quais não estamos dispostos a renunciar.

Sensatez e racionalidade das teorias filosóficas
→ § 8-10

• Popper critica o *historicismo*, ou seja, todas as filosofias que pretendem ter captado o sentido da história humana: o futuro não é previsível também porque não são previsíveis os desenvolvimentos da ciência, dos quais depende em grande parte a ordem da sociedade. Critica o *materialismo histórico* enquanto não é verdade que o aspecto econômico é sempre determinante no desenvolvimento dos fatos sociais. Critica o *materialismo dialético*, porque, se não por outro motivo, é um erro pernicioso confundir contradições lógicas e contrastes reais. Critica, mais amplamente, o *marxismo* enquanto, embora tenha nascido como ciência (com suas previsões controláveis: teria estourado a revolução nos países mais industrializados, teriam desaparecido as classes médias etc.), por alguns de seus representantes de prestígio foi imunizado pela crítica, e terminou como "metafísica cruel".

Contra o historicismo, o materialismo histórico e o materialismo dialético
→ § 11-12

• Marx e, antes dele, Hegel e, na antiguidade, Platão, são *inimigos da sociedade aberta*. A sociedade aberta é a dirigida por instituições (regras da democracia) que permitem a convivência do maior número possível de ideias, de ideologias, de valores, de visões do mundo filosóficas ou religiosas. A convivência do *maior número possível* de visões do mundo e valores diferentes, mas não de *todos*: a sociedade aberta é fechada apenas para os intolerantes.

A sociedade aberta e seus inimigos
→ § 13-15

Platão envenenou toda a teoria política do Ocidente, ao perguntar: "quem deve governar?" Ele respondeu que os filósofos devem governar (aqueles que conhecem a verdade e que sabem o que é o bem). Depois dele aparecem as mais variadas respostas: devem governar os religiosos, os militares, os técnicos; deve governar esta ou aquela raça, esta ou aquela classe. Pois bem, Popper sustenta que a pergunta platônica é simplesmente irracional; ele nos manda buscar aquilo que não existe: não existe nem um indivíduo, nem um grupo, nem uma classe, nem uma raça que tenham vindo ao mundo com o atributo da *soberania sobre os outros*. Racional é, ao

> contrário, na opinião de Popper, esta outra pergunta: "Como podemos organizar as instituições políticas de modo a impedir que os governantes maus ou incompetentes causem demasiado prejuízo?" – Não é "quem deve governar?" a pergunta do democrático, e sim muito mais a pergunta: "Como controlar quem governa?"

1 A vida e as obras

Karl Raimund Popper, nascido em Viena em 1902, faleceu na Inglaterra em 1994.

Na capital austríaca estudou filosofia, matemática e física (com estudiosos como os físicos Wirtinger e Furtwängler e o matemático Hans Hahn). Durante certo período, trabalhou na clínica de consulta infantil de Alfred Adler. Interessou-se por música e por história da música. Em 1928, formou-se em filosofia discutindo sua tese de bacharelado *(Sobre a questão do método da psicologia do pensamento)* com o psicólogo Karl Buhler. Em 1929, habilitou-se para o ensino de matemática e da física nas escolas de Ensino Médio. Para esse exame, escreveu uma tese sobre os problemas da axiomática em geometria, tese que abrangia também um capítulo sobre a geometria não euclidiana. Em 1934 (mas com data de 1935), foi publicada sua obra fundamental *Lógica da descoberta científica*.

Sendo de origem judaica, emigrou em 1937 para a Nova Zelândia, onde ensinou no Canterbury University College de Christchurch. Aí, com grande esforço, escreveu *A miséria do historicismo* (1944-1945) e os dois volumes de *A sociedade aberta e seus inimigos*, publicados em 1945.

No início de 1946, Popper foi chamado para ensinar na London School of Economics, transferindo-se então para a Inglaterra, onde prosseguiu seu trabalho de filosofia e de filosofia da ciência. Os resultados desse trabalho estão reunidos essencialmente em duas obras: *Conjecturas e refutações*, de 1962, e *Conhecimento objetivo*, de 1972. Tanto sua *Autobiografia (A busca não tem fim)* como as *Réplicas a meus críticos* são de 1974. Em colaboração com J. C. Eccles, Popper publicou em 1977 o livro *O eu e seu cérebro*.

São notáveis e sempre perspicazes suas contribuições em múltiplos anais de seminários e simpósios. Membro da Royal Society, foi feito *Sir* em 1965. Professor visitante em muitas universidades estrangeiras, suas obras foram traduzidas em mais de vinte línguas.

2 Popper contra o neopositivismo

Durante muito tempo, na literatura filosófica, Popper apareceu associado ao neopositivismo. Chegou-se a dizer até que foi membro do Círculo de Viena. Entretanto, a exemplo de Wittgenstein, Popper nunca foi membro do Círculo. Em suas *Réplicas aos meus críticos*, o próprio Popper afirma que essa história (ou seja, de que ele fora membro do Círculo de Viena) é apenas lenda. E, em sua *Autobiografia*, admite a responsabilidade pela morte do neopositivismo. Com efeito, Popper não é neopositivista. E, com toda razão, Otto Neurath chamou Popper de "a oposição oficial" do Círculo de Viena. Com efeito, Popper embaralhou todas as cartas com as quais os neopositivistas estavam jogando seu jogo: substituiu o princípio de verificação (que é um princípio de significância) pelo critério de falsificabilidade (que é um critério de demarcação entre ciência e não ciência); substituiu a velha e venerável, mas, em sua opinião, impotente teoria da indução, pelo método dedutivo da prova; deu uma interpretação diferente da interpretação de alguns membros do *Círculo* a respeito dos fundamentos empíricos da ciência, afirmando que os protocolos não são de natureza absoluta e definitiva; reinterpretou a probabilidade, sustentando que as melhores teorias científicas (enquanto implicam mais e podem ser mais bem verificadas) são as menos prováveis; rejeitou a antimetafísica dos vienenses, considerando-a simples exclamação, e, entre outras coisas, defendeu a metafísica como progenitora de teorias científicas; rejeitou também o desinteresse de muitos circulistas em relação à tradição e releu em novas bases filósofos como Kant, Hegel, Stuart Mill, Berkeley, Bacon, Aristóteles, Platão e Sócrates para chegar a uma estimulante releitura, em bases epistemológicas, dos pré-socráticos, vistos como os criadores da tradição de discussão crítica; enfrentou seriamente autênticos e clássicos problemas filosóficos, como o das relações corpo-mente ou como o do sentido ou não da história humana; interessou-se pelo sempre emergente drama da violência, e é um dos mais aguerridos adversários teóricos do totalitarismo; rejeitou a diferença entre termos teóricos e termos observáveis; contra o convencionalismo de Carnap e Neurath, ou seja, a chamada "fase sintática" do *Kreis*, fez valer, na linha de Tarski, a ideia reguladora da verdade. Em suma, não há questão ventilada pelos vienenses em torno da qual Popper não pense diferente. Por tudo isso, Neurath estava certo ao chamar Popper de "a oposição oficial do Círculo de Viena". Texto 1

3. Popper contra a filosofia analítica

Crítico em relação aos vienenses, mais recentemente, em 1961, Popper também atacou, em nome da unidade do método científico, as pretensões da Escola de Frankfurt de compreender a sociedade com categorias como a "totalidade" e a "dialética". E também não se mostrou mais suave em relação à *Cambridge-Oxford-Philosophy*. Omitindo alguns acenos esparsos aqui e ali em seus escritos, Popper precisou sua posição essencialmente contrária ao movimento analítico no prefácio à primeira edição inglesa (1959) da *Lógica da descoberta científica*. Escreve Popper a esse propósito: "Hoje como então (isto é, nos tempos do *Kreis*), os analistas da linguagem são importantes para mim e não apenas como opositores, mas também como aliados, porque parecem os únicos filósofos que continuaram a manter vivas algumas tradições da filosofia racional. Os analistas da linguagem acreditam que não existem problemas filosóficos genuínos, ou que os problemas da filosofia — admitindo-se que existam — são problemas referentes ao uso linguístico ou ao significado das palavras". Mas Popper não concorda com esse programa, tanto que, no prefácio à edição italiana (1970) da mesma obra, ele afirma peremptoriamente que "devemos deixar de nos preocupar com as palavras e seus significados para passar a nos preocupar com as teorias criticáveis, com os raciocínios e com sua validade".

Karl Raimund Popper (1902-1994) é o teórico do falibilismo na teoria da ciência, e da sociedade aberta na política.

Frontispício, com dedicatória autógrafa de Popper a Dario Antiseri, da primeira edição (1972) da obra Conhecimento objetivo. Um ponto de vista evolucionista.

4. A indução não existe

Escrevia Popper: "Penso ter resolvido um problema filosófico fundamental: o problema da indução [...]. Essa solução tem sido extremamente fecunda, e tem-me permitido resolver grande número de outros problemas filosóficos". E ele resolveu o problema da indução dissolvendo-o: "A indução não existe. E a concepção oposta é um grande erro".

No passado, o termo "indução" era usado principalmente em dois sentidos:

a) *indução repetitiva ou por enumeração;*

b) *indução por eliminação.*

A ideia de Popper é que ambos os tipos de indução caem por terra. Escreve ele: "A primeira é a indução repetitiva (ou indução por enumeração), que consiste em observações frequentemente repetidas, observações que deveriam fundamentar algumas generalizações da teoria. É óbvia a falta de validade desse gênero de raciocínio: nenhum número de observações de cisnes brancos é capaz de estabelecer que todos os cisnes são brancos (ou que é pequena a probabilidade de se encontrar um cisne que não seja branco). Do mesmo modo, por maior que seja o número de espectros de átomos de hidrogênio que observamos, nunca poderemos estabelecer que todos os átomos de hidrogênio emitem espectros do mesmo tipo [...]. Portanto, a indução por enumeração está *fora de questão*: não pode fundamentar nada".

Por outro lado, a indução eliminatória baseia-se no método da eliminação ou rejeição das falsas teorias. Diz Popper: "À primeira vista, esse tipo de indução pode parecer muito semelhante ao método da discussão crítica que eu defendo, mas, na realidade, é muito diferente. Com efeito, Bacon, Mill e os outros difusores desse método de indução acreditavam que, eliminando todas as teorias falsas, pode-se fazer valer a verdadeira teoria. Em outras palavras, não se davam conta de que o número de teorias rivais é sempre infinito, ainda que, via de regra, em cada momento particular possamos tomar em consideração um número finito de teorias [...]. O fato de, para cada problema, existir sempre infinidade de soluções logicamente possíveis constitui um dos fatos decisivos de toda a ciência, e é uma das coisas que fazem da ciência uma aventura tão excitante. Com efeito, ele torna ineficazes todos os métodos baseados nas meras rotinas, o que significa que, na ciência, devemos usar a imaginação e ideias ousadas, ainda que uma e outras devam ser sempre temperadas pela crítica e pelos controles mais severos".

A indução, portanto, não existe. Por conseguinte, não pode fundamentar nada, e, consequentemente, não existem métodos baseados em meras rotinas. É erro pensar que a ciência empírica proceda com métodos indutivos. Normalmente, afirma-se que uma inferência é indutiva quando procede a partir de *assertivas particulares*, como os relatórios dos resultados de observações ou de experimentos, para chegar a *asserções universais*, como hipóteses ou teorias. No entanto, já em 1934 Popper escrevia: "Do ponto de vista lógico, não é nada óbvio que se justifique inferir assertivas universais a partir de assertivas singulares, por mais numerosas sejam estas últimas. Com efeito, qualquer conclusão tirada desse modo sempre pode se revelar falsa: por mais numerosos que sejam os casos de cisnes brancos que possamos ter observado, isso não justifica a conclusão de que *todos* os cisnes são brancos". A inferência indutiva, portanto, não se justifica logicamente.

Também poder-se-ia atacar a questão da indução a partir desta outra perspectiva.

O princípio de indução é uma proposição analítica (isto é, tautológica) ou uma assertiva sintética (isto é, empírica). Entretanto, "se existisse algo como um princípio de indução puramente lógico, não existiria nenhum problema de indução, porque nesse caso todas as inferências indutivas deveriam ser consideradas como transformações puramente lógicas ou tautológicas, precisamente como as inferências da lógica dedutiva".

Portanto, o princípio de indução deve ser uma assertiva universal sintética. Mas, "se tentarmos considerar sua veracidade como conhecida pela experiência, então ressurgem exatamente os mesmos problemas que deram origem à sua introdução. Para justificá-la, devemos empregar inferências indutivas. E para justificar estas últimas, devemos adotar um princípio indutivo de ordem superior, e assim por diante. Desse modo, a tentativa de basear o princípio de indução na experiência acaba falindo, porque leva necessariamente a um regresso infinito". Texto 2

5 A mente não é "tabula rasa"

Há outra ideia ligada à teoria da indução: a de que a mente do pesquisador deveria ser mente desprovida de pressupostos, de hipóteses, de suspeitas e de problemas, em suma, uma *tabula rasa*, na qual refletir-se-ia depois o livro da natureza. Essa ideia é o que Popper chama de *observativismo*, e que ele considera mito.

O observativismo é mito filosófico, já que a realidade é que nós somos uma *tabula plena*, um quadro-negro cheio dos sinais que a tradição ou a evolução cultural deixaram escritos.

A observação sempre se orienta por expectativas teóricas. Esse fato, diz Popper, "pode ser ilustrado com um simples experimento, que eu gostaria de realizar, com vossa permissão, tomando a vós mesmos como cobaias. O meu experimento consiste em pedir-vos para observar, aqui e agora. Espero que todos vós estejais cooperando: observai! Temo, porém, que algum de vós, ao invés de observar, experimente a forte vontade de perguntar-me: 'O que queres que eu observe?' Se essa é a vossa resposta, então meu experimento teve êxito. Com efeito, aquilo que estou tentando evidenciar é que, *tendo em vista a observação, devemos ter em mente uma questão bem definida, que podemos estar em condições de decidir através da observação.*

Um experimento ou prova pressupõe sempre *alguma coisa* a experimentar ou a comprovar. E esse algo são as hipóteses (ou conjecturas, ideias e teorias) que inventamos para resolver os problemas. Purgada dos preconceitos, a mente não será mente pura, afirma Popper, mas apenas mente vazia. Nós operamos sempre com teorias, ainda que frequentemente não tenhamos consciência disso.

6 Problemas e criatividade; gênese e prova das hipóteses

Portanto, segundo Popper, não existe procedimento indutivo, e a ideia da mente como *tabula rasa* é um mito. Para Popper, a pesquisa não parte de observações, mas sempre de problemas, "de problemas práticos ou de uma teoria que se chocou com dificuldades, ou seja, que despertou *expectativas* e depois as desiludiu".

Um problema é uma expectativa desiludida. Em sua natureza lógica, um problema é uma contradição entre afirmações estabelecidas; o maravilhamento e o interesse são as vestimentas psicológicas daquele fato lógico que é a contradição entre duas teorias ou, pelo menos, entre a consequência de uma teoria e uma proposição que, presumivelmente, descreve um fato. E os problemas explodem justamente porque nós somos "memória" biológico-cultural, fruto de uma evolução, primeiramente biológica e depois eminentemente cultural.

Com efeito, quando um pedaço de "memória", ou seja, uma expectativa (hipótese ou preconceito), choca-se com outra expectativa ou com algum pedaço de realidade (ou fatos), então temos um problema. É assim que Popper descreve a correlação entre o conjunto de expectativas que é a nossa "memória" cultural e os problemas: "Por vezes, enquanto descemos por uma escada, acontece-nos descobrir de repente que esperávamos outro degrau (que não existe) ou, ao contrário, que não esperávamos nenhum outro degrau, quando na verdade ainda existe um. A desagradável descoberta de nos termos enganado faz com que nos demos conta de ter alimentado certas expectativas inconscientes. E mostra que existem milhares de tais expectativas inconscientes".

A pesquisa, portanto, inicia-se com os problemas; buscamos precisamente a solução dos problemas.

E para resolver os problemas, é necessária a *imaginação criadora* de hipóteses ou conjecturas; precisamos de criatividade, da criação de ideias "novas e boas", boas para a solução dos problemas.

Aqui é necessário traçar uma distinção – na qual Popper insiste com frequência – entre *contexto da descoberta* e *contexto da justificação*. Uma coisa é o processo psicológico ou *gênese* das ideias; outra coisa, bem diferente da gênese das ideias, é sua prova. As ideias científicas não têm fontes privilegiadas: podem brotar do mito, das metafísicas, do sonho, da embriaguez etc. Mas o que importa é que elas sejam de fato comprovadas. E é óbvio que, para que sejam provadas de fato, as teorias científicas devem ser prováveis ou verificáveis em princípio.

7 O critério de falsificabilidade

A pesquisa inicia pelos problemas. Para resolver os problemas, é preciso elaborar hipóteses como tentativas de solução. Uma vez propostas, as hipóteses devem ser provadas. E essa prova se dá extraindo-se consequências das hipóteses e vendo se tais consequências se confirmam ou não. Se elas ocorrem, dizemos que, no momento, as hipóteses estão confirmadas. Se, ao contrário, pelo menos uma consequência não ocorre, então dizemos que a hipótese é *falsificada*. Em outros termos, dado um problema P e uma teoria T, proposta como sua solução, nós dizemos: se T é verdadeira, então devem se dar as consequências p_1, p_2, p_3,..., p_n; se elas se derem, confirmarão a teoria; se, ao contrário, não se derem, a desmentirão ou falsificarão, ou seja, demonstrarão ser falsa. Por aí se pode ver que, para ser provada de fato, uma teoria deve ser provável ou verificável em princípio. Em outras palavras, deve ser falsificável, ou seja, deve ser tal que dela sejam extraíveis consequências que possam ser refutadas, isto é, falsificadas pelos fatos. Com efeito, se não for possível extrair de uma teoria consequências passíveis de verificação factual, ela não é científica. Entretanto, deve-se observar aqui que uma hipótese metafísica de hoje pode se tornar científica amanhã (como foi o caso da antiga teoria atomista, metafísica nos tempos de Demócrito e científica na época de Fermi).

Nessa extração de consequências da teoria sob controle e no seu confronto com as assertivas de base (ou protocolos) que, pelo que sabemos, descrevem os "fatos", consiste o *método dedutivo dos controles*. Controles que, numa perspectiva lógica, nunca encontrarão um fim, já que, por mais confirmações que uma teoria possa ter obtido, ela nunca será certa, pois o próximo controle poderá desmenti-la. Esse fato lógico se coaduna com a história da ciência, onde vemos teorias, que resistiram durante décadas, e décadas acabarem por desmoronar sob o peso dos fatos contrários.

Na realidade, existe uma *assimetria lógica* entre verificação e falsificação: bilhões e bilhões de confirmações não tornam certa uma teoria (como, por exemplo, a de que "todos os pedaços de madeira boiam na água"), ao passo que apenas um fato negativo ("este pedaço de ébano não boia na água") falseia a teoria, do ponto de

> **■Falsificabilidade.** As teorias científicas são tais – e distintas de outras teorias como as matemáticas ou as metafísicas – porque passíveis de serem desmentidas, isto é, de serem falsificadas.
> Por mais confirmações que possa ter obtido, uma teoria científica é e continua falsificável: jamais se exclui que um fato novo, em um controle posterior, possa contradizer também a teoria melhor consolidada.
> "Eu admitirei certamente como empírico, ou científico, apenas um sistema que possa ser *controlado* pela experiência. Estas considerações sugerem que, como critério de demarcação, não se deve tomar a *verificabilidade*, mas a *falsificabilidade* de um sistema. Em outras palavras: de um sistema científico não exigirei que ele seja capaz de ser escolhido, em sentido positivo, de uma vez por todas, mas exigirei que sua forma lógica seja tal que possa ser evidenciado, por meio de controles empíricos, em sentido negativo: um sistema empírico deve poder ser refutado pela experiência".
> Uma teoria, para poder ser "verdadeira", deve também poder ser "falsa".
> "Todo conhecimento científico é hipotético e conjectural".

vista lógico. É com base nessa assimetria que Popper fixa a ordem metodológica da falsificação; como uma teoria permanece sempre desmentível, por mais confirmada que esteja, então é *necessário* tentar falsificá-la, porque, quanto antes se encontrar um erro, mais cedo poderemos eliminá-lo, com a formulação e a experimentação de uma teoria melhor do que a anterior. Desse modo, a epistemologia de Popper reflete a força do erro. Como dizia Oscar Wilde, "experiência é o nome que cada um de nós dá aos seus próprios erros".

Por tudo isso pode-se compreender muito bem a centralidade da ideia de falsificabilidade na epistemologia de Popper: "Não exigirei de um sistema científico que seja capaz de ser escolhido, em sentido positivo, de uma vez por todas, mas exigirei que sua forma lógica seja tal que ele possa ser posto em evidência, por meio de verificações empíricas, em sentido negativo: um sistema empírico deve poder ser refutado pela experiência".

Pode-se ver a adequação desse critério quando pensamos nos sistemas metafísicos, sempre verificáveis (qual fato não confirma uma das tantas filosofias da história?) e nunca desmentíveis (qual fato poderá desmentir uma filosofia da história ou uma visão religiosa do mundo?). Textos 3 4

8. Significatividade das teorias metafísicas

Diversamente do princípio de verificação, o critério de falsificabilidade não é um critério de significância, mas, repetimos, um critério de demarcação entre assertivas empíricas e assertivas não empíricas. Entretanto, dizer que uma assertiva ou um conjunto de assertivas não é científico não implica em absoluto dizer que ele é insensato.

Foi por essa razão que, em 1933, Popper escreveu uma carta ao diretor da revista "Erkenntnis", dizendo, entre outras coisas: "Tão logo ouvi falar do novo critério de verificabilidade do *significado* elaborado pelo Círculo (de Viena), lhe contrapus meu critério de falsificabilidade: critério de *demarcação* destinado a demarcar sistemas de assertivas científicas dos sistemas *perfeitamente significantes* de assertivas metafísicas".

Com efeito, nós compreendemos muito bem o que querem dizer os realistas, os idealistas, os solipsistas ou os dialéticos. Na realidade, afirma Popper, os neopositivistas tentaram eliminar a metafísica, lançando-lhe impropérios. Mas, com seu princípio de verificação, reintroduziram a metafísica na ciência (enquanto as próprias leis da natureza não são verificáveis). Mas o fato é que "não se pode negar que, ao lado das ideias metafísicas que obstacularam o caminho da ciência, também houve outras, como o atomismo especulativo, que contribuíram para seu progresso. E, olhando a questão do ponto de vista psicológico, estou propenso a considerar que a descoberta científica é impossível sem a fé em ideias que têm natureza puramente especulativa e que, por vezes, são até bastante nebulosas — uma fé que é completamente desprovida de garantias do ponto de vista da ciência e que, portanto, dentro desses limites, é 'metafísica'".

■ **Verossimilitude (ou verossimilhança).** As teorias científicas – também as mais consolidadas – são e permanecem falsificáveis; e a história da ciência nos apresenta um número muito grande de teorias falsificadas, ao menos à luz do que hoje pensamos saber. Pois bem, as teorias falsas – que tratam dos mesmos problemas e que, portanto, resultam confrontáveis – Popper propõe julgá-las por meio de um critério de verossimilitude capaz de fazer tomar uma decisão adequada sobre qual seja – entre teorias falsificadas – a melhor, mais semelhante ao verdadeiro ou menos falsa, mais rica de conteúdo informativo, com maior poder explicativo e previsivo.

Entre duas teorias falsas T_1 e T_2 – por exemplo, a teoria copernicana (C) e a newtoniana (N), falsas à luz de Einstein –, Popper propõe que T_2 é mais verossímil (mais semelhante à verdade) do que T_1:

– se todas as consequências verdadeiras em T_1 são verdadeiras em T_2;

– se todas as consequências falsas em T_1 são verdadeiras em T_2;

– e se de T_2 é possível extrair outras consequências verdadeiras não dedutíveis de T_1.

Também em T_2 há consequências falsas, pois T_2 é falsificada; todavia, a quantidade das consequências verdadeiras, o conteúdo de verdade de T_2 é maior do que o conteúdo de verdade de T_1 e o conteúdo de falsidade de T_2 é menor ou igual ao conteúdo de falsidade de T_1.

Em outras palavras, uma teoria T se torna mais verossímil à medida que aumenta seu conteúdo de verdade e não o de falsidade; ou seja, diminui o conteúdo de falsidade e não o de verdade.

Munido desse critério "lógico" o pesquisador militante deveria decidir depois conjecturalmente sobre a maior ou menor verossimilitude de uma teoria em relação a uma outra. Apesar de Pavel Tichy, David Miller e John Harris terem demonstrado que as definições de Popper são inconsistentes, à medida que a uma teoria falsificada acrescentarmos uma proposição verdadeira, então – dado que na teoria há consequências falsas – a partir da teoria podemos extrair também o produto lógico de *p* verdadeira com uma *f* falsa qualquer; e isso quer dizer que se em uma teoria falsa aumentam as consequências verdadeiras, aumentam então também as consequências falsas, resultado que nega a primeira definição de Popper.

Consideremos o segundo caso: Popper diz que a verossimilitude de uma teoria falsa aumenta se diminuírem as consequências falsas e não as verdadeiras; mas também aqui as coisas não funcionam, uma vez que se tirarmos uma proposição *f* falsa e a partir de uma teoria falsa, nós nos proibimos fazer uma implicação verdadeira entre a *f* falsa e *q* igualmente falsa, resultado que é contrário à segunda definição projetada por Popper.

Em outras palavras: entre duas teorias falsas uma não pode ser mais verdadeira que a outra; seria como dizer que entre duas espécies extintas uma não pode ser mais viva que a outra.

Popper reconheceu logo seu erro. Não temos um critério de verdade (isto é, um procedimento que nos permita estabelecer que uma teoria é de fato verdadeira, verdadeira para a eternidade); nem estamos em posse de um critério de verossimilhança. Todavia, podemos dizer – com L. Laudan – que entre as duas teorias é preferível a que resolve mais problemas e, no momento, os problemas mais importantes.

9. Relações entre ciência e metafísica

Portanto, *do ponto de vista psicológico*, a pesquisa é impossível sem ideias metafísicas, que, por exemplo, poderiam ser as ideias de realismo, de ordem do universo ou de casualidade.

Do ponto de vista histórico "vemos que, por vezes, ideias que antes flutuavam nas regiões metafísicas mais altas podem ser alcançadas com o crescimento da ciência e, postas em contato com ela, podem se concretizar. São exemplos de tais ideias: o atomismo; a ideia de um 'princípio' físico único ou elemento último (do qual derivam os outros); a teoria do movimento da terra (à qual Bacon se opunha, considerando-a fictícia); a venerável teoria corpuscular da luz; a teoria da eletricidade como fluido (que foi revivida com a hipótese de que a condução dos metais deve-se a um gás de elétrons). Todos esses conceitos e essas ideias metafísicas, ainda que em suas formas mais primitivas, foram de ajuda na ordenação da imagem que o homem faz do mundo. E, em alguns casos, podem também ter levado a previsões cercadas de êxito. Entretanto, uma ideia desse gênero só adquire *status* científico quando é apresentada de forma que possa ser falsificada, ou seja, somente se torna possível decidir empiricamente entre ela e alguma teoria rival".

Tendo escrito tudo isso em 1934, Popper, em seu *Postscript* (esboçado desde 1957), a propósito dos *programas* de pesquisa metafísicos, escrevia: "O atomismo é [...] um exemplo excelente de uma teoria metafísica não controlável, cuja influência na ciência supera a de muitas teorias controláveis [...]. O último e mais grandioso, até agora, foi o programa de Faraday, Maxwell, Einstein, De Broglie e Schrödinger, de conceber o mundo [...] em termos de campos contínuos [...]. Cada uma dessas teorias metafísicas funcionou como programa para a ciência, indicando a direção em que se poderiam encontrar teorias da ciência adequadamente explicativas, e tornando possível a avaliação da profundidade de uma teoria. Em biologia, a teoria da evolução, a teoria da célula e a teoria da infecção bacteriana desenvolveram todas um papel semelhante, pelo menos por algum tempo. Em psicologia, o sensismo, o atomismo (ou seja, a teoria segundo a qual todas as experiências são compostas de elementos últimos, como, por exemplo, os dados sensoriais) e a psicanálise deveriam ser recordados como programas de pesquisa metafísicos [...] Assertivas puramente existenciais também se revelaram, por vezes, inspiradoras e frutíferas na história da ciência, ainda que nunca tenham vindo a tornar-se parte dela. Aliás, poucas teorias metafísicas exerceram maior influência sobre o desenvolvimento da ciência do que a afirmação puramente metafísica de que 'existe uma substância que pode transformar os metais vis em ouro (isto é, uma pedra filosofal)', afirmação que, se não é falsificável, nunca foi verificada e na qual ninguém mais acredita".

Portanto, *do ponto de vista psicológico*, a pesquisa científica é impossível sem ideias metafísicas. *Do ponto de vista histórico*, é um dado de fato que, ao lado das ideias metafísicas que obstaculizaram a ciência, há outras que representaram fecundos programas de pesquisa; e existiram metafísicas que, com o crescimento do saber de fundo, transformaram-se em teorias verificáveis. E esse *fato histórico* nos mostra claramente que, *do ponto de vista lógico*, o âmbito do verdadeiro não se identifica com o âmbito do verificável.

10 Criticabilidade da metafísica

Mas as coisas não param aí, já que, se é bem verdade que existem teorias metafísicas sensatas, eventualmente verdadeiras e, no entanto, empiricamente incontroláveis (e por isso metafísicas), devemos, porém, atentar para o fato de que tais teorias — ainda que empiricamente irrefutáveis — podem ser *criticáveis*.

Criticáveis porque elas não são assertivas isoladas acerca do mundo, que se apresentam com um peremptório "é pegar ou largar"; elas estão relacionadas, se baseiam, se entrelaçam, pressupõem ou são incompatíveis com outras teorias e com outras situações problemáticas objetivas. E é precisamente com base nessas considerações que é fácil ver como teorias empiricamente irrefutáveis são criticáveis. Assim, por exemplo, se o determinismo kantiano é fruto da *ciência da época* (o mundo-relógio de Newton), e se a ciência posterior transforma o mundo-relógio em um mundo-nuvem, então cai por terra aquele saber de fundo sobre o qual se erguia o determinismo de Kant, e essa derrocada carrega consigo também a teoria filosófica do determinismo.

11 Contra a dialética, a "miséria do historicismo"

Os primeiros elementos da filosofia social de Popper encontram-se *in nuce* no ensaio *O que é a dialética?* Esse escrito marca o momento em que Popper começa a se interessar pelos problemas de metodologia das ciências sociais. E com base em sua concepção do método científico, Popper afirma, entre outras coisas, que enquanto, de um lado, a contradição lógica e a contradição dialética não têm nada a partilhar, do outro lado o método dialético é um subentendimento e absolutização do método científico. No método científico, com efeito, não se tem, como pretendem os dialéticos, nem uma produção necessária da "síntese" nem a conservação necessária, nesta, da "tese" e da "antítese".

Além disso, Popper ainda diz que, enquanto teoria descritiva, a dialética se resume na banalidade do tautológico, ou então se qualifica como teoria que permite justificar tudo, pois, não sendo falsificável, ela escapa à prova da experiência. *Em essência, embora parecendo onipotente, a dialética, na realidade, nada pode.*

Pois bem, com base nessa premissa, vejamos os pontos básicos da conhecida obra de Popper, intitulada A miséria do historicismo. Esse ensaio concentra-se na crítica ao *historicismo* e ao *holismo*, na defesa da **unidade fundamental do método científico** nas ciências naturais e nas ciências sociais, e na consequente proposta de uma *tecnologia social racional*, ou seja, gradualista.

Segundo os historicistas, a função das ciências sociais deveria ser a de captar as leis de desenvolvimento da evolução da história humana, de modo que se possa prever seus desdobramentos posteriores.

Mas Popper sustenta que tais *profecias incondicionadas* não têm nada a ver com as *predições condicionadas* da ciência. *O historicismo é capaz apenas de pretensiosas profecias políticas.*

12 Crítica do "holismo"

O *holismo* é a concepção segundo a qual seria possível captar intelectualmente a totalidade de um objeto, de um acontecimento, de

Capa do primeiro volume da edição original (1945) de A sociedade aberta e seus inimigos.

um grupo ou de uma sociedade e, paralelamente, do ponto de vista prático, ou melhor, político, transformar tal totalidade. Contra essa concepção holística, Popper observa que:

a) por um lado, é grave erro metodológico pensar que nós podemos compreender a totalidade, até do menor e mais insignificante pedaço de mundo, visto que todas as teorias captam e não podem captar mais do que aspectos seletivos da realidade, e são por princípio sempre falsificáveis e, sempre por princípio, infinitas em número;

b) do ponto de vista prático e operativo, o holismo se resolve no utopismo no que se refere à tecnologia social, e no *totalitarismo* no que se refere à prática política.

Como se pode ver, Popper desenvolve a crítica ao historicismo e ao holismo em nome da *unidade fundamental do método científico* que deve existir, tanto nas ciências naturais como nas ciências sociais. Na opinião do autor, as ciências procedem segundo o modelo delineado na *Lógica da descoberta científica*.

Ou seja, procedem através da elaboração de hipóteses que formulamos para resolver os problemas que nos preocupam e que é preciso submeter à prova da experiência.

A contraposição entre ciências sociais e ciências naturais verifica-se unicamente porque, amiúde, não se entendem o método e o procedimento das ciências naturais. E o fato de que as ciências sociais sejam dessa natureza, ou seja, da mesma natureza que as ciências físicas, implica que, no plano da tecnologia social, procede-se na solução dos problemas mais urgentes mediante uma série de experimentos, dispostos de modo a corrigir objetivos e meios com base nos resultados conseguidos.

13. A sociedade aberta

Desse modo, as teses metodológicas do historicismo, segundo Popper, constituem o suporte teórico mais válido das ideologias totalitárias. E ele procura provar essa opinião nos dois volumes de *A sociedade aberta e seus inimigos*.

Com essa obra, Popper passa *da crítica metodológica ao ataque ideológico contra o historicismo, visto como filosofia reacionária e como defesa da "sociedade fechada" contra a "sociedade aberta"*, ou seja, como defesa de uma sociedade totalitária concebida organicamente e organizada tribalmente segundo normas não modificáveis.

Ao contrário, a sociedade aberta, em sua concepção, configura-se inversamente como sociedade baseada no exercício crítico da razão humana, como sociedade que não apenas tolera mas também estimula, em seu interior e por meio das *instituições democráticas,* a liberdade dos indivíduos e dos grupos tendo em vista a solução dos problemas sociais, ou seja, tendo em vista *reformas* contínuas.

Mais precisamente, Popper concebe a democracia como a conservação e o aperfeiçoamento contínuo de determinadas *instituições,* particularmente as que oferecem aos governados a possibilidade efetiva de criticar seus governantes e substituí-los sem derramamento de sangue.

Mas, com isso, Popper não quer dizer que, precisamente por ser tal, o democrático deva aceitar a subida dos totalitários ao poder.

Escreve Popper: "A democracia apresenta um campo de batalha precioso para qualquer reforma razoável, dado que permite a realização de reformas sem violência. Mas, se a defesa da democracia não se tornar a preocupação predominante em toda batalha particular travada nesse campo maior de batalha, as tendências antidemocráticas latentes, que sempre estão presentes — e que recorrem aos que padecem dos efeitos estressantes da civilização —, podem provocar a derrocada da democracia. Se a compreensão

■ **Sociedade aberta.** "Vivemos em uma democracia quando existem instituições que permitem derrubar o governo sem recorrer à violência, isto é, sem chegar à supressão física de seus componentes. Esta é a característica de uma democracia".
Em outras palavras: "A diferença entre uma democracia e uma tirania é que na primeira o governo pode ser eliminado sem derramamento de sangue, na segunda não".
A sociedade aberta está aberta a mais visões filosóficas e religiosas do mundo, a mais valores, a mais partidos. Ela está aberta por causa da falibilidade do conhecimento humano e pelo politeísmo dos valores. A sociedade aberta está fechada apenas para os intolerantes.

desses princípios ainda não estiver suficientemente desenvolvida, é preciso promovê-la. A linha política oposta pode ser fatal, pois pode implicar na perda da batalha mais importante, que é a batalha pela própria democracia".

Para Popper é democrática a sociedade que possui instituições democráticas. Mas é preciso ficar atento, adverte ele, pois as instituições são como uma fortaleza: resistem se a guarnição for boa. Texto 5

14 Fé na liberdade e na razão

Além disso, para Popper, os maiores ideais humanitários são constituídos pela justiça e pela liberdade. *Mas ele constrói*

Popper em idade avançada.

uma hierarquia em que a liberdade vem antes da justiça, já que, em uma sociedade livre, mediante a crítica intensa e reformas sucessivas, também se poderá caminhar para a justiça, ao passo que, na sociedade fechada, na tirania ou na ditadura, onde não é possível a crítica, a justiça tampouco será alcançada: aqui, haverá sempre a classe privilegiada dos servos do tirano.

Para concluir, devemos dizer que, por trás de tudo isso, por trás dessa defesa *racional e apaixonada* das instituições democráticas, existe o que Popper chama de *fé na razão*: "O racionalismo atribui valor à argumentação racional e à teoria, bem como ao controle com base na experiência. Mas essa decisão em favor do racionalismo, por seu turno, não se pode demonstrar pela argumentação racional e pela experiência. Ainda que se possa submetê-la à discussão, ela repousa em última análise na decisão irracional, na fé, na razão. Mas essa opção em favor da razão não é de ordem puramente intelectual, e sim de ordem moral. Ela condiciona toda a nossa atitude em relação aos outros homens e em relação aos problemas da vida social. E está estreitamente relacionada à fé na racionalidade do homem, no valor de cada homem. O racionalismo pode se acompanhar de uma atitude humanitária, muito melhor do que o irracionalismo, com sua rejeição da igualdade dos direitos. Naturalmente, os indivíduos humanos em particular são desiguais sob muitos aspectos. Isso, porém, não está em contraste com a exigência de que todos sejam tratados do mesmo modo e de que todos tenham direitos iguais. A igualdade diante da lei não é um fato, e sim uma instância política que repousa sobre uma opção moral. A fé na razão, inclusive na razão dos outros, implica a ideia de imparcialidade, de tolerância, de rejeição de toda pretensão autoritária".

15 Os inimigos da sociedade aberta

Justamente por isso Popper combate a *sociedade fechada*, ou seja, o Estado totalitário, teorizado em tempos e contextos diversos por pensadores como Platão, Hegel e Marx.

Platão foi o Judas de Sócrates e propôs, na opinião de Popper, um *Estado petrificado*, estruturado sobre uma rígida divisão das classes e dirigido pelo domínio exclusivo dos filósofos-reis.

Por outro lado, a filosofia hegeliana, centrada sobre a ideia de um inexorável desenvolvimento dialético da história e sobre o pressuposto da identidade entre o real e o racional, *nada mais é do que a justificação e a apologia do Estado prussiano e do mito da horda*.

Popper vê no hegelianismo o arsenal conceitual dos movimentos totalitários modernos: do nazismo e da nefasta fé fascista, doutrina materialista e ao mesmo tempo mística, totalitária e simultaneamente tribal. E é ainda do hegelianismo que, segundo Popper, brotam os piores aspectos do marxismo, ou seja, seu *historicismo* (a pretensão de ter descoberto as leis que guiariam de modo ferrenho toda a história humana) e seu *totalitarismo*.

O materialismo histórico (é a "estrutura econômica" que determina a "superestrutura ideológica") é uma absolutização metafísica de um aspecto da realidade; a dialética é um mito; e, além disso, os próprios marxistas proibiram às componentes teóricas do marxismo, que eram científicas, de se desenvolverem como ciência, uma vez que, diante das refutações históricas da teoria, eles procuraram proteger a teoria com *hipóteses ad hoc*, comportando-se como o médico que, em vez de salvar o paciente, procura salvar com vários subterfúgios o seu diagnóstico, matando o paciente.

A pergunta justa de teoria da política, diz Popper, não é: "quem deve comandar?", porque nenhum homem, nenhum grupo, nenhuma raça e nenhuma classe pode arrogar-se o direito natural de domínio sobre os outros. A pergunta justa é antes: "como é possível controlar quem comanda e substituir os governantes sem derramamento de sangue?" Este é o delineamento de quem constrói, aperfeiçoa e defende as *instituições democráticas* em favor da liberdade e dos direitos de cada um e, portanto, de todos. É o delineamento de todos os que prezam de coração a sociedade aberta.

Texto 6

POPPER

1 Existem genuínos problemas filosóficos?

O desencontro entre Ludwig Wittgenstein e Karl R. Popper sobre a existência e a natureza dos problemas filosóficos.

No início do ano acadêmico 1946-1947 recebi um convite do Secretário do Moral Science Club de Cambridge para que lesse uma conferência sobre certa "perplexidade filosófica". Era claro, obviamente, que se tratava de uma formulação de Wittgenstein, e que por trás dela havia a tese filosófica de Wittgenstein, segundo a qual em filosofia não existem problemas autênticos, mas apenas perplexidades linguísticas. Como essa tese estava entre as que eu mais adversava, decidi falar sobre "Existem problemas filosóficos?" Comecei minha conferência (lida no dia 26 de outubro de 1946 na sala de R.B. Braithwaite no King's College), manifestando minha surpresa por ter sido enviado pelo Secretário para proferir uma conferência para "formular certa perplexidade filosófica"; e salientei que, negando implicitamente que existem problemas filosóficos, quem quer que houvesse escrito o convite havia tomado posição, talvez sem querer, sobre uma questão criada por um autêntico problema filosófico.

É claro que com isso eu pretendia apenas introduzir meu tema de modo provocatório e talvez um pouco frívolo. Mas justamente a este ponto Wittgenstein levantou-se e disse, em alta voz e, assim me pareceu, com raiva: "O Secretário fez exatamente aquilo que lhe foi dito para fazer. Ele agiu sob minha instrução". Eu não fiz caso, e continuei. Mas aconteceu que pelo menos alguns dos admiradores de Wittgenstein, entre os presentes, perceberam isso, e consequentemente tomaram minha observação, entendida como uma brincadeira, como uma grave reprovação ao Secretário. E assim fez também o pobre Secretário, como se depreende das minutas em que se refere sobre o incidente, acrescentando ao pé da página: "Esta é a fórmula de convite do Club".

Em todo o caso, continuei, e disse que se eu pensasse que não existiam autênticos problemas filosóficos, eu não poderia sem dúvida ser um filósofo; e que o fato de que tantos, ou talvez todos, adotam desconsideradamente soluções insustentáveis para tantos, ou talvez para todos os problemas filosóficos, bastava para justificar o fato de ser um filósofo. Wittgenstein levantou-se outra vez, interrompeu-me, e falou longamente sobre as perplexidades e quebra-cabeças, e sobre a não existência de problemas filosóficos. No momento em que me pareceu mais oportuno fui eu que o interrompi, apresentando um elenco por mim preparado de problemas filosóficos, como: Conhecemos coisas através dos sentidos? Obtemos nosso conhecimento por indução? Wittgenstein os rejeitou, dizendo que eram problemas lógicos, mais que filosóficos. Coloquei então o problema se existe o infinito potencial ou talvez também o atual, um problema que ele rejeitou como matemático. (Esta rejeição foi transcrita verbalmente). Recordei, portanto, os problemas morais e o problema da validade das normas morais. A este ponto Wittgenstein, que estava sentado próximo da lareira e brincava nervosamente com o atiçador que por vezes usava como batuta de maestro de orquestra para salientar suas afirmações, lançou-me o desafio: "Dê o exemplo de uma regra moral!". Eu repliquei: "Não ameace o hóspede conferencista com o atiçador!" Depois disso, Wittgenstein, furioso, jogou no chão o atiçador e foi embora do aposento, batendo a porta atrás de si.

Sinto muito, de fato. Reconheço ter ido a Cambridge com a esperança de provocar Wittgenstein a defender a tese de que não existem problemas filosóficos autênticos, e de combatê-lo neste ponto. Mas nunca me havia passado pela mente irritá-lo; e foi uma surpresa ter de constatar que ele era incapaz de compreender uma brincadeira. Apenas mais tarde me dei conta de que talvez ele entendeu verdadeiramente que eu estava brincando, e que foi justamente isso que o ofendeu. Mas mesmo que eu tenha querido enfrentar o meu problema de modo um pouco divertido, eu tomava a questão com a máxima seriedade, talvez até mais que o próprio Wittgenstein, uma vez que, depois de tudo, ele não acreditava em problemas filosóficos autênticos.

Depois que Wittgenstein nos deixou, houve entre nós uma discussão muito agradável em que Bertrand Russell foi um dos interlocutores de maior destaque. E Braithwaite me fez depois um elogio (talvez um elogio equívoco), dizendo que eu havia sido o único a se arriscar a interromper Wittgenstein da mesma forma que Wittgenstein costumava interromper qualquer outro.

No dia seguinte, no trem que me levava para Londres, na minha cabine, havia dois estudantes sentados um diante do outro, um rapaz que lia um livro e uma jovem que lia um jornal de esquerda. De repente, a jovem perguntou: "Quem é esse Karl Popper?" E o rapaz replicou: "Nunca ouvi falar dele". Eis a fama. (Depois vim a saber que no jornal havia um ataque a *A sociedade aberta*.)

O encontro no Club das Ciências Morais tornou-se quase que imediatamente objeto de discursos feitos à toa. Pouco tempo depois, fiquei surpreso ao receber uma carta da Nova Zelândia, em que me perguntavam se era verdade que Wittgenstein e eu tínhamos brigado de fato, ambos armados com atiçadores. Mais perto de casa as histórias eram menos exageradas, mas não tanto.

O incidente foi em parte devido a meu hábito, toda vez que sou convidado para falar em algum lugar, de procurar desenvolver algumas consequências de meus pontos de vista que considero serem inaceitáveis para um público particular. Creio, com efeito, que a única razão que justifique uma conferência seja lançar um desafio. É o único modo em que o falar pode ter vantagens em relação à imprensa. Foi por essa razão que escolhi meu tema daquele modo. A controvérsia com Wittgenstein, além disso, tocava elementos fundamentais.

K. Popper,
A pesquisa não tem fim.

2 Por que não existe método indutivo

Desejo, por isso, dizer que não creio que exista nada de semelhante ao método indutivo, ou a um procedimento indutivo [...].

Nunca faço questão de palavras, e naturalmente não tenho nenhuma séria objeção contra quem queira chamar com o nome de "indução" o método de discussão crítica. Mas, nesse caso, é necessário perceber que se trata de algo muito diferente de tudo aquilo que no passado foi chamado de "indução". Com efeito, sempre se pensou que a indução deva fundar uma teoria, ou uma generalização, enquanto o método da discussão crítica não funda absolutamente nada. Seu veredicto é sempre e invariavelmente "não provado". A melhor coisa que pode fazer – e raramente a faz – é a de chegar ao veredicto de que certa teoria parece ser a melhor disponível, isto é, a melhor que até agora tenha sido submetida à discussão, a que parece resolver grande parte do problema que estava destinada a resolver, e que sobreviveu aos controles mais severos que até o momento estamos em grau de imaginar. Mas, naturalmente, isso não funda a verdade da teoria, ou seja, não estabelece que a teoria corresponde aos fatos, ou é uma descrição adequada da realidade; todavia, podemos dizer que um veredicto positivo deste gênero equivale a dizer que, à luz da discussão crítica, a teoria aparece como a melhor aproximação da verdade que até agora se alcançou.

Na realidade, a ideia de "melhor aproximação da verdade" é, ao mesmo tempo, o principal modelo de nossa discussão crítica e o objetivo que esperamos alcançar, como resultado da discussão. Entre nossos outros modelos há o poder explicativo de uma teoria e sua simplicidade.

No passado, o termo "indução" foi usado principalmente em dois sentidos. A primeira é a indução repetitiva (ou indução por enumeração), que consiste de observações frequentemente repetidas, observações que deveriam fundar alguma generalização da teoria. A falta de validez desse tipo de raciocínio é óbvia: nenhum número de observações de cisnes brancos consegue estabelecer que todos os cisnes são brancos (ou que a probabilidade de encontrar um cisne que não seja branco é pequena). Do mesmo modo, por mais espectros de átomos de hidrogênio que observamos, não poderemos jamais estabelecer que todos os átomos de hidrogênio emitem espectros do mesmo tipo. Todavia, considerações de ordem teórica podem sugerir-nos esta última generalização, e considerações teóricas posteriores podem sugerir-nos que a modifiquemos, introduzindo deslocamentos Doppler e deslocamentos para o vermelho próprios da gravitação einsteiniana.

A indução por enumeração, portanto, está *fora de questão*: ela não pode fundar nada.

O segundo sentido principal em que o termo "indução foi usado no passado é a indução eliminatória: a indução fundada sobre o método da eliminação ou refutação das teorias falsas. À primeira vista, esse tipo de indução pode parecer muito semelhante ao método da discussão crítica que eu sustento, mas, na realidade, é muito diferente. Com efeito, Bacon e Mill, e os outros difusores desse método da indução por eliminação acreditavam que, eliminando todas as teorias falsas, se possa fazer valer a teoria verdadeira. Em outras palavras, não percebiam que o número das teorias rivais é sempre infinito, mesmo se, de regra, em todo momento particular podemos tomar em consideração apenas um número finito de teorias. Digo "de regra", porque algumas vezes nos encontramos diante de um número infinito de tais teorias, por exemplo: alguém sugeriu modificar a lei newtoniana da atração segundo o inverso dos quadrados, substituindo ao quadrado uma potência que seja diferente apenas um pouco do número 2. Essa proposta equivale à sugestão de que se deveria considerar um número infinito de correções, pouco diferentes entre si, da lei de Newton.

O fato de que para cada problema existe sempre uma infinidade de soluções logicamente possíveis é um dos fatos decisivos de toda a ciência; é uma das coisas que fazem da ciência uma aventura tão excitante. Isso, com efeito, torna ineficazes todos os métodos baseados sobre a mera rotina. Significa que, na ciência, devemos usar a imaginação e ideias ousadas, mesmo se uma e outras devam sempre ser temperadas pela crítica e pelos controles mais severos.

Entre outras coisas, ela também põe em evidência o erro daqueles que pensam que o objetivo da ciência seja, pura e simplesmente, o de estabelecer correlações entre os eventos observados, ou as observações (ou, pior ainda, entre os "dados sensíveis"). Em ciência, tendemos a muito mais. Tendemos a descobrir novos mundos por trás do mundo da experiência comum, mundos como, por exemplo, um mundo microscópico ou submicroscópico; como, por exemplo, um mundo não euclidiano, um mundo povoado por forças invisíveis: forças gravitacionais, químicas, elétricas e nucleares, algumas das quais, talvez, são redutíveis a outras, enquanto outras não. Justamente a descoberta desses novos mundos, dessas possibilidades que ninguém jamais havia sonhado, aumenta muito o poder libertador da ciência. Os coeficientes de correlação são interessantes, não pelo fato de pôr nossas observações em relação entre si, mas porque, e apenas quando, nos ajudam a aprender algo a mais a respeito desses mundos.

K. R. Popper,
Ciência e filosofia.

3 Uma teoria é científica se for falsificável

Ora, a meu ver, não existe nada de semelhante à indução. É, portanto, logicamente inadmissível a inferência a partir de asserções particulares "verificadas pela experiência" (seja o que for que isso possa significar) a teorias. Portanto, as teorias não são *jamais* verificáveis empiricamente. Se quisermos evitar o erro positivista, que consiste em eliminar por meio de nosso critério de demarcação os sistemas de teorias das ciências da natureza, devemos escolher um critério que nos permita admitir, no domínio da ciência empírica, também asserções que não podem ser verificadas.

Mas eu, certamente, admitirei como empírico, ou científico, apenas um sistema que possa ser *controlado* pela experiência. Essas considerações sugerem que, como critério de demarcação, não se deve tomar a *verificabilidade*, mas a *falsificabilidade* de um sistema. Em outras palavras: de um sistema científico eu não exigirei que seja capaz de ser escolhido, em sentido positivo, de uma vez por todas; mas exigirei que sua forma lógica seja tal que possa ser colocado em evidência, por meio de controles empíricos, em sentido negativo: *um sistema empírico deve poder ser refutado pela experiência.*

(Assim, a afirmação "Amanhã aqui choverá ou não choverá" não será considerada uma afirmação empírica, simplesmente porque não pode ser refutada, enquanto a afirmação "Aqui amanhã choverá" será considerada empírica).

Contra o critério de demarcação que propus aqui é provável levantar diversas objeções. Em primeiro lugar pode parecer bem tolo sugerir que a ciência, que deveria dar-nos informações positivas, deva se caraterizar dizendo que satisfaz um critério negativo, como a refutabilidade. Mas, nos §§ 31-46 mostrarei que esta objeção tem pouco peso, porque a quantidade de informações a respeito do mundo, fornecida por uma afirmação científica, é tanto maior quanto maior for a possibilidade de que ela entre em conflito, em virtude de seu caráter lógico, com possíveis asserções particulares. (Não é sem motivo que chamamos de "leis" as leis da natureza: quanto mais proíbem, tanto mais dizem).

Poder-se-ia ainda tentar dirigir contra mim as críticas que dirigi ao critério de demarcação indutivista: poderia de fato parecer que contra a falsificabilidade como critério de demarcação seja possível levantar críticas semelhantes às que eu, de minha parte, levantei contra a verificabilidade.

Esse ataque não pode dar-me aborrecimento. Minha proposta se baseia sobre uma *assimetria* entre verificabilidade e falsificabilidade, assimetria que resulta da forma lógica das asserções universais. Estas, com efeito, não podem jamais se derivar de asserções particulares, mas podem ser contraditas por asserções particulares. Por conseguinte, é possível, por meio de inferências puramente dedutivas (com o auxílio do *modus tollens* da lógica clássica), concluir pela verdade de asserções particulares sobre a falsidade de asserções universais. Tal raciocínio, que conclui na falsidade de asserções universais, é o único tipo de inferência estritamente dedutiva que proceda, por assim dizer, na "direção indutiva", ou seja, de asserções particulares para asserções universais.

Uma terceira objeção pode talvez parecer mais séria. Pode-se dizer que, mesmo admitindo a assimetria, ainda é impossível, por várias razões, que um sistema teórico qualquer possa ser falsificado de modo conclusivo. Com efeito, sempre é possível encontrar alguma escapatória para fugir da falsificação; por exemplo, introduzindo *ad hoc* uma hipótese auxiliar ou então transformando, *ad hoc*, uma definição. É também possível adotar a posição que consiste, simplesmente, em rejeitar qualquer experiência falsificante, sem que isso leve a contradições. É verdade que normalmente os cientistas não procedem deste modo, mas tal procedimento é logicamente possível; e o menos que se possa sustentar é que este fato torna duvidoso o valor do critério de demarcação que propus.

Devo admitir que esta crítica é justa; mas nem por isso é necessário que eu retire minha proposta de adotar a falsificabilidade como critério de demarcação. No § 20 e nos seguintes, com efeito, proporei que o *método empírico* seja caracterizado como um método que exclui precisamente os modos de fugir da falsificação que, como justamente insiste meu crítico imaginário, são logicamente admissíveis. Segundo minha proposta, aquilo que caracteriza o método empírico é o modo com que ele expõe à falsificação, em todo modo concebível, o sistema que se deve controlar. Seu objetivo não é o de salvar a vida de sistemas insustentáveis, mas, ao contrário, o de escolher o sistema que na comparação se revela o mais adequado, depois de ter exposto todos eles à mais feroz luta pela sobrevivência.

O critério de demarcação que propus leva também a uma solução do problema da indução de Hume; do problema, isto é, da validade das leis da natureza. A raiz desse problema é a aparente contradição entre aquela que pode ser chamada "a tese fundamental do empirismo" – a tese segundo a qual apenas a experiência pode decidir sobre a verdade ou sobre a falsidade das asserções da ciência – e a realização de Hume da inadmissibilidade das argumentações indutivas. Essa contradição nasce apenas se assumirmos que todas as asserções empíricas da ciência devam ser "passíveis de decisão de modo conclusivo"; ou seja, se assumirmos que tanto sua verificação como sua falsificação devam ser ambas possíveis em linha de princípio. Se renunciarmos a essa exigência e admitirmos como empíricas apenas as asserções que são passíveis de decisão em um único sentido – unilateralmente passíveis de decisão e, mais especificamente, falsificáveis – e podem ser controladas por meio de tentativas sistemáticas de falsificá-las, então a contradição se desvanece: o método da falsificação não pressupõe nenhuma inferência indutiva, mas apenas as transformações tautológicas da lógica dedutiva, cuja validade está fora de discussão.

K. R. Popper,
Lógica da descoberta científica.

4 A gênese do critério de falsificabilidade

Como, quando e por que Karl R. Popper propôs o critério de falsificabilidade como critério de demarcação entre ciência e não ciência.

Foi durante o verão de 1919 que comecei a sentir-me sempre mais insatisfeito destas três teorias: a teoria marxista da história, a psicanálise e a psicologia individual; e comecei a duvidar de suas pretensões de cientificidade. Meu problema primeiro assumiu, talvez, a simples forma: "O que não está bem no marxismo, na psicanálise e na psicologia individual? Por que essas doutrinas são tão diferentes das teorias físicas, da teoria newtoniana, e sobretudo da teoria da relatividade?" [...]

Percebi que meus amigos, admiradores de Marx, de Freud e de Adler, eram atingidos por alguns elementos comuns a essas teorias e principalmente por seu aparente *poder explicativo*. Elas pareciam em grau de explicar praticamente tudo aquilo que acontecia nos campos aos quais se referiam. O estudo de qualquer uma delas parecia ter o efeito de uma conversão ou revelação intelectual, que permitia elevar os olhos sobre uma nova verdade, fechada aos não iniciados. Uma vez abertos deste modo os olhos, percebiam-se em todo lugar confirmações: o mundo pululava de *verificações* da teoria. Qualquer coisa que acontecesse, a confirmava sempre. Sua verdade aparecia, por isso, manifesta; e, quanto aos incrédulos, tratava-se claramente de pessoas que não queriam ver a verdade manifesta, que se recusavam a vê-la,

Capítulo sétimo – O racionalismo crítico de Karl R. Popper

ou porque era contrária a seus interesses de classe, ou por causa de suas repressões até então "não analisadas", e que reclamavam em alta voz um tratamento clínico.

O elemento mais característico desta situação me pareceu o fluxo incessante das confirmações das observações, que "verificavam" as teorias em questão; e justamente este ponto era constantemente salientado por seus seguidores. Um marxista não podia abrir um jornal sem nele encontrar em cada página um testemunho em grau de confirmar sua interpretação da história; não só pelas notícias, mas também por sua apresentação – salientando os preconceitos classistas do jornal – e principalmente, naturalmente, por aquilo que *não* dizia. Os analistas freudianos salientavam que suas teorias eram constantemente verificadas por suas "observações clínicas". Quanto a Adler, fui muito atingido por uma experiência pessoal. Uma vez, em 1919, lhe referi um caso que não me parecia particularmente adleriano, mas que ele não teve dificuldade em analisar nos termos de sua teoria dos sentimentos de inferioridade, embora não tivesse sequer visto a criança. Um pouco desconcertado, perguntei-lhe como podia estar tão seguro. "Por causa de minha experiência de mil casos semelhantes", respondeu ele; ao que não pude deixar de comentar: "É com este último, suponho, sua experiência chega a mil e um casos".

Eu me referia ao fato de que suas observações precedentes podiam ter sido não muito mais válidas do que esta última; que cada uma havia sido por sua vez interpretada à luz da "experiência precedente", sendo contemporaneamente considerada como confirmação posterior. Confirmação do quê?, eu me perguntava. Certamente não mais do fato de que um caso podia ser interpretado à luz da teoria. Mas isso significava muito pouco, refletia, a partir do momento que todo caso concebível podia ser interpretado à luz da teoria de Adler, ou da mesma forma à luz da teoria de Freud. Posso ilustrar essa circunstância por meio de dois exemplos bem diferentes de comportamento humano: o de um homem que joga uma criança na água com intenção de afogá-la; e o de um homem que sacrifica a própria vida na tentativa de salvar a criança. Cada um desses casos pode ser explicado com a mesma facilidade em termos freudianos e em termos adlerianos. Para Freud, o primeiro homem sofria de uma repressão, por exemplo, de uma componente qualquer de seu complexo de Édipo, enquanto o segundo homem alcançara a sublimação. Para Adler, o primeiro sofria de sentimentos de inferioridade que determinavam talvez a necessidade de provar a si mesmo que ele ousava realizar tal delito, e o mesmo acontecia com o segundo homem, que tinha necessidade de provar a si mesmo que tinha a coragem de salvar a criança. Eu não conseguia conceber um comportamento humano que não pudesse ser interpretado nos termos de uma ou da outra teoria. Era precisamente esse fato – o fato de que tais teorias eram sempre adequadas e resultavam sempre confirmadas – aquilo que aos olhos dos sustentadores constituía o argumento mais válido em seu favor. Comecei a entrever que sua força aparente era, na realidade, seu elemento de fraqueza.

No caso da teoria de Einstein, a situação era notavelmente diferente. Tome-se um exemplo típico: a previsão einsteiniana, confirmada justamente então pelos resultados da expedição de Eddington. A teoria einsteiniana da gravitação havia levado à conclusão de que a luz devia ser atraída pelos corpos pesados como o sol, do mesmo modo com que eram atraídos os corpos materiais. Por conseguinte, podia-se calcular que a luz proveniente de uma longínqua estrela fixa, cuja posição aparente estivesse próxima do sol, teria alcançado a terra a partir de uma direção tal que faria aparecer a estrela ligeiramente afastada do sol; ou, em outras palavras, podia-se calcular que as estrelas próximas do sol teriam aparecido como se estivessem afastadas um pouco do sol e também entre si. Trata-se de um fato que não pode normalmente ser observado, pois aquelas estrelas se tornam invisíveis durante o dia pelo excessivo esplendor do sol: no decorrer de um eclipse é todavia possível fotografá-las. Se se fotografa a mesma constelação de noite, é possível medir as distâncias sobre as duas fotografias, e controlar assim o efeito previsto.

Ora, o que impressiona em um caso como este é o *risco* implícito em uma previsão desse tipo. Se a observação mostra que o efeito previsto é totalmente ausente, então a teoria resulta simplesmente refutada. Ela é *incompatível com certos, resultados possíveis da observação*; certamente, com os resultados que todos teriam esperado antes de Einstein. Trata-se de uma situação completamente diferente da que foi descrita anteriormente, em que emergia que as teorias em questão eram compatíveis com os mais disparatados comportamentos humanos, de modo que era praticamente impossível descrever um comportamento qualquer que não pudesse ser assumido como verificação de tais teorias.

K. R. Popper,
Conjecturas e refutação.

5 As regras da sociedade aberta

> A democracia é uma sociedade regulada por normas que permitem a atuação de reformas sem violência.

1) A democracia não pode caracterizar-se completamente apenas como governo da maioria, embora a instituição das eleições gerais seja da máxima importância. Com efeito, a maioria pode governar de maneira tirânica. (A maioria daqueles que têm uma estatura inferior a 6 pés pode decidir que seja a minoria daqueles que têm estatura superior a 6 pés que deve pagar todas as taxas). Em uma democracia, os poderes dos governantes devem ser limitados, e o critério de uma democracia é este: em uma democracia, os governantes – ou seja, o governo – podem ser demitidos pelos governados sem derramamento de sangue. Portanto, se os homens no poder não salvaguardam as instituições que asseguram à minoria a possibilidade de trabalhar para uma mudança pacífica, seu governo é uma tirania.

2) Devemos distinguir apenas entre duas formas de governo, ou seja, o que possui instituições deste gênero e todos os outros; isto é, entre democracia e tirania.

3) Uma constituição democrática consistente deve excluir apenas um tipo de mudança no sistema legal, ou seja, o tipo de mudança que pode pôr em perigo seu caráter democrático.

4) Em uma democracia, a proteção integral das minorias não deve se estender àqueles que violam a lei e especialmente àqueles que incitam os outros à derrubada violenta da democracia.

5) Uma linha política voltada à instauração de instituições dirigidas à salvaguarda da democracia deve sempre operar em base ao pressuposto de que pode haver tendências antidemocráticas latentes, tanto entre os governantes como entre os governados.

6) Se a democracia é destruída, todos os direitos são destruídos, mesmo que fossem mantidas certas vantagens econômicas desfrutadas pelos governados; eles o seriam apenas sobre a base da resignação.

7) A democracia oferece um campo de batalha precioso para qualquer reforma razoável, dado que ela permite a atuação de reformas sem violência. Mas, se a prevenção da democracia não se torna a preocupação proeminente em toda batalha particular conduzida sobre esse campo de batalha, as tendências antidemocráticas latentes que sempre estão presentes (e que fazem apelo àqueles que sofrem sob o efeito estressante da sociedade [...]) podem provocar o desmoronamento da democracia. Se a compreensão destes princípios ainda não for suficientemente desenvolvida, é preciso promovê-la. A linha política oposta pode se tornar fatal; ela pode comportar a perda da batalha mais importante, que é a batalha pela própria democracia.

K. R. Popper,
A sociedade aberta e seus inimigos.

6 Platão foi um grande homem, mas cometeu grandes erros

> A pergunta "Quem deve governar?" é uma pergunta irracional; racional é, ao contrário, a pergunta "Como controlar quem governa?"

KREUZER – Para resumir tudo mais uma vez, isso significa: a experiência da desilusão em relação à revolução russa e a experiência desta não refutação da teoria de Einstein constituíram, em 1919, as raízes da filosofia que o senhor desenvolveu em toda a sua vida, filosofia que o senhor nos decênios sucessivos estendeu aos âmbitos mais diversos, até o âmbito da história, da sociedade, da política e que publicou em livros importantes; recordo aqui *A sociedade aberta e seus inimigos* e *A miséria do historicismo*. E agora posso pedir-lhe para apresentar de modo conciso o núcleo mais importante de seu pensamento, daquele pensamento que, referindo-se a Sócrates, submeteu a crítica contínua os filósofos, a começar de Platão?

POPPER – O senhor menciona Sócrates. Bem, o que de fato é importante é a convicção socrática de que sabemos muito pouco ou, como diz Sócrates, que nós não sabemos nada. Ele, em poucas palavras, diz: "Eu sei que não sei nada, e apenas isto". A atitude socrática parece-me sumamente importante, e, de novo, justamente em nossos dias. Sou da opinião de que é particularmente importante que os intelectuais abandonem todo tipo de arrogância intelectual.

Kreuzer – *Arrogância que teve início com Platão.*

Popper – Bah, não saberia exatamente quando ela teve início, mas é certo que ela é por vezes muito claramente encontrável em Platão. A *Apologia de Sócrates* é também uma obra de Platão, e sem dúvida Platão achou interessante a concepção de Sócrates. Apesar disso, sua visão era diferente dela. E isso se pode quase tocar com a mão do melhor modo se compararmos sua – de Sócrates e de Platão – respectiva atitude em relação à política. Sócrates queria que apenas um homem sábio devesse ser homem de Estado. Ele queria políticos sábios no sentido de que estes tivessem compreendido que o homem tem limites, especialmente limites no seu conhecimento. Para Sócrates, portanto, a sabedoria consiste na tomada de consciência dos próprios limites, na consciência desses limites – e especialmente na consciência de sua própria ignorância (*Unwissenheit*). Pois bem, no caso de Platão, as coisas ocorrem diversamente. Também Platão afirma que o político deve ser sábio. Mas, por "sabedoria", ele não entende a consciência de sua própria ignorância, e sim que o político deve ser um sapiente, um douto dialético. E isso, naturalmente, é uma coisa completamente diferente. Platão, em suma, sustenta que os políticos devem ser os filósofos, doutos filósofos que formem uma elite.

Kreuzer – *...e formem uma elite que não se deixa contradizer e remover, uma elite que por obra de seu carisma filosófico se propõe como irrefutável e inamovível.*

Popper – Exatamente. Uma espécie de elite ditatorial, uma camarilha de poder.

Kreuzer – *E o senhor reputa que essa ideia de fundo tenha envenenado, desde os tempos de Platão, grande parte da filosofia que se refere à história e à sociedade...*

Popper – Justamente. Platão introduziu na filosofia da política um delineamento que ainda hoje não foi abandonado, segundo o qual o problema fundamental da política é: "Quem deve governar?". E as respostas, as respostas tradicionais, a tal problema são: devem governar os mais sábios, os melhores, os mais honestos, ou também a raça melhor, ou respostas semelhantes. Também a resposta "Deve governar o povo" me parece errada, justamente porque a pergunta está errada.

Kreuzer – *Recentemente, em um discurso seu, o senhor se expressou sobre esse ponto com muita clareza. Não devemos nos colocar a pergunta "Quem deve governar?", e sim a pergunta – e cito -: "Como podemos organizar nossas instituições políticas de modo tal que os governantes maus e incapazes (que procuramos evitar, mas que todavia podem muito facilmente ocorrer) acarretem o menor dano possível, e que possamos removê-los sem derramamento de sangue?".*

Popper – Sim, este me parece o problema fundamental. O problema fundamental de toda a política, uma pergunta fundamental crítica e modesta e uma pergunta sobre a qual se pode erigir uma teoria da democracia, enquanto que, sobre a ideia da soberania, mesmo da soberania popular, não pode ser erigida nenhuma teoria da democracia, ou seja, nenhuma teoria consistente.

K. R. Popper,
Sociedade aberta, universo aberto.

Capítulo oitavo

A epistemologia pós-popperiana

I. Thomas S. Kuhn
e a estrutura das revoluções científicas

• Thomas Kuhn (1922-1996) – historiador americano da física – publicou em 1963 *A estrutura das revoluções científicas*. Assim como não pode existir uma igreja sem dogma ou um partido sem uma ideologia, também não há uma comunidade científica sem um *paradigma*.

Um paradigma é uma conquista científica – por exemplo, uma grande teoria como a teoria geocêntrica de Ptolomeu ou o copernicanismo, a mecânica de Newton, a teoria evolutiva de Darwin etc. – que, por certo período, constitui a base da pesquisa posterior. Pesquisa posterior que consiste no que Kuhn chama de "ciência normal" (especificação dos conceitos de fundo do paradigma; construção de instrumentos mais precisos; execução de medidas mais exatas; aplicação da teoria em campos diversos daquele em que originariamente havia aparecido etc.). A ciência normal é cumulativa; o cientista normal não procura a novidade; ele é um solucionador de "quebra-cabeças", isto é, de problemas que emergem do paradigma (por exemplo: a previsão de um eclipse dentro da mecânica newtoniana) e solúveis – assim crê o cientista "normal" – com os meios do paradigma.

"Paradigmas" e "ciência normal"
→ § 1-2

• Todavia, aumentando o conteúdo informativo da teoria, o cientista "normal" expõe necessariamente o paradigma às *anomalias*, isto é, a problemas que resistem aos assaltos dos que sustentam o paradigma. Os dogmas são colocados em dúvida; os cientistas perdem a confiança na teoria até então abraçada: estamos em plena crise do paradigma, e este é um período, em geral não longo, de pesquisa escangalhada; é a *ciência extraordinária*, a partir da qual emerge depois um novo paradigma ao redor do qual se articulará novamente a ciência normal, e assim por diante.

"Anomalias" e "ciência extraordinária"
→ § 2

• A passagem de um paradigma para outro é, justamente, a *revolução científica*: "paradigmas sucessivos nos dizem coisas diferentes sobre os objetos que povoam o universo e sobre o comportamento de tais objetos". Exemplos de revolução científica são: a passagem da astronomia ptolemaica para a copernicana; ou, em biologia, a passagem da teoria fixista (*species tot numeramus quot in principio creavit infinitum Ens*) à teoria evolucionista.

De natureza diversa são, ao ver de Kuhn, os motivos que fazem passar de um paradigma para outro (mesmo que a pretensão mais importante posta pelos sustentadores do novo paradigma

A "revolução científica": a passagem de um paradigma para outro
→ § 3-4

seja aquela pela qual o novo paradigma resolve os problemas que fizeram desmoronar o velho paradigma): "a escolha de um paradigma não pode jamais ser resolvida inequivocamente apenas pela lógica e pela experimentação".

O progresso ateleológico da ciência → § 5

• Em todo caso, uma revolução científica, ou seja, a passagem de um paradigma para outro, é uma espécie de "conversão", uma "passagem entre incomensuráveis", ou seja, entre teorias que falam das mesmas coisas de modo completamente diferente. E constitui um progresso de tipo ateleológico: a ciência desenvolve-se a partir de certos estágios, mas não por tender a algum objetivo (a verdade, a verossimilhança, ou outro).

1 O conceito de "paradigma"

Juntamente com Imre Lakatos, Paul K. Feyerabend e Larry Laudan, Thomas S. Kuhn integra a luta de conhecidos epistemólogos pós-popperianos que desenvolveram suas teorias epistemológicas em contato sempre mais estreito com a história da ciência.

Em 1963 Kuhn publicou o livro *A estrutura das revoluções científicas*, sustentando que a *comunidade científica* se constitui através da aceitação de teorias que Kuhn chama de *paradigmas*. "Com esse termo — escreve ele —, quero indicar conquistas científicas universalmente reconhecidas, que por certo período fornecem um modelo de problemas e soluções aceitáveis aos que praticam certo campo de pesquisas". Na realidade, Kuhn utiliza o termo *paradigma* em mais de um sentido. Entretanto, ele próprio explica que

■ **Paradigma.** Um cientista trabalha dentro de uma comunidade científica. Na comunidade científica hoje se entra por meio do estudo dos manuais; ontem essa função era preenchida pelos clássicos da ciência: a *Física* de Aristóteles, o *Almagesto* de Ptolomeu, os *Principia* de Newton; a *Geologia* de Lyell, e assim por diante. Tanto os manuais atuais como os clássicos da ciência fornecem aquelas que, na época, são as coordenadas do campo de pesquisa, os princípios de fundo, os experimentos padrões, as aplicações típicas da disciplina, em suma: o *paradigma*.
Escreve Kuhn: "Com tal termo quero indicar conquistas científicas universalmente reconhecidas, as quais, por certo período, fornecem um modelo de problemas e soluções aceitáveis para aqueles que praticam certo campo de investigações".

Thomas Kuhn (1922-1996), autor do famoso e influente livro A estrutura das revoluções científicas, *entre os historiadores da ciência é quem suscitou em nossos dias algumas das mais sérias e profundas discussões epistemológicas.*

a função do paradigma é hoje cumprida pelos manuais científicos, por meio dos quais o jovem estudante é iniciado na comunidade científica; antigamente isso era realizado pelos clássicos da ciência, como a *Física* de Aristóteles, o *Almagesto* de Ptolomeu, os *Principia* e a *Ótica* de Newton, a *Eletricidade* de Franklin, a *Química* de Lavoisier ou a *Geologia* de Lyell. Por essa razão, a *astronomia ptolemaica* (ou a *copernicana*), a *dinâmica aristotélica* (ou a *newtoniana*) são todas paradigmáticas, a exemplo do *fixismo* de Lineu, da *teoria da evolução* de Darwin ou da *teoria da relatividade* de Einstein.

Texto 1

2. "Ciência normal" e "ciência extraordinária"

Assim como uma comunidade religiosa pode ser reconhecida pelos dogmas específicos em que acredita, ou como um partido político agrega seus membros em torno de valores e finalidades específicas, da mesma forma é uma teoria paradigmática a que institui uma comunidade científica, a qual, por força e no interior dos temas paradigmáticos, realiza o que Kuhn chama de *ciência normal*. A ciência normal é "a tentativa esforçada e devotada de forçar a natureza dentro dos quadros conceituais fornecidos pela educação profissional". Significa "a pesquisa estavelmente baseada em um ou mais resultados alcançados pela ciência do passado, aos quais uma comunidade científica particular, por certo período de tempo, reconhece a capacidade de constituir o fundamento de sua práxis ulterior".

Essa práxis ulterior — a ciência normal — consiste em tentar realizar as *promessas do paradigma*, determinando os fatos relevantes (para o paradigma), confrontando (por exemplo, mediante medidas sempre mais exatas) os fatos com a teoria, articulando os conceitos da própria teoria, ampliando os campos de aplicação da teoria. Fazer ciência normal, portanto, significa resolver quebra-cabeças, isto é, problemas definidos pelo paradigma, que emergem do paradigma ou que se inserem no paradigma, razão por que o insucesso da solução de um quebra-cabeças não é visto como insucesso do paradigma, mas muito mais como insucesso do pesquisador, que não soube resolver uma questão para a qual o paradigma diz (e promete) que existe solução. Essa é situação análoga à do jogador de xadrez que, quando não soube resolver um problema e perde, acha que isso aconteceu porque ele não é capaz, e não porque as regras do xadrez não funcionam.

A ciência normal, portanto, é *cumulativa* (constroem-se instrumentos mais potentes, efetuam-se medidas mais exatas, precisam-se os conceitos da teoria, amplia-se a teoria a outros campos etc.) e o cientista normal não procura a novidade. No entanto, a *novidade* deve aparecer *necessariamente*, pela razão de que a articulação *teórica* e *empírica* do paradigma aumenta o conteúdo informativo da teoria e, portanto, a expõe ao risco do desmentido (com efeito, quanto mais se diz, mais se está arriscado a errar; quem não diz nada, não erra nunca; se fala pouco, arrisca-se a cometer poucos erros). Tudo isso explica as *anomalias* que, em dado momento, a comunidade científica tem de enfrentar e que, resistindo aos reiterados assaltos paradigmáticos, determinam a *crise do paradigma*.

Com a crise do paradigma inicia-se o período de *ciência extraordinária*: o paradigma é submetido a um processo de desfocamento, os dogmas são postos em dúvida e, consequentemente, suavizam-se as normas que governam a pesquisa normal. Em suma, postos diante de anomalias, os cientistas perdem a confiança na teoria que antes haviam abraçado. A perda de um sólido ponto de partida se expressa pelo recurso à discussão filosófica sobre os fundamentos e a metodologia. Esses são os sintomas da crise, que cessa quando, do cadinho daquele período de pesquisa desconjuntada que é a ciência extraordinária, um novo paradigma consegue emergir, e sobre ele se articulará novamente a ciência normal, que, por seu turno, depois de um período de tempo talvez bastante longo, levará a novas anomalias, e assim por diante.

Texto 2

■ **Ciência normal.** É a praticada, por exemplo, pelo engenheiro ou pelo médico. É a atividade de pesquisa que não coloca em discussão os assuntos de fundo do paradigma.
A ciência normal é "uma esforçada e devida tentativa de forçar a natureza dentro das casinhas conceituais fornecidas pela educação profissional".

3. As revoluções científicas

Kuhn descreve a passagem a um novo paradigma (da astronomia ptolemaica à copernicana, por exemplo) como uma reorientação gestáltica: quando abraça um novo paradigma, por exemplo, a comunidade científica manipula o mesmo número de dados que antes, mas inserindo-os em relações diferentes de antes. Além disso, a passagem de um paradigma a outro, para Kuhn, é o que constitui uma revolução científica. Mas — e esse é um dos problemas mais candentes suscitados por Kuhn — *como* ocorre a passagem de um paradigma para outro? Essa passagem realiza-se por motivos racionais ou não?

Pois bem, Kuhn afirma que "paradigmas sucessivos nos dizem coisas diferentes sobre os objetos que povoam o universo e sobre o comportamento de tais objetos".

E "precisamente por se tratar de uma passagem entre incomensuráveis, a passagem de um paradigma para outro, oposto, não se pode realizar com um passo cada vez, nem imposto pela lógica ou por uma experiência, neutra. Como a reorientação gestáltica, ela deve se dar toda de uma vez (ainda que não em um só instante), ou então não se realizará de modo nenhum".

Assim, talvez Max Planck tenha razão quando, em sua *Autobiografia*, fez questão de observar com tristeza que "uma nova verdade científica não triunfa convencendo seus opositores e fazendo-lhes ver a luz, e sim muito mais porque seus opositores acabam por morrer, e cresce uma nova geração a ela habituada".

■ **Revolução científica.** Chegar a saber por que uma espécie biológica desapareceu; encontrar uma vacina para uma doença antes incurável; descobrir nova partícula elementar: são *descobertas* no interior de diferentes paradigmas.
Temos, ao contrário, uma *revolução científica* quando o velho paradigma é substituído por um novo paradigma; o caso exemplar de revolução científica é a copernicana, em que a concepção geocêntrica é substituída pela heliocêntrica.

4. A "passagem" de um paradigma para outro

Na realidade, Kuhn afirma que "a transferência da confiança de um paradigma para outro é uma experiência de *conversão* que não pode ser imposta pela força".

Mas então por que, e em que bases, se verifica essa experiência de conversão? "Os cientistas em particular abraçam um novo paradigma por todo tipo de razões e, habitualmente, por várias razões ao mesmo tempo. Algumas dessas razões — como, por exemplo, o culto ao sol, que contribuiu para converter Kepler ao copernicanismo — encontram-se completamente fora da esfera da ciência. Outras razões podem depender de indiossincrasias autobiográficas e pessoais. Até a nacionalidade ou a reputação anterior do inovador e de seus mestres pode, por vezes, desempenhar papel importante [...]. Provavelmente, a pretensão mais importante posta pelos defensores de um novo paradigma seja a de estar em condições de resolver os problemas que levaram o velho paradigma à crise. Quando pode ser posta legitimamente, essa pretensão constitui frequentemente a argumentação a favor mais eficaz".

Além disso, deve-se considerar que, por vezes, a aceitação de um novo paradigma não se deve ao fato de que ele resolve os problemas que o velho paradigma não consegue resolver, e sim a promessas que dizem respeito a outros campos. E existem até razões estéticas que introduzem um cientista ou um grupo de cientistas a aceitar um paradigma. Entretanto, afirma Kuhn, "nos debates sobre os paradigmas não se discutem realmente suas respectivas capacidades para resolver os problemas, ainda que, com razão, normalmente sejam utilizados termos que a eles se refiram. O ponto em discussão, ao contrário, consiste em decidir que paradigma deve guiar a pesquisa no futuro, em torno de problemas que, muitas vezes, nenhum dos dois competidores pode ainda pretender seja capaz de resolver completamente. É preciso decidir entre formas alternativas de desenvolver a atividade científica e, dadas as circunstâncias, essa decisão deve-se basear mais nas promessas futuras do que nas conquistas passadas. Quem abraça um novo paradigma desde o início, amiúde o faz a despeito das provas fornecidas pela solução dos problemas. Ou seja, ele deve ter confiança de que o novo paradigma, no futuro, conseguirá resolver muitos dos vastos problemas que tem à sua frente, sabendo somente que o velho paradigma não conseguiu resolver alguns. Uma decisão desse tipo pode ser tomada apenas com base na fé".

Assim, para que um paradigma possa triunfar, deve primeiro conquistar (às vezes, com base em considerações pessoais ou em considerações estéticas inarticuladas) "alguns defensores, que o desenvolverão até um ponto em que muitas argumentações sólidas poderão ser produzidas e multiplicadas. Mas, quando existem, essas argumentações também não são individualmente decisivas. Visto que os cientistas são homens racionais, uma ou outra argumentação acabará por persuadir muitos deles. Não existe, porém, nenhuma argumentação em particular que possa ou deva persuadir a todos. O que se verifica não é tanto uma única conversão de grupo, e sim muito mais um progressivo deslocamento da distribuição da confiança dos especialistas".

5 O desenvolvimento ateleológico da ciência

Pergunta-se, porém: a passagem de um paradigma para outro implica em *progresso?* O problema é complexo. Entretanto, "somente durante os períodos de ciência 'normal' é que o progresso parece evidente e seguro", ao passo que "durante os períodos de revolução, quando as doutrinas fundamentais de um campo estão mais uma vez em discussão, surgem repetidamente dúvidas sobre a possibilidade de continuação do progresso, se for adotado este ou aquele dos paradigmas que se confrontam".

Naturalmente, quando um paradigma se afirma, seus defensores o encaram como progresso. Mas Kuhn pergunta: progresso *em que direção?* Com efeito, diz ele, o processo que vemos na evolução da ciência é um processo de evolução *a partir de* estágios primitivos, o que não significa, porém, que tal processo leve a pesquisa sempre para mais perto da verdade ou *em direção* a algo.

"Seria necessário existir tal objetivo? — pergunta-se ele —. Não é possível explicar a existência da ciência como o seu sucesso em termos de evolução a partir do estado do conhecimento possuído pela comunidade em cada dado período de tempo? Adiantará verdadeiramente alguma coisa imaginar que exista uma explicação da natureza completa, objetiva e verdadeira, e que a medida apropriada da conquista científica é a medida em que ela se aproxima desse objetivo final? Se aprendermos a substituir a evolução na direção daquilo que queremos conhecer pela evolução a partir daquilo que conhecemos, grande número de inquietantes problemas pode se dissolver no curso desse processo".

Assim como na evolução biológica, também na evolução da ciência nos encontramos diante de um processo que se desenvolve constantemente *a partir de* estágios primitivos, mas que não tende *a* nenhum objetivo.

II. Imre Lakatos
e a metodologia dos programas científicos de pesquisa

• Para Imre Lakatos (1922-1974) – pensador de origem húngara, depois aluno e sucessivamente colega de Popper na London School of Economics – a ciência é, foi e deveria ser uma competição entre programas de pesquisa rivais.

Um programa de pesquisa (por exemplo, o copernicanismo, o mecanicismo de Descartes ou o de Newton, a teoria evolutiva de Darwin etc.) é constituído por um núcleo central (por exemplo, no caso do copernicanismo, é a ideia de que *o sol está no centro do universo*) que se mantém infalsificável por decisão metodológica, enquanto a *heurística negativa* indica ao pesquisador quais caminhos evitar, e a *heurística positiva* indica quais caminhos seguir.

Não devemos fazer morrer uma teoria de doença infantil; uma boa teoria tem necessidade de alento para mostrar seu valor. Eis, então, que a *heurística negativa* constitui um *cinto protetor* contra fatos que de outra forma feririam o núcleo (o *hard-core* do programa); enquanto a *heurística positiva* leva aos desenvolvimentos sucessivos da teoria (por exemplo, o desenvolvimento da teoria heliocêntrica de Copérnico a Galileu, a Kepler e a Newton).

Um programa de pesquisa deve ser mantido enquanto é *progressivo*, e é progressivo se ao menos parte de suas previsões teóricas recebem confirmação, ou seja, se ele consegue predizer algum fato novo. Um programa que corre atrás dos fatos é regressivo ("que fato *novo predisse* o marxismo, digamos, desde 1917?").

> A ciência é, foi e deveria ser uma competição entre programas de pesquisa rivais
> → § 1-2

1. O falsificacionismo metodológico sofisticado

A ideia de fundo da imagem da ciência proposta por Lakatos é que *a ciência é, foi e deveria ser uma competição entre programas rivais de pesquisa*. E essa ideia, segundo Lakatos, caracteriza o *falsificacionismo metodológico sofisticado*, concepção que Lakatos desenvolve nas pegadas de Popper.

O falsificacionismo metodológico sofisticado distingue-se do falsificacionismo dogmático e do falsificacionismo metodológico ingênuo.

O *falsificacionismo dogmático* consiste na ideia de que a ciência se desenvolve por meio de conjecturas ousadas e *falsificações infalíveis*. Entretanto, observa Lakatos, tal ideia — assumida por alguns cientistas e propagada também por certos filósofos como A. J. Ayer — não é a ideia de Popper, e está equivocada. Equivocada porque a base empírica da ciência (ou seja, os protocolos, isto é, as proposições de observação) não é certa, razão por que não ocorrem falsificações infalíveis ou incontrovertíveis: nossas falsificações também podem estar equivocadas. E isso é atestado tanto pela lógica como pela história da ciência.

Por seu turno, o *falsificacionismo metodológico ingênuo* corrige o erro dos falsificacionistas dogmáticos, sustentando (como Popper já havia evidenciado em *Lógica da descoberta científica*) que a base empírica da ciência não é infalível, como não são incontrovertíveis as hipóteses auxiliares que servem para o controle da hipótese que propusemos como tentativa de solução do problema que nos interessa resolver. Entretanto, diz Lakatos, apesar de seus méritos, o falsificacionismo metodológico ingênuo também é insatisfatório. E é insatisfatório porque concebe o desenvolvimento da ciência como uma série de duelos *sucessivos* entre uma teoria e os fatos, ao passo que, para Lakatos, as coisas não se realizam desse modo, porque a luta entre o teórico e o factual sempre ocorre pelo menos entre três partes: *entre duas teorias em competição e os fatos*.

Tudo isso explicaria o fato de que uma teoria não é descartada quando algum fato a contradiz, mas somente quando a comunidade científica tem à disposição uma teoria melhor do que a anterior: assim, por exemplo, a mecânica de Newton só foi rejeitada depois que se passou a contar com a teoria de Einstein.

2 Os "programas de pesquisa" como "sucessões de teorias"

Até aqui falamos de teorias (de teorias em competição). Lakatos, porém, fala de *programas científicos de pesquisa*. Para compreender o que é um programa científico de pesquisa basta pensar no mecanicismo de Descartes ou no de Newton, na teoria da evolução de Darwin e, antes deles, no copernicanismo. Um programa de pesquisa é uma sucessão de teorias, T_1, T_2, T_3, T_4, que se desenvolvem a partir de um *núcleo central* que, por *decisão metodológica*, se mantém infalsificável. É assim que um programa pode mostrar seu valor, sua fecundidade e sua progressividade em relação a outro programa. Não é lícito deixar uma teoria morrer de doença infantil. E uma boa teoria precisa de tempo para se desenvolver.

Assim, *a história da ciência é e deveria ser história de programas de pesquisa em competição*. Esse é o núcleo da concepção lakatosiana da ciência e da história da ciência, concepção que, aliás, acentua a inter-relação entre as várias epistemologias e a historiografia da ciência, sobretudo no sentido de que esta pode retroagir como arma crítica sobre as várias ideias de ciência ou epistemologias.

Para Lakatos, "*é uma sucessão de teorias e não 'uma única teoria que é considerada como científica ou pseudocientífica'* ". Portanto, segundo Lakatos, a ciência é "um campo de batalha para programas de pesquisa ao invés de teorias isoladas". E "*a ciência madura consiste em programas de pesquisa que não somente antecipam fatos novos, mas, em sentido importante, também novas teorias auxiliares; diversamente do tosco esquema de ensaio-e-erro, a ciência madura tem poder 'heurístico'* ". Para Lakatos, é nesse sentido que se pode ver a fraqueza de programas que, como o marxismo e o freudismo, "indefectivelmente moldam suas reais teorias auxiliares nos marcos de alguns fatos, sem, ao mesmo tempo, antecipar outros fatos. (Que fato *novo* o marxismo *predisse*, digamos, a partir de 1917?)". Texto 3

■ **Programa científico de pesquisa.** De modo diverso que em Kuhn, para o qual a comunidade científica é, de período em período, hegemonizada por um único paradigma, a ciência, segundo Lakatos, se desenvolve em uma competição entre programas de pesquisa rivais.
E um *programa de pesquisa* é uma sucessão de teorias T_1, T_2, T_3, T_4, que se desenvolvem de um *núcleo central*, o qual – enquanto fecundo de previsões que pelo menos em parte se verificam – é mantido infalsificável por meio de um *fiat* metodológico; apenas assim um programa poderá mostrar sua força e sua eventual progressividade em relação a outro programa de pesquisa.

III. A epistemologia anárquica de Paul K. Feyerabend

> • *Contra o método* (1970), de Paul K. Feyerabend (1924-1994), é o texto clássico do *anarquismo epistemológico*. Feyerabend contesta a existência de um método que "contenha princípios firmes, imutáveis e absolutamente vinculantes como guia na atividade científica". E isso, a seu ver, aparece com toda clareza quando estes princípios – por exemplo, os formulados por Popper ou também por Lakatos – são colocados em confronto com a efetiva história da ciência.
>
> *As regras do método foram e por vezes devem ser violadas, se quisermos progresso na ciência* → § 1
>
> Progressos significativos na ciência aconteceram apenas porque "alguns pensadores ou *decidiram* não se deixar vincular por certas normas metodológicas "óbvias", ou porque *involuntariamente as violaram*"; por exemplo, adotando hipóteses *ad hoc*, aceitando hipóteses com menor conteúdo informativo do que outras, ou até adotando hipóteses contraditórias.
>
> Feyerabend procura confirmações de sua epistemologia anárquica no caso Galileu. Em sua opinião, não se deve pensar em um progresso da ciência dominável ou em todo caso reconstruível com *meios lógicos* (teorias incluídas em, excluídas de, ou entrecruzadas com outras teorias), uma vez que as partes mais avançadas e mais gerais da ciência são *incomensuráveis*.

1 "Contra o método"

O livro de Feyerabend (1924-1994) *Contra o método* (1970) foi escrito na convicção de que "o *anarquismo*, embora não sendo talvez a filosofia política mais atraente, é sem dúvida um excelente remédio para a *epistemologia* e para a *filosofia da ciência*".

Em essência, segundo Feyerabend, é preciso abandonar a quimera de que as normas "ingênuas e simplistas" propostas pelos epistemólogos podem explicar o "labirinto de interações" apresentado pela história real: "a história em geral e a história das revoluções em particular são sempre mais ricas em conteúdos, mais variadas, mais multilaterais, mais vivas e mais 'astutas' do que pode ser imaginado até pelo melhor historiador e pelo melhor metodólogo".

Consequentemente, o anarquismo epistemológico de Feyerabend consiste na tese de que "a ideia de um método que contenha princípios estáticos, imutáveis e absolutamente obrigatórios como guia para a atividade científica se defronta com dificuldades consideráveis quando é posta diante dos resultados da pesquisa histórica. Com efeito, podemos ver que não existe uma norma isolada, por mais plausível e por mais

> ■ **Incomensurabilidade.** Esta é uma ideia salientada por Thomas Kuhn e com mais força ainda por Paul K. Feyerabend. Não raramente – sustentam esses dois autores – o desenvolvimento da ciência nos põe diante de *teorias incomensuráveis*, e isso no próprio âmbito de pesquisa.
> Duas teorias são incomensuráveis quando *todas* as consequências da primeira teoria são diversas e não contraditórias com todas as consequências da segunda teoria. Ou seja, são incomensuráveis teorias diferentes em cujos contextos os termos têm significados diferentes e, portanto, indicam "objetos" diferentes. Entre duas teorias incomensuráveis não podemos estabelecer qual delas seja progressiva em relação à outra.
> Este seria também o caso, conforme Feyerabend, da física clássica e da teoria da relatividade: propriedades de objetos físicos como formas, massas, volumes, intervalos de tempo etc., não são a mesma coisa nas duas teorias, as quais, justamente, permanecem incomensuráveis. Essa ideia de incomensurabilidade foi combatida por Popper como baluarte do irracionalismo atual.

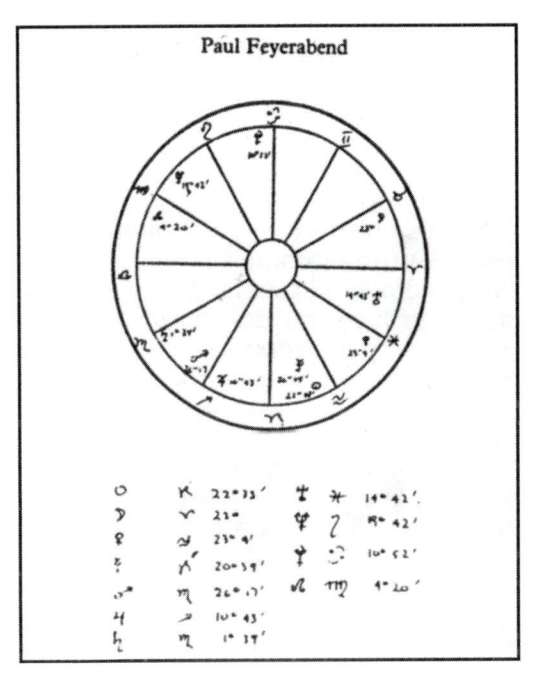

Paul Feyerabend (1924-1994) e seu horóscopo, que ele próprio publicou, em vez do curriculum vitae, *ao lado de seu próprio retrato na obra* A ciência em uma sociedade livre.

solidamente radicada na epistemologia, que não tenha sido violada em alguma circunstância. Também se torna evidente que tais violações não são acontecimentos acidentais, e que não são resultado de um saber insuficiente ou de desatenções que teriam podido ser evitadas. Ao contrário, vemos que tais violações são necessárias para o progresso científico. Com efeito, uma das características que mais chamam a atenção nas recentes discussões sobre a história e a filosofia da ciência é a tomada de consciência do fato de que acontecimentos e desdobramentos como a invenção do atomismo na antiguidade, a revolução copernicana, o advento da teoria atômica moderna (teoria cinética, teoria da dispersão, estereoquímica, teoria quântica) e o surgimento gradual da teoria ondulatória da luz só se verificaram porque alguns pensadores *decidiram* não se deixar obrigar por certas normas metodológicas 'óbvias', ou porque *as violaram involuntariamente*".

Tal liberdade de ação, segundo Feyerabend, não é somente um *fato* da história da ciência: "Ela é tão racional quanto *absolutamente* necessária para o crescimento do saber. Mais especificamente, pode-se demonstrar o seguinte: dada uma norma qualquer, por mais 'fundamental' ou 'necessária' que ela seja para a ciência, há sempre circunstâncias nas quais é oportuno não somente ignorar a norma, mas também adotar seu oposto. Por exemplo, há circunstâncias nas quais é aconselhável introduzir, elaborar e defender hipóteses *ad hoc*, ou hipóteses cujo conteúdo seja menor em relação ao das hipóteses alternativas existentes e empiricamente adequadas, ou ainda, hipóteses autocontraditórias etc. Há inclusive circunstâncias — que, aliás, se verificam bastante frequentemente — nas quais o *raciocínio* perde seu aspecto orientado para o futuro, tornando-se até obstáculo para o progresso". Texto 4

IV. Larry Laudan
e a metodologia das tradições de pesquisa

> • Larry Laudan – cuja obra mais importante é *O progresso científico* (1977) – vê a ciência como atividade dirigida à solução dos *problemas*. Uma teoria é uma boa teoria se consegue resolver os problemas para os quais foi proposta. Mas uma teoria não vive isolada; toda teoria vive dentro de um espectro de teorias, ou seja, dentro de uma *tradição de pesquisa*. Exemplos de tradições de pesquisa são: "o darwinismo, a teoria dos quanta, a teoria eletromagnética da luz; ou ainda o copernicanismo ou a teoria atômica. Uma tradição de pesquisa que obtém sucesso é a que, por meio de suas componentes, leva à solução adequada de um número sempre maior de problemas empíricos e conceituais".
>
> Isso equivale a dizer que entre tradições de pesquisa rivais a escolha cai sobre a tradição que, em relação às outras, resolve na época mais problemas e problemas na época mais importantes: "a escolha de uma tradição ao invés de outras tradições rivais constitui uma escolha que realiza um progresso (e portanto é racional), nos limites em que a tradição escolhida resolve problemas melhor do que o fazem as tradições rivais".

Uma teoria é melhor do que outra se resolve mais problemas e problemas na época mais importantes
→ § 1-2

1. A ciência como "atividade empenhada na solução de problemas"

A ideia central de Larry Laudan é a de que "a ciência visa fundamentalmente à solução dos problemas". Em *O progresso científico* (1977), Laudan delineou "as implicações, para a história e para a filosofia da ciência, do ponto de vista que concebe a ciência sobretudo como atividade empenhada na solução dos problemas". Por isso, os pontos básicos do modelo de desenvolvimento da ciência proposto por Laudan são bastante simples:

1) *o problema resolvido, empírico ou conceitual, é a unidade de base do progresso científico;*

2) *o objetivo da ciência é o de maximizar a dimensão dos problemas empíricos resolvidos, e reduzir a dimensão dos problemas empíricos anômalos e dos problemas conceituais não resolvidos.*

Decorre daí que "toda vez que modificamos uma teoria ou a substituímos por outra, essa inovação constitui um progresso quando e somente quando a teoria modificada ou a nova teoria é mais eficiente em resolver problemas [...] do que a doutrina anterior".

Assim, a comprovação cognoscitiva fundamental de toda teoria consiste em determinar sua capacidade de solução de alguns problemas empíricos e conceituais. Mas, ao falar de teoria, Laudan precisa logo duas coisas:

a) que a avaliação das teorias é algo comparativo, já que "as medidas em termos absolutos das credenciais empíricas ou conceituais de uma teoria são desprovidas de significado";

b) que as teorias não vivem singularmente, razão por que devemos atentar para todo um *espectro* de teorias individuais.

Assim, por exemplo, a teoria da evolução "não se refere a uma teoria isolada, mas a toda uma família de doutrinas, histórica e conceitualmente ligadas entre si, que funcionam todas a partir da ideia de que as espécies orgânicas têm ascendência comum. Da mesma forma, o termo *teoria atômica* refere-se geralmente às teorias de amplo conjunto, que se apoiam sobre a ideia de que a matéria é descontínua". Com isso, Laudan nos remete aos *paradigmas* de Thomas Kuhn e aos programas científicos de pesquisa de Imre Lakatos, na convicção de que as *teorias mais gerais*, e não as mais específicas, constituem o instrumento primário para a compreensão e para a avaliação do progresso científico.

2. A natureza do progresso científico

Laudan propõe a teoria das *tradições de pesquisa* para a compreensão do progresso científico. O darwinismo, a teoria dos quanta e a teoria eletromagnética da luz são exemplos de tradições de pesquisa. Na realidade, acrescenta Laudan, "toda disciplina intelectual, científica e não científica, apresenta uma história rica em tradições de pesquisa: empirismo e nominalismo na filosofia, voluntarismo e necessitarismo em teologia, behaviorismo e freudismo em psicologia, utilitarismo e intuicionismo na ética, marxismo e capitalismo em economia, mecanicismo e vitalismo em fisiologia [...]".

Uma tradição de pesquisa fornece um conjunto de diretrizes para a construção de teorias específicas. Parte dessas diretrizes é de caráter *metodológico*. Assim, "a atitude metodológica dos cientistas que seguiam estritamente a tradição de pesquisa do newtonianismo é inevitavelmente indutivista, admitindo somente as teorias que foram 'inferidas indutivamente' dos dados. E os métodos de procedimento fixados por um psicólogo behaviorista são os comumente chamados 'operacionalistas'".

Outra parte das diretrizes apresentadas por uma tradição de pesquisa são *ontológicas*. É a ontologia da tradição de pesquisa "que especifica de modo geral os tipos de entidade fundamentais existentes nesse domínio ou domínios, no interior dos quais atua a tradição de pesquisa em questão. Por exemplo, se a tradição de pesquisa é o behaviorismo, ela nos diz que as únicas entidades legítimas postuláveis pelas teorias behavioristas são sinais físicos e fisiológicos direta e publicamente observáveis. Se a tradição de pesquisa é a da física cartesiana, ela especifica que só existem matéria e pensamento, e que as teorias que falem de outros tipos de substâncias (ou de substâncias mistas de pensamento e matéria) são inaceitáveis. Além disso, essa tradição de pesquisa *delineia os diversos modos em que essas entidades podem interagir*. Assim, os corpúsculos cartesianos só podem interagir por contato, e não por ação a distância. Na tradição de pesquisa constituída pelo marxismo, as entidades só podem interagir em virtude das forças econômicas pelas quais são influenciadas".

Desse modo, Laudan se acredita em condições de definir uma tradição de pesquisa como "um conjunto de questões gerais relativas às entidades e aos processos presentes em certo domínio de estudo, e aos métodos apropriados que se devem usar, para investigar os problemas e construir as teorias em tal domínio". Texto 5

■ **Tradição de pesquisa.** O copernicanismo, a teoria atômica, o darwinismo, a teoria dos quanta são exemplos de tradições de pesquisa. Todavia, especifica Laudan, toda disciplina intelectual, científica ou não científica, tem uma história rica de tradições de pesquisa: "empirismo e nominalismo em filosofia, voluntarismo e necessitarismo em teologia, behaviorismo e freudismo em psicologia, utilitarismo e intuicionismo em ética, marxismo e capitalismo em economia, mecanicismo e vitalismo em fisiologia". Pondo a atenção no interior de uma tradição de pesquisa vemos que ela é formada por um conjunto de "assuntos gerais que se referem às entidades e aos processos presentes em certo âmbito de estudo e de métodos apropriados que se devem usar para investigar problemas e construir as teorias em tal domínio". Portanto, uma tradição de pesquisa consiste de uma *ontologia* que especifica os objetos do domínio de investigação e de uma *metodologia* que indica como proceder na pesquisa. E violar a ontologia e/ou a metodologia de uma tradição de pesquisa significa colocar-se fora dela e repudiá-la. Assim, se um físico cartesiano se pusesse a falar de forças que agem a distância, se um behaviorista falasse de impulsos inconscientes, se um marxista falasse de ideias que não surgem como resposta a estruturas econômicas, pois bem, "em cada um desses casos, o cientista põe-se fora da área de jogo [...], ele viola os limites da tradição e se torna estranho em relação a ela".

V. Epistemologia e metafísica.
Como e por que os epistemólogos contemporâneos defendem a metafísica

> *"Metafísicas influentes"*: como e quando as teorias metafísicas são sensatas e racionais → § 1-4
>
> • Cúmulos de não sentido eram as teorias metafísicas para os neopositivistas. Com base no princípio de verificação, afirmações como "Deus existe", "Deus não existe", "existe um além", seriam apenas rumores, gritos da alma, justamente porque afirmações não passíveis de tradução ou de redução à linguagem "coisal" da física.
> Popper, com seu critério de falsificabilidade, traçou uma linha de demarcação entre ciência empírica e teorias que não pertencem à ciência empírica, entre as quais figuram as teorias metafísicas (sobre o cosmo, sobre a história, sobre o homem etc.). E partindo justamente de seu critério de falsificabilidade, Popper refutou a sensatez das teorias metafísicas, viu como de certas teorias outrora metafísicas sucessivamente se desenvolveram teorias científicas, sustentou a *racionalidade* daquelas teorias metafísicas que podem ser criticadas ao serem colocadas em confronto com teorias científicas, teoremas lógicos, resultados matemáticos, ou outras ideias metafísicas na época consolidadas.
> Também para Joseph Agassi (1927) as teorias metafísicas não estão de fato além da crítica; e ele avalia alguma metafísica como física do futuro.
> Por sua vez, Paul K. Feyerabend afirmou que é preciso produzir mais teorias metafísicas justamente para ser bons empiristas, porque certas ideias metafísicas, entrando em conflito com teorias científicas no auge, podem constituir ótimos estímulos críticos, e podem também impelir ao descobrimento e à "construção" de novos fatos que contrastam com teorias científicas bem corroboradas.
> A ideia de criticabilidade das teorias metafísicas é encontrável também em ensaios de John Watkins (1923), o qual – salientando o grande significado das ideias metafísicas no desenvolvimento da ciência – falou de *metafísicas influentes*, de ideias metafísicas como o determinismo, o mecanicismo, as doutrinas a priori da conservação, concepções de campo etc., que influíram poderosamente sobre a ciência.

1. A posição de Popper, Kuhn e Lakatos sobre a metafísica

Com base no princípio de verificação, os *neopositivistas vienenses* sustentavam a insensatez de qualquer assertiva metafísica. Contrariamente aos neopositivistas, os *filósofos analíticos*, por meio do princípio de uso, mostraram os usos ou funções (morais, políticas, religiosas ou antirreligiosas) das teorias metafísicas. E, entre essas funções, acenaram para o fato de que "aquilo que começa como metafísica pode acabar como ciência".

Sobre esta última função — ou seja, o fato de que algumas teorias metafísicas são a aurora da ciência — insistiram particularmente os epistemólogos que, de um ou de outro modo, estão ligados ou se vinculam ao racionalismo crítico de Karl Popper.

Como sabemos, com base no critério de demarcação (entre ciência e não ciência) constituído pela falsificabilidade, Popper defende as seguintes teses:

a) as metafísicas são sensatas;

b) algumas delas constituíram historicamente programas de pesquisa e, com o crescimento do saber de fundo, se transformaram (como o caso do atomismo antigo) em teorias controláveis;

c) do ponto de vista psicológico, a pesquisa é impossível sem a fé em ideias de natureza metafísica;

d) embora não sendo falsificáveis, as metafísicas são criticáveis, a partir do momento que podem chocar-se em algum pedaço de mundo (uma teoria científica, um resultado matemático, um teorema de lógica etc.), na época bem consolidado e ao qual não estamos dispostos a renunciar.

Para Kuhn, entre os vários tipos de paradigmas, existem também os *metafísicos*. E são precisamente os *paradigmas metafísicos* (por exemplo, o mecanicismo cartesiano) que "informam o cientista sobre as entidades que a natureza contém ou não contém, e sobre o comportamento dessas entidades".

Por sua vez, Lakatos elaborou sua metodologia dos programas científicos de pesquisa em torno da ideia de *núcleo teórico tornado irrefutável por "fiat" metodológicos*. Essencialmente, para Lakatos, a ciência não avança através de um duelo a dois entre uma teoria e os fatos, e sim através de desafio entre pelo menos dois programas de pesquisa e os fatos. E o que conta é a progressividade de um programa em relação a outros, programa que se desenvolve em torno de um núcleo teórico irrefutável, não sintaticamente (como queria Popper), mas por razões metodológicas: nós protegemos da refutação o núcleo teórico, enquanto este se mostra teórica e empiricamente progressivo, ou seja, enquanto se demonstra mais fecundo do que os outros programas.

2 Joseph Agassi e a metafísica como física do futuro

No ensaio *A natureza dos problemas científicos e suas raízes na metafísica* (1975), contra aqueles que falam da metafísica como física do passado, Agassi tende a exaltar algumas metafísicas como física do futuro.

Contra Popper, que afirma que se faz pesquisa para encontrar e comprovar hipóteses altamente comprováveis, ele observa que amiúde a pesquisa está voltada para a comprovação de hipóteses pouco comprováveis ou quase inteiramente não comprováveis, ou seja, hipóteses metafisicamente relevantes; além disso, não se sente em condições de incluir a metafísica na não ciência, juntamente com a pseudociência e a superstição, nem de chamar todas essas coisas *diversas* como "metafísica"; destaca também que "a metafísica pode ser vista como um programa de pesquisa, e as falsas pretensões da pseudociência como o produto acabado"; para Agassi, "as ideias metafísicas pertencem à pesquisa científica como ideias reguladoras crucialmente importantes"; e, o mais importante, para ele as metafísicas não estão em absoluto além da crítica.

Escreve Agassi: "As teorias metafísicas são visões sobre a natureza das coisas (assim como a teoria de Faraday do universo como um campo de forças) [...]. Em geral, as doutrinas metafísicas não são criticáveis assim como as teorias científicas; normalmente não há nenhuma refutação e, portanto, nenhum experimento crucial em metafísica. Entretanto, pode haver algo semelhante a um experimento crucial em um procedimento desse tipo. Duas diferentes visões metafísicas apresentam duas interpretações diversas de um conjunto de fatos conhecidos; cada uma dessas interpretações se desenvolve em uma teoria científica, e uma das teorias científicas é derrotada em um experimento crucial; a metafísica que está por trás da teoria científica derrotada perde seu poder interpretativo, sendo assim abandonada. Esse, portanto, é o modo pelo qual alguns problemas científicos são relevantes para a metafísica; e, normalmente, a classe dos problemas científicos que apresenta essa relevância é que é escolhida para ser estudada". Com efeito, existem problemas mais ou menos interessantes. E, em geral, o interesse de um problema é determinado precisamente por sua relevância metafísica.

3 P. K. Feyerabend e as ideias metafísicas como "parte essencial" do método empírico

Também W. W. Bartley III, em *Teorias da demarcação entre ciência e metafísica* (1968), insistiu no fato de que a irrefutabilidade de uma teoria não deve ser vista como vício, como queria Popper. Escreve Bartley: "Eu gostaria de explicar e reafirmar essa ideia observando que, em tais contextos, são altamente desejáveis teorias empiricamente irrefutáveis — ainda mais desejáveis do que as provas empíricas. Se nosso objetivo é o de maximizar a crítica às concepções existentes, é substancialmente *mais* importante ter uma teoria qualquer ou uma explicação alternativa, científica ou não, que contradiga (*conflicts*) os relatos correntes e mais difundidos da questão a explicar, do que ter o que parece ser uma refutação empírica ou um contra exemplo da teoria em questão".

Essa concepção de Bartley, sustentada também por Agassi, foi mais tarde enfatizada por Paul K. Feyerabend, para quem o *pluralismo teórico* (isto é, a construção de teorias altenativas à teoria em questão) pode desenvolver a função de detectar "fatos" capazes de pôr em dificuldade ou até em crise a teoria vigente; fatos que, de outra forma, não estariam disponíveis se tais alternativas não fossem consideradas. Além disso, as alternativas à teoria vigente servem precisamente para maximizar o conteúdo de uma teoria, que é sempre avaliada em relação a outras teorias.

Por tudo isso, *"a elaboração de alternativas à opinião em exame constitui uma parte essencial do método empírico"*.

Portanto, como escreve Feyerabend em *Como ser bom empirista,* para ser bons empiristas é preciso produzir mais teorias metafísicas, tanto para detectar "fatos" que possam contradizer uma teoria imperante (fatos que, de outra forma, não poderiam ser encontrados), como para maximizar o conteúdo de uma teoria.

4 John Watkins e a metafísica confirmável e influente

4.1 Relações entre ideias metafísicas e ciência

Já observamos que foram sobretudo Agassi e Watkins que aprofundaram o tema das relações entre metafísica e ciência. E já dissemos algo sobre Agassi. No que se refere a John Watkins (de cuja autoria deve-se ver o escrito *Metafísica confirmável e influente,* 1957), podemos resumir os resultados de suas reflexões sobre o tema nos seguintes pontos:

1) A dicotomia clássica empirista *analítico-sintética* é super simplificatória e infecunda.

2) É erro interpretar um *juízo a priori* como *necessariamente verdadeiro,* porque nós podemos ter juízos *a priori* (independentes da experiência, enquanto irrefutáveis por fatos empíricos) que, no entanto, não sejam necessariamente verdadeiros.

3) Exemplos de tais *juízos a priori e não necessários* são assertivas metafísicas como as que expressam o determinismo, o mecanicismo, as teorias da conservação etc. Trata-se, precisamente, de juízos a priori no sentido de que são empiricamente irrefutáveis e, no entanto, não são logicamente necessários.

4) Geneticamente (e, portanto, historicamente), existem metafísicas que *pre*-escrevem programas de pesquisas científicas e existem também metafísicas que são justificações *post hoc* de teorias científicas afirmadas. Enquanto o pensamento científico influenciou a metafísica principalmente durante os períodos de consolidação da ciência, "as ideias metafísicas influenciaram a especulação científica sobretudo durante os períodos de mudanças e tensões na ciência".

5) Deveríamos substituir a dicotomia analítico-sintética pela tricotomia analítico-sintético-a priori não necessária: os juízos a priori não necessários são os juízos factuais metafísicos.

6) Esses juízos factuais metafísicos a priori e não necessários podem ter instâncias de confirmação (como ocorre, por exemplo, com o determinismo, no qual encontramos leis causais), mas não podem ser falsificados (se não conseguimos encontrar uma lei causal, é porque não fomos capazes de encontrá-la, e não porque ela não exista). Assim, as ideias metafísicas são verificáveis, mas não são falsificáveis. E, não sendo falsificáveis, a sua confirmação não tende a transformá-las em teorias de natureza empírica.

7) As ideias metafísicas a priori e não necessárias podem ser interpretadas como ordens de método (o determinismo equivaleria a uma prescrição como esta: "não abandonar nunca a pesquisa de leis naturais"; o mecanicismo, pouco mais ou menos, significaria dizer: "Jamais permitir que qualidades ocultas, ações a distância, transmissão instantânea e qualquer outro desvio do princípio da ação por contato figurem entre suas premissas" etc.) Entretanto, deve-se acentuar o fato de que, embora do ponto de vista formal não se possam deduzir prescrições metodológicas de descrições metafísicas, isso não significa em absoluto que estas não exerçam seu papel regulador. Elas podem desempenhar esse papel porque uma doutrina metafísica pode entrar em colisão com certos tipos de hipóteses falsificáveis, e assim impedir sua construção: esse é o

caso do cartesianismo em relação à teoria de Torricelli ou à teoria newtoniana da ação a distância.

8) Em essência, as doutrinas metafísicas "regulam a construção das teorias empíricas, não implicando positivamente alguma teoria empírica específica, mas impedindo negativamente certos tipos de teoria empírica". E isso também ocorre nas relações entre a metafísica, por um lado, e a moral e a política, por outro: uma doutrina metafísica "não implica em nenhuma concepção moral ou política, mas somente limita as concepções morais e políticas abertas ao homem que veja o mundo daquele modo".

4.2 Avaliação das teorias metafísicas

No que se refere à avaliação das teorias metafísicas, cumpre observar que:

a) deve-se procurar tornar comprovável a teoria incomprovável e interessante;

b) não é preciso transformar uma teoria comprovável, mas que está em dificuldade, em teoria emasculada e irrefutável;

c) se é verdade que uma teoria metafísica que gerou ciência se fortalece com a ciência que gerou, também é verdade que o mesmo conjunto de fatos e leis científicas pode ter diversas interpretações metafísicas, razão por que a ciência *de* uma metafísica não dá a essa metafísica autoridade indiscutida;

d) não se deve esquecer que, "historicamente, as doutrinas metafísicas desempenharam um papel no interior da ciência quando *desafiaram* a teoria existente e prefiguraram um novo tipo de teoria".

Concluindo, a metafísica, que em muitos sentidos foi frequentemente um dos eixos motores da filosofia, e contra a qual não raramente cientistas, e recentemente também filósofos, polemizaram de diversas formas, hoje torna a se impor — e exatamente sobre o plano epistemológico — até como *necessária à ciência*, e, portanto, como uma dimensão irrenunciável do pensamento humano.

KUHN

1 O que é um "paradigma"?

> *"Paradigmas", "ciência normal" e "comunidade científica": a comunidade científica é instituída pelo "paradigma", assim como uma igreja é instituída por um dogma, e um partido político por uma ideologia. Os paradigmas são modelos de práxis efetiva, reconhecidos como válidos e que dão origem a tradições de pesquisa científica. Exemplos de paradigmas são: a astronomia ptolemaica (ou a copernicana), a óptica corpuscular (ou a ondulatória) etc. É dentro de um paradigma que é praticada a ciência normal. É a passagem de um paradigma (por exemplo: a astronomia ptolemaica) para outro (por exemplo: a astronomia copernicana) constitui uma revolução científica.*

Neste ensaio, "ciência normal" significa uma pesquisa estavelmente fundada sobre um ou mais resultados alcançados pela ciência do passado, aos quais uma comunidade científica particular, por certo período de tempo, reconhece a capacidade de constituir o fundamento de sua práxis posterior. Hoje tais pontos firmes são elencados, embora raramente em sua forma original, pelos manuais científicos, tanto elementares como superiores. Esses manuais expõem o corpo da teoria reconhecida como válida, ilustram muitas ou todas as suas aplicações coroadas de sucesso e confrontam essas aplicações com observações e experimentos exemplares. Antes que esses textos se tornassem populares no início do século XIX (e até um período ainda mais recente, no que se refere às ciências que apenas há pouco alcançaram um estágio maduro) muitos famosos clássicos da ciência preenchiam tal função. A *Física* de Aristóteles, o *Almagesto* de Ptolomeu, os *Principia* e a *Óptica* de Newton, a *Eletricidade* de Franklin, a *Química* de Lavoisier e a *Geologia* de Lyell, e muitas outras obras serviram por certo período de tempo para definir implicitamente os problemas e os métodos legítimos em determinado campo de pesquisas para numerosas gerações de cientistas. Eles estavam em grau de fazer isso, pois possuíam em comum duas características: os resultados que apresentavam eram suficientemente novos para atrair um grupo estável de seguidores, afastando-os de formas de atividade científica que com eles contrastavam; e, ao mesmo tempo, estavam suficientemente abertos para deixar ao grupo de cientistas constituídos sobre essas novas bases a possibilidade de resolver problemas de todo tipo.

Doravante, para indicar os resultados que têm em comum estas duas características, usarei o termo "paradigmas", que tem uma relação precisa com o termo "ciência normal". Com a escolha desse termo eu quis tornar presente o fato de que alguns exemplos de efetiva práxis científica, reconhecidos como válidos — exemplos que compreendem globalmente leis, teorias, aplicações e instrumentos —, fornecem modelos que dão origem a tradições particulares de pesquisa científica com sua coerência. Estas são as tradições que o historiador descreve com etiquetas como "astronomia ptolemaica" (ou "copernicana"), "dinâmica aristotélica" (ou "newtoniana"), "óptica corpuscular" (ou "óptica ondulatória"), e assim por diante. O estudo dos paradigmas, compreendendo muitos que são amplamente mais especializados do que os que citamos há pouco como exemplos ilustrativos, é o que principalmente prepara o estudante a se tornar membro da comunidade científica particular com a qual mais tarde deverá colaborar. Do momento que em tal comunidade ele encontra cientistas que apreenderam os fundamentos de sua disciplina a partir dos mesmos modelos concretos, sua atividade sucessiva raramente suscitará um desacordo aberto em relação aos princípios fundamentais. Aqueles cuja pesquisa se baseia sobre paradigmas compartilhados pela comunidade científica empenham-se em observar as mesmas regras e os mesmos modelos em sua atividade científica. Esse compromisso e o evidente consenso que ele produz são requisitos indispensáveis para uma ciência normal, ou seja, para a gênese e para a manutenção de uma tradição particular de pesquisa. [...]

Se o historiador traçar retrospectivamente no tempo o desenvolvimento do conhecimento científico de qualquer grupo escolhido de fenômenos correlacionados entre si, ele tem probabilidade de encontrar-se diante de uma pequena variante do esquema que aqui ilustramos, em referência à história da física óptica. Os manuais de física de hoje ensinam ao estudante que a luz é constituída de fótons, ou seja, de entidades da mecânica quântica que apresentam algumas propriedades características das ondas e outras propriedades características das partículas. A pesquisa procede de acordo com tal delineamento, ou melhor, de acordo com a mais elaborada caracterização matemática a partir da qual derivou essa verbalização corrente. Tal caracterização da luz é, porém, velha de apenas meio século. Antes que ela fosse desenvolvida por Planck, por Einstein e por outros no início do século XX, os textos de física ensinavam que a luz era um movimento ondulatório transversal, um conceito enraizado em um paradigma que derivava em última análise dos escritos ópticos de Young e de Fresnel do início do século XIX. É, por outro lado, a teoria ondulatória não foi a primeira a ser abraçada por quase todos os cientistas, cuja atividade se desenvolvia no campo da óptica. Durante o século XVIII, o paradigma para esse campo foi fornecido pela *Óptica* newtoniana, que ensinava que a luz consistia de corpúsculos materiais. Naquele tempo, os físicos pesquisavam uma prova da pressão exercida pelas partículas luminosas que vinham se chocar contra corpos sólidos, prova que não foi pesquisada pelos primeiros seguidores da teoria ondulatória.

Essas transformações dos paradigmas da óptica física constituem revoluções científicas, e a passagem sucessiva de um paradigma para outro por meio da revolução forma o esquema habitual de desenvolvimento de uma ciência madura.

Th. S. Kuhn,
A estrutura das revoluções científicas.

2 A natureza da "ciência normal"

> A ciência normal consiste na tentativa de realizar as promessas do paradigma. "A pesquisa no âmbito da ciência normal dirige-se [...] à articulação daqueles fenômenos e daquelas teorias que já são fornecidos pelo paradigma".

O sucesso de um paradigma – seja ele a análise aristotélica do movimento, ou o cálculo ptolemaico da posição dos planetas, ou o uso da balança feito por Lavoisier, ou a matematização que Maxwell realizou do campo eletromagnético – é, no início, em grande parte, uma promessa de sucesso que se pode entrever em alguns exemplos escolhidos e ainda incompletos. A ciência normal consiste na realização dessa promessa, uma realização obtida estendendo o conhecimento daqueles fatos que o paradigma indica como particularmente reveladores, crescendo à medida que esses fatos concordam com as previsões do paradigma, e articulando posteriormente o paradigma.

Poucos entre aqueles que não estejam efetivamente empenhados na atividade de uma ciência madura percebem quanto trabalho de polimento desse tipo deve continuar a ser feito depois da aceitação de um paradigma, ou de quão fascinante possa ser a execução de semelhante trabalho. E estes pontos devem ser claramente compreendidos. As operações de polimento constituem a atividade que empenha a maior parte dos cientistas no decorrer de toda a sua carreira. Elas constituem aquilo que chamo de ciência normal. Uma atividade desse tipo, examinada de perto, seja como foi feita no decorrer da história, seja como é conduzida nos laboratórios contemporâneos, apresenta-se como tentativa de forçar a natureza dentro de caixinhas pré-fabricadas e relativamente rígidas fornecidas pelo paradigma. A tarefa da ciência normal não é, de fato, a de descobrir novos gêneros de fenômenos; ao contrário, frequentemente escapam completamente aqueles que não se poderiam adaptar ao encaixamento. Os cientistas nem sequer pretendem, geralmente, inventar novas teorias; ao contrário, frequentemente mostram-se intolerantes para com as inventadas por outros. A pesquisa no âmbito da ciência normal dirige-se, ao invés, à articulação daqueles fenômenos e daquelas teorias que já foram fornecidas pelo paradigma.

Esses, talvez, sejam os defeitos. A área de pesquisa em que opera a ciência normal é, naturalmente, muito restrita; o empreendimento que agora estamos discutindo tem um visual drasticamente limitado. Mas as restrições, produzidas pela confiança em um paradigma, revelam-se essenciais para o desenvolvimento da ciência. Concentrando a atenção sobre um âmbito restrito de problemas relativamente internos, o paradigma obriga os cientistas a estudar uma parte da natureza de modo tão particularizado e aprofundado, que de outra forma seria inimaginável. Por outro lado, a ciência normal possui um mecanismo interno que assegura o relaxamento das restrições que vinculam a pesquisa toda vez que o paradigma do qual elas derivam deixa de funcionar eficazmente. Nesse momento, os cientistas começam a assumir um comportamento diferente, e muda a natureza dos problemas de sua pesquisa. Nesse ínterim, porém, durante o período em que o paradigma tem sucesso, a comunidade dos especialistas terá resolvido problemas que seus membros dificilmente teriam podido imaginar e não teriam jamais enfrentado, caso não tivessem se apoiado no paradigma. E sempre, pelo menos uma parte dos resultados obtidos se demonstram permanentes.

Th. S. Kuhn,
A estrutura das revoluções científicas.

LAKATOS

3 A metodologia dos "programas científicos de pesquisa"

> *"A teoria da gravitação de Newton, a teoria da relatividade de Einstein, a mecânica quântica, o marxismo e o freudismo são todos programas de pesquisa, cada um com seu núcleo característico, que é tenazmente defendido".*
>
> *Um programa de pesquisa é progressivo se "a teoria conduz à descoberta de fatos novos até então desconhecidos"; ao contrário, é regressivo se a teoria deve perseguir os fatos.*
>
> *À luz da metodologia dos programas científicos de pesquisa, Lakatos sustenta que a história da ciência refuta tanto Popper quanto Kuhn: "Num exame acurado tanto os experimentos cruciais de Popper como as revoluções de Kuhn aparecem como mitos: aquilo que em geral ocorre é que um programa de pesquisa progressivo substitui um regressivo".*

Nos últimos anos desenvolvi uma metodologia dos programas científicos de pesquisa que avia a solução para alguns dos problemas que nem Popper nem Kuhn conseguiram resolver.

Em primeiro lugar, sustento que os grandes resultados científicos não consistem de hipóteses isoladas, e sim de programas de pesquisa. A ciência não é simplesmente uma série de tentativas e de erros, de conjecturas e refutações. "Todos os cisnes são brancos" é uma proposição que pode ser falsificada pela descoberta de um só cisne negro. Mas tal caso de tentativa e erro não pode ser considerado ciência. A ciência newtoniana, por exemplo, não é apenas um conjunto de quatro conjecturas: as três leis da mecânica e a lei de gravitação. Essas quatro leis constituem o "núcleo" do programa newtoniano. Mas esse núcleo é tenazmente protegido pela refutação por meio de um vasto "cinto protetor" de hipóteses auxiliares. E, o que é ainda mais importante, o programa de pesquisa também tem uma "heurística", ou seja, um poderoso aparato para a solução de problemas que, com o auxílio de sofisticadas técnicas matemáticas, digere as anomalias e as transforma em evidência positiva. Por exemplo, se um planeta não se move exatamente como deveria, o cientista newtoniano controla suas conjecturas referentes à refração atmosférica, à propagação da luz nas tempestades magnéticas, e centenas de outras conjecturas que fazem todas parte do programa. Para explicar a anomalia pode também inventar um planeta até então desconhecido e calcular sua posição, sua massa e sua velocidade. Pois bem, a teoria da gravitação de Newton, a teoria da relatividade de Einstein, a mecânica quântica, o marxismo, o freudismo, são todos programas de pesquisa, cada um com seu núcleo característico que é tenazmente defendido, cada um com seu mais flexível cinto protetor, e cada um com seu elaborado aparato para resolver problemas. Cada um deles, em qualquer estágio de seu desenvolvimento, apresenta problemas não resolvidos e anomalias ainda não assimiladas. Todas as teorias, neste sentido, nascem refutadas e morrem refutadas. Mas todas elas são igualmente boas? Até agora descrevi as características gerais dos programas de pesquisa. Mas como se pode distinguir um programa de pesquisa científico ou progressivo de um pseudocientífico ou regressivo?

Contrariamente ao que sustenta Popper, a diferença não está no fato de que alguns ainda não foram refutados, enquanto outros já foram refutados. Quando Newton publicou seus *Principia*, era geralmente sabido que seu sistema não estava em grau de explicar corretamente sequer o movimento da lua; de fato, o movimento da lua refutava Newton. Kaufmann, ilustre físico, refutou a teoria da relatividade de Einstein no próprio ano em que ela foi publicada. Mas todos os programas de pesquisa que admiro têm uma característica em comum. Todos eles predizem fatos novos, fatos que ou não haviam sido sequer imaginados ou que haviam até sido contraditos pelos programas precedentes ou rivais. Em 1686, quando Newton publicou sua teoria da gravitação, havia, por exemplo, duas teorias correntes em relação aos cometas. A mais popular era a que considerava os cometas como sinais da cólera de Deus, avisos prévios do fato de que logo atingiria e provocaria o desastre. Uma pouco conhecida teoria de Kepler afirmava que os cometas eram corpos celestes que se moviam ao longo de linhas retas. Conforme a teoria newtoniana, alguns deles descreviam hipérboles ou parábolas e jamais retornavam; outros se moviam ao longo de elipses ordinárias. Halley, trabalhando sobre o programa de Newton, calculou em base à observação de um breve trecho do percurso de um cometa, que ele retornaria depois de setenta e dois anos; calculou num instante o momento em que ele seria de novo visto em um ponto bem definido do céu. A coisa era incrível. Mas, setenta e dois anos depois, quando tanto Newton como Halley estavam mortos há tempo, o cometa de Halley voltou exatamente do modo como fora predito. Do mesmo modo, os cientistas newtonianos predisseram a existência e o movimento exato de pequenos planetas que jamais haviam sido observados antes. Ou então, tomemos o programa de Einstein. Este programa fez a surpreendente predição de que, se for medida a distância entre duas estrelas durante a noite e se for medida depois durante o dia (quando elas são visíveis durante um eclipse do sol), as duas medidas resultarão diferentes. Ninguém jamais havia pensado em fazer tal observação antes do programa de Einstein. Assim, em um programa de pesquisa progressivo, a teoria leva à descoberta de fatos novos até o momento desconhecidos. Nos programas de pesquisa regressivos, ao contrário, as teorias são inventadas apenas com o fim de acolher os fatos conhecidos. Por exemplo, o marxismo por acaso predisse talvez um fato novo e surpreendente com sucesso? Nunca! Em vez disso, fez famosas predições falidas. Predisse o empobrecimento absoluto da classe operária. Predisse que a primeira revolução socialista teria lugar nas sociedades industrialmente mais desenvolvidas. Predisse que não seriam realizadas revoluções nas sociedades socialistas. Predisse que não haveria nenhum conflito de interesses entre os países socialistas. Assim, as primeiras predições do marxismo eram ousadas e surpreendentes, mas faliram. Os marxistas explicaram todas essas falências. Explicaram a melhoria dos padrões de vida da classe operária por meio de uma teoria do imperialismo; explicaram também por que a primeira revolução socialista teve lugar na Rússia industrialmente atrasada. "Explicaram" o 1953 de Berlim, o 1956 de Budapeste e o 1968 de Praga. "Explicaram" o conflito russo-chinês. Mas suas teorias auxiliares eram todas inventadas com o bom senso do depois, para proteger dos fatos a teoria marxista. O programa newtoniano levou a fatos novos; o marxista permaneceu atrás em relação a eles e correu velozmente para alcançá-los.

Resumindo, o traço distintivo do progresso empírico não são as verificações banais: Popper tem razão quando afirma que há milhões. Por mais que frequentemente se repita, o fato de que as pedras, se deixadas livres, caem para a terra, sem dúvida não representa um sucesso para a teoria newtoniana. Mas as assim chamadas "refutações" não são, como predisse Popper, o traço distintivo do insucesso empírico, porque todos os programas crescem em um oceano permanente de anomalias. O que realmente conta são as predições surpreendentes, inesperadas e espetaculares: algumas delas são suficientes para fazer pender a balança, e quando a teoria permanece atrás, em relação aos fatos, estamos lidando com míseros programas de pesquisa regressivos.

Pois bem, como ocorrem as revoluções científicas? Se tivermos dois programas de pesquisa rivais dos quais um é progressivo, enquanto o outro é regressivo, os cientistas tendem a aderir ao programa progressivo. Esta é a base racional das revoluções científicas. Mas enquanto é uma questão de honestidade intelectual sempre tornar público o quadro da situação, não é de modo nenhum desonesto aderir a um programa regressivo e procurar transformá-lo em um programa progressivo.

Diferentemente de Popper, a metodologia dos programas científicos de pesquisa não oferece uma racionalidade instantânea. Os programas nascentes devem ser tratados com indulgência: podem passar decênios para que um programa decole e se torne empiricamente progressivo. A crítica não consiste, como para Popper, em um rápido abatimento por meio da refutação. A crítica importante é sempre construtiva: não há refutações sem uma teoria melhor. Kuhn errava quando pensa que as revoluções científicas são imprevistas e irracionais mudanças de pontos de vista. A história da ciência refuta tanto Popper como Kuhn: a um exame acurado tanto os experimentos cruciais de Popper como as revoluções de Kuhn aparecem como mitos: aquilo que em geral acontece é que um programa de pesquisa progressivo substitui um regressivo.

O problema da demarcação entre ciência e pseudociência tem implicações importantes também para a institucionalização da crítica. A teoria de Copérnico foi proscrita em 1616 pela Igreja católica como pseudocientífica. Foi tirada do *Índex* em 1820 porque naquele momento a Igreja acreditava que os fatos a tivessem demonstrado e que, por isso, ela tivesse se tornado científica. O Comitê central do Partido Comunista soviético em 1949 declarou como pseudocientífica a genética de Mendel e mandou seus sustentadores, como o acadêmico Vavilov, morrer nos campos de concentração. Depois do assassínio de Vavilov a genética mendeliana foi reabilitada; mas o direito do Partido de decidir aquilo que é científico e publicável e aquilo que é pseudocientífico e punível foi mantido.

Também o novo *establishment* liberal no Ocidente exerce o direito de negar liberdade de palavra àquela que considera pseudociência, como se viu por ocasião do debate sobre a raça e a inteligência. Todos esses juízos foram inevitavelmente baseados sobre um critério de demarcação de algum tipo. É por isso que o problema da demarcação entre ciência e pseudociência não é um pseudoproblema para filósofos de salão: ele tem importantes implicações em campo ético e político.

I. Lakatos,
*A metodologia
dos programas científicos
de pesquisa*,
em *Escritos filosóficos I*.

Imre Lakatos.

FEYERABEND

4 O anarquismo epistemológico

> O anarquismo epistemológico é a concepção exposta por Feyerabend no trecho seguinte, tirado de Contra o método. Feyerabend está persuadido que mesmo a mais liberal e mais refinada metodologia não está em grau de dar conta daquela que é a história efetiva da ciência. "Não há uma norma particular [...] que não tenha sido violada em alguma circunstância [...] há sempre circunstâncias nas quais é oportuno não só ignorar a norma, mas adotar seu oposto".

O ensaio seguinte [*Contra o método*] foi escrito na convicção de que o *anarquismo*, mesmo que não seja talvez a filosofia *política* mais atraente, é sem dúvida um excelente remédio para a *epistemologia* e para a *filosofia da ciência*. Não é difícil encontrar a razão disso.

A história em geral, a história das revoluções em particular, é sempre mais rica de conteúdo, mais variada, mais multilateral, mais viva, mais "astuta" do que possam imaginar tanto o melhor historiador como o melhor metodólogo. A história é rica de casos e conjunturas e curiosas justaposições de eventos, e nos demonstra a complexidade da mutação humana e o caráter imprediziível das consequências últimas de todo ato determinado ou decisão de seres humanos. Devemos crer verdadeiramente que as regras ingênuas e simplistas, que os metodólogos tomam como seu guia, possam dar razão de tal "labirinto de interações"? E não é claro que pode participar com sucesso de um processo deste gênero apenas um oportunista sem escrúpulos que não esteja ligado a alguma filosofia particular, e que adote em todo caso o procedimento que lhe pareça o mais oportuno na circunstância particular? [...]

É possível, obviamente, simplificar o meio em que um cientista trabalha simplificando seus protagonistas. A história da ciência, em definitivo, não consta apenas de fatos e de conclusões tiradas de fatos. Ela contém também ideias, interpretações de fatos, problemas criados por interpretações contrastantes, erros, e assim por diante. Se examinarmos as coisas mais a fundo, encontraremos até que a ciência não conhece "meros fatos", mas que os "fatos" que entram em nosso conhecimento são já vistos de certo modo, e são por isso essencialmente ideacionais. Assim estando as coisas, a história da ciência será igualmente complexa, caótica, cheia de erros e divertida quanto as ideias que contém, e estas ideias por sua vez serão igualmente complexas, caóticas, cheias de erros e divertidas quanto a mente daqueles que as inventaram. Inversamente, um pouco de lavagem cerebral terá o efeito de tornar a história da ciência mais opaca, mais simples, mais uniforme, mais "objetiva" e mais facilmente acessível a um tratamento que esteja fundado sobre regras rígidas e imutáveis.

A ideia de um método que contenha princípios firmes, imutáveis e absolutamente vinculantes como guia na atividade científica se embate em dificuldades consideráveis quando é posta em confronto com os resultados da pesquisa histórica. Com efeito, julgamos que não há uma norma particular, por mais plausível e por mais solidamente enraizada na epistemologia, que não tenha sido violada em alguma circunstância. Torna-se evidente também que tais violações não são eventos acidentais, que não são o resultado de um saber insuficiente ou de desatenções que teriam podido ser evitadas. Ao contrário, vemos que tais violações são necessárias para o progresso científico. Com efeito, uma entre as características que mais impressionam das recentes discussões sobre a história e sobre a filosofia da ciência é a tomada de consciência do fato de que eventos e desenvolvimentos como a invenção do atomismo na antiguidade, a revolução copernicana, o advento da teoria atômica moderna (teoria cinética; teoria da dispersão; estereoquímica; teoria quântica), o gradual emergir da teoria ondulatória da luz verificaram-se apenas porque alguns pensadores ou *decidiram* não deixar-se vincular por certas normas metodológicas "óbvias", ou *porque involuntariamente as violaram*.

Essa liberdade de ação, repito, não é apenas um *fato* da história da ciência. Isso é tão razoável quanto *absolutamente necessário* para o crescimento do saber. Mais especificamente, pode-se demonstrar o seguinte: dada uma norma qualquer, por mais "fundamental" ou "necessária" ela seja para a ciência, há sempre circunstâncias nas quais é oportuno não só ignorar a norma, mas adotar seu oposto. Por exemplo, há circunstâncias nas quais é aconselhável introduzir, elaborar e defender hipóteses *ad hoc*, ou hipóteses que contradigam resultados experimentais bem estabelecidos e universalmente aceitos, ou hipóteses cujo conteúdo seja menor em relação ao das hipóteses alternativas existentes e adequadas empiricamente, ou então ainda hipóteses autocontraditórias etc.

Há até mesmo circunstâncias – as quais se verificam até com muita frequência – em que o *raciocínio* perde seu aspecto orientado para o futuro, tornando-se até um impasse para o progresso".

P. K. Feyerabend,
Contra o método.

Paul Feyerabend.

LAUDAN

5 Em que consiste uma "tradição de pesquisa"

Em sua metodologia das tradições de pesquisa, Laudan faz a racionalidade depender do progresso que é realizado. "Segundo esta minha perspectiva, fazer uma escolha racional é fazer escolhas que realizam progresso, ou seja, que fazem crescer a capacidade de resolver problemas, possuída pelas teorias que aceitamos". É racional escolher a teoria que na época resolve mais problemas e os problemas na época mais importantes.

O que vale como boa razão na ciência?

Para responder a esta pergunta, devemos levar em consideração os objetivos da ciência. Com efeito, se podemos mostrar que fazer uma coisa em vez de outra leva à realização dos objetivos da ciência, estamos em grau de mostrar que é razoável fazer uma coisa, e é não razoável fazer outra dentro do contexto da ciência.

Procurei sustentar que o fim cognitivo único e mais geral da ciência é o de resolver problemas. Sustentei que a maximização dos problemas empíricos que estamos em grau de resolver e a minimização dos problemas anormais e conceituais que fazemos nascer no decurso dos processos de teorização são a *razão de ser* da ciência como atividade cognitiva. Sustentei que toda tradição de pesquisa que está em grau de realizar esse processo através do tempo é realizadora de progresso. Segue-se daí que o *modo principal de ser cientificamente razoável ou racional é de fazer todo o possível para maximizar o progresso realizável pelas tradições de pesquisa científica.*

Este modo de propor as coisas faz pensar que a racionalidade consiste em aceitar as melhores tradições de pesquisa que estejam disponíveis. Mas disso derivam também outras componentes da racionalidade.

O modelo que delineei, por exemplo, faz pensar que o debate científico é racional nos limites em que importa uma discussão dos problemas empíricos e conceituais que são gerados pelas teorias e pelas tradições de pesquisa.

Assim, em contraste com tudo o que comumente se crê, pode ser razoável mover objeções filosóficas e religiosas contra uma teoria particular ou uma tradição de pesquisa particular, se estas estão em contraste com uma parte bem consolidada de nossa visão geral do mundo, mesmo que se trate de uma visão do mundo que não é "científica" no sentido comum da palavra.

O modelo por mim proposto diz que a avaliação racional de uma teoria ou de uma tradição de pesquisa implica necessariamente a análise dos problemas empíricos que ela resolve, e dos problemas conceituais e anormais que ela gera. Por fim ele insiste que toda avaliação da racionalidade que pode haver na aceitação de uma teoria particular ou tradição de pesquisa é três vezes relativa: é relativa às teorias (ou tradições de pesquisa) rivais e contemporâneas; é relativa às doutrinas mais difundidas que se referem à determinação de uma teoria; e é relativa às teorias precedentes dentro da mesma tradição de pesquisa.

Ao sustentar esse tipo de aproximação da ciência, eu propositalmente separei questões que até hoje estiveram estreitamente implicadas entre si. De modo específico, comumente se sustentou que toda determinação, ou da racionalidade ou do progresso científico, esteja inevitavelmente ligada à questão da *verdade* das teorias científicas. Comumente se diz que a racionalidade consiste em aceitar as asserções que se referem ao mundo, que temos boas razões para considerar verdadeiras. Por sua vez, o progresso é visto comumente como o alcance sucessivo de verdade, por meio de um processo de aproximação e de autocorreção. De minha parte, eu inverteria este ponto de vista e faria a racionalidade depender do progresso que é realizado. Segundo esta minha perspectiva, *fazer uma escolha racional é fazer escolhas que realizam progresso*, ou seja, que fazem crescer a capacidade de resolver problemas, possuída pelas teorias que aceitamos. Mas, ligando desse modo a racionalidade ao progresso, sustento que podemos ter uma teoria da racionalidade, *sem pressupor nada sobre a veracidade ou verossimilhança das teorias* que julgamos racionais ou irracionais.

Se este esforço de falar da cognoscibilidade do conhecimento científico, sem ligá-la às pretensões de verdade de tal conhecimento, parece estranho, basta levar em consideração as circunstâncias que motivaram este modo de enfrentar o problema. Desde o tempo de Parmênides e de Platão, filósofos e cientistas procuraram justificar a ciência como um empreendimento de pesquisa da verdade. Todos esses esforços faliram porque ninguém foi capaz de demonstrar que um sistema como a ciência, com os métodos que tem à sua disposição, possa ser garantido como capaz de alcançar a "verdade" em breve tempo ou depois de longo esforço. *Se a racionalidade consiste em crer apenas naquilo que podemos razoavelmente presumir que seja verdadeiro, e se definimos a "verdade" no significado clássico e não pragmático, a ciência é e permanecerá sempre irracional.*

Percebendo esse dilema, alguns filósofos (principalmente Peirce, Popper e Reichenbach) procuraram ligar a racionalidade científica à verdade de modos diversos; eles disseram que, embora nossas teorias atuais não sejam nem verdadeiras nem prováveis, elas são *aproximações da verdade*, mais notáveis do que tenham sido as teorias precedentes.

Tal modo de entender as coisas dá escassas consolações, porque ninguém jamais foi capaz de dizer o que possa significar estar mais próximo da verdade, quando não se indicam os critérios para determinar como é possível calcular essa proximidade. Portanto, se o progresso científico consiste em uma série de teorias, que

Capítulo oitavo - A epistemologia pós-popperiana

representem uma aproximação sempre maior da verdade, não se pode demonstrar que a ciência realiza progressos. Mas, se aceitarmos o intento seguido no presente ensaio e aceitarmos o ponto de vista, segundo o qual a ciência é um sistema de pesquisas ordenadas à solução de problemas, se nos colocarmos na perspectiva segundo a qual o progresso científico consiste na solução de um crescente número de problemas importantes, se tornarmos nossa a tese de que a racionalidade consiste em efetuar escolhas que maximizam o progresso científico, então estaremos em grau de mostrar se, e até que ponto, a ciência em geral e as ciências específicas em particular constituem um sistema racional em ato de progredir.

O preço que devemos pagar para esta aproximação pode parecer para alguns muito alto, porque se trata de expor-se à eventualidade de assinar, como realizadoras deste progresso e racionais, teorias que no fim resultam falsas (supondo, obviamente, que se possa em algum caso comprovar de modo peremptório que uma teoria é falsa). Essa conclusão não deve nos desanimar. A maioria das teorias passadas da ciência já estão sob a suspeita de serem falsas, e devemos presumir que também as teorias atuais da ciência acabarão por cair sob a mesma suspeita. Mas a falsidade presumível das teorias científicas e das tradições de pesquisa não torna a ciência irracional, nem a exclui do progresso.

O modelo que aqui é discutido oferece os meios para mostrar como, embora admitindo o fato de que toda teoria da ciência pode bem ser falsa, a ciência resulte um empreendimento digno de ser realizado e intelectualmente significativo. Haverá pessoas que moverão a acusação de fazer aqui um instrumentalismo descarado, do qual seja dedutível que a ciência é um conjunto vazio de símbolos e de sons, que não tem nada que exprima "o mundo real" e a "verdade". Tal interpretação não capta o sinal. No modelo que apresentei não há nada que exclua a possibilidade de que, para tudo aquilo que sabemos, as teorias científicas sejam verdadeiras; ela não exclui a possibilidade de que o conhecimento científico, com o passar do tempo, se tenha aproximado sempre mais da verdade. Nem há nada, em tudo o que eu disse, que exclua uma interpretação plenamente "realista" do empreendimento científico. Mas a minha tese é de que nós, ao que nos parece, não temos nenhum modo de saber com certeza (ou pelo menos com boa esperança de não errar), que a ciência é verdadeira ou provável, ou está se aproximando da verdade. O alcance de tal certeza ou tal aproximação da verdade são *utópicos* no sentido literal de que não podemos jamais verificar seu alcance. Propor-se coisas desse tipo como fins da pesquisa científica pode ser algo de nobre e de edificante para aqueles que encontram alegria na frustração de aspirar àquilo a que jamais podem chegar, embora sabendo-o bem; mas esses fins não são muito úteis se nossa intenção for a de explicar como as teorias científicas são ou devam ser avaliadas.

A funcionalidade do modelo por mim proposto é seu valor maior. Em linha de princípio, podemos comprovar se nossas teorias atuais resolvem mais problemas importantes do que resolveriam trinta ou cem anos atrás. Se fomos obrigados a tornar menos fortes as noções de racionalidade e de progresso, para alcançar este objetivo, estamos agora pelo menos em grau de *decidir* se a ciência é racional e progride; tal decisão, porém, seria impossível para nós, se nos mantivéssemos ligados aos nexos clássicos existentes entre o progresso, a racionalidade e a verdade.

L. Laudan,
O progresso científico.

GRANDES PROTAGONISTAS DA FILOSOFIA TEÓRICA AMERICANA CONTEMPORÂNEA

"No meu naturalismo não reconheço nenhuma verdade mais elevada do que a fornecida ou pesquisada pela ciência".

Willard van Orman Quine

"A solidariedade não é descoberta com a reflexão; ela é procurada tornando-se mais sensíveis ao sofrimento e humilhação particulares suportados por outras pessoas desconhecidas".

Richard Rorty

"Não vejo nada neste século que me faça desejar endeusar o homem".

Hilary Putnam

"Nada pode ser justificado; toda coisa pode ser criticada".

William Bartley

"A psicanálise neste momento não está bem de saúde, pelo menos no que se refere a seus fundamentos clínicos".

Adolf Grünbaum

QUARTA PARTE

Capítulo nono
Grandes protagonistas da filosofia teórica americana contemporânea

Capítulo nono

Grandes protagonistas da filosofia teórica americana contemporânea

I. Willard van Orman Quine: teoria comportamental do significado, holismo metodológico e epistemologia naturalizada

• Willard van Orman Quine – o mais importante filósofo americano da segunda metade do século XX – foi professor em Harvard desde o primeiro pós-guerra até 1978. Entre suas obras devemos lembrar: *Dois dogmas do empirismo* (1951); *De um ponto de vista lógico* (1953); *Palavra e objeto* (1960); *A relatividade ontológica e outros ensaios* (1969). Justamente o ensaio *Dois dogmas do empirismo* é uma das pedras angulares da filosofia pós-neopositivista.

<small>*Os dois dogmas da experiência* → § 1-3</small>

O primeiro dogma do empirismo, segundo Quine, é a presumida distinção entre *verdades analíticas* (as que se basearam no significado dos termos e não sobre dados de fato) e *verdades sintéticas* (as que se fundariam sobre dados de fato).

O segundo dogma do empirismo é individuado por Quine no *reducionismo radical*, isto é, na ideia de que "toda proposição que tem significado é passível de ser traduzida em uma proposição (verdadeira ou falsa que seja) sobre experiências imediatas".

• As verdades analíticas dividem-se em duas classes: a classe de proposições cuja verdade depende unicamente da *forma lógica* (por exemplo: "Nenhum homem não casado é casado"; substituindo os termos não lógicos – "homem", "casado" – com outros termos – por exemplo: "gato" e "negro" –, a proposição permanece verdadeira); e a classe de proposições consideradas analíticas com base na sinonímia dos termos não lógicos que nela ocorrem. Exemplo: "Nenhum solteiro é casado". Pois bem, para poder declarar a analiticidade de tal proposição devemos antes verificar a *sinonímia* – ou seja, a igualdade de significado – entre "solteiro" e "não casado".

<small>*O desmoronamento do primeiro dogma* → § 4</small>

Mas, de que modo conseguimos descobrir que "solteiro" é definido como "homem não casado"? Quem o definiu assim, e quando? Devemos talvez recorrer ao dicionário mais próximo, e aceitar como lei os registros do lexicógrafo? Não é de fato tão simples traçar a distinção entre proposições analíticas e proposições sintéticas. Que isso possa ser feito é "um dogma não empírico dos empiristas, um artigo metafísico de fé".

Depois se diz que as proposições sintéticas se refeririam a experiências contingentes, enquanto as analíticas seriam válidas fossem quais fossem os dados da experiência. Mas também aqui é preciso estar atentos: podemos imunizar da experiência contrária qualquer proposição factual; e, "em sentido contrário, nenhuma proposição é imune [...] de correções".

• O segundo dogma – o dogma do reducionismo radical – afirma que a cada proposição sintética está associada uma e uma única esfera de possíveis eventos sensoriais; e isso equivale a dizer que seria possível enfraquecer ou confirmar cada proposição, tomada em si e isolada das outras. Quine nega resolutamente tal tese pela razão de que "nossas proposições sobre o mundo externo se submetem ao tribunal da experiência sensível não individualmente, mas apenas como um conjunto sólido".

O desmoronamento do segundo dogma e a proposta do holismo metodológico → § 5-7

Em suma: "A unidade de medida da significância empírica é toda a ciência em sua globalidade"; "a ciência em sua globalidade é como um campo de força cujos pontos-limite são a experiência". Tal concepção, já adiantada por Duhem – ao qual Quine remete-se explicitamente – chama-se *holismo metodológico*.

• Ao holismo metodológico serve como contrapeso o *holismo semântico*. Um dos núcleos teóricos de *Palavra e objeto* é a teoria comportamental do significado. Quine esclarece essa teoria com a ideia de *tradução radical*.

A tradução radical → § 8

Um linguista deve traduzir a partir da língua de um povo que até aquele momento permaneceu estranho à nossa civilização. Pois bem, um coelho passa correndo e o indígena diz "gavagai"; e o linguista registra o enunciado "coelho" (ou "olhe, um coelho") como tradução provisória.

Em um caso desse tipo, o linguista não confrontou os significados das palavras; os significados não são entidades objetivas que o linguista encontra diante de si como obras de arte em uma galeria, com as palavras que funcionam como etiqueta; o "mito da galeria" deve ser abandonado; significados ou sentidos ou intensões não devem ser coisificados.

No experimento, o linguista da *tradução radical* não podia usar dicionários nem podia usufruir a ajuda de intérpretes: ele partiu do *comportamento* do indígena quando este disse "gavagai" à passagem do coelho, e procurou descobrir sua igualdade com nosso *comportamento* quando também nós dizemos "coelho".

• Aqui devemos notar que se, diante dos estímulos provenientes do comportamento do indígena, o linguista escreve "coelho", isso é possível porque entraram em função alguns *esquemas conceituais* ou *expectativas* nossos: "na prática, é óbvio, a expectativa natural de que os indígenas disporão de uma expressão breve para 'coelho' conta mais que todo o resto". Sem dúvida, o linguista estudará ocasiões para controlar se o indígena diz "gavagai" diante de um objeto "branco" em movimento ou diante de um "animal"; e se os experimentos forem negativos, ele poderá atestar seu "coelho". E tudo isso nos diz que o linguista não traduz os *significados* dos termos da língua do indígena para sua própria língua; ele muito mais transpõe seus esquemas conceituais, isto é, suas expectativas ou hábitos, sobre o comportamento do indígena.

A indeterminação por princípio da tradução → § 9-11

E é aqui que encontramos a raiz da *indeterminação da tradução*: se não há confronto de *significados* (sentidos, intensões), é impossível remeter-se a critérios absolutos para decidir sobre a univocidade da tradução. "Não há nada no significado que não esteja no comportamento"; a tradução continua indeterminada por princípio.

A relatividade ontológica → § 12-13

• As teses ora expostas (a crítica do reducionismo, a teoria comportamental do significado, o experimento mental da tradução radical) levam à perspectiva holística, segundo a qual sentido e conteúdo de um enunciado dependem do contexto teórico em que ele está inserido.

> E o holismo, por sua vez, leva ao *relativismo ontológico*: podemos falar dos objetos do mundo sempre a partir de dentro de teorias que os instituem, os descrevem e os explicam. É por isso que os objetos físicos, as classes, as forças etc. são *mitos*, postulados comparáveis, pela perspectiva epistemológica, aos deuses de Homero. E se aceitamos os objetos físicos e rejeitamos os deuses de Homero é porque os primeiros, na prática, "nos facilitam a tarefa de tratar as experiências sensoriais".
>
> A seleção que a práxis opera dos "objetos" das diferentes teorias impele Quine para o materialismo: o homem "é um corpo, um corpo vivo, e não alguma outra coisa chamada mente ou alma"; e a epistemologia é epistemologia naturalizada, "um capítulo da psicologia", é o estudo de como o animal homem produz a ciência a partir da informação sensorial. E é a ciência – uma ciência falível, sujeita a contínuas mudanças – que constitui para Quine o único conhecimento válido: "Eu – afirmou Quine – não reconheço nenhuma verdade mais elevada do que a fornecida ou buscada pela ciência".
>
> Eis, então, os dois conceitos que caracterizam o pensamento filosófico de Quine: *falibilismo* e *naturalismo*.

Falibilismo e naturalismo → § 14-17

1. A vida e as obras

Willard van Orman Quine (1908-2000), o mais importante filósofo americano da segunda metade do século XX, nasceu em Akron, em Ohio. Nos anos 1926-1930 frequenta o Oberlin College, onde, em 1930, se diploma em matemática; em 1932 consegue em Harvard o doutorado em filosofia sob a orientação de Alfred N. Whitehead. Ainda em 1932 Quine vai para a Europa. Primeiro em Viena — onde participa dos encontros do *Wiener Kreis* — e depois em Praga, onde conhece seu "grande mestre", Rudolf Carnap, ainda que não devamos esquecer a influência que Dewey e Lewis tiveram em seu pensamento. "Naqueles anos — confessa Quine — tornei-me uma espécie de 'devoto' de sua [de Carnap] filosofia, da qual a seguir senti a necessidade de me afastar. Também ele depois se desviou de suas posições iniciais, mas delas nos destacamos em modos e direções diversas". Em Praga Quine encontra Philipp Frank; ainda em Viena Moritz Schlick, Friedrich Waismann e Kurt Gödel. Foi justamente Quine um dos intelectuais americanos que se empenharam em levar para os Estados Unidos os filósofos europeus que fugiam diante do avanço do nazismo. Quine recorda: "A partir da metade da década de 1930, Carnap começou a pertencer a esta metade do mundo. Tarski chegou em 1939, e encontramos para ele um posto no City College de New York. Anos memoráveis, os de 1938 a 1941.

É em 1938 que Quine começa a ensinar em Harvard. Durante a última guerra se arrolou voluntário como oficial da Marinha: "Eu pensava que a cultura ocidental estivesse à beira do colapso, e que meu interesse principal, a filosofia da lógica, podia ser posto à parte. Por três anos não li de fato uma só linha de filosofia nem de lógica". Depois da guerra, Quine ensinou filosofia em Harvard, até 1978. As obras mais significativas de Quine são: *Dois dogmas do empirismo* (1951); *De um ponto de vista lógico* (1953), antologia de ensaios; *Métodos da lógica* (1959); *Palavra e objeto* (1960); *Os caminhos do paradoxo e outros ensaios* (1966); *A relatividade ontológica e outros ensaios* (1969) *Quidditates* (1987). De 1985 é sua autobiografia (*The time of my life*), um livro de cerca de 500 páginas.

2. O primeiro dogma do empirismo: a distinção entre "analítico" e "sintético"

O volume *Dois dogmas do empirismo* é um dos pontos cardeais da filosofia pós-neopositivista. Quine afirma que o primeiro dogma do empirismo é o de "uma presumida discriminação" entre verdades que

Willard van Orman Quine, crítico de teses fundamentais do neopositivismo, sustenta uma concepção holística dos controles das teorias científicas e um naturalismo em que não reconhece verdades mais elevadas do que as fornecidas pela ciência.

seriam *analíticas* por causa do fato de que se baseariam sobre o significado de termos e não sobre dados de fato, e verdades que seriam *sintéticas* enquanto se fundariam sobre dados de fato. Tal dogma, abraçado pelos neopositivistas vienenses, encontra seus antecedentes na distinção kantiana entre verdades analíticas e verdades sintéticas; na demarcação proposta por Leibniz entre verdades de razão e verdades de fato; ou ainda na distinção de Hume entre ligações de ideias de um lado e dados de fato do outro. Em todo caso, observa Quine, as proposições que, por geral proclamação dos filósofos, são analíticas, estão ao alcance da mão e se dividem em duas classes. A primeira classe é constituída pelas *verdades lógicas*. Um exemplo de tais verdades é o seguinte: "Nenhum homem não casado é casado". Esta proposição permanece verdadeira para toda possível interpretação diferente dos termos que a compõem ("homem" e "casado" substituídos, por exemplo, com "gato" e "preto"), que não sejam as partículas lógicas ("nenhum", "não", "se...

então", "e" etc.). Sua verdade não depende de situações de fato ou do "significado" dos termos: depende unicamente de sua *forma lógica*. E em casos desse tipo falar de proposições analíticas não comporta, substancialmente, dificuldades. A situação, porém, muda quando examinamos a segunda classe de proposições consideradas analíticas. Eis um exemplo de proposição desta segunda classe: "Nenhum solteiro é casado". Pois bem, para poder declarar a *analiticidade* de tal proposição, deveríamos conferir a *sinonímia*, ou seja, a igualdade de significado entre "solteiro" e "não casado".

3. Mas que tipo de coisas são os significados?

A respeito de "significado", Quine observa que *significar* é diferente de *denotar*. O exemplo famoso de Frege nos diz que "estrela da tarde" e "estrela da manhã" denotam a mesma coisa, embora com significados diversos; algo análogo temos no exemplo de Bertrand Russell quando fala de "Scott" e do "autor do Wawerley": as duas expressões têm significado diferente, mas denotam a mesma pessoa. Da mesma forma, "termos gerais como 'criatura com coração' e 'criatura com rins' [...] têm talvez a mesma extensão, mas sem dúvida um significado diferente". Mas — pergunta-se Quine — que tipo de coisas são os significados? A realidade — responde ele — é que o conceito aristotélico de *essência* é "o precursor do conceito moderno de intensão ou significado [...]. Conforme Aristóteles, as coisas tinham essências; mas apenas uma forma linguística tem um significado. O significado é aquilo que a essência se torna quando se separa do objeto de referência para deslocar-se para o vocábulo". E se as coisas assim procedem, então é claro que "os *significados* em si, como obscuras entidades intermediárias, podem muito bem ser abandonados".

4. A falência das tentativas dirigidas a distinguir entre proposições analíticas e proposições sintéticas

A este ponto, porém, se fugirmos do "reino", ou melhor, do "pântano" dos significados ou intenções, resta em todo caso a tarefa de encontrar uma chave para caracterizar de modo satisfatório a sinonímia a fim de perceber a analiticidade das proposições da que chamamos segunda classe. Quine examina as diversas tentativas feitas com tal objetivo (tentativas que viram a solução do problema da sinonímia na *definição*, no princípio de substituibilidade recíproca *salva veritate* ou em outras propostas específicas de Carnap), e o resultado desta sua análise é que tais tentativas são substancialmente insatisfatórias enquanto consistem de argumentações circulares nas quais se pressupõe aquilo que se deveria demonstrar. Apenas para exemplificar, consideremos a proposta daqueles que acham confortante — afirma Quine — dizer que as proposições analíticas da segunda classe ("Nenhum solteiro é casado") se reduzem às da primeira classe (as verdades lógicas como: "Nenhum homem não casado é casado") por meio de *definições*, em nosso caso definindo 'solteiro' como 'homem não casado'. Quine, a este ponto, se pergunta: "[...] de que modo conseguimos descobrir que 'solteiro' é definido como 'homem não casado'? Quem o definiu assim, e quando? Devemos talvez recorrer ao dicionário mais próximo, e aceitar como lei a formulação do lexicógrafo? Isso significaria dizer verdadeiramente pôr o carro diante dos bois. O lexicógrafo é um cientista empírico, cuja tarefa é a de registrar fatos que o precedem; e se ele registra 'solteiro' como 'homem não casado', isto é porque ele crê que haja uma relação de sinonímia entre as duas formas linguísticas, relação implícita ou no uso corrente geral ou em uma acepção particular de certos usos anteriores a seu trabalho. Mas a noção de sinonímia aqui pressuposta deve ainda ser esclarecida, e esclarecida presumivelmente em termos de comportamento linguístico. A partir do momento, porém, que a 'definição' não é mais que o registro de uma sinonímia encontrada pelo lexicógrafo, ela não pode ser tomada sem dúvida como fundamento da própria sinonímia". A mesma coisa vale para as definições explicativas cujo objetivo é o de aperfeiçoar o *definiendum* refinando ou integrando seu significado. Tal explicitação, embora não seja o puro e simples "registro de uma sinonímia preexistente entre o *definiens* e o *definiendum*, baseia-se, todavia, sobre *outras* sinonímias preexistentes". Sem dúvida, há também as definições que são convenções explícitas onde se introduzem novos símbolos com objetivo de abreviação. "Este — escreve Quine — é sem dúvida um caso evidente de sinonímia criada por definição; oxalá todas as espécies de sinonímia fossem igualmente compreensíveis! Em todos os outros casos, ao contrário, a definição se apoia sobre a sinonímia mais do que a explica".

Portanto, não se consegue — a não ser por linguagens específicas e parciais — perceber de modo convincente a noção de sinonímia e, portanto, nem a de analiticidade. A consequência de tudo isso é que, embora pareça razoável a priori, uma distinção entre proposições analíticas e proposições sintéticas não foi de fato traçada. E "crer que se deva traçar tal distinção é um dogma não empírico dos empiristas, um artigo de fé metafísico".

5 O dogma do reducionismo

O segundo dogma do empirismo — dogma interligado com o primeiro — é o que se chama *reducionismo radical*. Tal dogma afirma que "toda proposição que tem significado é traduzível em uma proposição (tanto verdadeira como falsa) sobre experiências imediatas". Assim formulado, o reducionismo radical equivale, substancialmente, à teoria da verificação, que "teve papel notável na literatura de Peirce em diante" e que "consiste em afirmar que o significado de uma proposição é o método com que empiricamente a confirmamos ou a infirmamos". Locke e Hume — comenta Quine — "sustentavam que toda ideia devesse tirar sua origem ou ser composta de ideias que se originaram desse modo". E, por sua vez, Carnap, em *Logischer Aufbau der Welt* (*A construção lógica do mundo*), pretendeu "determinar uma língua dos dados sensoriais e mostrar como traduzir nela qualquer discurso significante, proposição por proposição".

O dogma do reducionismo afirma que a cada proposição sintética esteja associada uma, e uma só esfera de possíveis eventos sensoriais: e isso "sobrevive na convicção de que cada proposição, tomada em si e isolada das outras, se possa confirmar ou infirmar". É bem verdade que o empirismo passou das ideias às palavras e, com Frege, das palavras às proposições; este caminho, todavia, deve ser levado ainda mais à frente: "das proposições aos esquemas conceituais", e isso porque — afirma Quine — "nossas proposições sobre o mundo externo se submetem ao tribunal da experiência sensível não individualmente, mas apenas como um conjunto sólido". Em poucas palavras, "a unidade de medida da significância empírica é toda a ciência em sua globalidade".

6 A proposta da concepção holística

Tal posição holística foi proposta em 1906 por Pierre Duhem em *A teoria física: seu objeto e sua estrutura*; a ela Quine se refere explicitamente; e hoje designa-se com o nome "tese Duhem-Quine". Eis como Quine a repropõe com grande clareza: "Todos os nossos assim chamados conhecimentos ou convicções, das mais fortuitas questões de geografia e de história às leis mais profundas de física atômica ou até da matemática pura e da lógica, tudo é um edifício feito pelo homem que toca a experiência apenas ao longo de suas margens. Ou, para mudar de imagem, a ciência em sua globalidade é como um campo de força cujos pontos-limite são a experiência. Um desacordo com a experiência na periferia provoca uma reordenação dentro do campo; deve-se atribuir de novo certos valores de verdade a algumas nossas proposições. Uma nova avaliação de certas proposições implica nova avaliação de outras por causa de suas recíprocas ligações lógicas — enquanto as leis lógicas são apenas, por sua vez, outras certas proposições do sistema, outros certos elementos do campo. Depois de dar nova avaliação de certa proposição, devemos dar uma outra também a certas outras, que podem ser proposições logicamente ligadas com a primeira, ou elas próprias proposições de conexões lógicas. Mas todo o campo é determinado pelos seus pontos-limite, ou seja, a experiência, de modo tão vago, que permanece sempre uma notável liberdade de escolha para decidir quais sejam as proposições de que se deva dar uma nova avaliação à luz de certa experiência contrária particular. Uma experiência particular jamais está vinculada a nenhuma proposição particular dentro do campo a não ser de modo indireto, por exigências de equilíbrio que interessam o campo em sua globalidade". `Texto 1`

■ **Holismo (metodológico).** Esta é uma ideia já proposta por Pierre Duhem em *A teoria física: seu objeto e sua estrutura* (1906); e depois retomada por Quine em *Os dois dogmas do empirismo*. Essa tese – que hoje é chamada de "tese Duhem-Quine" – afirma que o controle que é efetuado na pesquisa científica não é um controle que possa ser feito sobre cada proposição particular, considerada em si e separada de todas as outras. As hipóteses não vivem sozinhas; vivem dentro de aparatos teóricos mais amplos.
Escrevia Duhem: "O físico não pode jamais submeter uma hipótese isolada ao controle da experiência, mas apenas todo um conjunto de hipóteses".
Quine afirma: "Nossas proposições sobre o mundo externo submetem-se ao tribunal da experiência sensível não individualmente, mas apenas como um conjunto sólido".
E ainda Quine: "Todos os nossos assim chamados conhecimentos ou convicções, das mais fortuitas questões de geografia e de história até leis mais profundas de física atômica ou mesmo da matemática pura e da lógica, tudo é um edifício que toca a experiência apenas ao longo de suas margens. Ou, para mudar de imagem, a ciência em sua globalidade é como um campo de força cujos pontos-limite são a experiência. Um desacordo com a experiência na periferia provoca uma reordenação dentro do campo [...]".
O *holismo semântico* – ideia que se encontra, além de Quine, também em Donald Davidson – é a tese conforme a qual um termo ou um enunciado não encontram seu significado isoladamente, mas apenas dentro de um sistema linguístico.

7 Uma crítica posterior da distinção entre proposições sintéticas e proposições analíticas

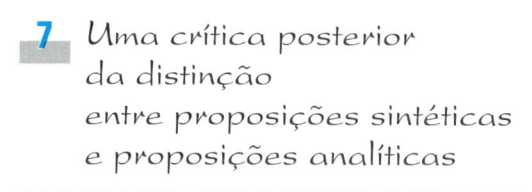

É claro que, se for válido tudo o que foi dito agora, torna-se então incorreto falar do conteúdo empírico de uma proposição particular e específica, principalmente se ela se encontra longe da periferia do campo. E, o que é ainda mais interessante, torna-se absurdo propor uma linha qualquer de demarcação entre proposições sintéticas, as quais refeririam de experiências contingentes, e proposições analíticas, as quais valeriam sejam quais fossem os dados da experiência: "Todas as proposições se poderiam fazer valer de tal modo se fizéssemos retificações suficientemente drásticas em alguma outra parte do sistema. Até uma proposição muito vizinha à periferia poder-se-ia considerar como verdadeira apesar de qualquer experiência contrária, aduzindo como pretexto uma alucinação ou modificando algumas das proposições que se chamam leis lógicas. Analogamente, em sentido contrário, nenhuma proposição é imune, pelas mesmas razões, de correções".

A destruição do dogma do reducionismo — com a consequente adesão ao holismo — comporta, portanto, também uma crítica posterior da distinção entre proposições analíticas e proposições sintéticas. Não tem nenhum sentido perguntar, fora do contexto teórico em que vive, se uma proposição particular qualquer seja analítica ou sintética: "tomada em seu conjunto, a ciência depende da língua e da experiência ao mesmo tempo, mas isso não significa que se possa dizer o mesmo de cada proposição da ciência tomada particularmente".

8. O experimento mental da tradução radical

Dois dogmas do empirismo é de 1951. De 1960 é *Palavra e objeto*, a obra talvez mais significativa de Quine, na qual ele, mais que rever, reelabora — estas são palavras dele — a perspectiva epistemológica delineada em *Dois dogmas*. Escreve Quine: "O que em *Dois dogmas* eu chamava metaforicamente de 'periferia' reaparece em *Palavra e objeto* como estímulo, e o que eram as proposições próximas da periferia tornam-se aqui asserções de observação". Um dos núcleos fundamentais de *Palavra e objeto* é a teoria comportamental do significado (para Quine, como para o "segundo" Wittgenstein, o significado das palavras e das expressões é seu uso na língua, dentro de uma comunidade humana), à qual se ligam o princípio de indeterminação da tradução e a fuga das intensões, entendendo esta como crítica cerrada ao platonismo semântico, crítica já presente, por outro lado, na antologia de ensaios de 1953 *De um ponto de vista lógico*.

A *tradução radical* é "a tradução de uma língua remota baseada sobre a evidência comportamentalista, sem o auxílio de dicionários precedentes. E suponhamos agora que um linguista deva traduzir da língua de um povo que permaneceu até aquele momento sem contatos com nossa civilização". Pois bem, "um coelho passa correndo, e o indígena diz 'gavagai', e o linguista registra o enunciado 'coelho' (ou 'veja, um coelho'), como tradução provisória, suscetível de controle em casos posteriores". O linguista, para traduzir "gavagai" por "coelho", não poderá usar dicionários nem poderá usufruir do auxílio de intérpretes; ele partirá das situações estimulantes provenientes do comportamento do indígena quando este diz "gavagai" e procurará descobrir sua igualdade com nosso comportamento quando também nós dizemos "coelho".

9. O significado não é uma entidade; ele é mais um comportamento

Portanto, não é que na tradução radical se confrontem os *significados das palavras*. Os significados não são entidades objetivas que o linguista encontra diante de si como obras de arte em uma galeria, com as palavras que funcionam como etiquetas. Fazer se tornar coisas, ou entidades, ou seja, coisificar as intensões (ou sentidos ou significados) e pensar conduzir sobre a base de tais entidades coisificadas a tradução, é apenas uma alucinação, como atesta o experimento mental da tradução radical. Os significados estão sempre ligados a estímulos, e não a estados mentais; o significado não é — como infelizmente sustentam "mentalistas perniciosos", fautores do "mito da galeria" — uma entidade, mas muito mais um comportamento. Não existe o significado como ideia; o significado é comportamento, resposta a estímulos. E "a linguagem — repetirá Quine em *A relatividade ontológica* — é uma arte social que todos nós adquirimos com base unicamente na evidência do comportamento manifesto dos outros em circunstâncias publicamente reconhecíveis".

Voltemos a *Palavra e objeto* e vejamos que, diante dos estímulos provenientes do comportamento do indígena, o linguista responde "coelho". E o que o impele a afirmar que "gavagai" equivale a "coelho"? Aqui entram em jogo, conforme Quine, algumas *expectativas* ou *esquemas conceituais* nossos. "Na prática, é óbvio, a expectativa natural de que os indígenas disporão de uma expressão breve para 'coelho' conta mais do que todo o resto. O linguista ouve 'gavagai' uma vez, em uma circunstância em que um coelho parece ser o objeto do interesse. Porá então à prova 'gavagai' para uma resposta afirmativa ou negativa, em um par de circunstâncias estudadas talvez para eliminar 'branco' e 'animal' como traduções alternativas, e se decidirá sem mais em favor de 'coelho' como tradução, sem fazer experimentos posteriores, mesmo que sempre esteja pronto para descobrir, depois de alguma experiência por ele não procurada, que é necessária uma revisão".

10 Uma tradução indeterminada por princípio

Por meio de situações experimentais, realizadas na perspectiva comportamentalista estruturada sobre o eixo estímulo-resposta, o linguista constrói um "manual de tradução" e, para situações mais complexas, "hipóteses analíticas", com a finalidade de estabelecer uma rede de correlações entre as palavras e as expressões do indígena e suas próprias palavras e expressões. Todavia, este trabalho todo não garante de fato que, por exemplo, "gavagai" e "coelho" sejam *termos coextensivos*, "termos verdadeiros das próprias coisas". Quine escreve a respeito: "Considere-se [...] 'gavagai'. Pode ocorrer, pelo que sabemos, que os objetos aos quais este termo se aplica não sejam coelhos, mas meros estágios, ou breves segmentos temporais, de coelhos. Em ambos os casos as situações-estímulo que impelem a dar uma resposta afirmativa a 'gavagai' seriam as mesmas que para 'coelho', ou talvez os objetos aos quais 'gavagai' se aplica são todos eles partes isoladas de coelhos; de novo o significado-estímulo não registraria nenhuma diferença".

A realidade — comenta Quine — é que "quando da identidade dos significados-estímulo de 'gavagai' e 'coelho', o linguista passa a concluir que um gavagai é um coelho inteiro e que perdura, dá simplesmente por descontado que o indígena é muito semelhante a nós a ponto de ter um termo geral breve para coelhos e nenhum termo geral breve para estágios ou partes de coelhos".

Tudo isso nos diz que o linguista não traduz os *significados* de termos e expressões da língua do indígena para a própria, mas muito mais transpõe seus próprios *esquemas conceituais*, ou seja, expectativas ou hábitos, sobre o comportamento do indígena. E aqui está justamente a raiz da indeterminação da tradução: o experimento mental da tradução radical nos faz ver que a tradução não consiste no confronto de *significados* (sentidos ou intensões) que estão ali como objetos grudados nas palavras — isso é o mito do museu ou da galeria —; os significados são estados comportamentalizados ("não há nada no significado que não esteja no comportamento"), e a consequência de tal devastação da semântica objetivista ou mentalista é a impossibilidade de referir-se a critérios absolutos para decidir sobre a univocidade da tradução. A tradução é indeterminada: e tal indeterminação é uma indeterminação de princípio, "relativa — escreve Quine no ensaio O *progresso filosófico na teoria da linguagem* — à totalidade das disposições experimentadas e não experimentadas. É indeterminação a ser resolvida apenas por meio da adoção livre, embora inconsciente, de hipóteses analíticas de tradução".

11 O abandono do mito da "galeria"

A indeterminação da tradução, portanto, não é "inscrutabilidade em prática"; ela é muito mais uma questão de princípio e depende da *fuga das intensões*, ou seja, do abandono do "mito da galeria". É assim, então, que "não podemos sequer dizer quais locuções indígenas devam ser calculadas como os equivalentes dos termos como nós os conhecemos, e muito menos podemos igualá-las às nossas termo por termo, a menos que tenhamos também decidido admitir que certos expedientes indígenas desempenham, de modos tortuosos típicos deles, a obra de nossos vários instrumentos de referência objetiva: nossos artigos e pronomes, nosso singular e plural, nossa copulativa, nosso predicado de identidade. Todo o aparato é interdependente, e a própria noção de termo é relativa à nossa cultura [...]". Por isso toda interpretação nossa dos estímulos fonéticos e comportamentais do indígena pode se demonstrar "não natural e largamente arbitrária" e, sempre por isso, "não pode haver dúvida de que sistemas rivais de hipóteses analíticas possam adaptar-se perfeitamente à totalidade do comportamento verbal, e possam também adaptar-se à totalidade das disposições ao comportamento verbal, e todavia especificar traduções entre si incompatíveis de inumeráveis enunciados não suscetíveis de controle independente".

12. A relatividade ontológica

Tanto a crítica ao reducionismo como a teoria comportamental do significado, e também o experimento mental da tradução radical, levam de modo quase espontâneo à aceitação de uma perspectiva holística segundo a qual o *sentido* e o *conteúdo* de um enunciado são dependentes do contexto teórico em que o enunciado está inserido. E a aceitação da perspectiva holística implica o que o Quine mais maduro chamou de *relativismo ontológico*. Isto significa que não podemos falar dos objetos do mundo como se fossem independentes de nossos discursos. Falamos de objetos, referimo-nos a objetos e a suas qualidades e relações *sempre a partir de dentro de teorias*. Portanto, não podemos falar de "entes enquanto entes", independentemente da linguagem ou teoria que os institui, os descreve e os explica. A individuação de referentes objetivos — isto é, de "objetos não relativos a algum sistema de coordenadas conceituais" — é uma questão sem sentido, como quando se devesse perguntar sobre a posição absoluta ou a velocidade absoluta de um corpo. Quine, em suma, corta as pontes com qualquer teoria que pretenda falar de estados de coisas ontológicos, e dirige a atenção sobre os *empenhos ontológicos do discurso*.

Sem dúvida, afirma Quine no ensaio *A lógica e a coisificação dos universais*, "aquilo que existe não depende em geral de como nos servimos da própria língua"; todavia, é da própria língua que "depende aquilo que se diz que existe". É nesse sentido que "existir" — isto é, "ser um objeto" — não é um predicado, mas o valor de uma variável.

Tudo isso nos diz que a plausibilidade ontológica de objetos, sejam eles abstratos ou concretos, baseia-se e deve ser individuada na plausibilidade das teorias ou discursos dentro dos quais se fala a esse respeito. "A 'coleção' ou a 'classe', as 'sensações', a 'coisa' etc., embora pertencendo a domínios ontológicos distintos, estão todavia sobre um mesmo plano, no sentido de que seu 'ser-aí' sempre é referido por Quine a uma operação construtiva de 'universos de discurso', os quais os agrupam entre os valores das variáveis. E no sentido de que uma hipostatização ontológica, de qualquer tipo que seja, implica sempre, em alguma medida, um compromisso de ordem linguístico-conceitual" (L. Handjaras).

Escreve Quine em *A relatividade ontológica*: "Especificando uma teoria, devemos na verdade especificar completamente, em nossas próprias palavras, quais enunciados deve compreender a teoria e quais coisas devem ser consideradas como satisfatórias para as exigências dos predicados; desse modo interpretamos completamente a teoria, *relativamente* a nossas próprias palavras e relativamente a nossa teoria doméstica total que está sob elas. Isso, porém, fixa os objetos da teoria descrita apenas relativamente aos da teoria doméstica; e estes podem, querendo, ser postos, por sua vez, em questão.

Eis, portanto, a tese relativista de Quine: "Não tem sentido dizer quais são os objetos de uma teoria além de dizer como interpretar ou reinterpretar tal teoria em outra". A teoria econômica falará de pessoas cujas entradas são iguais, mas seus predicados não são capazes de distinguir entre pessoas. É por meio de uma teoria de fundo na qual se pode dizer mais sobre a identidade das pessoas que se pode explicitar a ontologia da teoria econômica.

13. Os objetos da física e os deuses de Homero

Não tem sentido, portanto, falar em sentido absoluto dos objetos. Os objetos físicos, por pequenos ou grandes que sejam, as forças, as classes, as classes de classes são *mitos*, são postulados "comparáveis", de um ponto de vista epistemológico, "aos deuses de Homero". E, acrescenta Quine, "relativamente a fundamentos epistemológicos, os objetos físicos e os deuses diferem apenas por grau e não por sua natureza. Tanto um como o outro tipo de entidades entram em nossa concepção apenas como postulados culturais". Em todo caso, embora as coisas estejam assim, Quine declara que crê nos objetos físicos e não nos deuses de Homero. E isso pela razão — escreve ele em *Dois dogmas do empirismo* — de que, "de um ponto de vista epistemológico, o mito dos objetos físicos é superior aos outros pelo fato de que se demonstrou mais eficaz que os outros mitos como meio para elevar uma simples construção no fluxo da experiência". Da mesma forma, as entidades abstratas — classes, classes de classes etc. — são outros mitos que, em sede epistemológica, estão no mesmo plano que os objetos físicos e os deuses, e "não se podem considerar nem melhores nem piores a não ser pelo diferente grau em que nos facilitam a tarefa de tratar as experiências sensoriais".

14 Do lado dos materialistas

Para Quine, esta seleção que a práxis opera sobre os tipos de entidade que "entram em nossa concepção como postulados culturais", como mitos, esta seleção, portanto, o impele ao materialismo: "Eu — ele confirmou isso em uma entrevista de 1978 — estou do lado dos materialistas. Afirmo que os objetos físicos são reais e que existem fora de nós e independentemente de nós". Ele declara admitir também objetos abstratos da matemática. "Mas — acrescenta — não reconheço a existência das mentes, de entidades mentais, em nenhum outro sentido a não ser no sentido de atributos ou de atividades por parte de objetos físicos, principalmente pessoas". Desse modo, Quine, eliminando as mentes, oferece uma solução materialista do problema mente-corpo. As pessoas, segundo ele, são corpos. "Um homem tem percepções, prova sentimentos, pensa, e crê isto ou aquilo, mas o homem que faz tudo isso é um corpo, um corpo vivo, e não alguma outra coisa chamada mente ou alma". Aqui pode ser encontrada a razão e o sentido do behaviorismo de Quine. Ele aceita tal concepção por causa de sua "insistência sobre critérios externos, intersubjetivos, para o controle dos termos mentais". "O behaviorismo, em todo caso o meu, afirma Quine, não diz que os estados ou eventos mentais *consistem* de comportamento observável, nem que eles sejam *explicados* pelo comportamento. Pelo comportamento eles são *manifestados*. A neurologia é a sede das explicações de fundo. Mas é nos termos de comportamento exterior que especificamos aquilo que queremos que seja explicado".

Quine foi por muitos anos amigo do grande representante do comportamentalismo, Burrhus Skinner. "O comportamento — lemos em uma conversa de Quine com Giovanna Borradori — é indispensável em sentido metodológico, pois fornece critérios. Se queremos isolar o mecanismo neurológico, ou então estados ou processos mentais de tipo introspectivo, são necessários pontos de partida firmes, verificáveis objetivamente: neste sentido os critérios comportamentais estabelecem os próprios termos do problema, cuja solução está na neurologia. Como na medicina: no caso das doenças infecciosas, procuram-se os microorganismos que são sua causa. Mas com estes não se identifica a doença, que é, ao contrário, individuada pelos sintomas". Quine, portanto, nega o dualismo de alma e corpo. Ele é um monista materialista, que oferece uma explicação, embora parcial, da gênese da ideia de dualismo de alma e corpo, afirmando que ele pode ser o resultado da experiência dos sonhos e "da aparente separação, naquele estado, da mente em relação ao corpo".

15 Epistemologia naturalizada

A subdeterminação de uma teoria por parte da lógica e da experiência (ou seja, a impossibilidade de aduzir *todas* as evidências factuais e *todos* os argumentos lógicos em grau de confirmar ou invalidar de modo definitivo a teoria); a ideia de que duas teorias contrastantes podem exibir a mesma evidência factual; a persuasão pela qual o esquema conceitual da ciência é "um meio, em última análise, para predizer a experiência futura à luz da experiência passada"; a outra ideia pela qual não é possível confrontar duas teorias "objetivamente com uma realidade não conceitualizada"; a insistência sobre o método hipotético-dedutivo; a aceitação dos dois princípios cardeais do empirismo (1. "qualquer evidência que existe para a ciência *é* a evidência sensorial"; 2. "toda a inculcação dos significados das palavras deve fundamentalmente basear-se sobre a evidência sensorial"), junto com a crítica da distinção analítico-sintética e do reducionismo, e com a perspectiva holística por ele sustentada, são algumas das propostas da mais específica epistemologia de Quine. Essa epistemologia, a seu ver, renuncia às velhas pretensões fundacionalistas para se tornar ela própria ciência que procura compreender o conhecimento, os processos por meio dos quais conhecemos e nos adaptamos ao mundo. "A epistemologia [...] — escreve Quine — encontra seu lugar como capítulo da psicologia e, portanto, da ciência natural".

É esta a *epistemologia naturalizada* que "estuda um fenômeno natural, ou seja, um sujeito humano físico". E o estuda — por meio da psicologia e da neurologia — em seus processos cognitivos, indagando "o modo pelo qual a informação que chega a nossos receptores [...] é elaborada por nossos cérebros de modo a levar ao conhecimento" (J. J. C. Smart).

Afirma Quine: "A velha epistemologia aspirava conter, em certo sentido, a ciência

Quine, em uma fotografia no final da vida

natural; queria construí-la de algum modo a partir dos dados sensoriais. A epistemologia em seu novo cenário, ao contrário, está contida na ciência natural como um capítulo da psicologia", onde se gostaria de compreender como um sujeito humano, ao qual "é dado certo *input* experimental controlado" — certos modelos de irradiação de frequências diversas, por exemplo —, consiga liberar um "*output torrencial*" que consiste em uma descrição do mundo externo tridimensional e de sua história. A epistemologia, em poucas palavras, tem como tarefa a de encontrar — por meio de tudo o que a ciência natural põe à disposição — os modos "por meio dos quais o animal homem pode ter projetado essa mesma ciência a partir da informação sensorial que, segundo esta própria ciência, podia atingi-lo".

16 A filosofia "indaga sobre os traços mais amplos do sistema do mundo"

Se a epistemologia é epistemologia naturalizada, ou seja, um capítulo da ciência natural, Quine vê também a filosofia na linha da continuidade com a ciência e até "como uma parte da ciência".

"A filosofia, diz ele, está no lado final, abstrato e teórico, da ciência. A ciência, no sentido mais amplo, é um contínuo que se estende de um extremo, constituído pela história e pela engenharia, até o outro extremo, que é dado pela filosofia e pela matemática pura". E eis como Quine fixa as diferenças entre ciência e filosofia: "Um físico nos falará dos nexos causais entre eventos de certos tipos; um biólogo nos falará dos nexos causais entre eventos de outros tipos; mas o filósofo se põe perguntas sobre a conexão causal em geral: — o que significa para um evento causar um outro?". Ou ainda: um físico ou um zoólogo nos dizem que há elétrons ou que há marsupiais; um matemático nos dirá que existe uma série infinita de números primos; pois bem, o filósofo, por sua vez, "quererá ao contrário saber, em termos mais gerais, quais tipos de coisas existem em conjunto". A filosofia — escreve sempre Quine — "indaga sobre os traços mais amplos do sistema do mundo".

17 Perguntas legítimas e questões filosóficas sem sentido

Precisando desse modo a natureza e as tarefas da filosofia, Quine está decidido em rejeitar como problemas sem significado (*meaningless*) as antigas questões metafísicas sobre *por que* existe o mundo ou sobre *por que* tenha tido início a vida. *Como* teve início o mundo e como teve início a vida são problemas que recaem no âmbito da física e da astronomia ou então, respectivamente, da biologia. Mas nenhuma resposta concebível Quine divisa para as questões sobre o sentido do universo e da vida, que, portanto, a seu ver, são problemas privados de significado. Enquanto, do outro lado, ele vê dividir-se em duas classes os problemas legítimos e significativos da filosofia: estes são *problemas ontológicos* e *problemas predicativos*. Os primeiros são perguntas gerais sobre quais tipos de coisas existem como também sobre o que signifique existir. Os segundos — os predicativos — são perguntas sobre quais tipos de coisas podem significativamente ser perguntadas a respeito daquilo que existe. E aquilo que existe, e quais sejam as perguntas que se podem significativamente pôr sobre aquilo que existe, podemos vir a sabê-lo apenas por meio da ciência, entendida em sentido amplo: "[...] A verdade científica sobre os objetos físicos é ainda a *verdade*, embora o homem seja seu autor. No meu naturalismo — salienta Quine — eu não reconheço nenhuma verdade mais elevada do que a fornecida ou buscada pela ciência [...]. Nós falamos sempre dentro de nosso sistema corrente. Sem dúvida, nosso sistema muda. E quando muda não dizemos que a verdade muda junto com ele; dizemos que de modo errado consideramos verdadeiro algo que não o era e que agora aprendemos melhor. A palavra de ordem é falibilismo, e não realismo. Falibilismo e naturalismo".

II. O neopragmatismo de Richard Rorty

• Filósofo americano (nascido em 1931 em New York), Richard Rorty – autor de obras importantes como *A filosofia e o espelho da natureza* (1979); *Consequências do pragmatismo* (1982); e *Contingência, ironia e solidariedade* (1989) – é o filósofo da pós-filosofia, ou seja, expoente de uma reflexão pós-filosófica na qual foram tomadas as distâncias em relação à filosofia tradicional de tipo fundacional.

Filósofo da pós-filosofia → 1

• Na base da filosofia fundacional Rorty encontra a ideia de *mente* concebida como o espelho em que a realidade se reflete; a *filosofia*, perscrutando em nossa interioridade (Descartes) ou enucleando os *a priori* da experiência (Kant), seria, assim, capaz de apoderar-se dos *fundamentos do conhecimento*.

A filosofia fundacional é o resultado, ao ver de Rorty, da união destas três ideias: da ideia de *mente* como espelho da natureza; da de *conhecimento* como representação acurada; e da ideia de *filosofia* como pesquisa e posse dos fundamentos do conhecimento.

O que é a filosofia fundacional → § 2-3

Tal filosofia é um tipo de trabalho "profissionalizado", privado de dimensão histórica, arrancado para fora dos problemas da vida.

• Wittgenstein, Heidegger e Dewey nos libertaram das tentações da filosofia fundacional: os três, diz Rorty, deixaram de lado a ideia de *mente* tornada própria por Descartes, Locke e Kant; todos os três abandonaram a ideia do conhecimento como representação acurada, a de fundamento do conhecimento e a do filósofo cuja tarefa consistiria em responder ao cético epistemológico. A filosofia fundacional, na opinião de Rorty, acabou.

O distanciamento da filosofia fundacional → § 4

Para sair da tradição precisamos ser "revolucionários". E entre os filósofos revolucionários Rorty distingue dois tipos: os filósofos que, como Husserl e Russell – e antes deles Descartes e Kant – rompem com a tradição, fundando novas escolas de filósofos também eles, contudo, profissionais; e os filósofos que pensam que seu dicionário jamais será institucionalizado: são os *filósofos edificantes*, filósofos como o "último" Wittgenstein, o "último" Heidegger, Kierkegaard, Nietzsche.

• Diversamente dos *filósofos sistemáticos*, que pretendem oferecer argumentações e certezas para a eternidade, os filósofos edificantes oferecem mais sátiras, paródias, aforismos; sabem que perdem sua função quando é superado o período em relação ao qual definiram sua própria reação. Se os filósofos sistemáticos pretendem construir um saber que valha para sempre, os filósofos edificantes "destroem em benefício de sua própria geração", sempre prontos a se abrirem à maravilha que "algo de novo exista sob o sol". E contra todos os que – presumindo ter colhido de uma vez por todas a Verdade, a Realidade, o Bem, e de estar em posse da Razão – tendem a congelar a cultura e a desumanizar os seres humanos, o filósofo edificante mantém aberta a conversação da humanidade.

Modéstia e sabedoria da filosofia edificante → § 5-7

Acabou a filosofia fundacional; continua, porém, a filosofia como filosofia edificante, como "uma voz na conversação da humanidade".

• Em *Contingência, ironia e solidariedade* Rorty faz justiça tanto aos pensadores (Kierkegaard, Nietzsche, Baudelaire, Proust etc.) modelos de perfeições

> individuais, de vida autônoma que se criou por si, como também aos filósofos (Marx, Mill, Dewey, Habermas e Rawls) que tentam tornar "nossas instituições e práticas mais justas e menos cruéis".
>
> *A ética do liberalismo irônico* → 8-10
>
> E a proposta que Rorty torna própria é a de um "liberalismo irônico". *Liberais*, para Rorty, "são aqueles que pensam que a crueldade é nosso pior inimigo". E a *ironia* equivale à aceitação clara e corajosa da contingência das próprias crenças e dos próprios desejos mais profundos; ironia, em suma, como antifundacionalismo.
>
> Daí o empenho para *criar* solidariedade, tornando-se mais sensíveis aos sofrimentos e às humilhações sofridas por outras pessoas a nós desconhecidas. O liberal irônico, em nome da semelhança na dor e na humilhação, procura minimizar sempre mais as diferenças (de raça, de religião, de usos etc.) entre "nós" e "eles", e leva assim para a esfera do "nós" pessoas que antes eram dos "eles".

1 A vida e as obras

Richard Rorty nasceu em New York em 1931. Estudou na Universidade de Chicago e na de Yale. "Dewey — disse ele — foi sem dúvida a figura mais influente durante toda a minha juventude; chamavam-no de filósofo da democracia, do New Deal, dos intelectuais socialistas americanos: para quem quer que tenha frequentado uma universidade americana antes dos anos cinquenta, era impossível não percebê-lo [...]". E ainda: "Por um breve período estudei com Carnap e com Hempel, mas quase por acaso. Minha formação foi, com efeito, principalmente histórica. O encontro com a filosofia analítica ocorreu em Princeton, quando eu já ensinava, e foi um momento verdadeiramente intenso. Quando as últimas obras de Wittgenstein mal estavam para serem assimiladas, Quine e Sellars estavam escrevendo suas coisas mais importantes".

Foi justamente a leitura do "segundo" Wittgenstein que persuadiu Rorty a tomar distância do pensamento analítico dominante nos Estados Unidos (Carnap, Tarski, Reichenbach etc.). Este pensamento — dirá Rorty — profissionalizou a filosofia, reduziu-a a uma disciplina acadêmica que se resolve na pesquisa obsessiva dos fundamentos do conhecimento objetivo, tirou da filosofia toda dimensão histórica, arrancou-a dos problemas da vida. Auxiliado também pelas críticas internas ao movimento analítico — críticas de Quine, Sellars, Goodman etc. —, Rorty se convenceu do esgotamento intrínseco da filosofia analítica (ou pós-filosófica, no sentido de estar doravante distante da filosofia tradicional) des-disciplinarizada e de andamento discursivo, à qual "não cabe mais o papel de mãe ou de rainha da ciência, sempre em busca de um vocabulário definitivo e imortal sobre a base do qual sintetizar ou descartar os resultados de outras esferas de atividade" (G. Borradori). A filosofia pós-analítica, de preferência, "se democratiza na forma de uma 'crítica da cultura' (*cultural criticism*) que a vê transformada em uma disciplina entre as outras, fundada sobre critérios histórica e socialmente contextuais, e preposta ao estudo comparado das vantagens e das desvantagens das diversas visões do mundo" (G. Borradori).

Esta mudança de perspectiva no trabalho filosófico (já presente na empenhativa *Introdução* à antologia *The Linguistic Turn* de 1967) impeliu Rorty a passar em 1983, de Princeton, onde havia ensinado por quinze anos, para a Universidade da Virgínia, em um departamento interdisciplinar. E é uma mudança de perspectiva que, ao lado de seus três autores — Dewey, Wittgenstein e Heidegger —, lhe permite receber muitos dos argumentos de Quine, Sellars e Davidson (que ele aproxima do pragmatismo), assimilar ideias de Sartre, de Lyotard, de Derrida e de Habermas, abraçar a hermenêutica de Gadamer e de revitalizar pensamentos de James e de Dewey.

A filosofia e o espelho da natureza, o livro que no plano internacional tornou Rorty conhecido como fundador do *neopragmatismo*, é de 1979. Em 1982 aparece a antologia de ensaios, escritos entre 1972 e 1980, *Consequências do pragmatismo*. Os ensaios coletados nesse livro "representam

Richard Rorty teorizou uma distinção entre filósofos "sistemáticos", que fundam novas escolas, e filósofos "edificantes", que destroem ao invés as certezas e abrem a "modos de falar novos, melhores, mais interessantes e mais frutuosos".

— segundo Rorty — tentativas de delinear as consequências de uma teoria pragmatista da verdade [...]". E ainda: "Os pragmatistas pensam [...] que a tradição platônica tenha esgotado a própria função [...]. Os pragmatistas sustentam que a maior aspiração da filosofia é a de não praticar a filosofia. Não consideram que pensar na verdade sirva para dizer algo de verdadeiro, nem que pensar no bem sirva para agir do melhor dos modos, nem que pensar na racionalidade sirva para ser racionais".

De 1989 é *Contingência, ironia e solidariedade*. O livro ocupa-se de questões éticas e filosóficas.

2. Dois mitos da tradição filosófica: a mente como "grande espelho" e o conhecimento como "representação acurada"

O volume *A filosofia e o espelho da natureza* consiste na tentativa de desengonçar a pretensão fundante da filosofia tradicional. "Em geral — escreve Rorty — os filósofos consideram sua disciplina como uma discussão de problemas perenes, eternos [...]. Alguns destes referem-se à diferença entre seres humanos e os outros seres, e se concentram nas questões que se referem à relação entre mente e corpo. Outros problemas se referem à legitimação das pretensões de conhecimento e concentram-se nas questões que se referem aos "fundamentos" do conhecimento. Descobrir tais fundamentos significa descobrir algo sobre a mente e vice-versa". *Problemas eternos resolvidos por teorias perenes*: eis a pretensão de fundo da filosofia tradicional, a qual se configura como filosofia fundacional em relação a toda a cultura. E esta sua pretensão se apoia sobre o fato de que ela compreenderia os fundamentos do conhecimento e encontraria tais fundamentos por meio do estudo da mente, dos "processos mentais". Eis, portanto, que a tarefa central da filosofia tradicional está na construção de uma teoria geral da *representação acurada* tanto do mundo externo, como do modo com que a mente constrói essas representações.

Tudo isso, afirma Rorty, nos mostra que existe "uma imagem que mantém prisioneira a filosofia tradicional": é a imagem da "mente como um grande espelho, que contém representações diversas — algumas acuradas, outras não — e pode ser estudado por meio de métodos puros, não empíricos". Comenta Rorty: se não houvesse a ideia da mente como espelho, não haveria sequer a ideia do conhecimento como representação acurada; sem a ideia de conhecimento como representação acurada não teriam sentido os grandes esforços de Descartes e de Kant dirigidos a "obter [...] representações mais acuradas por meio do exame, da reparação e do polimento do espelho [...]". E, postos fora dessa estratégia, não teriam tido sentido sequer "as recentes teses segundo as quais a filosofia consistiria de 'análise conceitual', ou de 'análise fenomenológica', ou de 'explicação dos significados', ou de exame da 'lógica de nossa linguagem', ou então da 'estrutura da atividade constitutiva da consciência'".

3. A filosofia fundacional

Para ser ainda mais claros: "Devemos ao século XVII, e em particular a Locke, a noção de uma 'teoria do conhecimento' baseada sobre a compreensão dos 'processos mentais'. Devemos ao mesmo período, e em particular a Descartes, a noção de 'mente' como entidade separada em que se atuam os 'processos'. Devemos ao século XVIII, e em particular a Kant, a noção da filosofia como tribunal da razão pura, que confirma ou rejeita a pretensão da cultura restante [...]". A filosofia, praticada como disciplina fundacional que garante a certeza dos fundamentos do conhecimento, foi consolidada pelos neokantianos. Em nosso século — nota Rorty — ela foi reproposta por filósofos como Russell e Husserl, que "se propuseram a manter a filosofia 'rigorosa' e 'científica' ". Eis ainda Rorty: "Segundo eu entendo, o gênero de filosofia que descende de Russell e de Frege, justamente como a fenomenologia clássica de Husserl, é simplesmente uma tentativa posterior de manter a filosofia na posição em que Kant a desejava pôr, ou seja, a de juiz das outras áreas da cultura, sobre a base de seu conhecimento especial dos 'fundamentos' dessas áreas". As coisas, ao ver de Rorty, não param aqui, uma vez que também "a filosofia analítica é uma variante posterior da filosofia kantiana, uma variante caracterizada principalmente por considerar a representação como linguística muito mais que mental e, portanto, a filosofia da linguagem como a disciplina que exibe os 'fundamentos do conhecimento', em vez da 'crítica transcendental' ou da psicologia".

Na base, portanto, do pensamento fundacional tradicional há uma ideia de *mente*, concebida como grande espelho que contém representações; voltando-nos para nossa interioridade (Descartes) ou trazendo à superfície os a priori da experiência (Kant), a *filosofia* — examinando e oxalá polindo novamente o grande espelho — estaria depois em grau de chegar à posse dos *fundamentos do conhecimento*. O conúbio destas três ideias de *mente* como espelho da natureza, de *conhecimento* como representação acurada e de *filosofia* como busca e posse dos fundamentos do conhecimento "profissionalizou" a filosofia, tornando-a uma disciplina acadêmica restrita substancialmente à epistemologia, isto é, à teoria do conhecimento, e a propôs como uma fuga da história, uma vez que ela quer ser pesquisa e posse de fundamentos válidos para todo desenvolvimento histórico possível.

4. O abandono da filosofia do fundamento: Dewey, Wittgenstein, Heidegger

Pois bem, é sobre este pano de fundo que Rorty olha para a obra daqueles que ele considera "os três filósofos mais importantes do século XX", ou seja, a obra de Dewey, de Wittgenstein e de Heidegger. Estes três filósofos tentaram, em um primeiro momento, a construção de uma filosofia fundacional, propondo a formulação de "um critério último para o pensamento". Cada um dos três, todavia, no desenvolvimento do próprio pensamento percebeu quão ilusória era sua primeira tentativa. E foi assim, então, que "cada um dos três, na obra sucessiva, libertou-se da concepção kantiana da filosofia como fundamento, e consumou seu próprio tempo a pôr em alerta contra essas tentações às quais eles próprios haviam cedido. Assim, sua obra sucessiva é terapêutica, mais que construtiva; mais edificante do que sistemática, dirigida a fazer o leitor refletir sobre motivos que tem para filosofar, muito mais do que para lhe fornecer um novo programa filosófico".

Wittgenstein, Heidegger e Dewey deixam de lado, ao ver de Rorty, a noção de *mente* produzida justamente por Descartes, Locke e Kant, e "entendida como um objeto de estudo especial, colocado no espaço interno, que contém os elementos ou os processos que tornam possível o conhecimento". Wittgenstein, Heidegger e Dewey, todos os três, "concordam sobre o fato de que deve ser abandonada a noção do conhecimento como representação acurada, tornada possível por processos mentais especiais, e compreensível por meio de uma teoria geral da representação. Todos os três abandonam as noções de 'fundamentos do conhecimento' e da filosofia como de algo que gira ao redor da tentativa cartesiana de responder ao cético epistemológico".

> ■ **Filosofia fundacional (fundacionalismo ou fundacionismo).** Com *filosofia fundacional* Rorty – e doravante o termo entrou no léxico dos filósofos contemporâneos – entende as concepções daqueles pensadores que pretenderam da filosofia uma função definitiva da ética e da religião e, sobretudo, do saber científico.
> Rorty examina o projeto fundacionista a partir de Descartes até chegar à filosofia analítica; também se, com Descartes, a filosofia fundacionalista acaba por compreender grande parte de toda a produção filosófica ocidental. Descartes, segundo Rorty, é o ideal-tipo de filósofo fundacional.
> E ainda: "Devemos ao século XVIII, e em particular a Kant, a noção da filosofia como tribunal da razão pura, que confirma ou rejeita a pretensão da cultura restante". Os neokantianos consolidaram a prática de uma filosofia como disciplina fundacional, cujo objetivo está em garantir a certeza dos fundamentos do conhecimento. Em nosso século, sempre na opinião de Rorty, Russell e Frege propuseram uma filosofia fundacional; também a fenomenologia de Husserl é filosofia fundacional; e ainda a filosofia analítica, que Rorty considera uma variante posterior da filosofia kantiana, que exibe "os fundamentos do conhecimento" em vez da "crítica transcendental".
> A filosofia fundacional é a filosofia daqueles pensadores que creem poder oferecer teorias eternas como solução de problemas perenes. Rorty afirma que esse tipo de filosofia já chegou a seu termo. Ele segue Dewey, Wittgenstein e Heidegger no abandono dos fundamentos. E à filosofia fundacional contrapõe a *filosofia edificante*.

5 Filósofos sistemáticos e filósofos edificantes

A imagem neokantiana da filosofia como profissão — imagem que se encontra implícita na imagem da mente ou da linguagem que espelham a natureza — não se sustenta mais. A filosofia fundacional acabou; como acabou, em suma, a filosofia entendida "como disciplina que julga as pretensões da ciência e da religião, da matemática e da poesia, da razão e do sentimento, atribuindo a cada uma o lugar apropriado".

É preciso, portanto, tomar outros caminhos; e, para sair da "normalidade" da tradição, é preciso ser "revolucionários" (no sentido de Kuhn). E, todavia, entre os filósofos revolucionários, Rorty distingue dois tipos: os que fundam novas escolas "dentro das quais pode ser praticada a filosofia normal e profissionalizada" (um exemplo de tais filósofos são Husserl, e, antes dele, Descartes e Kant); e aqueles que "rejeitam a ideia de que seu vocabulário possa um dia ser institucionalizado, ou que seus escritos possam ser considerados comensuráveis com a tradição" (exemplos desses filósofos são o "último" Wittgenstein e o "último" Heidegger; Kierkegaard e Nietzsche).

É a esse último tipo de filósofos que vai a aprovação de Rorty, filósofos que ele chama de *edificantes* para distingui-los dos *sistemáticos*. A seu ver, "os grandes filósofos sistemáticos são construtivos e oferecem argumentações. Os grandes filósofos edificantes são reativos e oferecem sátiras, paródias e aforismos. Eles sabem que suas obras perdem sua própria função essencial, quando é superado o período em relação ao qual definiram sua própria reação. Eles são *intencionalmente* periféricos". Os filósofos sistemáticos pretendem construir um saber, uma ciência para a eternidade; os filósofos edificantes "destroem em benefício de sua própria geração". Os filósofos sistemáticos constroem certezas, como para exorcizar a incerteza do futuro; os filósofos edificantes estão à espera e perscrutam algo de novo, prontos para se abrir à maravilha de que "haja algo de novo sob o sol, algo que *não* seja uma acurada representação daquilo que já havia, algo que (ao menos no momento) não pode ser explicado e pode apenas ser descrito".

6 A filosofia edificante

A filosofia edificante, portanto, deixa de lado a tradição da filosofia sistemática, construtiva, normal, fundacional. Mas o que devemos entender mais propriamente com tal *filosofia edificante*?

Pois bem, trata-se de um projeto de educação ou formação — ou melhor, de *edificação* de nós mesmos ou de outros — dirigido "à descoberta de modos de falar novos, melhores, mais interessantes e mais frutuosos". Isso no sentido de que "a tentativa de edificar (nós mesmos ou os outros) pode consistir na atividade hermenêutica de realizar ligações entre nossa própria cultura e alguma cultura exótica ou algum período histórico, ou então entre nossa disciplina e outra disciplina que pareça perseguir objetivos incomensuráveis com um vocabulário incomensurável. Mas também pode consistir na atividade poética de excogitar esses novos objetivos, novas palavras, novas disciplinas [...]".

A filosofia edificante torna própria, assim, a hermenêutica de Gadamer, na qual não há contraste — afirma Rorty — entre o desejo de edificação e o desejo de verdade; e na qual, todavia, salienta-se o fato de que "a pesquisa da verdade é um dos muitos modos com que podemos ser edificados". Gadamer procura "libertar-se da representação clássica do homem-essencialmente-conhecedor-de-essências".

E os objetivos da filosofia edificante — escreve Rorty — são mais a continuação de uma conversação do que a descoberta da verdade, de uma verdade objetiva como "resultado normal do discurso normal". "A filosofia edificante não é apenas anormal, mas também reativa, tendo sentido apenas enquanto é um protesto contra a tentativa de truncar a conversação".

7 Manter aberta a conversação da humanidade

As tentativas de truncar a conversação não faltam. Com efeito, truncam a conversação todas as filosofias sistemáticas, que não fazem mais que hipostatizar alguma descrição privilegiada em que se presume ter captado de uma vez por todas a verda-

■ **Filosofia edificante.** Diversamente dos filósofos fundacionalistas que presumem poder oferecer sistemas de certezas e de verdades escritas para a eternidade, o filósofo edificante não propõe construções teóricas e argumentações em que se pensa ter capturado verdades definitivas, mas oferece mais sátiras, paródias, aforismos; não oferece uma "ciência eterna", destrói em benefício de sua própria geração; está pronto a perscrutar o novo, a comparar e ligar a própria cultura com culturas exóticas; procura "arquitetar novos objetivos, novas palavras, novas disciplinas [...]"; opõe-se ao congelamento da cultura e à desumanização dos seres humanos, coisas que resultam, a seu ver, da ação de todos os que creem ser possuidores da "verdade" absoluta; esforça-se para manter aberta a conversação da humanidade. Em poucas palavras: o da filosofia edificante é um projeto de educação ou formação – ou melhor, de *edificação* de nós mesmos ou de outros – dirigido "à descoberta de modos de falar novos, melhores, mais interessantes e mais frutuosos".

de, a realidade, o bem, visto que se estaria em posse da *razão*. Por sua vez, os filósofos edificantes são do parecer que presunções desse tipo equivaleriam ao *congelamento da cultura*, o que significaria a *desumanização dos seres humanos*.

Eis, então, escreve Rorty, que "os filósofos edificantes se acham [...] de acordo com a escolha de Lessing em favor do infinito *tender* para a verdade, contra a 'totalidade da verdade'. Para o filósofo edificante, a própria ideia de atingir 'a totalidade da verdade' é absurda, porque a noção platônica de verdade enquanto tal é absurda".

Concluindo as considerações precedentes, Rorty sintetiza: "Pensar que manter aberta a discussão constitui uma tarefa suficiente para a filosofia, que a sabedoria consiste na habilidade de sustentar uma conversação, significa considerar os seres humanos como criadores de novos discursos mais do que seres a serem acuradamente descritos". Terminou, portanto, a filosofia fundacional; mas não terminou a filosofia: ela continua como filosofia edificante, como "uma voz na conversação da humanidade". Com ela nós continuamos "a conversação iniciada por Platão, mesmo sem discutir os assuntos que Platão considerava que se devessem discutir". A filosofia edificante, comentam Diego Marconi e Gianni Vattimo, é "a maneira específica de intervir na discussão sobre todo tipo de problema, condicionada e caracterizada por uma tradição de textos e pelo adestramento peculiar de quem a pratica, mas não mais pela ilusão de possuir um domínio próprio dela, um método, e uma tarefa privilegiada em relação à de outras 'vozes'".

8 "Historicistas" para a autonomia individual; "historicistas" por uma comunidade mais justa

Contingência, ironia e solidariedade é um livro que é o fruto maduro de reflexões ético-políticas que Rorty estava elaborando há algum tempo. A partir de Hegel — afirma Rorty — diversos pensadores *historicistas* negaram a existência de uma "natureza humana" ou de um "estrato mais profundo do eu", sobre o qual fundar as virtudes pessoais e os ideais sociais. Estes pensadores sustentaram que "tudo é socialização e, portanto, circunstância histórica, que não existe uma essência do homem 'abaixo' da socialização e antes da história". Autores como estes não se colocam mais a pergunta sobre "o que significa ser homens?"; mas a substituem por perguntas como: "O que significa pertencer a uma rica sociedade democrática do século XX?", ou então: "O membro de uma tal sociedade pode fazer algo a mais do que recitar uma parte de um roteiro já escrito?". Pois bem, comenta Rorty, tal *reviravolta historicista*, gradual mas decididamente, nos libertou da teologia e da metafísica, e com isso da tentação de buscar trégua para o tempo e para o acaso; ela, por outro lado, nos permitiu substituir, "como viés do pensamento e do progresso social", a *liberdade* à *verdade*. A reviravolta historicista existiu; todavia, ainda continua a antiga tensão entre os historicistas (por exemplo, Heidegger e Foucault), nos quais domina o desejo de autocriação e de autonomia individual, e os historicistas (por exemplo, Dewey e Habermas), para os quais dominante é o desejo de uma comunidade humana mais justa e mais livre.

De sua parte, Rorty quer fazer justiça tanto a um como ao outro grupo de pensadores historicistas. E o seu é "um convite a não querer escolher entre eles mas a dar-lhes, ao contrário, igual peso, a fim de usá-los depois para finalidades diversas". Continua Rorty: "Os autores como Kierkegaard, Nietzsche, Baudelaire, Proust, Heidegger e Nabokov são úteis enquanto modelos, exemplos de perfeições individuais, de vida autônoma que se criou por si. Os autores como Marx, Mill, Dewey, Habermas e Rawls são, mais que modelos, concidadãos. Seu empenho é social, é a tentativa de tornar nossas instituições e práticas mais justas e menos cruéis".

9 A solidariedade do "liberalismo irônico"

É inútil, ao ver de Rorty, ir em busca de uma teoria que unifique o público e o privado. O caminho que ele propõe é o seguinte: contentarmo-nos em "considerar igualmente válidas, embora destinadas a ser incomensuráveis, as exigências de autocriação e de solidariedade humana". E de tal proposta emerge a figura daquilo que Rorty chama de "irônico liberal". Quem é o *liberal*? Os liberais, para Rorty, "são aqueles que pensam que a crueldade é o nosso pior delito". E o *irônico*? "Uso o termo 'irônico' — responde Rorty — para designar um indivíduo que olha abertamente a contingência de suas crenças e de seus desejos mais fundamentais, alguém que é historicista e nominalista o suficiente para ter abandonado a ideia de que tais crenças e desejos remetem a algo que foge ao tempo e ao acaso". A ironia — declarou nosso autor no decorrer de uma entrevista — "significa algo de muito próximo ao antifundacionalismo". No fundo, afirma Rorty, "os irônicos liberais são pessoas que têm, entre estes seus desejos infundáveis, a esperança de que o sofrimento possa diminuir, e que possa ter fim a humilhação sofrida por alguns seres humanos por causa de outros seres humanos".

Essa *utopia liberal* renuncia às teorias filosóficas de largo porte — como as que se referem às leis da história, o declínio do Ocidente e o fim do niilismo. Na sociedade utópica proposta por Rorty, "a solidariedade não é descoberta com a reflexão; ela é criada". É criada com a imaginação, "tornando mais sensíveis ao sofrimento e humilhação particulares, sofridos por outras pessoas desconhecidas". Texto 2

10. Levar à esfera do "nós" pessoas que antes eram dos "eles"

É uma sensibilidade acrescida que nos faz reconhecer um indivíduo como "dos nossos" mais que vê-lo como "dos deles". Mas esta sensibilidade não cresce por causa de uma teoria universal que descreve uma essência humana presente em todos os homens; e ninguém se identifica com a comunidade de todos os seres racionais. Tal sensibilidade cresce por obra não da teoria, "mas de outros gêneros literários como a etnografia, a reportagem jornalística, a história em quadrinhos, o teatro-verdade e sobretudo o romance". Dickens, Olive Schreiner ou Richard Wright nos fazem conhecer de modo detalhado formas de sofrimento passadas por pessoas que antes ignorávamos. Choderlos de Laclos, Henry James ou Nabokov nos mostram a crueldade da qual nós mesmos somos capazes, e nos obrigam, portanto, a redescrevermo-nos. Aqui está — insiste Rorty — a razão pela qual "o romance, o filme e o programa televisivo substituíram, de modo gradual mas decidido, o sermão e o tratado como veículos principais da mudança das convicções morais e do progresso".

O liberal irônico exerce sua ironia sobre teorias a respeito da essência humana, mas está atento a minimizar sempre mais a importância das diferenças tradicionais (de raça, de religião, de usos etc.) em relação "à semelhança na dor e na humilhação". O liberal irônico inclui sempre mais na esfera do "nós" pessoas diferentes de nós que antes eram dos "eles". *Nós* — diz Rorty — devemos começar de onde *estamos*. E eis seu comentário a uma posição que à primeira vista pareceria moralmente muito estreita: "Aquilo que redime este etnocentrismo [...] é o fato de que é o etnocentrismo de um 'nós' ('nós liberais'), cuja finalidade é a de expandir-se, de criar um *ethnos* ainda maior e diversificado. É o 'nós' daqueles que foram educados a estar em alerta contra o etnocentrismo".

III. Hilary Putnam: do realismo metafísico ao realismo interno

• Nascido em Chicago em 1926; formado na escola analítica de origem neopositivista; professor primeiro em Princeton, depois no MIT e por fim em Harvard, Hilary Putnam deixou a maior parte de sua produção filosófica nos três volumes de seus *Philosophical Papers*.

O homem é o pior deus que existe
→ § 1-2

Empenhado politicamente, na década de 1960, nos movimentos estudantis, disse: "Não sou mais maoísta nem marxista, mas daquele período uma coisa continua em mim: a ideia de que a filosofia não seja simplesmente uma disciplina acadêmica".

Entre os filósofos americanos mais versados em matemática, Putnam é talvez o único filósofo pós-analítico que desenvolveu um forte interesse pela religião, convicto de que o homem que queira se colocar no lugar de Deus está na origem das maiores tragédias. Escreve Putnam: "Para mim a religião significa justamente refletir sobre o sentido do limite humano". E ainda: "Não vejo nada neste século que me faça desejar deificar o homem [...]. Penso que o homem é o pior deus que exista".

• Putnam realiza em sua obra a significativa passagem do *realismo metafísico* para o *realismo interno*. O realismo metafísico sustenta que a realidade, que torna verdadeiras ou falsas nossas proposições, é independente de nossa mente. Sucessivamente Putnam critica o realismo metafísico pelo fato de que falamos do mundo, conhecemos o mundo sempre por meio de nossas teorias, apenas *dentro de nossas teorias*. Até a descrição de nossas sensações ocupa-se de toda uma série de escolhas conceituais. Por tudo isso *"realismo* equivale a *realismo interno"*; e o realismo interno é *"o único realismo que nos interessa ou nos serve"*. O realismo metafísico é a concepção típica da esmagadora maioria dos filósofos antes de Kant. A concepção internista é, ao contrário, a que foi proposta por Kant, e depois por Peirce e Wittgenstein, e, mais próximo a nós, por Nelson Goodman.

> Do realismo metafísico ao realismo interno
> → § 3-7

• Defensor da ideia de que "os significados não estão na cabeça" e que a referência de nossos termos é determinada graças ao "contributo do próprio mundo", é crítico da hipótese cética segundo a qual nossas crenças sobre o mundo externo poderiam ser uma simples ilusão: Putnam, em outros termos, destrói a dúvida hiperbólica que poderíamos ser cérebros em uma tina, privados de contatos reais com o mundo externo.

> Teoria da referência e *luta contra o ceticismo*
> → § 8-10

1 A vida e as obras

Hilary Putnam nasceu em Chicago no dia 31 de julho de 1926. Sua formação intelectual deu-se dentro da escola analítica de origem neopositivista. Diplomado em filosofia em 1948 na Universidade de Pennsylvania, Putnam se doutorou em Los Angeles em 1951. Até 1960 ensinou em Princeton; no MIT até 1965; desde 1965 é professor de filosofia em Harvard. Desde 1976, sempre em Harvard, é *Professor of Modern Mathematics and Mathematical Logic*.

Embora tendo estudado sob a direção de Carnap e Reichenbach, Putnam leu Kierkegaard — que recorda "ter adorado" —, Marx e Freud. Em todo caso, foi depois dos quarenta anos que ele conseguiu libertar-se dos limites estreitos da filosofia analítica. Foi durante a década de 1960 — é o período da guerra do Vietnam — que Putnam se lançou no compromisso político: foi membro do movimento dos *Students for Democratic Society*, e sucessivamente de um grupo maoísta, o *Progressive Labor Party*. "Hoje — diz Putnam — não sou mais maoísta nem marxista, mas uma coisa me resta daquele período: a ideia de que a filosofia não é simplesmente uma disciplina acadêmica".

Admirador de Jurgen Habermas e de Karl Otto Apel, Putnam considera que na filosofia alemã esteja inerente uma espécie de "missão salvífica redentora"; ao passo

Hilary Putnam é o filósofo pós-analítico que propôs a teoria do "realismo interno", ou seja, a ideia de que não pode haver uma descrição do mundo que seja independente de nossas escolhas conceituais; e, simultaneamente, nos advertiu a não endeusar o homem.

que está de acordo com quem disse que "os filósofos franceses refinaram a capacidade de parecer muito radicais sem dizer nada que os exclua do próximo governo socialista". Comenta Putnam: "Há muito pouca seriedade, uma espécie de fundamental desonestidade".

2 O homem não deve ser deificado

Entre os filósofos americanos mais versados em matemática, Putnam é talvez o único filósofo pós-analítico que desenvolveu um forte interesse pela religião, em seu caso, pelo judaísmo. Disse Putnam: "[...] No século XIX começou-se a dizer: é preciso deixar de crer no sagrado. Nem sequer cem anos mais tarde houve dois terríveis ditadores, ambos ateus: Stalin e Hitler". Em todo caso, precisa Putnam, "para mim a religião significa justamente refletir sobre o sentido do limite humano. O problema do humanismo, como se desenvolveu de Feuerbach para frente, significou a deificação do homem. Não vejo nada neste século que me faça desejar deificar o homem. Como Ben Schwartz, penso que o homem é o pior deus que existe".

Consciente do fato de que a filosofia da ciência pode se desenvolver em dois níveis, caso se trate de questões típicas de certa disciplina ou caso se refira a temas gerais (como o confronto entre teorias, o problema da indução etc.), Putnam consagrou a maior parte de sua produção filosófica — a que vai da década de 1960 até os inícios de 1980 — nos três volumes de seus *Philosophical Papers*: 1) *Mathematics, Matter and Geometry* (1975); 2) *Mind, Language and Reality* (1975); 3) *Reason and Realism* (1983). De 1978 é o volume *Meaning and the Moral Sciences*. Outro importante trabalho seu, *Reason, Truth and History*, saiu em 1981. As *Paul Carus Lectures*, que ocorreram em Washington em 1985, estão na origem de seu livro *Many Faces of Realism* (1987). Em 1988 apareceu *Representation and Reality*: aqui trata-se ainda da filosofia da mente e é criticado, por uma posição vizinha à de *Verstehen*, o funcionalismo — posição que Putnam havia defendido no segundo volume dos *Philosophical Papers* —, onde sustentava que as propriedades psicológicas de um indivíduo não são propriedades físicas, embora as primeiras possam ser realizadas pelas segundas. *O pragmatismo: uma questão aberta* é de 1992 e contém algumas palestras feitas por Putnam em Roma. Aqui ele escreve: "Queremos ideais e queremos visão do mundo, e além disso queremos que nossos ideais e nossa visão do mundo se sustentem reciprocamente. Uma filosofia que tem apenas argumentação (de "dura" técnica) não pode satisfazer uma fome genuína, ao passo que uma filosofia que seja inteira visão global e nada de argumentação satisfaz de fato uma fome genuína, mas da mesma forma que um mingau satisfaz a criança". Portanto, a contraposição entre a filosofia que se interessa em como viver e aquela que se ocupa de questões técnicas é uma falsa contraposição, como prova também a filosofia de Putnam, na qual a discussão de questões técnicas se entrecruza com temáticas de ética e de estética, e com problemas religiosos. Texto 4

3 O realismo metafísico

Na apresentação (*Science as Approximation to Truth*) do primeiro volume de seus *Philosophical Papers*, volume intitulado *Mathematics, Matter and Geometry*, Putnam escreve que "estes ensaios são todos escritos a partir daquela que é chamada de perspectiva realista". Essa perspectiva sustenta, substancialmente, que a realidade, que torna verdadeiras ou falsas nossas proposições, é independente de nossa mente. Putnam, em poucas palavras, afirma, de acordo com o senso comum, que de fato existem mesas, cadeiras, casas etc.; e de acordo com o cientista militante, afirma a existência das realidades às quais se referem os conceitos teóricos da ciência: elétrons, genes etc. Ele não admite a existência de verdades a priori; diz que a geometria euclidiana é uma geometria do espaço finito e, enquanto tal, é uma teoria empírica, ou seja, sintética; no ensaio *What is Mathematical Truth?*, afirma que o conhecimento matemático é também um conhecimento corrigível, e que, portanto, não se afasta muito do tipo de conhecimento das ciências empíricas: é conhecimento quase empírico.

No segundo volume (*Mind, Language and Reality*) dos *Philosophical Papers* encontramos uma defesa do *realismo empírico*, ou seja, da concepção segundo a qual tanto os experimentos contínuos de laboratório, como as experiências da vida quotidiana, atestariam a realidade do mundo externo, aumentando a cada instante a credibilidade da teoria que afirma a existência do mundo externo. Pois bem, Putnam, para sustentar o realismo empírico, aduz o argumento de que se trata de uma tese aceita por tão longo tempo, que chegou a assumir o status de um *fato*; e, sobretudo, que tal concepção — que, para Putnam, tem "as *mesmas características* de uma hipótese empírica" —, não foi e não é contrariada por teorias rivais sérias. Segundo Putnam não se verificam justamente "severas tentativas" capazes de ameaçar seriamente a ideia da existência dos objetos materiais. Putnam se pergunta: "[...] Como se procede para tentar falsificar a existência dos objetos materiais? E quais teorias alternativas estão, ou estiveram, em campo?"

4. Do realismo metafísico ao realismo interno

Em 1978 aparece *Meaning and the Moral Sciences*. É aqui que, sob a influência de pensamentos de tipo kantiano, ocorre a reviravolta que leva Putnam do *realismo metafísico* ao *realismo interno*. A crítica que Putnam dirige ao realismo metafísico é que pensar em um mundo independente de nossa mente, fora de *qualquer teoria*, "conserva talvez o Mundo, mas apenas ao preço de renunciar a qualquer ideia compreensível de *como é o Mundo*". A realidade é que nós falamos do mundo, conhecemos o mundo apenas por meio de nossas teorias, unicamente dentro de *nossas teorias*. Se aceitarmos uma teoria dentro da qual encontramos o termo "elétron", isso quer dizer que fizemos uma versão do mundo dentro da qual nos referimos a objetos chamados elétrons. Eis, então, afirma Putnam, que *"realismo* equivale a realismo interno", e que é exatamente esse realismo interno "*o único realismo que nos interessa ou nos é útil*".

O *realismo metafísico* — anota Putnam — é uma *concepção filosófica* típica da maioria esmagadora dos filósofos antes de Kant. A *concepção internista* pode ser encontrada, ao contrário, relativamente tarde na história da filosofia. É a perspectiva proposta por Kant, que encontramos depois em Peirce e em Wittgenstein e, mais recentemente ainda, em Nelson Goodman e Michael Dummett.

5. Da "perspectiva externista" à "perspectiva internista"

Em *Reason, Truth and History* (*Razão, verdade e história*), de 1981, Putnam escreve que a perspectiva do realismo metafísico é aquela segundo a qual "o mundo consiste de certa totalidade fixa de objetos independentes de nossa mente, existe exatamente uma só descrição verdadeira e completa de 'como é o mundo', e a verdade comporta uma relação de correspondência de algum gênero entre as palavras, ou os sinais do pensamento, e as coisas externas, ou conjunto de coisas externas". Putnam chama essa perspectiva de *perspectiva externista* porque "seu ponto de vista preferido é o do olho de Deus". Pois bem, à perspectiva externista Putnam contrapõe, tornando-a própria, a "perpectiva *internista*", segundo a qual se considera que "perguntar-se *de quais objetos consiste o mundo* tem sentido apenas *dentro* de uma dada teoria e descrição".

E — especifica Putnam — "muitos filósofos 'internistas', embora não todos, afirmam, além disso, que haja mais de uma teoria ou descrição 'verdadeira' do mundo". Desse modo, "o internalismo não nega que *ingredientes* que derivam da experiência concorram para o conhecimento, que não é considerado como uma história cujo único vínculo seja a coerência *interna*, mas nega que haja *ingredientes que não sejam eles próprios modelados de algum modo pelos nossos conceitos, desde o vocabulário que usamos para narrá-los ou descrevê-los, ou ingredientes dos quais se pode dar uma única descrição, independente de qualquer escolha conceitual*". Putnam comenta: "Até a descrição que fazemos de nossas próprias sensações, tão caras a gerações de epistemólogos como ponto de partida para o conhecimento, está interessada (como, de resto, o estão também as próprias sensações) por toda uma série de escolhas conceituais. Até os próprios ingredientes sobre os quais baseia-se nosso conhecimento estão contaminados conceitualmente: todavia, mesmo que estejam contaminados, são sempre melhor do que nada e, se é fato que são tudo aquilo de que dispomos, demonstraram não ser depois tão pouco".

6 O realismo interno

O terceiro volume dos *Philosophical Papers* é *Reason and Realism*. Aqui são retomadas, às vezes em contextos particularmente técnicos — como no caso do ensaio *Models of Reality* —, as temáticas do realismo. Temáticas que o autor trata ainda em *The Many Faces of Realism*.

Putnam afirma, neste seu livro, que o desmoronamento do realismo metafísico ingênuo não deve comportar nem a queda no relativismo absoluto, nem a negação do realismo do senso comum. Para Putnam, em suma, "*há* as mesas, as cadeiras, os cubos de gelo. Há também elétrons, e regiões do espaço-tempo, números primos, pessoas que são uma ameaça para a paz no mundo, momentos de beleza e de transcendência, e muitas outras coisas". O que é preciso é uma concepção do realismo que saiba tomar consciência das descobertas da ciência, das entidades matemáticas e das coisas de que fala o próprio realismo do senso comum. Não temos necessidade de um Realismo (com R maiúsculo), isto é, de um realismo metafísico que, em suas várias versões (materialismo, idealismo subjetivo, dualismo etc.), é apenas "o inimigo, não o defensor" daquele realismo aceitável (com r minúsculo), que é o *realismo interno*: uma concepção que é "o caminho a seguir para preservar o realismo do senso comum, evitando os absurdos e antinomias do realismo metafísico [...]".

O *realismo interno*, afirma Putnam em um processo de aprofundamento contínuo, "consiste, no fundo, apenas na insistência de que o realismo *não* é incompatível com a relatividade conceitual. Podemos ser *tanto* realistas *como* relativistas conceituais". Para tornar clara tal proposta, Putnam aduz a metáfora da "fôrma para tortas": "As coisas independentes de toda escolha conceitual são a massa; nosso contributo conceitual é a forma da fôrma". Pois bem, diante de tortas desenhadas por fôrmas diferentes, não é correto dizer que apenas certa torta — dividida em certas partes — é real. Se o que foi dito é justo, "então — assegura Putnam — torna-se compreensível como isso que é em certo sentido o "mesmo" mundo (ou duas versões profundamente correlatas) possa ser descrito em uma versão como consistindo de "mesas e cadeiras" (e estas são dotadas de cores e de propriedades de disposição etc.), e como consistindo de regiões do espaço-tempo, partículas e campos, na outra versão". E não se pode pretender que tudo isso *deva* ser redutível a uma única versão. Uma pretensão desse tipo equivaleria "a cometer o erro de crer que a pergunta 'Quais são os objetos reais?' tenha sentido *independentemente de nossas escolhas conceituais*". **Texto 3**

> ■ **Realismo interno.** Quando descrevemos a realidade, nós a descrevemos, isto é, falamos dela, sempre dentro de uma teoria: está aqui, justamente, o núcleo do conceito de *realismo interno*.
> A pergunta "Quais são os objetos reais?" não tem nenhum sentido se a quisermos fazer valer independentemente de toda escolha conceitual.
> É certo que falamos de *fatos*; mas "falar de fatos", sem ter especificado em qual linguagem estamos falando, é falar de nada; a palavra "fato" não tem um uso fixado pela realidade em si mais do que o tenha a palavra "existe" ou a palavra "objeto".
> O realismo interno leva consigo traços kantianos, como o primado do teórico, mas de Kant elimina a "coisa em si" e o absoluto das categorias.

7 A relatividade conceitual

A *relatividade conceitual* não equivale a relativismo cultural *radical*. "Nossos conceitos podem ser relativos a uma dada cultura, mas disso não deriva que a verdade ou falsidade de tudo aquilo que dizemos usando esses conceitos seja simplesmente 'decidido' pela cultura. Mas é mera ilusão que a ideia de que haja um ponto de Arquimedes, um uso de 'existir' inerente ao próprio mundo, pelo qual a pergunta 'Quantos objetos *realmente* existem?' tenha sentido". No realismo interno, o que desaparece não é a realidade, mas a noção de *coisa em si*: "O realismo interno diz que não sabemos do que estamos falando quando falamos de 'coisa em si'".

O realismo interno, portanto, possui *traços kantianos*, mas de Kant elimina a "coisa em si" e o absoluto das categorias. Putnam é kantiano enquanto no realismo interno "o papel de instrumento organizador da experiência é desempenhado pelo elemento de natureza intrinsecamente social que é a linguagem" (M. Dell'Utri). Eis, em uma definição posterior, a substância do realismo interno: "Há 'fatos externos', e nós podemos *dizer como são*. O que *não podemos* dizer, porque não tem sentido, é o que os fatos são *independentemente de toda escolha conceitual*". Putnam insiste em dizer que "há alguns fatos, não constituídos por nós, a descobrir". Mas podemos dizer isso "apenas depois de ter adotado um modo de falar, uma linguagem, um 'esquema conceitual'. Falar de 'fatos', sem ter especificado em qual linguagem estamos falando, é falar de nada; a palavra 'fato' não tem um uso fixado pela realidade em si mais do que o tenha a palavra 'existe' ou a palavra 'objeto' ".

8 A teoria tradicional da referência

Depois de ter delineado o trajeto teórico que levou Putnam do realismo metafísico ao realismo interno, será oportuno pôr a atenção sobre alguns pontos mais particulares da filosofia de Putnam; ao menos para perceber o *tipo de trabalho* desenvolvido por nosso autor.

O primeiro ponto é a *teoria causal da referência*, um ponto fundamental do pensamento de Putnam; uma teoria que começou na década de 1960 e que Putnam, independentemente de Samuel Kripke, levou a termo pela metade dos anos setenta, expondo-a em detalhes no artigo de 1975 *The Meaning of "Meaning"* (atualmente em *Mente, linguagem e realidade*). Putnam formulou a teoria quando aceitava o realismo metafísico, e a manteve mesmo depois de ter rejeitado o realismo metafísico, fato que "indicaria a 'neutralidade metafísica' da teoria causal da referência" (M. Dell'Utri).

A teoria tradicional da referência — pensemos em Frege, Russell, Carnap, mas também em Kuhn e Feyerabend — sustenta que a referência dos nossos termos é determinada por meio de *descrições, imagens*. Em outras palavras, para a teoria tradicional, a extensão (isto é, os objetos aos quais um termo se refere) é determinada pelo significado do termo; o significado de um termo é a sua intenção; e conhecer o significado de um termo equivaleria a encontrar-se em certo estado psicológico (no sentido, por exemplo, de estados da memória ou de disposições psicológicas).

9 A Terra e a Terra Gêmea

Diante de uma teoria desse tipo, Putnam sustenta que "a extensão não é determinada pelo estado psicológico". E demonstra esta sua tese recorrendo a uma estranha hipótese de ficção científica. Suponhamos a existência de um planeta *totalmente semelhante* à Terra (cada um de nós tem seu sósia, fala-se a mesma língua, existem os mesmos objetos). Chamaremos tal planeta de Terra Gêmea. A única diferença que existe entre a Terra e Terra Gêmea é que sobre Terra Gêmea usa-se o termo "água" para um líquido que tem todas as características da água (sacia a sede, é transparente, límpido etc.), mas tem uma fórmula química diferente de H_2O, tem uma fórmula deste tipo: XYZ. Até que um astronauta proveniente da Terra não tiver examinado quimicamente o que os habitantes de Terra Gêmea chamam de "água", e não tiver mostrado que não se trata de H_2O mas de XYZ, será normal pensar que "água" tem o mesmo significado sobre a Terra e sobre Terra Gêmea. Quando tivermos descoberto que a "água" sobre Terra Gêmea não é H_2O, mas XYZ, então se dirá que sobre Terra Gêmea o termo "água" significa (ou se refere ou tem como extensão) XYZ e não H_2O. A situação não muda, todavia, se também voltássemos atrás no tempo, em um período em que a química não tinha conhecido os desenvolvimentos atuais. Voltemos atrás, em 1750. Não existe a química que torne possível descobrir que aquilo que os habitantes de Terra Gêmea chamam de água não é H_2O mas XYZ, razão pela qual tudo aquilo que um habitante da Terra pensa sobre água é também aquilo que sobre água pensa um habitante de Terra Gêmea. Eles, portanto, quando pensam ou falam da água, encontram-se no mesmo estado psicológico e, todavia, usando a mesma palavra, referem-se a dois líquidos diferentes. Tudo isso nos diz, conclui Putnam, que "a extensão do termo 'água' não é função *unicamente* do estado psicológico de quem fala". O que acontece em nossa cabeça não determina o significado das palavras. "Os significados — afirma Putnam — não estão na cabeça".

Mas, então, como é que o termo "água" se liga à água? Sem dúvida, o significado de um termo não é propriedade privada de um indivíduo particular; ele se refere a comunidades inteiras de falantes. Mas, em todo caso, como é que uma comunidade falante se refere à água usando a palavra "água"? Pois bem, a essa pergunta Putnam responde que a referência de nossos termos determina-se apenas graças à "contribuição do próprio mundo", ou seja, "graças ao subsistir de uma relação causal entre o uso do termo feito pelos falantes e o referente real do termo. Sobre a Terra Gêmea, por exemplo, 'água' refere-se exatamente ao XYZ, e não a outro, justamente porque é o XYZ, e não outra coisa, a causa última do uso de 'água' em seus vários casos". Dito de outra forma: a extensão do termo "água" sobre a Terra — isto é, os traços de realidade aos quais refere-se o termo "água" — determina-se por aquilo que é a água sobre a Terra, pela fórmula H_2O; sobre a Terra Gêmea, ao contrário, a extensão da palavra "água" é determinada pela natureza possuída pelos objetos aos quais o termo se refere, natureza explicitada, no caso, pela fórmula XYZ.

10 Cérebros em uma tina

Imaginemos que um cientista cruel submeta a uma operação um ser humano. O cientista retira o cérebro do corpo de um indivíduo e o põe em uma tina cheia de substâncias nutrientes que o mantêm em vida. Os terminais nervosos do cérebro foram ligados a "um computador supercientífico" que, por meio de programas adequados, faz com que aquele cérebro "tenha a ilusão de que tudo seja perfeitamente normal".

Para ir aos detalhes: "parecer-lhe-á que há pessoas, objetos, o céu e assim por diante", mas a realidade é que tudo aquilo que a pessoa ou, melhor, o cérebro sente "não é mais que o resultado dos impulsos eletrônicos transmitidos pelo computador aos terminais nervosos". Putnam leva muito adiante seu experimento mental e — sempre em *Razão, verdade e história* — acrescenta: "O computador é tão aperfeiçoado que, se a pessoa quiser levantar a mão, os impulsos transmitidos pelo computador farão com que ele 'veja' e 'sinta' a mão que se levanta. Além disso, mudando programa do computador, o cientista cruel poderá até fazer que a vítima 'experimente (também como alucinação) qualquer situação ou ambiente que o cientista quiser que ela prove' ".

Este é, portanto, o experimento mental imaginado por Putnam. Sua função é a de propor de novo, em versão contemporânea, a *dúvida cética*. A pessoa, cujo cérebro está na tina, tem a sensação de viver uma vida como antes, entre cadeiras e mesas, entre uma conversa e a realização de uma tarefa, entre um medo e um sentimento de satisfação; ela, todavia, se ilude, uma vez que sua vida é a de um cérebro em uma tina. Aqui Putnam se pergunta: quem nos assegura que também nós todos não sejamos cérebros em uma tina, cérebros condenados a iludir-se sobre sua própria situação real? Aflora novamente, portanto, a grande dúvida de Descartes: quem nos garante da existência daquilo que vemos, tocamos, sentimos, manipulamos?

11 Se fôssemos cérebros em uma tina, estaríamos em grau de pensar que somos cérebros em uma tina?

O cérebro na tina tem conhecimentos, sensações, imagens. Porém se ilude, pensando estar em contato com o mundo real, ao passo que aquele mundo real é apenas um conjunto de estímulos provenientes do computador. Portanto, como sabemos que não somos cérebros em uma tina? Para responder a tal pergunta, Putnam aproveita uma pergunta contrária: se realmente fôssemos cérebros em uma tina, estaríamos em grau de dizer ou pensar que somos cérebros em uma tina? Ora, a resposta a tal pergunta é: não! A resposta é negativa, porque a hipótese de que somos cérebros na tina se auto refuta, no sentido de que sua verdade comporta sua falsidade. E Putnam examina a tese, indagando a relação de referência que as palavras têm com a realidade. As pessoas, em um mundo no qual os cérebros estão em tina, podem certamente proferir palavras, assim como fazemos; elas, todavia, embora usando as mesmas palavras usadas por nós, não podem de nenhum modo se referir à própria coisa à qual nós nos referimos. A ocorrência, nos pensamentos das pessoas com os cérebros na tina, de palavras como "árvore" ou "casa", ou até de "tina", "cérebro" e "computador", não é determinada pelos objetos, e sim muito mais pelos estí-

Uma fotografia recente de Putnam.

mulos que o computador envia ao cérebro, ou pelas imagens produzidas no cérebro por esses estímulos.

Na argumentação, Putnam faz uso de sua *teoria causal da referência*. E, justamente se apoiando sobre essa teoria, ele conclui que, se formos cérebros em uma tina, não poderemos pensar ou dizer que somos cérebros em uma tina. Escreve Putnam: "Se o 'mundo possível' é verdadeiramente o real e nós não formos, efetivamente, mais que cérebros em uma tina, quando dizemos que 'somos cérebros em uma tina', entendemos com efeito que *somos cérebros em uma tina na imagem*, ou algo do gênero (admitindo que nosso discurso tenha em todo caso um significado). Mas parte da hipótese segundo a qual seríamos cérebros em uma tina é que nós não somos cérebros em uma tina na imagem (o ser cérebros em uma tina, isto é, não faz parte de nossa alucinação), razão pela qual, se formos efetivamente cérebros em uma tina, então o enunciado 'somos cérebros em uma tina' diz algo falso (se é que diz alguma coisa). Em poucas palavras, se somos cérebros em uma tina, então 'somos cérebros em uma tina' é falso. Assim, isso é (necessariamente) falso". E o erro é principalmente devido — nota Putnam — a uma teoria mágica da referência, "segundo a qual certas representações mentais se referem necessariamente a coisas externas particulares, ou a gêneros particulares de coisas externas".

Com tudo isso, Putnam devasta a ameaçadora hipótese cética onde se afirma que nossas crenças sobre o mundo externo poderiam ser pura e simples ilusão; em suma, Putnam destrói a dúvida hiperbólica, segundo a qual poderíamos ser cérebros em uma tina, privados de contatos reais com o mundo externo. Mas a moral da fábula, por assim dizer, vai mais além, uma vez que a demonstração da hipótese cética equivale para ele também a uma crítica severa do realismo metafísico e ao mesmo tempo a uma sustentação do realismo interno. E equivale a uma crítica do realismo metafísico pela razão de que o ceticismo é o eterno companheiro do realismo metafísico, enquanto é justamente o cético que afirma a existência de um mundo incognoscível para nós. O mundo incognoscível do cético é o mundo independente da nossa mente do qual fala, justamente, o realista metafísico.

IV. William Bartley:
para uma teoria mais ampla da racionalidade

• William Bartley (1934-1990), discípulo e assistente de Popper (de quem editou os três volumes do *Pós-escrito à lógica da descoberta científica*) e amigo de Friedrich A. von Hayek (do qual editou a última obra: *A presunção fatal*), é autor do livro *The Retreat to Commitment*. É nesse trabalho que Bartley propõe seu *racionalismo pancrítico*.

O racionalismo pancrítico → § 1-4

Bartley constata que todas as *autoridades intelectuais* da filosofia ocidental (as sensações dos empiristas, os princípios auto-evidentes dos racionalistas, as ideias claras e distintas dos cartesianos etc.) se revelaram "tanto intrinsecamente falíveis como epistemologicamente insuficientes". A verdade é que "as fontes infalíveis do conhecimento e da autoridade intelectual são tão pouco atingíveis quanto as autoridades políticas infalíveis". Não conhecemos fontes de conhecimento infalíveis; toda fonte é bem-vinda, contanto que possa ser criticada. Por conseguinte, é preciso substituir a *justificação* pela *crítica* de nossas ideias e teorias.

E eis o núcleo do *racionalismo pancrítico*: "*Nada pode ser justificado; toda coisa pode ser criticada*". Trata-se de um programa que não postula autoridades intelectuais dirigidas a justificar nossas asserções, mas que é voltado a contrastar e neutralizar os erros intelectuais. E que evita tanto a falência dos pan-racionalistas (os quais supõem erroneamente ter encontrado autoridades definitivas do conhecimento: Descartes, Leibniz, Bacon, Locke etc.) como a fuga no irracional do racionalismo crítico de Popper (o qual deve admitir a escolha irracional da razão científica).

• Se as teorias científicas são racionais porque controláveis por meio de experimentos cujos resultados podem levar à sua falsificação e à substituição por teorias científicas melhores, as teorias filosóficas ou metafísicas (sobre Deus, o sentido da história, o Estado, o homem etc.) não são falsificáveis – por meio do recurso aos fatos –; se, com efeito, o fossem, seriam científicas.

A racionalidade vai além da ciência → § 5-8

Todavia, lembra Bartley, uma teoria filosófica é racional se é possível submetê-la à crítica; se, por exemplo, a teoria filosófica pode entrar em contraste com uma teoria científica bem consolidada. Este é o caso da teoria evolucionista que, se aceita, entra em inconciliável contraste com o idealismo. A racionalidade, portanto, estende-se para além do âmbito da ciência; a refutabilidade empírica das teorias científicas é apenas um caso da mais ampla racionalidade, que consiste na criticabilidade das ideias e teorias que são apresentadas como soluções de problemas. Escreve Bartley: "O problema (da demarcação) não reside na demarcação entre aquilo que é científico e aquilo que não o é, mas na demarcação entre aquilo que é racional e aquilo que é irracional, entre aquilo que é crítico e aquilo que não é crítico". Em todo caso, é fundamental compreender que: *justificar não significa criticar*.

1 A vida e as obras

Nascido em Pittsburgh, na Pennsylvania, em 1934, William Bartley III faleceu prematuramente em Oakland, na Califórnia, dia 5 de fevereiro de 1990. Terminando seus estudos na América, obteve depois o doutorado em lógica e método científico na London School of Economics and Political Science. Ensinou na Universidade de Pittsburgh, onde foi também codiretor do Centro de filosofia da ciência; foi ainda docente no Warburg Institute de Londres e na London

School of Economics and Political Science. Bartley organizou os três volumes do *Pós-escrito à lógica da descoberta científica* de Karl Popper (do qual Bartley foi assistente por bastante tempo). Ele também cuidou da última obra de Friedrich A. von Hayek, *The Fatal Concept. The Errors of Socialism* (*A presunção fatal. Os erros do socialismo*). Quando faleceu, Bartley estava trabalhando na biografia intelectual de Popper e na de Hayek. A obra mais importante de William Bartley é *The Retreat o Commitment*, de 1962 (reeditada várias vezes em inglês, com acréscimos); nela Bartley propõe sua concepção filosófica que ele chama de *racionalismo pancrítico*, uma concepção que, enquanto amplia os confins da racionalidade para além da ciência, afirma que "nada deve ser justificado, e tudo deve ser criticado". Outra obra interessante é *Wittgenstein*, de 1973. Uma antologia de ensaios empenhativos é *Unfathomed Knowledge, Unmeasured Wealth* (*Conhecimento insondável, riqueza desmedida*), que apareceu pouco depois da morte do autor em 1990.

2 Como Karl Popper destruiu a estrutura autoritária da filosofia política

Para delinear e sustentar sua própria posição filosófica — posição que ele chama de *racionalismo pancrítico* —, Bartley aproveita a teoria política de Popper. Em teoria da política, Popper sustentou que a pergunta "quem deve governar?" sempre obterá uma resposta autoritária, mesmo que se afirme que quem deve governar é o povo, ou o rei, o proletariado, este ou aquele grupo, ou esta ou aquela raça. A pergunta "quem deve governar?" pressupõe, com efeito, que exista algum indivíduo, algum grupo, alguma família, alguma classe, alguma raça etc., a quem seja inerente o atributo da soberania. Deste modo, Platão — diz Popper — poluiu toda a teoria política do Ocidente. A pergunta "quem deve governar?" é uma pergunta que impele à pesquisa daquilo que não existe e oferece a ilusão de respostas adequadas, exibindo apenas aquelas que, na realidade, não são mais que opções autoritárias.

A pergunta legítima em teoria da política não é "quem deve governar", e sim, muito mais, "como podemos organizar da melhor forma nossas instituições políticas, de modo que possamos nos libertar dos maus governantes ou, pelo menos, limitar ao máximo os danos que possam produzir?"

Estas ideias são expostas por Popper em *A sociedade aberta e seus inimigos*. A mudança da pergunta pode parecer secundária para uma visão superficial; as coisas, porém — afirma Bartley —, não são assim, uma vez que ela é suficiente para dissolver a estrutura autoritária da filosofia política. Com efeito, "implícito na pergunta assim reformulada está o reconhecimento de que de fato não existe algo como o melhor tipo de suprema autoridade política válida para todas as situações, e sim que toda autoridade — a do povo, do rei ou do ditador — pode se transformar em um mau governo [...]. O problema, portanto, não está tanto em individuar antecipadamente uma fonte infalível de autoridade política, e sim em assegurar-se contra o naufrágio da nave almirante quando ela está dirigindo as manobras da frota".

3 O racionalismo pancrítico

E aquilo que para Popper é válido em teoria da política, Bartley o aplica à filosofia em geral. Todas as autoridades intelectuais propostas (as sensações dos empiristas, os princípios autoevidentes dos racionalistas, as ideias claras e distintas dos cartesianos etc.) se revelaram "tanto intrinsecamente falíveis como epistemologicamente insuficientes". Isso significa que "as fontes infalíveis do conhecimento e da autoridade intelectual são tão pouco atingíveis quanto as autoridades políticas infalíveis". Não conhecemos fontes de conhecimento infalíveis; toda fonte é bem-vinda, com a condição de que possa ser criticada. E eis, então, que Bartley rejeita todo apelo a uma autoridade qualquer que presuma fundar uma teoria ou que presuma justificar critérios fundados: "*Nada pode ser justificado; tudo pode ser criticado*". Aqui se encontra o núcleo do *racionalismo pancrítico*, um programa filosófico que, em vez de postular autoridades intelectuais dirigidas a justificar ou a garantir nossas afirmações, pretende contrastar e neutralizar os erros intelectuais. Consequentemente, o filósofo não se porá mais perguntas que o mandam à caça de justificações; ele, ao invés, se fará a seguinte pergunta: "*como podemos organizar nossa vida intelectual e nossas instituições de modo a expor nossas crenças, conjecturas, ações, asserções, fontes intelec-*

tuais, tradições e semelhantes — sejam ou não justificáveis — ao máximo da crítica, de modo a impedir e eliminar quantos mais erros intelectuais possíveis?" Texto 5

4. Os quatro métodos da crítica

O racionalismo pancrítico é um programa filosófico que implica uma nova concepção da racionalidade: "Na nova estrutura conceitual — escreve Bartley — o racionalista é aquele que pretende deixar *toda* asserção, compreendendo seus critérios fundamentais, objetivos e decisões e até sua posição filosófica de base, abertos à crítica, que não protege nada da crítica por meio de justificações irracionais; aquele que jamais trunca uma discussão ou uma argumentação, recorrendo à fé ou a um compromisso irracional para justificar alguma crença exposta ao fogo de uma crítica severa; aquele que está empenhado, ligado ou habituado a nenhuma posição particular". O conceito de base do racionalismo pancrítico, portanto, não é a *justificação*, mas a *crítica*. E nós, diz Bartley, dispomos ao menos de quatro métodos para *criticar*, ou seja, para tentar eliminar o erro, criticando nossas conjecturas ou especulações. Tais métodos são: "1) O controle com base na *lógica*: a teoria dada é coerente? 2) O controle com base nas *observações sensoriais*: certa teoria é empiricamente refutável por alguma observação? 3) O controle com base em uma *teoria científica*: certa teoria, esteja ou não em conflito com a observação, está em conflito com alguma hipótese científica? E se estiver, temos conhecimento de uma refutação desse tipo? 4) O controle com base no *problema*: qual problema certa teoria pretende resolver? Consegue resolvê-lo?"

Esses tipos de controle nos dizem que uma teoria deve ser coerente, sob o risco de não dizer nada; que uma teoria que entra em contraste com observações sensoriais bem avaliadas é uma teoria que, pelo que dela se sabe, deveria ser descartada enquanto falsificada pela experiência; que uma teoria, por exemplo, filosófica, que está em desacordo com uma teoria científica aceita e fortemente consolidada, tem poucas possibilidades de sobrevivência — pensemos no idealismo e em sua falsidade se for verdadeira a teoria biológica da evolução; que uma teoria é preferível a uma outra quando

> ■ **Racionalismo pancrítico.** Eis como William Bartley descreve em *Ecologia da racionalidade* os traços característicos do racionalismo pancrítico: "Implícitos em um delineamento não justificacionista, são um novo programa filosófico e uma nova concepção da racionalidade. Na nova estrutura conceitual o racionalista é aquele que quer deixar toda asserção e sem dúvida *toda* sua asserção, compreendendo seus mais fundamentais critérios, objetivos e decisões, e até sua própria posição filosófica de base, abertos à crítica; aquele que não protege nada da crítica por meio de justificações irracionais; aquele que jamais trunca uma discussão ou uma argumentação recorrendo à fé ou a um compromisso irracional para justificar qualquer crença exposta ao fogo de uma severa crítica; aquele que não está comprometido, ligado ou habituado a nenhuma posição particular. Chamo essa concepção de *racionalismo pancrítico*".
> O racionalismo pancrítico difere do racionalismo radical ou pan-racionalismo (por exemplo, de Descartes, Locke, Hume, Kant etc.), porque abandonou o ideal de uma justificação última e definitiva, encontrada no *cogito*, nas sensações, nas categorias a priori etc. E difere também do racionalismo crítico de Popper, o qual sustentou que por trás da racionalidade da ciência existe a escolha irracional da razão, ou seja, a decisão de dar importância à argumentação e à experiência.
> Ainda Bartley: "Se for realmente abandonado todo tipo de justificação – tanto racional como irracional – então não há nenhuma necessidade de justificar uma posição que é racionalmente injustificável. Uma posição pode sem dúvida ser sustentada racionalmente sem nenhuma necessidade de devê-la justificar – *contanto que não seja imune a críticas e sobreviva aos controles mais severos*. O problema de o quanto uma posição possa ser bem justificada é completamente diverso do problema de quanto seja criticável e de quanto possa ser bem criticada".

consegue resolver um problema melhor do que a última.

Há um único pressuposto no racionalismo pancrítico: trata-se da lógica, mas apenas no sentido de que *se* estivermos empenhados em produzir argumentações críticas, *então* devemos pôr em funcionamento as regras conforme as quais, partindo de premissas verdadeiras, chegar-se-á sempre a conclusões verdadeiras e conforme as quais a falsidade das conclusões é transferível às premissas. No racionalismo pancrítico pode ser criticada e rejeitada qualquer coisa, até a própria prática da argumentação e as operações de revisão realizadas por meio do uso da lógica; todavia, enquanto continuarem criticando e corrigindo nossas teorias, devemos pressupor a lógica. Isso equivale também a dizer que poderemos abandonar igualmente a lógica quando decidíssemos de nos descompromissar em relação à argumentação crítica e de abraçar, por exemplo, a razão exclusiva da força. Texto 5

5 Uma teoria mais ampla da racionalidade

Se a lógica é, no sentido agora precisado, o único pressuposto do racionalismo pancrítico, a ampliação da ideia de racionalidade constitui sua mais vistosa consequência. Volte-se atrás e se considere o terceiro método de controle proposto por Bartley, o que se realiza com base em uma teoria científica: uma teoria, por exemplo, filosófica, tem pequena possibilidade de sobrevivência uma vez que entre em contraste com uma teoria científica bem consolidada; e se deu o exemplo do idealismo que resultará falso se se aceitar como verdadeira a teoria evolutiva (onde se sustenta que a vida apareceu muito tarde sobre a face da terra, e o homem ainda mais tarde, motivo pelo qual não pode ter sido o homem que "criou" a realidade). Considerações de tal tipo nos fazem entender que para Bartley o problema fundamental não é o de diferenciar entre teorias científicas e teorias não científicas: seu problema é muito mais o de "distinguir entre uma ideia boa e uma ideia má, entre uma prática boa e uma prática má". "Popper sugeriu aos positivistas que o problema não reside na demarcação entre aquilo que é dotado de significado e aquilo que dele é privado, mas na demarcação entre aquilo que é científico e aquilo que não é científico. Eu — diz Bartley — sugiro que o problema não reside na demarcação entre aquilo que é científico e aquilo que não o é, mas na demarcação entre aquilo que é racional e aquilo que é irracional, entre aquilo que é crítico e aquilo que não é crítico". Deste modo, uma ideia, por exemplo, filosófica (e, portanto, não científica) é racional se puder ser criticada; e pode ser criticada se, por exemplo, entra em contraste com uma teoria científica bem consolidada. Não são racionais, portanto, apenas as teorias científicas; estas são racionais porque refutáveis por fatos; a falsificabilidade empírica é, pois, um caso da mais ampla criticabilidade, ou seja, da mais ampla racionalidade.

6 A falência do pan-racionalismo

Existem, na opinião de Bartley, duas importantes teorias da racionalidade: o *pan-racionalismo* (ou racionalismo radical) e o *racionalismo crítico*. O racionalismo radical é encontrável na história da filosofia moderna (mas não apenas desta) tanto na variante do intelectualismo (ou racionalismo), como na do empirismo. Os racionalistas (pensemos em Descartes, Leibniz ou Spinoza) acreditavam ter encontrado nas intuições intelectuais autoridades definitivas sobre as quais apoiar todo o edifício do conhecimento; os empiristas (pensemos em Bacon, Locke, Berkeley, Hume) sustentavam ter encontrado as autoridades definitivas do conhecimento nas sensações.

O *pan-racionalismo*, todavia, entra em falência tanto em sua versão intelectualista (uma vez que princípios primeiros e intuições supostamente autofundantes não se mostraram nem certos nem iguais para todos), como em sua versão empirista (pelo motivo, entre outros, de que a base empírica da ciência — sensações e proposições de observação — também é incerta e falível).

7 O racionalismo crítico e sua fuga no irracional

Por sua vez, o *racionalismo crítico* — posição que, ao ver de Bartley, reúne Quine, Nozick, Morton White, Rorty e Wittgenstein, mas que é típica principalmente da filosofia de Popper — não vai mais em busca de fundamentos últimos, inconcussos e absolutos do conhecimento. Popper com muita clareza faz uma ligação, importantíssima ainda que "mínima", ao irracionalismo. Ele escreve: "Qualquer um que adota a atitude racionalista o faz porque adotou, consciente ou inconscientemente, alguma proposta ou decisão ou crença ou hábito — adoção, esta, que se pode definir como irracional. De qualquer modo que possa ser realizada, podemos definir essa adoção como uma *fé irracional na razão* [...]; a atitude racionalista fundamental se funda sobre uma decisão irracional, sobre a fé na razão". Ninguém nos obriga a olhar o mundo com os olhos do cientista que quer entender e dominar o mundo; nós podemos contemplar o mundo também com os olhos do místico.

O pan-racionalismo (ou racionalismo radical) ilude-se ao fundar, de modo certo e de uma vez por todas, o edifício do conhecimento, e com isso se ilude de poder evitar o fideísmo e o irracionalismo. O racionalismo crítico declara abertamente ter escolhido irracionalmente a razão. O irracionalismo parece, portanto, inevitável: o racionalismo radical leva necessariamente ao fideísmo; o racionalismo crítico declara abertamente sua opção irracional (e sobre esta última posição se alicerçou, escreve Bartley, o grande teólogo protestante Karl Barth; a quem o reprovava por ter feito a opção irracional do cristianismo, Barth podia replicar: *tu quoque*, também tu — ateu ou pertencente a outra fé, filósofo e até cientista — fizeste uma escolha irracional).

8 Justificar não significa criticar

Bartley não se entrega diante dos resultados irracionalistas, fideístas e relativistas de grande parte do pensamento moderno e contemporâneo. Ele imputa a causa da falência do racionalismo — tanto do radical como do crítico — à *estrutura autoritária* do pensamento ocidental, um pensamento que vai à caça de autoridade (autoridade dos sentidos, autoridade do intelecto etc.) em grau de fundar definitivamente nosso saber, um pensamento que busca uma justificação absoluta do conhecimento e para o qual a crítica equivale a justificar: para Descartes e para Hume — apenas para exemplificar — uma ideia é racionalmente criticada quando se pode estabelecer se ela pode ser racionalmente justificada ou não. Eis Bartley: "Todas as teorias da justificação que conheço persistem [...] em operar, de um ou de outro modo, uma mistura de justificação e crítica: para submeter à crítica uma asserção, se deveria, em base a tais teorias, mostrar que ela não pode ser derivada de uma autoridade racional, ou que está em conflito com tal autoridade, a qual não é suscetível de crítica". É justamente cindindo os dois conceitos de *justificação* e de *crítica* que Bartley introduz sua novidade, que é o *racionalismo pancrítico*.

V. Adolf Grünbaum: da análise da teoria da relatividade à análise da psicanálise

Grünbaum crítico de Popper → § 1-2

• Conhecido por seus estudos sobre o espaço e o tempo e a teoria da relatividade, Adolf Grünbaum (nascido em 1923 em Colônia, mas desde 1938 residente nos Estados Unidos da América), deu notáveis contributos como crítico de Popper e, em uma perspectiva não popperiana, à crítica da psicanálise.

• Popper sustentou diversas vezes que a psicanálise não é científica porque não falsificável. Pois bem, intervindo na questão a respeito da cientificidade da psicanálise, Grünbaum – que sobre o tema escreveu um trabalho de grande envergadura: *Os fundamentos da psicanálise* (1984) – afirma, antes de tudo, que erram os sustentadores da interpretação hermenêutica da psicanálise.

Tal interpretação – feita por Habermas e Ricoeur – queria salvar a psicanálise, mostrando que ela é um tipo de saber científico diverso da física. Apesar de tudo – nota Grünbaum – trata-se de uma proposta que não é mais que "um difundido mito exegético": um mito que contradiz a intenção declarada do pai da psicanálise e que falseia os textos freudianos.

Popper se engana sobre a psicanálise: mas enganam-se também Habermas e Ricoeur → § 3-6

Por outro lado, também Popper erra, porque, por sua vez, Freud de fato não assumiu, diante de suas próprias teorias, uma atitude verificacionista, e sim falsificacionista, e porque "bem longe de *não* ser *capaz*, como um mito, de fazer predições falsificáveis, a teoria psicanalítica faz predições que parecem arriscadas, segundo os parâmetros de Popper". A condenação da psicanálise por parte de Popper, portanto, não se sustenta.

• Grünbaum, que, na tradição de Bacon e Mill, aceita um indutivismo eliminatório, contesta o anti-indutivismo de Popper e afirma que Popper "parodiou a tradição indutivista"; de acordo sobre a crítica da teoria popperiana da verossimilhança ou verossimilitude, sustenta que entre duas teorias falsas uma não pode ser mais verossímil do que outra; e mostra que, se duas teorias sucessivas (Newton e Einstein) são incompatíveis, haverá então ao menos um problema solúvel na teoria newtoniana, e que não poderá ser posto na de Einstein.

Contra o anti-indutivismo de Popper → § 5-7

• Por sua vez, Grünbaum assume como critério de demarcação entre ciência e não ciência a indução eliminatória. E exatamente em base a esse critério ele declara que a psicanálise é de fato ciência; apenas, porém, que é má ciência.

A psicanálise é má ciência porque os *dados clínicos* não são verificáveis: não conseguem garantir nem uma correta visão das causas dos distúrbios, nem sua remoção; eles – os dados clínicos – são irremediavelmente contaminados pelo analista. Freud não oferece nada melhor que um *post hoc ergo propter hoc*; e, sempre nas explicações das parapráxes, "a simples afinidade temática não implica uma ligação causal". E, por fim, não podemos estar de fato tranquilos a respeito da maior eficácia da teoria psicanalítica em relação aos métodos alternativos ou até de nenhum tratamento. O veredicto de Grünbaum, neste ponto, é inequívoco: atualmente a psicanálise não está passando bem.

Por que a psicanálise é má ciência → § 8-10

1. A vida e as obras

Adolf Grünbaum nasceu em Colônia em 1923. Em 1938 está nos Estados Unidos. E aqui se dá sua formação. Professor de filosofia na Universidade de Pittsburgh, Grünbaum ocupou-se longo tempo com questões relativas às temáticas do espaço e do tempo e da teoria da relatividade. Ele próprio disse que, nesses campos, foram seus mestres H. Reichenbach e A. d'Abro. Foi em 1963 que apareceu seu hoje famoso livro *Philosophical Problems of Space and Time* (*Problemas filosóficos do espaço e do tempo*). As críticas provindas de muitas partes necessitavam de respostas. Estas e outros aprofundamentos foram publicados como *Supplementary Studies* (1964-1974), na segunda edição da obra, que assim passou das originais 450 páginas para as atuais 884. E esta segunda edição dos *Philosophical Problems of Space and Time* "pode ser considerada não só como a tentativa de dar um arranjo definitivo à doutrina neoempirista da geometria [...], mas também como um dos textos fundamentais da atual especulação geocronométrica" (P. Parrini). Por essa sua poderosa e importante obra, Grünbaum foi denominado "Mr. Space and Time" (Senhor Espaço e Tempo). Outros escritos de Grünbaum referem-se, como veremos adiante, à filosofia de Popper e, outros ainda, à psicanálise.

2 Argumentos contra a filosofia de Popper

É em 1976 que Grünbaum publica quatro artigos, doravante famosos, que tendem a minar a posição filosófica de Popper (l. *Is falsifiability the touchstone of scientific rationality? Karl Popper versus inductivism* (A falsificabilidade é a pedra de toque da racionalidade científica? Karl Popper contra o indutivismo); 2. *Can a theory answer more questions than one of its rivals?* (Pode uma teoria responder a mais perguntas que as teorias rivais?); 3. *Is the method of bold conjectures and attempted refutation justifiably the method of Science?* (O método das conjecturas ousadas e das tentativas de refutação é o legítimo método da ciência?); 4. *Ad hoc auxiliary hypotheses and falsificationism* (Hipóteses auxiliares ad hoc e o falsificacionismo). Grünbaum — que, na tradição de Bacon e de Mill, aceita um indutivismo eliminatório — contesta vivamente o anti-indutivismo de Popper (por meio dele Popper simplesmente "parodiou a tradição indutivista com sua tese segundo a qual praticamente *toda teoria pode ser facilmente confirmada indutivamente*"); ele mostra — coisa feita também por P. Tichy, J. Harris e D. Miller — o erro inerente na ideia popperiana de maior verossimilhança de uma teoria T_2 falsificada em confronto com uma teoria T_1, também esta falsificada: "Nenhuma teoria falsa está mais próxima da verdade do que qualquer outra teoria falsa". Grünbaum, além disso, faz ver que Popper se engana quando afirma que uma teoria T_2 (a de Einstein, por exemplo) é melhor do que uma teoria T_1 (a de Newton, por exemplo), porque Einstein, além de dar respostas a perguntas às quais a teoria de Newton não pode responder, tem uma resposta igualmente exata para *toda* pergunta à qual pode responder a teoria de Newton. A realidade é, afirma Grünbaum, que esta última condição não pode ser satisfeita. Se as duas teorias são — como a de Newton e a de Einstein — logicamente incompatíveis, haverá pelo menos um problema solúvel na teoria de Newton, e que não poderá ser posto na de Einstein. Grünbaum considera a seguinte pergunta: "Por que a órbita de um planeta de massa negligenciável, sujeita exclusivamente ao campo gravitacional solar, é uma elipse perfeitamente fechada em torno do sol?", e mostra que Newton pode responder a tal pergunta de modo preciso — pelo fato de que aquilo que ela requer é uma consequência da teoria newtoniana —, enquanto Einstein pode dizer unicamente que a pergunta se baseia sobre um pressuposto falaz e que, portanto, não se impõe.

3 O problema da cientificidade da psicanálise

Das críticas — sempre penetrantes — à teoria epistemológica de Popper, Grünbaum passa à crítica que Popper, com base no critério de falsificação, desferiu contra a psicanálise, decretando-a não falsificável e, portanto, não científica. Depois de alguns artigos dedicados à questão da cientificidade da psicanálise e à posição de Popper a respeito, em 1984 Grünbaum publica *The Foundations of Psychoanalysis. A Philosophical Critique* (Os fundamentos da psicanálise. Uma crítica filosófica). Este livro suscitou e continua a suscitar interessantíssimas e vivas discussões. J. Allan Hobson, professor de psiquiatria em Harvard, definiu-o como "o livro mais importante que já se escreveu sobre Freud enquanto cientista".

E, justamente pelos méritos adquiridos com este seu livro, Grünbaum se tornou *Research Professor* de Psiquiatria na Universidade de Pittsburgh. As objeções (exatamente 39) à posição de Grünbaum e as respostas a elas (junto com um Sumário dos *Fundamentos da psicanálise*, feito pelo próprio Grünbaum) formam o texto de *Psicanálise. Objeções e respostas*, publicado em italiano por Marcello Pera, que anota: "Se Grünbaum tem razão [em sua demolição da psicanálise], então não só se põe o problema acadêmico de se a psicanálise é ou não científica, mas também os consequentes problemas morais, sociais e políticos: em nome de quê podemos ainda nos dirigir ao psicanalista em busca de remédios para estados de sofrimento mental? Em nome de quê os psicanalistas podem ainda pretender salgados honorários? Em nome de quê os convênios podem ser chamados para reembolsar as despesas dos pacientes? Em nome de quê as universidades podem ainda permitir seu ensino?".

4. A interpretação hermenêutica da psicanálise

É contra os sustentadores da interpretação hermenêutica da psicanálise que se dirige o primeiro assalto crítico de Grünbaum em *Os fundamentos da psicanálise*. Entre os sustentadores da versão hermenêutica da teoria e da prática psicanalítica, destacam-se os nomes de Jurgen Habermas e Paul Ricoeur. "Em toda a sua longa carreira, escreve Grünbaum, Freud insistiu em querer atribuir à psicanálise o status de ciência natural. Mas Habermas e Ricoeur acusam Freud de "mal-entendido cientificista", no sentido de que Freud ter-se-ia enganado ao crer que a psicanálise fosse científica, científica como a física ou a geologia. "Segundo a tese principal do desafio movido por Habermas ao pai fundador da psicanálise, o nexo causal *legiforme*, que se presume presente na causalidade da natureza, *não* é inerente à dinâmica terapêutica do processo psicanalítico de 'autorreflexão' ". Ricoeur, por sua vez, afirmou que "os fatos em psicanálise não pertencem de modo nenhum à esfera do comportamento observável". Motivo pelo qual, comenta Grünbaum, "por causa deste resultado, ele pode agora confiar, pelo menos assim crê, que um exame científico não poderá se insinuar em sua interpretação hermenêutica da psicanálise".

5. A interpretação hermenêutica da psicanálise não é mais que um mito exegético

Permanece o fato, porém, de que a interpretação hermenêutica da psicanálise é simplesmente "um difuso mito exegético". Um mito que contradiz a intenção declarada do pai da psicanálise e que, principalmente, é uma péssima exegese dos textos freudianos. Em poucas palavras: "Além de se fundar sobre uma exegese mítica dos escritos de Freud, as teses desses hermeneutas se baseiam sobre profundas deformações do conteúdo e dos próprios métodos das ciências naturais". Mais em particular, afirma Grünbaum, o fascínio da interpretação hermenêutica da psicanálise reside nas teses que salientam o papel da intencionalidade na ação humana. Tanto que alguns pensadores, por exemplo, A. Gauld e J. Shotter, "sustentam que a explicação da ação por meio das *razões* é incompatível com a explicação por meio das *causas*". De novo, diz Grünbaum, se cai em outro mito: no mito de que uma causa deve ser necessariamente um *agente físico*. A verdade, todavia, é que "se um agente é verdadeiramente induzido a fazer A por certa razão ou por certo motivo M — de modo que este M explique sua ação A — a própria presença de M influi sobre o fato de que tenha realizado A. Neste caso, porém, o fato de que o agente tenha tido M aparece *causalmente relevante* para a ação realizada, *independentemente do fato de que M seja consciente ou reprimido*".

A opinião conclusiva de Grünbaum é que a interpretação hermenêutica da psicanálise é uma perspectiva cientofóbica, caracterizada por uma exegese arbitrária e por um paradigma fortemente anacrônico das ciências naturais: ela é "um beco sem saída em vez de uma rocha sólida para os apologetas da psicanálise". Grünbaum está persuadido — e veremos isso logo mais — do fato de que as teses freudianas são defeituosas; mas, a seu ver, "elas mostram ser de um calibre bem superior, e de ter um conteúdo por vezes brilhante e incomparavelmente mais instrutivo das interpretações e observações erradas dos críticos hermeneutas de Freud, que com tanto paternalismo o censuram de cientificismo".

6. Por que Karl Popper se engana ao sustentar que a psicanálise é infalsificável e, portanto, não científica

É uma das teses mais conhecidas de Popper a de que a psicanálise não é científica porque não falsificável. Respondendo a seus críticos, em 1974, Popper escreveu: "Meu critério de demarcação [...] é bastante afiado para permitir operar uma distinção entre as muitas teorias físicas, de um lado, e teorias metafísicas, como a psicanálise, ou o marxismo (em sua forma presente), do outro. Esta é, naturalmente, uma de minhas teses principais; e todo aquele que não a tiver entendido não pode afirmar ter compreendido minha teoria". Portanto, para Popper a psicanálise não é uma teoria científica, por causa de sua infalsificabilidade. Mas — pergunta-se Grünbaum — as coisas são de fato assim? A psicanálise é verdadeiramente não falsificável? Pois bem, a resposta de Grünbaum a tal pergunta é uma resposta decididamente negativa. Eis, a seguir, as razões:

1) "Mesmo um olhar superficial sobre os *títulos* dos escritos e das palestras de Freud é suficiente para individuar dois exemplos de falsificabilidade, dos quais o segundo é um reconhecido caso de falsificação. O primeiro é o escrito *Comunicação de um caso de paranoia em contraste com a teoria psicanalítica* [...]; o segundo é a palestra *Revisão da teoria do sonho* [...]".

2) Se a teoria psicanalítica não é científica porque não é falsificável, então *nenhuma* das *consequências* dos postulados teóricos freudianos é empiricamente controlável. Mas — pergunta-se Grünbaum — "qual demonstração ofereceu Popper para refutar com ênfase que o corpus teórico freudiano é completamente privado de consequências empiricamente controláveis?". É possível uma demonstração desse tipo? Além disso, compreende-se que "a incapacidade de certos filósofos da ciência de individuar *qualquer* consequência controlável da teoria freudiana demonstra que eles não a estudaram a fundo, ou não dominam seu conteúdo lógico, mas sem dúvida não demonstra uma carência científica da psicanálise".

3) Popper parece colocar entre parênteses a documentação da obra de Freud, documentação contrária à sua teoria da não falsificabilidade da teoria freudiana. Mas o exame atento de tal teoria permite a Grünbaum afirmar que "bem longe de *não ser capaz*, como um mito, de fazer predições falsificáveis, a teoria psicanalítica faz predições que parecem 'arriscadas' conforme os parâmetros de Popper".

4) E ainda: "Freud fez importante retratação quanto ao que se refere aos métodos terapêuticos *distintivos* que havia pretendido enfaticamente para sua própria modalidade de tratamento psiquiátrico". E, em todo caso, se um psicanalista assume uma atitude antifalsificacionista, isso não significa que a teoria psicanalítica seja infalsificável.

5) Depois, se olharmos seu escrito *A propósito de uma crítica da "neurose de angústia"*, veremos que "Freud declara explicitamente qual tipo de descoberta ele aceitaria como exemplo de *refutação* para sua hipótese sobre a etiologia da neurose de angústia". Freud, salienta Grünbaum, "começou logo a se demonstrar um *metodólogo*".

6) Dois anos antes de sua morte, Freud, em 1937, publica suas *Construções na análise*. Trata-se de um trabalho fundamental, do ponto de vista metodológico, "dedicado à lógica da confirmação e da refutação clínicas das interpretações e reconstruções psicanalíticas do passado do paciente [...]".

7) No ensaio *A ciência: conjecturas e refutações*, Popper sustenta que há uma classe inteira de conceitos analíticos, como a "ambivalência", capaz de tornar difícil, se não impossível, um acordo sobre os *critérios de refutação*, ou seja, sobre os critérios que especificam quais situações observáveis, se efetivamente encontradas, refutariam a teoria. A este respeito, Grünbaum salienta, contudo, que, à medida que há uma convergência real sobre *critérios* precisos de falsificação para as teorias que Popper considera "científicas", não se vê por que tal convergência deveria ser por princípio mais elusiva no caso dos conceitos psicanalíticos. Texto 6

7 É a indução eliminatória que demarca a ciência boa da má

Popper disse que o método indutivo — e mais especificamente a indução por enumeração — não exclui a psicanálise da ciência; ao contrário, parece oferecer a ela o conforto de um fluxo incessante de confirmações. Porém, rejeitando a indução, Popper propõe como critério de demarcação entre ciência e não ciência o critério de falsificabilidade: este critério expulsaria do reino da ciência a teoria psicanalítica enquanto não falsificável empiricamente.

Adolf Grünbaum considera, todavia, que uma análise mais aproximada da obra de Freud nos mostra justamente que a psicanálise é falsificável e, portanto — do ponto de vista de Popper — científica.

Além disso, Grünbaum está persuadido de que os critérios de convalidação usados por Freud são os "do indutivismo hipotético-dedutivo". Mas ele está convicto também de que a imagem que Popper oferece do

Capítulo nono - Grandes protagonistas

> ■ **Indução eliminatória.** O método da indução eliminatória é aquele que, nas pegadas de Bacon e Mill, é aceito e proposto por Adolf Grünbaum como critério de demarcação entre ciência e não ciência.
>
> Tal método afirma que um número consistente de instâncias positivas, ou seja, de confirmações de uma hipótese ("todos os metais aquecidos se dilatam") – onde se afirma que *P* (o aquecimento do metal) é causa de *M* (a dilatação do metal) – não constitui uma verdadeira e própria base de confirmação, caso não se deem também instâncias de *não-P* que são *não-N*, visto que grande número de *P* que são *N* não proíbe a existência de *não-P* que são *N*. Apenas a *união* de exemplos de *N* que são *P* com exemplos de *não-P* que são *não-N* oferece dados probatórios significativos.
>
> Assumindo como critério de demarcação entre ciência e não-ciência tal método de indução eliminatória, Grünbaum pôde declarar, diversamente de Popper, que a psicanálise é científica; mas logo acrescentou que ela, todavia, é má ciência.

indutivismo, por meio de sua "besta negra" que é a indução por enumeração, é simplesmente uma caricatura ridícula. Isso pelo fato de que o método da indução eliminatória — na visão de Bacon e de Mill — sustenta, na verdade, que um número consistente de instâncias positivas — por exemplo, de uma hipótese diagnóstica, onde se afirma que *P* é causa de *N* — não constitui uma verdadeira e própria base de confirmação, caso não se deem também instâncias de *não-P* que são *não-N*, visto que um grande número de *P* que são *N* não proíbe a existência de *não-P* que são *N*.

Unicamente se *unirmos* exemplos de *N* que são *P* com exemplos de *não-P* que são *não-N*, teremos dados probatórios significativos. Pois bem, é justamente assumindo como critério de demarcação entre ciência e não-ciência o do indutivismo eliminatório, que Grünbaum pode afirmar que a psicanálise é de fato científica, mas que é uma ciência não provada.

A psicanálise, em suma, não é que não seja ciência; ela é, antes, má ciência.

8. A tese da concordância necessária

Primeiramente, examinemos a reconstrução do núcleo da teoria psicanalítica de Freud por parte de Grünbaum. Ele vê esse núcleo central em duas premissas que constituem a que ele chama de a *tese da concordância necessária*:

1) Apenas a interpretação e o tratamento próprio do método psicanalítico podem produzir ou constituir o meio para uma visão, correta por parte do paciente, das causas inconscientes de sua neurose.

2) A visão correta por parte do paciente da causa conflitiva que está na base de sua condição atual é causalmente necessária para uma cura durável de sua neurose.

Grünbaum chama a conjunção destas duas premissas de *tese da concordância necessária*, pelo motivo de que Freud havia sustentado que "a solução de seus [do paciente] conflitos e a superação de suas resistências têm sucesso apenas se lhe foram dadas as representações antecipatórias que *concordam* com a realidade que nele se encontra".

9. Os dados clínicos exibidos pela psicanálise estão irremediavelmente contaminados pelo analista

Estabelecido tal núcleo da psicanálise, Grünbaum desfere seu ataque contra a gigantesca estrutura teórica freudiana. Em primeiro lugar, Grünbaum contesta a credibilidade dos *dados clínicos*: estes, de fato, não garantem nem uma correta visão das causas dos distúrbios, nem sua remoção. Os dados clínicos estão irremediavelmente contaminados pelo analista. Os lapsos não são verdadeiramente explicados; Grünbaum, com análises precisas, mostra como Freud não oferece nada de melhor do que um *post hoc ergo propter hoc*; "em particular — diz ele — o presumido nexo causal não é justificado pela simples *afinidade temática* entre o conteúdo do desejo reprimido e a expressão do lapso: a simples afinidade temática não implica uma ligação causal". A realidade é que existem, na opinião de Grünbaum, explicações alternativas e convincentes das paraprais. E, em todo caso, "*se existem lapsos verdadeiramente provocados por autênticas repressões, Freud não nos deu nenhum motivo válido para pensar que seus métodos clínicos possam identificar e demonstrar suas causas enquanto tais*".

A interpretação freudiana dos lapsos, como também a dos sonhos, funda-se sobre o método das associações livres, método que, segundo Freud, seria capaz de dar dados dignos de crédito. Mas, pergunta-se Grünbaum, "o fato de que o paciente se atenha à regra fundamental das associações livres garante verdadeiramente que desejo, ira, culpa, medo etc. reprimidos e efetivamente existentes, emerjam de modo *causalmente incontaminado*? Ou então: o processo de associação não é, talvez, contaminado pela influência exercida de algum modo pelo psicanalista?". Responde Grünbaum: as associações não podem continuar *indefinidamente*, e se ao paciente inteligente e imaginativo é permitido continuar bastante tempo em suas associações, pelas suas ruminações emergirá, então, antes ou depois, qualquer tipo de conteúdo temático do qual foi, pelo menos recentemente, consciente: pensamentos sobre a morte, sobre Deus ou sobre o que se queira. E, "diante desta *elasticidade temática* das associações, como pode o analista evitar uma tendência à *seleção* que não seja de algum modo falazmente antecipada, sendo inevitavelmente forçado a delimitar sua duração?". Isso nos faz entender que também para a interpretação dos sonhos não temos nenhuma garantia que o conteúdo de tais interpretações não seja sugerido pelo analista. E nos faz também compreender como a convergência de evidências provenientes de fontes clínicas diversas não é que dê força à interpretação analítica, a partir do momento que estas fontes são todas igualmente contaminadas pela sugestão exercida pelo psicanalista sobre o paciente.

10. Atualmente a psicanálise não está bem

Os dados clínicos não são dignos de crédito; portanto, a psicanálise é ciência péssima, uma vez que sua base é de fato muito frágil ou, antes, uma não confiável areia movediça. Mas suponhamos, diz Grünbaum, que os dados clínicos sejam dignos de crédito; talvez deste modo a psicanálise se salvaria da acusação de ser má ciência? De modo nenhum! — replica Grünbaum. Freud presume que uma visão correta, por parte do paciente, das causas de seus próprios distúrbios, eliminaria tais distúrbios: a terapia psicanalítica, em suma, curaria de modo sério os doentes. Mas eis que, para Freud, aparecem novos aborrecimentos. Com efeito, assumindo como critério de cientificidade a indução eliminatória, temos que um número muitíssimo grande de pacientes curados não confirma a ideia de que a terapia psicanalítica cura os pacientes; o que é necessário, para que essa ideia seja aceita, é que os resultados positivos sobrepujem os obtidos, em um grupo de controle, sem terapia psicanalítica, com métodos alternativos ou até sem nenhum tratamento. Pois bem, diz Grünbaum, nós não temos essas provas. Com efeito, "nos últimos decênios, dos estudos comparados sobre o resultado do tratamento de terapias rivais não emergiram provas de uma superioridade da psicanálise, entre as tantas modalidades terapêuticas, que excedesse a taxa de remissões espontâneas obtida dos grupos de controle (quase) não tratados". O veredicto, a este ponto, é inequívoco: atualmente a psicanálise não está em ótimo estado, "ao menos no que se refere a seus fundamentos clínicos".

QUINE

1 Os controles holísticos

> "Todos os nossos assim chamados conhecimentos ou convicções, desde as mais fortuitas questões de geografia e de história às leis mais profundas da física atômica ou até da matemática pura e da lógica, tudo é um edifício feito pelo homem que toca a experiência apenas ao longo de suas margens".
>
> Ou, com outra imagem: "A ciência em sua globalidade é como um campo de força cujos pontos-limite são a experiência. Um desacordo com a experiência na periferia provoca uma reordenação do interior do campo; devemos atribuir de novo certos valores de verdade para algumas proposições nossas".

O dogma do reducionismo continuou, em uma forma menos ingênua e mais atenuada, a influenciar o pensamento dos empiristas. Permanece a convicção de que, a cada proposição, ou a cada proposição sintética, esteja associada uma e uma só esfera de possíveis eventos sensoriais, de modo que a presença de um destes aumentaria as garantias de veracidade da proposição, e que a ela esteja associada também outra e apenas outra esfera de possíveis eventos sensoriais cuja presença diminuiria aquelas garantias. Esta convicção está naturalmente implícita na teoria da verificação.

O dogma do reducionismo sobrevive na convicção de que cada proposição, tomada em si e isolada das outras, possa se confirmar ou infirmar. Meu parecer, ao contrário, que deriva essencialmente da teoria carnapiana do mundo físico, exposta no *Aufbau*, é que nossas proposições sobre o mundo externo se submetem ao tribunal da experiência sensível não individualmente, mas apenas como um conjunto solidário.

O dogma do reducionismo, também nesta sua forma atenuada, está intimamente ligado com o outro dogma, ou seja, aquele pelo qual haveria uma diferença essencial entre o analítico e o sintético. E este último problema, de fato, nos levou ao primeiro, através da teoria da verificação. Mais exatamente, o primeiro dogma sustenta claramente o segundo, do seguinte modo: até que se considere que tenha significado em geral falar de confirmar ou de infirmar uma proposição, parece que tenha significado também falar de um tipo limite de proposição confirmada de modo vazio, *ipso facto*, sejam quais forem os dados de fato; e esta seria uma proposição analítica.

Os dois dogmas têm, com efeito, uma raiz comum. Há pouco dissemos que em geral a verdade das proposições depende obviamente dos fatos, tanto linguísticos como extralinguísticos; e notamos como isso provoque, não de um ponto de vista lógico, mas de modo inteiramente instintivo, a impressão de que a verdade de uma proposição seja de algum modo analisável em uma componente linguística e em uma componente factual. A componente factual deve, se formos empiristas, reduzir-se a uma gama de experiências de confirmação. No caso limite em que a componente linguística é a única que conta, uma proposição verdadeira é analítica. Mas doravante estamos todos convictos, espero, que não se pode absolutamente conseguir traçar distinção clara entre analítico e sintético. E é também notável, a meu ver, à parte os exemplos pré-fabricados das bolas brancas e pretas em uma urna, o quanto tenha sido desconcertante o problema de chegar a definir claramente uma teoria qualquer da confirmação empírica de uma proposição sintética. A este ponto, por isso, desejaria sugerir que não tem nenhum sentido e, ao contrário, causou muitas absurdidades, falar de uma componente factual na verdade de uma proposição particular qualquer. Tomada em seu conjunto, a ciência depende da língua e da experiência ao mesmo tempo; mas isso não significa que se possa dizer o mesmo de cada proposição da ciência tomada particularmente.

A ideia da definição de uso de um símbolo, como foi salientado, constituiu um passo adiante em relação ao empirismo absurdo, dirigido a todo termo particular, de Locke e de Hume. Com Frege chegou-se a reconhecer que era a proposição, e não o termo particular, aquilo que uma crítica empirista devia considerar como unidade. Mas eu sustento que também esta é uma rede de malhas demasiado estreitas: a unidade de medida da significância empírica é toda a ciência em sua globalidade.

Todos os nossos assim chamados conhecimentos ou convicções, desde as mais fortuitas questões de geografia e de história às leis mais profundas da física atômica ou até da matemática pura e da lógica, tudo é um edifício feito pelo homem que toca a experiência apenas ao longo de suas margens. Ou, para mudar a imagem, a ciência em sua globalidade é como um campo de força cujos pontos-limite são a experiência. Um desacordo com a experiência na periferia provoca uma reordenação no interior do campo; devemos atribuir de novo certos valores de verdade para algumas proposições nossas. Uma nova avaliação de certas proposições implica uma nova avaliação de outras, por causa de suas recíprocas conexões lógicas, enquanto as leis lógicas são apenas, por sua vez, certas outras proposições do sistema, certos outros elementos do campo. Uma vez dada uma nova avaliação de certa proposição, devemos dar outra também a certas outras, que podem ser proposições logicamente ligadas com a primeira ou elas próprias proposições de ligações lógicas. Mas todo o campo é determinado pelos seus pontos-limite, isto é, a experiência, de modo tão vago que permanece sempre uma notável liberdade de escolha para decidir quais são as proposições das quais se deva dar uma nova avaliação à luz de certa experiência particular contrária. Uma experiência particular jamais está vinculada a alguma proposição particular dentro do campo, exceto indiretamente, por exigências de equilíbrio que interessam ao campo em sua globalidade.

Se tudo isso é justo, não é de fato correto falar do conteúdo empírico de certa proposição particular — especialmente se se trata de uma proposição muito distante da periferia do campo. E, além disso, torna-se absurdo procurar uma linha qualquer de demarcação entre proposições sintéticas, que se fundam sobre a experiência contingente, e proposições analíticas, que valem sejam quais forem os dados da experiência. Todas as proposições se poderiam fazer valer desse modo se fizéssemos retificações suficientemente drásticas em qualquer outra parte do sistema. Até uma proposição muito próxima da periferia poderia ser considerada verdadeira apesar de qualquer experiência contrária, aduzindo como pretexto uma alucinação ou modificando algumas das proposições que se chamam de leis lógicas. Analogamente, por outro lado, nenhuma proposição está imune, pelas mesmas razões, de correções. Chegou-se até a propor modificar a lei lógica do terceiro excluído como meio para simplificar a mecânica quântica; e que diferença existe em linha de princípio entre uma modificação do gênero e aquela pela qual Kepler tomou o lugar de Ptolomeu, ou Einstein o de Newton, ou Darwin o de Aristóteles?

Apenas para dar uma imagem intuitiva falei em termos de distâncias variáveis a partir de uma periferia sensorial; procuremos agora esclarecer esse conceito fora de uma metáfora.

Parece que algumas asserções, mesmo que *em torno* de objetos físicos e não de experiências sensoriais, sejam particularmente pertinentes à experiência sensorial (e de modo seletivo: certas asserções a certas experiências, outras a outras). Tais asserções, marcadamente referentes a experiências particulares, eu as represento como próximas da periferia. Mas, nesta relação de "pertinência" eu não vejo nada mais que uma livre associação que reflete na prática o fato de que com certa probabilidade prefeririamos modificar certa proposição mais que outra no caso de alguma experiência contrária. Por exemplo, podemos imaginar experiências contrárias às quais conformaríamos de bom grado nosso sistema, mudando apenas nossa avaliação das asserções de que em Via Elm há casas de tijolos, e asserções relativas sobre o mesmo argumento. Podemos imaginar outras experiências contrárias às quais conformaríamos de bom grado nosso sistema, dando apenas uma nova avaliação da asserção de que não existem centauros, e asserções a ela relativas. Insisti em dizer que uma experiência contrária pode se conciliar e se inserir em certo sistema, modificando à vontade algumas das várias e diversas avaliações que haviam sido feitas nos vários e diversos setores de todo o sistema; mas, nos casos que agora apresentamos como exemplos, nossa tendência natural a perturbar o menos possível o sistema em sua totalidade nos levaria a dirigir nossa revisão sobre as asserções particulares que se referem a casas de tijolos ou centauros. Temos a impressão, por isso, de que essas proposições têm uma referência empírica mais precisa do que as proposições altamente teóricas da física ou da lógica ou da ontologia. Podemos considerar tais proposições como colocadas quase no centro de toda a rede, querendo dizer com isso simplesmente que aí se impõem bem poucas relações preferenciais com os dados sensoriais particulares.

Como empirista eu continuo a considerar o esquema conceitual da ciência como um meio, em última análise, para predizer a experiência futura à luz da experiência passada. Os objetos físicos são conceitualmente introduzidos na situação como intermediários cômodos — não os definindo em termos de experiência, mas como simples postulados não redutíveis, comparando-os, de um ponto de vista epistemológico, aos deuses de Homero. Eu, que de física tenho noções mais que comuns, creio de minha parte nos objetos físicos e não nos deuses de Homero; e considero um erro científico crer de outra forma. Mas, como fundamento epistemológico, os objetos físicos e os deuses diferem apenas em grau e não por sua natureza.

Tanto um como outro tipo de entidade entram em nossa concepção apenas como postulados culturais. De um ponto de vista epistemológico, o mito dos objetos físicos é superior aos outros pelo fato que se demonstrou mais eficaz do que outros mitos como meio para elevar uma simples construção no fluxo da experiência.

E não nos detemos para postular apenas os objetos físicos do mundo macroscópico. Postulam-se objetos também em nível atômico para tornar mais simples e mais cômodas as leis dos objetos macroscópicos e, definitivamente, as leis da experiência; e não devemos esperar nem pretender uma definição exaustiva das entidades atômicas e subatômicas em termos das macroscópicas, assim como não pretendemos uma definição dos objetos macroscópicos em termos de dados sensoriais. A ciência é um prolongamento do senso comum, e serve-se do mesmo expediente do senso comum: amplia a ontologia para simplificar a teoria.

W. Quine,
O problema do significado.

RORTY

2 A figura do "liberal irônico"

> *O liberal irônico é uma pessoa que nutre, entre seus desejos infundáveis, "a esperança de que o sofrimento possa diminuir, e que possa ter fim a humilhação sofrida por alguns seres humanos por causa de outros seres humanos".*

Este livro [*A filosofia depois da filosofia: Contingência, ironia e solidariedade*] gostaria de mostrar o que aconteceria se deixássemos de exigir uma teoria que unifique o público e o privado, e nos contentássemos de considerar igualmente válidas, embora destinadas a ser incomensuráveis, as exigências de autocriação e de solidariedade humana. Isso esboça a figura daquele que chamo de "liberal irônico". Minha definição de "liberal" é tomada de empréstimo de Judith Shklar, segundo a qual os liberais são aqueles que pensam que a crueldade é o nosso pior crime. Uso o termo "irônico" para designar um indivíduo que olha de frente a contingência de suas crenças e de seus desejos mais fundamentais, alguém que é historicista e nominalista o suficiente para ter abandonado a ideia de que tais crenças e desejos remetem a alguma coisa que escapa ao tempo e ao acaso. Os irônicos são pessoas que têm, entre esses seus desejos infundáveis, a esperança de que possa ter fim a humilhação sofrida por alguns seres humanos por causa de outros seres humanos. [...]

A maioria dos não intelectuais adere ainda a alguma forma ou de fé religiosa ou de racionalismo iluminista. Por isso, a ironia foi frequentemente julgada como intrinsecamente hostil não só para a democracia, mas também para a solidariedade humana: à solidariedade com a massa dos homens, com todas as pessoas que são convictas de que tal ordem deve existir. Mas não é assim. A hostilidade em relação a uma forma particular de solidariedade, historicamente condicionada e eventualmente fugaz, não é hostilidade para com a solidariedade como tal. Um de meus objetivos neste livro é o de sugerir a possibilidade de uma utopia liberal, de uma sociedade utópica onde a ironia, no sentido descrito, seria universal. Uma cultura pós-metafísica não me parece mais impossível do que uma cultura pós-religiosa, e igualmente desejável.

Em minha sociedade utópica a solidariedade humana não seria considerada como algo de que se deva dar conta libertando-se dos "preconceitos" ou escavando em profundidades escondidas, mas como um objetivo a ser alcançado. E não com a pesquisa, mas com a imaginação, conseguindo, graças à imaginação, ver os indivíduos diferentes de nós como nossos semelhantes na dor. A solidariedade não é descoberta com a reflexão: ela é criada. Nós a criamos quando nos tornamos mais sensíveis ao sofrimento e humilhação particulares sofridos por outras pessoas desconhecidas. Com uma sensibilidade assim aumentada torna-se mais difícil desinteressar-se dos objetivos diferentes de nós, pensando que "não sofrem como *nós* sofreríamos", ou que "um pouco de sofrimento deverá sempre haver, e por isso deixamos que sejam *eles* que sofram".

O caminho para chegar a considerar os outros seres humanos como "dos nossos" em vez de como "eles" consiste em descrever os outros nos particulares e em redescrever a nós próprios. Isso não é tarefa da teoria, mas de outros gêneros literários, como a etnografia, a reportagem jornalística, a história em quadrinhos, o teatro-verdade, e principalmente o romance. Obras narrativas como as de Dickens, de Olive Schreiner ou de Richard Wright nos fazem conhecer de modo detalhado as diversas formas de sofrimento sentidas por pessoas às quais antes não havíamos prestado atenção. Obras como as de Choderlos de Laclos, Henry James ou Nabokov nos mostram as crueldades de que nós próprios somos capazes, permitindo-nos assim nos redescrever. É por esse motivo que o romance, o filme e o programa televisivo substituíram, de modo gradual, mas decidido, o sermão e o tratado como veículos principais da mudança das convicções morais e do progresso.

Em minha sociedade liberal utópica esta substituição obteria um reconhecimento que ela ainda não tem, um reconhecimento que acarretaria uma virada geral da teoria para a narrativa. Essa virada representaria a renúncia a querer agarrar todos os lados de nossa vida com um único golpe de olhos, a descrevê-los com um vocabulário único. Ela desembocaria no reconhecimento daquele que em meu primeiro capítulo chamo de "contingência da linguagem" – o fato de que não há modo de sair dos variados vocábulos que empregamos para encontrar um metavocabulário que de algum modo leve em conta *todos os vocabulários possíveis*, de todos os modos possíveis de julgar e de sentir. Uma cultura historicista e nominalista como a que imagino decidiria, ao contrário, em favor de narrativas que ligam, de um lado, o presente ao passado; do outro, a um futuro utópico. Principalmente, consideraria a atuação e a criação das utopias como um processo infinito: uma realização e proliferação infinita da liberdade, e não uma convergência para uma verdade já dada.

R. Rorty,
A filosofia depois da filosofia.

PUTNAM

3 O "realismo interno"

> *O realismo interno: a coerência das crenças teóricas entre si e a coerência destas com as experimentais "definem um tipo de objetividade, a objetividade para nós, mesmo que esta não seja a objetividade metafísica da visão do 'Olho de Deus'".*
>
> *E, em todo caso, devemos ter presente que falamos do mundo, conhecemos o mundo sempre e apenas por meio de nossas teorias, unicamente dentro de nossas teorias.*

O internismo não é de fato um relativismo acomodatício, segundo o qual "tudo vai bem". Negar que tenha sentido perguntar se nossos conceitos "coincidem" com algo de absolutamente não contaminado pela conceituação é uma coisa, mas sustentar que qualquer sistema conceitual seja, por isso, válido assim como qualquer outro é uma coisa bem diferente. Se alguém acreditasse realmente nesta segunda tese e fosse bastante insensato para escolher um sistema conceitual que lhe permitisse afirmar que está em grau de voar, e de agir em consequência, pulando de uma janela, compreenderia imediatamente, admitindo que conseguisse sobreviver, que de fato não é verdade que qualquer sistema conceitual pode servir. O internismo não nega que *ingredientes* que derivam da experiência concorram para o conhecimento, que não é considerado como uma história cujo único vínculo seja a coerência *interna*, mas nega que haja *ingredientes que não sejam eles próprios modelados de algum modo por nossos conceitos*, pelo vocabulário de que nos servimos para narrá-los e descrevê-los, ou ingredientes *dos quais se pode dar uma única descrição, independente de qualquer escolha conceitual*. Até a descrição que fazemos de nossas próprias sensações, tão cara a gerações de epistemólogos como ponto de partida para o conhecimento, está interessada (como, de resto, também as próprias sensações estão) por toda uma série de escolhas conceituais. Até os próprios ingredientes sobre os quais baseia-se nosso conhecimento estão contaminados conceitualmente; apesar disso, mesmo que estejam contaminados, são sempre melhor do que nada e, se é verdade que são tudo aquilo de que dispomos, também demonstraram que não são assim tão pouco.

Se uma asserção, ou todo um sistema de asserções – ou também uma teoria ou então um esquema conceitual – é aceitável racionalmente, isso deve-se, em larga medida, à sua coerência e congruência: coerência das crenças "teóricas" ou menos experimentais entre si e com as crenças mais experimentais, mas também coerência entre as crenças experimentais e as teóricas. As concepções que temos da coerência e da aceitabilidade, segundo a tese que nos propomos analisar, estão profundamente ligadas à nossa psicologia: elas dependem de nossa biologia e de nossa cultura e não são de fato "livres de valores"; mas são efetivamente nossas concepções e são concepções de alguma coisa real; elas definem um gênero de objetividade, a *objetividade para nós*, mesmo que esta não seja a objetividade metafísica da visão do 'Olho de Deus'. Objetividade e racionalidade, humanamente falando, são tudo aquilo que temos; elas são melhor do que nada.

Recusar a ideia de que haja uma perspectiva "externa" coerente, isto é, uma teoria que seja simplesmente verdadeira "em si mesma", prescindindo de qualquer possível observador, não significa *identificar* a verdade com a aceitabilidade racional. A verdade não pode simplesmente ser a aceitabilidade racional por uma razão fundamental: a verdade de uma asserção é uma propriedade que não decai com o passar do tempo, enquanto a justificação pode decair. A asserção "a Terra é chata" era, sem dúvida, aceitável racionalmente há três mil anos, mas não o é absolutamente mais hoje; apesar disso, seria errado sustentar que tal asserção fosse *verdadeira* há três mil anos, pois isso significaria que a Terra tenha a seguir mudado de forma. Com efeito, a aceitabilidade racional está em relação tanto com o tempo como com as pessoas. Além disso, ela é também uma questão de grau: também da verdade se diz por vezes que é uma questão de grau (por exemplo, dizemos que a asserção "a Terra é uma esfera" é verdadeira com boa aproximação), mas neste caso o "grau" é o aprimoramento da afirmação, e não seu grau de aceitabilidade ou justificação.

H. Putnam,
Razão, verdade e história.

4 Religião como "sentido do limite humano"

Hilary Putnam em diálogo com Giovanna Borradori: "Para mim a religião significa justamente refletir sobre o sentido do limite humano. [...] Penso que o homem é o pior deus que exista".

Em relação a outros filósofos americanos contemporâneos o senhor parece mostrar mais animosidade em relação à corrente de inspiração analítica, embora o senhor mesmo tenha sido um pensador analítico por um bom número de anos. Como assim?

Minha formação, como penso a de todos os jovens filósofos no pós-guerra, se baseou sobre aquilo que era preciso absolutamente ignorar enquanto nãofilosofia. Fomos educados a rejeitar os textos e os autores, mais do que a nos deixar apaixonar. Creio que seja uma tendência erradíssima, que deveria ser eliminada de qualquer escola, movimento ou departamento de filosofia.

Quase uma forma de censura, portanto. Quais eram os autores proibidos?

Lembro-me de ter adorado Kierkegaard, que era considerado uma espécie de poeta. Depois de Kierkegaard foi Marx, que me acompanhou por longo tempo na vida. Porém, sempre com um sentido de estranheza, porque me fora ensinado que também Marx não era verdadeiro filósofo, e sim um teórico da sociedade. Freud era um psicólogo e seu pensamento não revestia temáticas filosóficas, e assim por diante. Durante a graduação e a assistência, que são os períodos em que se desenvolve a maior parte da formação, meus interesses se restringiram, como que coagulados dentro de estreitos limites, os delimitados pela filosofia analítica. Eu tinha mais de quarenta anos quando consegui me libertar...

Entre os filósofos pós-analíticos, o senhor é talvez o único que desenvolveu um forte interesse teológico, orientado para a recuperação da tradição hebraica. Como aconteceu que um lógico de formação, como o senhor, a certo momento recuperou a centralidade de Deus, do misticismo e da interpretação do texto sagrado?

Creio que a única coisa que pode tornar uma pessoa religiosa é a experiência interior. Não tem sentido converter os outros. Acho que ser religioso é muito compatível com uma forma de ceticismo em relação à revelação. O fato de que na tradição hebraica e cristã haja textos inspirados, santos, que encerram algo de inexplicável, não significa que não sejam também produtos humanos. No século XVIII a humanidade ficou perturbada com a ideia de ler a Bíblia como um produto humano. A Bíblia não é um manual para a sociedade perfeita. Ela simplesmente pintava uma sociedade melhor do que a que os hebreus tinham diante dos olhos, no Egito ou na Babilônia, ou também na Grécia e em Roma. Dizia-se para tratar os escravos melhor do que eram tratados naquele tempo, mas não se intimava a não tê-los. E depois o preconceito contra os homossexuais: é errado, ponto final. O sentido do sagrado é uma coisa muito importante, mas não necessariamente boa. Por esta razão, no século passado começou-se a dizer: é preciso deixar de crer no sagrado. Nem cem anos mais tarde houve dois terríveis ditadores, ambos ateus: Stalin e Hitler.

Não se trata, portanto, exatamente de religião. Seu hebraísmo é alguma coisa um pouco diferente...

Sim, creio que religião seja uma palavra imprópria. Minha ligação com a tradição hebraica representa um sentido do limite. É quase um *cliché* citar o Talmud, mas ainda me agrada fazê-lo. Diz mais ou menos: não depende de nós ultimar a tarefa, mas também não estamos livres de carregar sua carga. Para mim a razão significa justamente refletir sobre o sentido do limite humano. O problema do humanismo, como se desenvolveu a partir de Feuerbach para frente, significou a deificação do homem. Não vejo nada neste século que me faça desejar deificar o homem. Como Ben Schwartz, penso que o homem é o pior deus que exista.

Em G. Borradori,
Conversações americanas.

BARTLEY

5 O racionalismo pancrítico

> *"Uma posição pode sem mais ser sustentada racionalmente sem nenhuma necessidade de dever justificá-la, desde que não seja imune às críticas e sobreviva aos controles mais severos".*

Implícitos em um delineamento não justificacionista estão um novo programa filosófico e uma nova concepção da racionalidade. Na nova estrutura conceitual o racionalista é aquele que quer deixar toda asserção e sem mais *toda* asserção sua, compreendendo seus mais fundamentais critérios, objetivos e decisões, e também sua própria posição filosófica de base, abertos à crítica: aquele que não protege nada da crítica por meio de justificações irracionais; aquele que jamais trunca uma discussão ou uma argumentação recorrendo à fé ou a um compromisso irracional para justificar alguma crença exposta ao fogo de uma severa crítica; aquele que não está empenhado, ligado ou habituado a nenhuma posição particular. Chamo esta concepção de *racionalismo pancrítico*.

[...] Uma vez que estamos em busca de uma justificação e não podemos obtê-la *racionalmente*, a justificação irracional ou compromisso parece ser o único recurso. Portanto, se a racionalidade reside na justificação, ela estará rigorosamente limitada pela necessidade de recorrer a algum compromisso. Mas, se a racionalidade reside na crítica, e se podemos submeter qualquer asserção à crítica e a controles contínuos, não excluo o próprio modo de vida racionalista, sem que isso comporte um regresso ao infinito, circularidade, exigências de justificação ou outras dificuldades similares; então a racionalidade é, em tal perspectiva, sem dúvida ilimitada. O racionalista pancrítico não exige nenhuma justificação. Se realmente for abandonado todo tipo de justificação – tanto racional como irracional – então não há nenhuma necessidade de justificar uma posição que é racionalmente injustificável. Uma posição pode sem dúvida ser sustentada racionalmente sem nenhuma necessidade de devê-la justificar, *desde que não seja imune às críticas e sobreviva aos controles mais severos.* [...]

Dispomos de pelo menos quatro métodos para eliminar o erro, criticando nossas conjecturas ou especulações. Trata-se dos controles elencados a seguir, em ordem descendente conforme a importância que revestem e o rigor que caracteriza sua aplicação.

1) O controle com base na *lógica*: é coerente determinada teoria?

2) O controle com base nas *observações sensoriais*: certa teoria é empiricamente refutável por parte de alguma observação? E se o for, temos conhecimento de uma refutação desse tipo?

3) O controle com base em uma *teoria científica*: certa teoria, esteja ou não em conflito com a observação, está em conflito com alguma hipótese científica?

4) O controle com base no *problema*: qual problema certa teoria pretende resolver? Consegue resolvê-lo?

O problema fundamental do crescimento da racionalidade – e da teoria da racionalidade – é, por isso, do meu ponto de vista, um problema ecológico. Em um metacontexto falibilista o problema ecológico consiste em criar o ambiente mais letal para nossas posições, nossos contextos e metacontextos, um ambiente dentro do qual prospere apesar de tudo a produção de posições, contextos e metacontextos. Popper se aproximou desta impostação na *Lógica da descoberta científica*, onde escreve: "O que caracteriza o método empírico é a maneira com que ele expõe à falsificação, de todo modo concebível, o sistema que deve ser controlado. Seu objetivo não é o de salvar a vida de sistemas insustentáveis mas, ao contrário, de selecionar aquilo que se revela mais adequado, depois de tê-los exposto a todos à mais feroz luta pela sobrevivência"; para tal fim, "é formulada uma regra suprema que serve como uma espécie de norma para decidir sobre regras que permanecem... É a regra de que as outras regras do procedimento científico devem ser projetadas de modo tal que não protejam da falsificação nenhuma asserção da ciência". Popper estendeu sua aproximação às instituições políticas além das ciências empíricas; em *Sociedade aberta e seus inimigos* (cap.7) e em "As fontes do conhecimento e da ignorância" (1960, agora em *Conjecturas e refutações*) ele propôs substituir as tradicionais perguntas sobre as fontes do conhecimento com a pergunta: *"De que modo podemos esperar descobrir e eliminar o erro?"*. Neste livro eu formulei o problema de modo mais geral: *De que modo podemos organizar nossa vida intelectual e nossas instituições a fim de que nossas crenças, conjecturas, deliberações, posições, fontes de ideias, tradições e semelhantes – sejam justificáveis ou não – sejam expostas ao máximo da crítica, de modo a obstaculizar e eliminar o mais possível os erros intelectuais?*

Ainda que incompleta, esta formulação me parece muito eficaz. Ela, de fato, concebe o aumento da racionalidade não de modo individualista, não como algo que alguém persegue por si mesmo, mas, ecologicamente, põe o problema em um quadro que compreende não só o indivíduo, mas também as instituições, as políticas, as tradições, a cultura e a sociedade em que o indivíduo vive. Suponhamos, com efeito, que um indivíduo tenha alcançado em si próprio aquele estado de flexibilidade com a sede de verdade que neste livro chamamos de "racionalidade". Tal indivíduo se sentiria inevitavelmente frustrado caso tentasse exprimir-se em instituições que se formaram e funcionam dentro do metacontexto justificacionista. Essas instituições, e as tradições por meio das quais elas operam, agirão de fato de modo a se perpetuar a todo custo – e seguramente às expensas da racionalidade, ou seja, às expensas das condições que tornam possível um ambiente racional, que compreende sinceridade, crítica, comunicação total, não só reconhecimento e correção dos erros, mas também colaboração. Talvez seja este o motivo pelo qual tantos eremitas indianos vivem em grutas, longe das instituições humanas. Todavia, se desejarmos que a racionalidade saia das cavernas e dos estudos, ela deverá ser inserida em instituições e tradições que ajam contra a posicionalidade e a autojustificação, e não ser apenas um privilégio daqueles poucos indivíduos que conseguiram transcender a posicionalidade. Se o indivíduo racional é aquele que pode descobrir a verdade, o ambiente racional é, por outro lado, aquele em que a verdade pode ser descoberta.

A afirmação anteriormente posta em caracteres *itálicos* é, todavia, incompleta por aquilo que afirma de modo demasiadamente negativo em relação à redução do erro. Requisito essencial de uma concha ecológica é também sua *fertilidade*: uma concha ecológica deverá ser tal que nela não só a criação de posições e contextos, mas também o desenvolvimento da racionalidade sejam sinceramente inspirados. A eliminação do erro feita de modo infeliz pode levar também à eliminação da fertilidade. A crítica deverá ser optimizada, mais que maximizada, e deverá ser exercida com habilidade. Além disso, minha formulação precedente dá um relevo excessivo aos aspectos intelectuais, crenças, conjecturas, ideias e similares. Mas, no crivo da crítica deveriam ser explicitamente submetidos não só os objetivos, as crenças, as conjecturas, as decisões, as ideias, as ideologias, as políticas, os programas e as tradições, mas também as convenções sociais, os usos, os costumes, as pressuposições inconscientes e os modelos comportamentais que poderiam poluir a concha ecológica e assim diminuir a criatividade e a crítica. O problema ecológico da racionalidade refere-se a *como* isso deva ser feito.

No passado a tratação deste problema foi impedida pela convicção de que os objetivos que ele pretende alcançar *não podem* ser realizados. Esta convicção põe em discussão a própria possibilidade de um metacontexto falibilista dentro do qual se supõe poder progredir na direção de uma representação do mundo mais adequada e objetiva. Ao contrário, ela sustenta que, de um ponto de vista racional, não pode haver nenhum progresso; que a escolha entre posições e contextos rivais – sejam eles científicos, morais, religiosos, metafísicos, políticos ou de outro tipo – não é racional, mas arbitrária. Se os argumentos adiantados neste livro estão corretos, essa convicção errônea foi pelo menos refutada. Poderemos agora nos dirigir para a questão do *como*, assumindo que a do *se* tenha sido resolvida.

W. W. Bartley,
Ecologia da racionalidade.

GRÜNBAUM

6 Contra a crítica de Popper a Freud

> *Karl Popper sustentou que a psicanálise não é científica, porque não seria falsificável.*
> *Adolf Grünbaum replica que Popper está errado, porque:*
> *a) a psicanálise é falsificável;*
> *b) Popper de fato não demonstrou que nenhuma das consequências dos postulados teóricos freudianos é empiricamente controlável, conforme tudo o que afirma sua tese da não falsificabilidade da psicanálise.*

Em suas respostas aos críticos, Popper[1] escreve:

"O marxismo era um tempo uma ciência, que foi refutada por alguns fatos que se revelaram em contraste com suas previsões. Em todo caso, o marxismo não é mais uma ciência, porque infringiu a regra metodológica segundo a qual devemos acolher toda a sua falsificação, imunizando-nos contra as mais gritantes refutações de suas previsões. A psicanálise é um caso totalmente diferente: é uma interessante metafísica psicológica (e sem dúvida há nela um senso de verdade, como ocorre tão frequentemente nas ideias metafísicas), mas jamais foi uma ciência. Há, com toda probabilidade, muitíssimas pessoas que são casos freudianos ou adlerianos: o próprio Freud era claramente um caso freudiano, e Adler um caso adleriano. Mas o que impede que essas teorias sejam científicas no sentido aqui descrito é, muito simplesmente, o fato de que não excluem nenhum comportamento humano fisicamente possível. Qualquer coisa que se possa fazer é, em linha de máxima, explicável em termos freudianos ou adlerianos. (A ruptura de Adler com Freud foi mais adleriana que freudiana, mas Freud jamais a considerou uma refutação de sua teoria.) A explicação é muito simples. Nem Freud nem Adler excluem que uma pessoa possa agir de certo modo, sejam quais forem as circunstâncias externas. Com a teoria de Freud é impossível prever ou excluir que um homem sacrifique sua vida para salvar uma criança em risco de se afogar (um caso de sublimação), ou então que a mate, afogando-a (um caso de repressão); a teoria era compatível com qualquer coisa que pudesse acontecer... mesmo sem nenhum tratamento particular de imunização.

Portanto, enquanto o marxismo se tornou não científico, adotando uma estratégia imunizante, a psicanálise era imune desde o início, e assim permaneceu".

Este trecho importante me induz a fazer a seguinte série de observações críticas:

1. Mesmo um olhar superficial sobre os títulos dos escritos e das conferências de Freud basta para individuar dois exemplos de falsificabilidade, dos quais o segundo é um caso de falsificação reconhecida. O primeiro é o escrito *Comunicação de um caso de paranoia em contraste com a teoria psicanalítica* (OSF[2] 1915-1917, VIII: 159-176); o segundo é a conferência "Revisão da teoria do sonho" (OSF 1930-1938, XI: 123-144). Consideremos o primeiro.

A "teoria psicanalítica da paranoia", tratada nesse escrito, consiste na hipótese de que o amor homossexual *reprimido* é casualmente *necessário* para o surgimento de delírios paranoicos (OSF 1915-1917, VIII: 167-168). A paciente era uma jovem mulher que se dirigiu a um advogado para ser tutelada por causa das perseguições de um homem com quem tinha tido uma relação amorosa. O advogado suspeitou de um caso de paranoia quando ela afirmou que seu amante fizera com que algumas testemunhas, sem ela saber, os fotografassem durante suas efusões amorosas, e que por isso ela agora estava em suas mãos; este, de fato, mostrando tais fotografias, podia envergonhá-la publicamente e obrigá-la a abandonar seu trabalho. Além disso, a paciente entregou ao advogado algumas cartas de seu amante em que este se lamentava pelo fato de que a relação deles, terna e belíssima, fosse destruída pela mente doente dela. Todavia, uma vez que por vezes a realidade é mais bizarra do que a fantasia, o advogado pediu a Freud seu julgamento de psiquiatra para confirmar se a jovem mulher fosse verdadeiramente paranoica.

As cartas do amante exerceram sobre Freud "uma ótima impressão", dando assim certo crédito ao caráter delirante das queixas da jovem mulher. Mas, partindo do pressuposto que a paciente fosse verdadeiramente paranoica, Freud foi levado, depois da sessão inicial, a uma conclusão teoricamente desconcertante: "A

---

[1] K. R. Popper, *Replies to My Critics*, em VV.AA, *The Philosophy of Karl Popper*.
[2] OSF: *Obras de Sigmund Freud*, organizados por C. Musatti.

jovem parecia rejeitar o amor por um homem, transformando diretamente o amado em perseguidor; não havia o mínimo traço da influência de uma mulher, de uma luta contra uma ligação homossexual" (OSF 1915-1917, VIII; 161-162). Se ela era realmente afligida por uma ideia delirante, esta aparente ausência total de homossexualidade reprimida contradizia decisivamente a hipótese precedente, formulada por Freud, de uma etiologia homossexual da paranoia. Portanto, ele argumentava: "Ou se renunciava a esta tese, ou então, se não queríamos deixar-nos determinar por esta decepção em relação às nossas expectativas [teóricas], devíamos assumir a posição do advogado e supor que o caso que tínhamos diante de nós não era uma combinação paranoica, mas a interpretação correta de uma experiência real" (OSF 1915-1917, VIII: 162). Além disso: "Nestas circunstâncias a coisa mais simples teria sido a de abandonar a hipótese de que o delírio de perseguição depende sempre e necessariamente da homossexualidade" (p. 162). Em poucas palavras, Freud admitia explicitamente que, se a jovem mulher *fosse* paranoica, seu caso *refutava* a etiologia por ele postulada para aquela perturbação. De outra forma, devia avaliar a possibilidade de que ela não era paranoica. Durante uma segunda sessão, a descrição por parte da paciente de episódios ocorridos na empresa em que trabalhava não só aumentaram notavelmente a probabilidade de que ela estivesse afligida por delírios de perseguição, mas confirmaram a etiologia postulada, revelando uma ligação homossexual conflitiva com uma mulher anciã que dirigia a empresa. O que nos interessa a este ponto é que a etiologia psicanalítica da paranoia é empiricamente falsificável (refutável), e que Freud reconheceu isso explicitamente. Como vimos, com efeito, esta hipótese afirma que um conflito psíquico homossexual é causalmente necessário para que surja a perturbação. Indicações empíricas podem, porém, revelar a ausência de um conflito homossexual, revelando ao mesmo tempo também a presença de delírios paranoicos, de modo a desacreditar a etiologia postulada. Por isso, este exemplo encerra uma importante moral geral: toda vez que indicações empíricas possam certificar a *ausência* de certo agente patógeno teórico *P*, e ao mesmo tempo fornecer um diagnóstico diferencial em relação à *presença* de certa neurose teórica *N*, então uma hipótese etiológica da forma forte "*P* é causalmente necessário para *N*" é claramente falsificável empiricamente. Tal hipótese será falsificada por toda pessoa afetada por *N* que não tenha sido submetida a *P*, a partir do momento que a hipótese *prediz* que todo aquele que não estiver submetido a *N* não incorrerá nos sofrimentos dela derivados; esta é uma previsão que tem significativa importância profilática. Correspondentemente, a hipótese *desdiz* que toda instância de *N* foi também um caso de *P*. Por isso, se houver indicações empíricas também da *presença de P*, essa influência retrocondutora pode ser instanciada empiricamente por uma pessoa que seja um caso tanto de *N* como de *P*.

2. No Popper Symposium de 1980, perguntei qual *demonstração* Popper teria aduzido para sustentar que *nenhuma* das *consequências* dos postulados teóricos freudianos é empiricamente controlável, conforme o que afirma sua tese da não falsificabilidade. Um dos discípulos de Popper, com efeito, se ofereceu voluntariamente para explicar que essa não controlabilidade deveria resultar justamente do exame direto dos postulados. A isso eu replico que a incapacidade de alguns filósofos da ciência de identificar, por meio de tal exame, consequências controláveis, pode ter dado motivos para suspeitar da não controlabilidade desses postulados, mas sem dúvida isso não basta para fornecer a demonstração requerida de não falsificabilidade. Para dizer a verdade, os exemplos de falsificabilidade que tenho até aqui aduzido levam a uma conclusão totalmente diferente: a incapacidade de certos filósofos da ciência de individuar qualquer consequência controlável da teoria freudiana demonstra que eles não estudaram a fundo, ou não dominam, seu conteúdo lógico, mas, sem dúvida, não demonstra uma carência científica da psicanálise. É como se aqueles que têm apenas um conhecimento superficial da física concluíssem que suas hipóteses de alto nível não são falsificáveis, e isso porque *eles* não têm a mínima ideia de como verificá-las. Por exemplo, graças à engenhosidade e competência dos peritos foi recentemente possível projetar testes capazes de falsificar a hipótese de que os neutrinos têm massa de repouso igual a zero (Robinson 1980). Pela mesma razão rejeito a pressuposta expectativa segundo a qual, se as hipóteses psicanalíticas de alto nível são controláveis, qualquer acadêmico intelectualmente dotado deveria estar em grau de projetar para elas controles potencialmente falsificadores. Na impossibilidade de conseguir isso, alguns popperianos levianamente estabelecem que a presunção de intrínseca não controlabilidade é forte.

Voltemos agora à pergunta por mim levantada: qual demonstração ofereceu Popper para salientar com ênfase que o corpus teórico freudiano é completamente privado de consequências empiricamente controláveis? Para fornecer tal demonstração, seria necessário apurar a *falsidade* da asserção que, entre as consequências lógicas dos postulados teóricos psicanalíticos, existe pelo menos uma enunciação empírica sobre o comportamento humano. Mas, como Popper nos fez notar em outro lugar, uma enunciação existencial a respeito da hipótese de que uma classe *infinita* A tem pelo menos um membro que possui certa propriedade P não pode ser dedutivamente falsificada por alguma série finita de asserções evidenciais "basilares", cada uma das quais *negue* que certo indivíduo em A tem P. Todavia, Popper aceitou *tout court* a falsidade da seguinte enunciação *existencial*: a classe tarskiana infinita de consequências do corpus teórico psicanalítico contém pelo menos um membro que tem os requisitos de uma enunciação empírica do comportamento humano. Por isso, devo perguntar: qual *argumentação* Popper adotou para sustentar sua negação desta enunciação existencial? Como conseguiu convencer a si próprio de que a classe infinita de consequências da teoria freudiana não contém nenhum membro controlável? E ainda, como se poderia fazer uma *demonstração* de tal negação que satisfaça as exigências de um dedutivista?

A. Grünbaum, *Os fundamentos da psicanálise*.

QUINTA PARTE

INDIVÍDUO, MERCADO E ESTADO NA POLITOLOGIA AMERICANA CONTEMPORÂNEA: RAWLS, NOZICK, NOVAK

"As desigualdades econômicas e sociais, como as de riqueza e de poder, são justas apenas se produzirem benefícios compensatórios para cada um, e em particular para os membros menos favorecidos da sociedade".

John Rawls

"O Estado mínimo nos trata como indivíduos inviolados, que não podem ser usados pelos outros de certo modo como meios ou objetos ou instrumentos ou recursos; trata-nos como pessoas que têm direitos individuais com toda a dignidade que daí provém".

Robert Nozick

"O capitalismo democrático não é o reino de Deus, nem é sem pecado. E todavia todos os outros sistemas de economia política até agora conhecidos parecem piores".

Michael Novak

Capítulo décimo
O neocontratualismo de John Rawls — 237

Capítulo décimo primeiro
O "Estado mínimo" de Robert Nozick — 243

Capítulo décimo segundo
Michael Novak:
para uma teologia católica do capitalismo democrático — 251

Capítulo décimo

O neocontratualismo de John Rawls

I. A vida e as obras

• Nascido em Baltimore, John Rawls (1921-2002) estudou em Princeton e em Oxford. Em 1971 publicou um dos livros mais discutidos e influentes destes últimos anos: *Uma teoria da justiça*. Essa teoria é de "natureza profundamente kantiana", e isso enquanto ele se põe na esteira do contratualismo (Locke, Rousseau e Kant) e em contraste com a tradição utilitarista (Hume, Bentham e Mill). O utilitarismo tem como objetivo o maior bem-estar para o maior número de pessoas; mas Rawls é contrário a um delineamento desse tipo, enquanto, a seu ver, *nenhum* homem deve sofrer privações em favor de "algum outro" ou da "maior parte da sociedade". E como o primeiro requisito de um sistema de pensamento é a verdade, também o primeiro requisito das instituições deve ser a justiça; e como as teorias que se demonstram erradas devem ser corrigidas, dessa forma devem ser reformadas e corrigidas as instituições no caso de serem injustas.

Crítica do utilitarismo → § 1-2

• Mas quando as leis e as instituições são justas? Em busca de uma teoria da justiça, Rawls parte daquela que ele chama de *posição originária*. Esta é a posição em que se encontram os indivíduos que devem estipular o contrato, e caracteriza-se por um *véu de ignorância*, que torna todos iguais. O véu de ignorância não é vantajoso para ninguém; ninguém poderá propor princípios ou pensar em uma sociedade em que poderão ser favorecidos eles próprios ou seus amigos e desfavorecidos os outros; ninguém sabe nada nem de si próprio nem dos outros. A *posição originária*, portanto, obriga a todos a escolher princípios de justiça universais, princípios que se referirão a todos e que não favorecerão este ou aquele; ou seja, princípios cujo propósito principal é o de proteger-se contra a possibilidade de amanhã encontrar-se entre os desfavorecidos.

A posição originária caracterizada por um véu de ignorância → § 3

• Estes princípios são dois.
O *primeiro princípio de justiça* afirma: "Toda pessoa tem igual direito à mais extensa liberdade fundamental, compatívelmente com uma liberdade semelhante para os outros".
O *segundo princípio* sustenta que "as desigualdades econômicas e sociais, como as da riqueza e do poder, são justas apenas se produzem benefícios compensatórios para cada um, e em particular para os membros menos favorecidos da sociedade".
O primeiro princípio está na base das liberdades individuais.
O segundo nos diz que as desigualdades econômicas e sociais são justas, não – como pretenderia o utilitarista – se forem vantajosas para os poucos ou os muitos ou a maioria, mas apenas com a condição que sejam vantajosas para *todos*, de modo especial para os mais desfavorecidos.

Os dois princípios de justiça → § 4-7

1. "Uma teoria da justiça" de John Rawls

John Rawls nasceu em Baltimore em 21 de fevereiro de 1921. Estudou em Princeton e, depois de uma estada em Oxford, voltou para os Estados Unidos, onde desde 1962 ensina justamente na Universidade onde também ensina seu mais aguerrido e leal adversário: Robert Nozick. Rawls é conhecido por ter publicado em 1971 um dos livros mais discutidos — e mais influentes — destes últimos vinte anos: *Uma teoria da justiça*.

Karl Popper definiu *A theory of justice* de John Rawls como "um livro importantíssimo sob muitos aspectos", e apreciou muito a ideia de Rawls segundo o qual é um *projeto de vida* "que caracteriza as intenções ou as finalidades que fazem de um homem 'uma pessoa moral unificada, consciente'".

Por sua vez, justamente Robert Nozick escreveu que *Uma teoria da justiça* "é uma fonte de ideias iluminadoras, fundidas em um conjunto agradável. Ora, os filósofos devem trabalhar dentro da teoria de Rawls, ou então explicar por que não o fazem [...]. Também quem não estiver convencido do desencontro com a visão sistemática de Rawls aprenderá muito, estudando-o aprofundadamente".

Essas coisas, ditas por seu adversário mais temível, constituem o melhor elogio da obra de Rawls. John Rawls faleceu em 2002.

2. Contra a teoria utilitarista

Desde os inícios de seu livro *Uma teoria da justiça*, Rawls é claro sobre o fato de que sua teoria é de "natureza profundamente kantiana"; e isso no sentido de que ele põe sua obra na esteira do contratualismo (Locke, Rousseau, Kant), em contraste com a tradição do utilitarismo (Hume, Bentham e Mill).

O intento de fundo da obra de Rawls está na proposta e no exame de princípios em grau de sustentar uma sociedade *livre e justa*. "A justiça — escreve Rawls — é o primeiro requisito das instituições sociais, assim como a verdade o é dos sistemas de pensamento". E logo acrescenta: "[...] uma teoria, por mais simples e elegante que seja, deve ser abandonada ou modificada, se não for verdadeira". Pois bem, "do mesmo modo as leis e as instituições, não importa o quanto sejam eficientes e bem urdidas, devem ser reformadas ou abolidas se forem injustas". Mas quando é que leis e instituições são justas?

Os utilitaristas — pensemos, justamente, em Bentham ou em Mill — perseguiram o ideal do maior bem-estar para o maior número de pessoas; por conseguinte, defenderam uma concepção tal que no fim, de fato, comportava a submissão do indivíduo à sociedade. Rawls combate tal impostação, enquanto, a seu ver, nenhum homem deve sofrer privações em vantagem de algum outro ou da "maior parte da sociedade".

3. Um "véu de ignorância" caracteriza a "posição originária"

Rawls, na pesquisa de uma teoria da justiça, parte daquela que ele chama de *posição originária*. Esta *posição originária* é o Estado em que se encontram os indivíduos que devem determinar o contrato. Ela não é uma hipótese de Estado de natureza, mais ou menos fictícia. É simplesmente um expediente heurístico imaginado "de modo a obter — afirma Rawls — a solução desejada".

Na *posição originária*, os indivíduos particulares se encontram em uma situação de *equidade*, isto é, de igualdade; e tal equidade deve-se ao *véu de ignorância* que caracteriza a condição dos indivíduos que se põem na posição originária. Escreve Rawls: "Devemos de algum modo zerar os efeitos das consequências particulares que põem em dificuldade os homens, e que os impelem a desfrutar em sua própria vantagem as circunstâncias naturais e sociais. Com este objetivo, assumo que as partes estão situadas por trás de um véu de ignorância. As partes não sabem de que modo as alternativas influenciarão em seu caso particular, e são por isso obrigadas a avaliar os princípios apenas com base em considerações gerais. Assume-se, portanto, que as partes não conhecem alguns tipos de fatos particulares. Primeiramente, ninguém conhece seu próprio lugar na sociedade, sua posição de classe ou seu *status* social; o mesmo vale na distribuição dos dotes e das capacidades naturais, sua força, inteligência e semelhantes. Além disso, ninguém conhe-

Capítulo décimo - *O neocontratualismo de John Rawls*

ce sua própria concepção do bem, nem os particulares dos próprios planos racionais de vida e nem as próprias características psicológicas particulares, como a aversão ao risco ou a tendência ao pessimismo ou ao otimismo. Além disso, assumo que as partes não conheçam as circunstâncias específicas de sua sociedade".

4 A posição originária faz escolher princípios universais

Pois bem, em uma situação desse tipo, nessa *posição originária*, o véu de ignorância torna todos iguais. O véu de ignorância não beneficia ninguém; portanto, nenhum dos contraentes poderá propor uma sociedade futura ou instituições em sua própria vantagem; ninguém sabe qual é ou será seu próprio interesse ou privilégio particular.

> ■ **Posição originária.** A situação da posição originária é fruto de um experimento arquitetado por John Rawls a fim de tornar plausíveis os critérios de justiça que deveriam informar leis e instituições. Se algum indivíduo implicado na determinação do contrato que deverá ser vigente na futura sociedade soubesse antecipadamente qual será no futuro sua posição ou a de seus amigos, ou então a de seus inimigos, não é inverossímil que tentará a proposta de critérios que seriam vantajosos para si mesmo ou seus amigos, ou que oxalá fossem desvantajosos para seus inimigos. Justamente para evitar semelhantes inconvenientes, Rawls imagina uma posição originária, caracterizada por um véu de ignorância, na qual ninguém sabe nada nem de si próprio nem dos outros, nem dos amigos nem dos inimigos; motivo pelo qual a única escolha possível será a que deverá contemplar a *todos*; chegaríamos, assim, a uma escolha de princípios universais de justiça, como seriam os *dois princípios de justiça* propostos por Rawls.

A posição originária faz com que todos sejam igualmente racionais e reciprocamente desinteressados; é uma situação que obriga todos a escolher princípios universais de justiça, ou, para dizer com Kant — ao qual Rawls se remete —, princípios de uma moral autônoma que nós mesmos nos damos não como seres interessados nisto ou naquilo, ou como membros desta ou daquela sociedade, mas como seres livres e racionais. "O véu de ignorância — escreve Rawls — priva a pessoa na posição originária dos conhecimentos que a colocariam em grau de escolher princípios heterônomos. As partes chegam juntas à sua escolha, enquanto pessoas livres, racionais e iguais, conhecendo apenas as circunstâncias que fazem surgir a necessidade de princípios de justiça". Os indivíduos que se encontram na posição originária não podem propor princípios ou pensar em uma sociedade em que poderão ser favorecidos eles mesmos ou talvez seus amigos, e desfavorecidos os outros. Ninguém sabe nada nem de si mesmo nem dos outros. A única escolha possível é, então, a que deverá se referir a *todos*; tratar-se-á, portanto, de uma escolha de princípios universais de justiça.

5 Dois princípios de justiça

Na base da proposta dos princípios que constituem "a estrutura fundamental da sociedade" há, portanto, um contrato. As partes contraentes são todos os indivíduos — não conta aqui o tempo nem têm importância nenhuma as gerações — que *se põem na posição originária*. Objeto do contrato são os dois princípios de justiça, que são princípios morais e que serão expostos em breve. E a motivação que está por trás do contrato e da proposta dos dois princípios é principalmente a de se proteger contra a possibilidade de se encontrar amanhã entre os desfavorecidos.

O primeiro princípio de justiça é o seguinte: "toda pessoa tem direito igual à mais extensa liberdade fundamental, compativelmente com semelhante liberdade para os outros". O segundo princípio sustenta que "as desigualdades econômicas e sociais, como as de riqueza e de poder, são justas apenas se produzem benefícios compensatórios para cada um, e em particular para os membros menos favorecidos da sociedade".

O primeiro princípio funciona como fundamento das liberdades individuais; ele "requer a igualdade na atribuição dos direitos e dos deveres fundamentais". O segundo princípio não justifica o sacrifício de alguns, mesmo que ele chegue a produzir um bem maior para alguns ou para a maioria. Isso é o que o utilitarismo propõe; mas Rawls é anti-utilitarista: "O fato de que alguns tenham menos a fim de que outros prosperem pode ser útil, mas é injusto". As desigualdades econômicas e sociais são admitidas, ou seja, são justas, não por beneficiar os poucos ou os muitos ou os mais, mas apenas com a condição de que favoreçam *todos*, e de modo especial os mais desfavorecidos. Texto 1

6. O primeiro princípio de justiça

O primeiro princípio de justiça fala das liberdades individuais. Estas liberdades, iguais para todos, são a liberdade de pensamento e de consciência, a liberdade de palavra e de reunião, a liberdade da detenção arbitrária, a liberdade política — o direito de voto —. A Constituição e as leis têm a função de garantir o uso livre destas liberdades, onde se deve salientar que as liberdades de consciência e de pensamento são as primeiras na graduação, as absolutamente irrenunciáveis. E, diz Rawls, "não só deve ser permitido aos indivíduos fazer ou não fazer uma coisa, mas o governo e as outras pessoas têm também o dever legal de não criar obstáculos". Por outro lado, um sistema inspirado na liberdade não pode se autodestruir deixando, por exemplo, livres os intolerantes. A liberdade deve ser defendida por meio de um sistema de regras que consigam defini-la. Escreve Rawls: "Nos Estados democráticos, alguns grupos políticos sustentam doutrinas que os impelem a suprimir as liberdades constitucionais toda vez que obtiverem o poder; do mesmo modo há aqueles que negam a liberdade individual mas que ensinam nas universidades". Eis, portanto, um problema não descartável: deve-se ser tolerante com os intolerantes? Rawls responde a esta pergunta afirmando que os intolerantes não têm nenhum direito de queixar-se da intolerância; isso, todavia, não justifica, em sua opinião, o fato de que os tolerantes teriam o direito de suprimi-los. Apenas em um caso Rawls admite a intolerância contra os intolerantes: no caso em que a segurança dos tolerantes seja posta em perigo, e isso pelo motivo de que "toda pessoa na posição originária deliberaria em favor da autoconservação". A justiça não requer de fato o sacrifício da auto aniquilação; "mas — afirma Rawls — quando a Constituição é salva, não há mais nenhuma razão de negar a liberdade aos intolerantes".

7. O segundo princípio de justiça

Mais de uma vez, em *Uma teoria da justiça*, encontramos reformulado o segundo princípio de justiça. Já vimos uma primeira formulação: "As desigualdades econômicas e sociais, como as de riqueza e de poder, são justas apenas se produzem benefícios compensatórios para cada um, e em particular para os membros menos favorecidos da sociedade". Uma segunda formulação é a seguinte: "As desigualdades sociais e econômicas devem ser combinadas de modo a ser (*a*) para o maior benefício dos menos favorecidos, (*b*) ligadas também a posições abertas a todos em condições de justa igualdade e pertença". E, a seguir, uma posterior formulação do princípio: "As desigualdades sociais e econômicas devem ser combinadas de modo a ser (*a*) razoavelmente previstas para a vantagem de cada um, (b) ligadas a funções e posições abertas a todos".

O segundo princípio de justiça afirma que as desigualdades na distribuição da renda são injustas quando não são para o benefício de todos e, de modo especial, dos mais desfavorecidos; e que as funções e as posições de prestígio devem estar abertas a todos. O segundo princípio de justiça, portanto, projeta e exige a *reparação* das desvantagens dos menos favorecidos. Que em uma sociedade existam pessoas em condições más de saúde, portadoras de deficiências, ou indivíduos que, desmerecidamente, têm uma renda demasiado baixa, tudo isso é um fato. A existência dos desfavorecidos é um fato; e os fatos não são nem justos nem injustos. Mas — precisa Rawls — "aquilo que é justo e aquilo que é injusto é o modo com que as instituições tratam esses fatos". E para que as instituições sejam justas em relação aos desfavorecidos, estas, na opinião de Rawls, devem fazer valer aquilo que ele chama de *princípio de diferença*, princípio que requer que "as maiores expectativas dos mais favorecidos contribuam para as perspectivas daqueles que são menos favorecidos". Para sermos claros: isso equivale a dizer que se, por causa de uma lei, fossem limitadas as perspectivas dos mais favorecidos, e tal limitação acarretasse um dano para os desfavorecidos, a lei em questão seria injusta. Por outro lado, se uma melhoria das perspectivas dos mais favorecidos servisse para melhorar as perspectivas dos desfavorecidos, tal melhoria não deveria ser considerada injusta. Mas isso nos limites impostos pelo princípio do *"maxmin"* (*maximum minimorum*), para o qual é permitida não qualquer desigualdade, e sim são permitidas unicamente as desigualdades que maximizam o mínimo. Como se vê — comenta Marco Patriarca — "o princípio do *maxmin* impõe que o verdadeiro indicador da maximização não é a melhoria das condições de toda a sociedade, mas a específica das posições dos mais fracos". E é aqui que se encontra a razão pela qual Daniel Bell definiu as ideias de Rawls como "a maior tentativa de justificar, em nossos dias, uma ética socialista". Contra essa tentativa se confrontará Robert Nozick.

Rawls

1 Os dois princípios de justiça

> *No trecho seguinte John Rawls propõe os dois princípios que todo mundo, encontrando-se na "posição originária", escolheria. Estes princípios "traçam uma distinção entre os aspectos do sistema social que definem e garantem liberdades iguais de cidadania, e os que especificam e estabelecem as desigualdades econômicas e sociais.*

Formularei agora de modo provisório os dois princípios de justiça que acredito que seriam escolhidos na posição originária. [...]

A primeira enunciação dos dois princípios é a seguinte.

Primeiro: toda pessoa tem igual direito à mais extensa liberdade fundamental compativelmente com uma igual liberdade para os outros.

Segundo: as desigualdades sociais e econômicas devem estar combinadas de modo a ser (a) razoavelmente previstas para vantagem de cada um; (b) ligadas a cargos e posições abertas a todos. No segundo princípio há duas expressões ambíguas, isto é, "para vantagem de cada um" e "abertas a todos".

Em uma determinação sucessiva, no § 46, Rawls precisou o segundo princípio do seguinte modo: "As desigualdades econômicas e sociais devem ser: a) para o maior benefício dos menos favorecidos, compativelmente com o princípio da justa poupança, e b) ligadas a cargos e posições abertas a todos em condições de igualdade equitativa de oportunidades". [...]

Os princípios traçam uma distinção entre os aspectos do sistema social que definem e garantem iguais liberdades de cidadania, e os que especificam e estabelecem as desigualdades econômicas e sociais. As liberdades fundamentais dos cidadãos são, aproximativamente, a liberdade política (o direito de votar e de ser candidatos a um cargo público), junto com a liberdade de palavra e de reunião; a liberdade de consciência e de pensamento; a liberdade da pessoa, junto com o direito de possuir propriedade (pessoal); a liberdade em relação à prisão e à detenção arbitrárias, como definidas pelo conceito de governo da lei. Estas liberdades devem ser iguais segundo o primeiro princípio, pois os cidadãos de uma sociedade justa devem ter os mesmos direitos fundamentais.

Em primeira aproximação, o segundo princípio aplica-se à distribuição da renda e da riqueza, e à estrutura das organizações caracterizadas por diferenças de autoridade e de responsabilidade, ou de hierarquia. Mesmo que a distribuição da riqueza e da renda não deva necessariamente ser igual, ela deve, porém, ser vantajosa para cada um e, ao mesmo tempo, posições de autoridade e cargos de governo devem estar abertos a todos. Aplica-se o segundo princípio mantendo as posições abertas e, portanto, sujeitas a esse vínculo; organizam-se as desigualdades sociais e econômicas de modo que resultem em benefício de cada um.

Estes princípios devem estar dispostos em uma ordenação serial em que o primeiro princípio precede o segundo. Essa organização significa que um desvio das instituições de igual liberdade, requeridas pelo primeiro princípio, não pode ser nem justificado nem compensado por maiores vantagens sociais e econômicas. A distribuição da renda e da riqueza e as hierarquias de autoridade devem ser compatíveis tanto com os direitos iguais de cidadania como com a igualdade das oportunidades.

É claro que estes princípios têm um conteúdo bastante específico, e que sua aceitação está baseada sobre certas posições que devo agora tentar explicar e justificar. Uma teoria da justiça depende de uma teoria da sociedade em modos que se tornarão claros à medida que procedermos. No momento, devemos observar que os dois princípios (e isso vale para todas as suas formulações) são um caso particular de uma concepção da justiça mais geral, que pode ser expressa do modo seguinte.

Todos os valores sociais – liberdade e oportunidade, riqueza e renda, e as bases do respeito de si – devem ser distribuídos de modo igual, a menos que uma distribuição desigual, de um ou de todos estes valores, não resulte em vantagem de cada um. A injustiça, portanto, coincide simplesmente com as desigualdades que não resultam em benefício de todos.

J. Rawls,
Uma teoria da justiça.

Capítulo décimo primeiro

O "Estado mínimo" de Robert Nozick

I. A vida e as obras

• Robert Nozick (1938-2002). Nasceu no Brooklin. Embora em Princeton tivesse conhecido Carl Gustav Hempel, jamais desejou ser um filósofo analítico, "mas muito mais um pensador que levava, dentro dos limites da análise, qualquer coisa que considerasse útil e interessante".

Com *Explicações filosóficas* (1981) e *A vida pensada* (1989) Nozick enfrentou "velhas perguntas", como: A vida tem um significado? Existem verdades éticas objetivas? Nossa vontade é livre? O que é a criatividade? De que modo o Holocausto mudou a humanidade?

O trabalho, todavia, mais conhecido e discutido de Nozick é *Anarquia, Estado e utopia* (de 1974), um livro que se propõe como perspectiva alternativa à obra de John Rawls, *Uma teoria da justiça*.

Nozick: um filósofo às voltas com a "grandes perguntas"
→ § 1

• O assunto de fundo de *Anarquia, estado e utopia* é que "os indivíduos têm direitos; há coisas que nenhuma pessoa ou nenhum grupo de pessoas pode fazer-lhes (sem violar seus direitos)". E eis, então, a pergunta central: quanto espaço os direitos dos indivíduos deixam ao Estado?

A tal interrogação Nozick responde com a proposta de um *Estado mínimo*, um Estado "reduzido estritamente às funções de proteção contra a força, o furto, a fraude, de execução dos contratos, e assim por diante". Ao Estado mínimo chega-se, afirma Nozick, não por *contrato*, e sim muito mais espontaneamente, por meio de um processo "de mão invisível", para as sucessivas fases da *associação de proteção*, da *associação protetora dominante* e do *Estado ultramínimo*. O *Estado ultramínimo* fornece serviços de proteção *apenas* para quem compra suas apólices de proteção; no *Estado mínimo*, ao contrário, os cidadãos que podem pagam as taxas para que a proteção e a aplicação dos direitos sejam garantidas a *todos*.

Os direitos dos indivíduos no "Estado mínimo"
→ § 2-3

• Os indivíduos devem ser respeitados como fins. Ninguém, portanto, deve fazer sacrifícios dos quais tirarão vantagens maiores outras pessoas ou alguma entidade social. Mas o que são estas *entidades sociais*, se é verdade que existem apenas indivíduos? Sob o discurso do bem social complexo esconde-se o fato de que alguém é usado para vantagem de outros. Esta é a posição de Nozick: "ninguém pode ser sacrificado para outros"; ninguém, e muito menos o Estado, pode decidir que alguns indivíduos sejam recursos para outros.

O que são essas "entidades sociais"?
→ § 4

• Dos direitos dos homens aos dos *animais não humanos*, Nozick remete-se a Jeremy Bentham, que não conseguia ver sequer uma razão que legitimasse a tortura dos animais, e que sustentava que a questão não é se os animais podem

> *A crueldade humana em relação aos animais* → § 5
>
> *raciocinar* ou se podem *falar*, e sim se podem *sofrer*. Nozick se pergunta: É justo o que fazem os caçadores, ou seja, perseguir e matar animais por puro divertimento? É justo matar animais para satisfazer os prazeres do paladar ou a variedade dos sabores?
>
> • Nozick especifica assim os três princípios da justiça:
> 1) *o princípio de justiça na aquisição*: a aquisição de uma coisa sem possuidor não será justa se piorar a posição de outros que não tem mais a liberdade de usar dela;
>
> *Três regras para decidir quando a propriedade é justa* → § 6-7
>
> 2) *o princípio de justiça na transferência*: a transferência da propriedade é justa se fruto de vontade livre e não resultado de imposições ou de fraudes;
> 3) *o princípio de retificação*: serão usados os dados históricos sobre as injustiças precedentes a fim de retificá-las.
> São estas as diretrizes de fundo de uma *teoria histórica da justiça*, onde se vê que "a propriedade de uma pessoa é justa se a pessoa tem direito a ela graças a princípios de justiça na aquisição e na transferência, ou ao princípio de retificação da injustiça".
>
> • Existem apenas indivíduos. E qual será a sociedade ideal para todos os indivíduos? Não há de fato uniformidade sobre o ideal de vida melhor, e a ideia de sociedade perfeita não tem nenhum fundamento. Por isso, aquilo que é verdadeiramente necessário é, segundo Nozick, um *palco para utopias*,
>
> *Um palco para utopias* → § 8-9
>
> "um posto em que a pessoa é livre de associar-se voluntariamente para perseguir e tentar realizar sua própria visão de uma vida boa em uma comunidade ideal, mas em que ninguém pode *impor* sua própria visão utópica".
> E esse palco para utopias é exatamente o *Estado mínimo*: o único moralmente legítimo e o único moralmente tolerável, o que melhor do que todos realiza as aspirações utópicas de fileiras de sonhadores e de visionários. O Estado mínimo nos trata como "indivíduos inviolados [...], como pessoas que têm direitos individuais com toda a dignidade que daí provém".

1 O "Estado mínimo" de Robert Nozick

Robert Nozick (1938-2002) descende de uma família de judeus russos. Ele conta de si mesmo: "O interesse que me levou à filosofia foi [...] decididamente político. Depois, quando na década de 1960 comecei a frequentar a Columbia University, os docentes mais avançados trabalhavam justamente na filosofia da ciência. Fui então levado a aprofundar questões inerentes às noções de 'explicação', explicação científica, lógica indutiva, teoria científica e assim por diante. A seguir, em Princeton, encontrei Carl Hempel [...]. Ele sempre me deu sugestões preciosas sobre os desenvolvimentos de meu trabalho".

Da filosofia analítica Nozick aprende "a pensar de modo claro e rigoroso". Mas ele acha demasiado restrito para seus interesses o estilo de pensamento analítico: "Jamais desejei ser um filósofo analítico, e sim um pensador que levava, dentro dos confins da análise, alguma coisa que considerasse útil e interessante".

De 1974 é, portanto, *Anarquia, Estado e utopia*. Em 1981 Nozick publica *Explicações filosóficas*. "Velhas perguntas — escreve Nozick — estimularam esse ensaio: A vida tem um significado? Existem verdades éticas objetivas? Nossa vontade é livre? Qual é a natureza de nossa identidade, de nosso si mesmo? Nosso conhecimento e compreensão devem observar limites imutáveis?" E tais questões filosóficas de fundo são enfrentadas no quadro de uma crítica da ideia de que a argumentação filosófica seja de natureza coercitiva: "Arrancar o empreendimento filosófico do espírito da disputa e restituí-lo sobre novas bases, mais pluralistas, da compreensão, é o objetivo central do pensamento de Nozick [...]" (G. Borradori). Questões fundamentais da filosofia enfrenta também o mais recente trabalho de Nozick *The Examination of Life* (em italiano, publicado em 1989). Aqui ele procura responder a perguntas como as seguintes: "Por que a felicidade não é a única coisa que conta? Como poderia ser a imortalidade, e que sentido teria? Os bens herdados deveriam passar de geração em geração? As doutrinas orientais da iluminação são válidas? O que é a criatividade, e por que as pessoas protelam o enfrentamento de projetos promissores? O que perderíamos se jamais experimentássemos alguma emoção, mas pudéssemos em tudo caso ter sensações agradáveis? De que modo o Holocausto mudou a humanidade? O que é que não funciona quando alguém pensa principalmente na riqueza e no poder? Uma pessoa religiosa pode explicar por que Deus permite que exista o mal? O que há de particularmente valioso no modo com que o amor passional altera uma pessoa? O que é a sabedoria, e por que os filósofos a amam tanto? O que dizer da cisão entre ideais e fatos? Existem coisas mais reais que outras, e podemos nós mesmos nos tornarmos mais reais?"

O trabalho, todavia, certamente mais conhecido e mais discutido de Nozick é *Anarquia, Estado e utopia*, um livro que se apresenta como alternativa à obra de John Rawls *Uma teoria da justiça*.

2 Os direitos invioláveis dos indivíduos e o "Estado mínimo"

O assunto de fundo de *Anarquia, Estado e utopia* é o seguinte: "Os indivíduos têm direitos; há coisas que nenhuma pessoa ou nenhum grupo pode lhes fazer (sem violar seus direitos). Tais direitos são tão fortes e de tão grande porte, que levantam o problema do que o Estado e seus funcionários possam fazer, se podem alguma coisa". Eis, portanto, a pergunta central que Nozick se coloca: quanto espaço deixam para o Estado os direitos dos indivíduos? E as conclusões a que ele chega em suas reflexões sobre o Estado são: "que um Estado mínimo, reduzido estritamente às funções de proteção contra a força, o furto, a fraude, de execução dos contratos, e assim por diante, é justificado; que qualquer Estado mais extenso violará os direitos das pessoas de não serem obrigadas a realizar certas coisas, e é injustificado; e que o Estado mínimo é sedutor, além de justo". Duas implicações de tudo isso, e que Nozick julga dignas de nota, são que "o Estado não pode usar seu aparato coercitivo com o objetivo de fazer com que alguns cidadãos ajudem outros, ou para proibir às pessoas atividades para seu *próprio* bem ou para sua *própria* proteção". Portanto, a proposta de Nozick consiste na defesa dos *direitos invioláveis de indivíduos*, indivíduos que vivem dentro de um *Estado mínimo*, ou seja, de um Estado que se limita a proteger os cidadãos da violência, do furto, da fraude e na execução de contratos. A concepção de Nozick é uma concepção individualista: é o indivíduo que ele quer defender contra a ingerência e a intervenção do Estado. E aqui imediatamente se abre caminho para a

Robert Nozick é o autor de Anarquia, Estado e utopia, *livro que se apresenta como alternativa crítica à obra de John Rawls* Uma teoria da justiça, *e que propõe a concepção liberal de um "Estado mínimo", respeitoso dos direitos invioláveis dos indivíduos.*

objeção anárquica: não seria melhor que o Estado de fato não existisse? O Estado não é, por sua natureza, intrinsecamente imoral? Robert Nozick rejeita a objeção anárquica elaborando uma, na sua opinião em todo caso instrutiva, explicação "do modo com que o Estado poderia ter nascido, mesmo que não tenha nascido assim".

3. Do Estado de natureza ao "Estado mínimo"

Nozick parte do Estado de natureza de Locke — onde os indivíduos estão prontos para fazer justiça por si mesmos contra os usurpadores de seus próprios direitos. Todavia, enquanto Locke sustenta que se sai do Estado de natureza e se entra no Estado civil por meio de um contrato ou acordo, Nozick afirma que do Estado de natureza chega-se ao Estado mínimo não por meio de um contrato e sim espontaneamente, por obra daquela que Adam Smith havia chamado de "mão invisível", atravessando as fases sucessivas da *associação de proteção*, da *associação protetora dominante* e do *Estado ultramínimo*.

O Estado nasce, portanto, espontaneamente, e não é de fato — como o desejariam os anárquicos — uma construção imoral que viola e esmaga os direitos dos cidadãos.

"O *Estado ultramínimo* reserva-se o monopólio de todo uso da força, excluindo a força necessária para a autodefesa imediata; exclui assim as represálias privadas (ou das companhias) aos erros, e a exação privada dos ressarcimentos. Fornece, porém, serviços de proteção e de aplicação dos direitos *apenas* a quem compra as suas próprias apólices de proteção e de aplicação dos direitos. Quem não adquire um contrato de proteção do monopólio não obtém proteção". Pois bem, diversamente do Estado ultramínimo, no *Estado mínimo* os cidadãos que podem pagam as taxas para que a *todos* sejam garantidas proteção e aplicação dos direitos.

Esta é a concepção liberal clássica do Estado mínimo como *guarda noturno*, cuja tarefa consiste em fazer respeitar os "vínculos colaterais" que derivam da inviolabilidade dos indivíduos, os quais não são meios para o Estado e devem ser tratados pelo Estado como fins.

4. Ninguém pode ser sacrificado em benefício de outros

A inviolabilidade das pessoas significa, exatamente, que os indivíduos devem ser respeitados como fins. E ninguém deve fazer sacrifícios dos quais alguma entidade social ou outras pessoas tirarão vantagens maiores. Mas que sentido tem falar de *entidades sociais*? A realidade é que "há apenas indivíduos, indivíduos diferentes, com suas vidas individuais. Usando um destes indivíduos para a vantagem de outros, usa-se dele e se favorecem outros e basta. O que acontece? Que lhe é feito alguma coisa em proveito de outros. Isso está escondido sob o discurso do bem social complexo. (Intencionalmente?)".

Todo indivíduo é uma "pessoa separada" e "a dele é a única vida que possui". Ninguém — insiste Nozick — pode impor sacrifícios a um indivíduo em benefício de outros indivíduos, e muito menos o Estado. A ideia fundamental é que existem indivíduos diferentes com vidas separadas e que

---

■ **Estado mínimo.** No pensamento de Robert Nozick – e hoje, também graças a Nozick, da mais ampla cultura liberal – o Estado mínimo é o Estado "reduzido estritamente às funções de proteção contra a força, o furto, a fraude, de execução dos contratos, e assim por diante".
A concepção do Estado mínimo orienta-se a defender o indivíduo – *os direitos invioláveis dos indivíduos* – da ingerência do Estado; é uma defesa da pessoa contra o estatismo.
São duas as implicações dignas de nota que Nozick deriva de sua ideia de *Estado mínimo*: "o Estado não pode usar seu aparato coercitivo com o objetivo de fazer com que alguns cidadãos ajudem outros, ou para proibir às pessoas atividades para seu *próprio* bem ou para sua *própria* proteção". Ainda: o Estado mínimo é aquele em que os cidadãos que podem pagam as taxas para que a proteção e a aplicação dos direitos sejam garantidas para *todos*.

"ninguém pode ser sacrificado em favor de outros". Ninguém, e muito menos o Estado, pode decidir que alguns indivíduos sejam recursos para outros.

5. Os direitos dos animais

Dos direitos dos homens chegamos aos dos *animais não humanos*. Nozick pergunta: "Existem limites ao que podemos fazer aos animais? Os animais têm puramente o status moral de *objetos*?" É a Jeremy Bentham que ele se remete, ao Bentham que não conseguia ver uma razão sequer que permitisse atormentar os animais, e que sustentava que a questão não é se os animais podem *raciocinar* ou se podem *falar*, e sim se podem *sofrer*. Nozick não quer ser mal-entendido e não quer que se creia que, segundo ele, "deve-se dar aos animais o mesmo valor moral que às pessoas". Seu intento é o de discutir novamente a questão da diferença entre homens e animais, e de delimitar novamente o mapa dos direitos dos animais. No entanto, por algumas perguntas que ele coloca, aparece suficientemente clara a direção de sua proposta. Examinemos, diz ele, o caso da caça; pois bem, é justo perseguir e matar animais por puro divertimento? E suponhamos que comer animais não seja necessário à saúde. Em um caso desse tipo o prazer de comer animais estaria "nos prazeres do paladar, nas delícias do gosto, na variedade dos sabores". Pois bem, "esses prazeres [...] *superam* no querer o valor moral que se deve dar à vida e aos sofrimentos dos animais?"

6. Os três argumentos de uma teoria histórica da justiça

Intervencionistas e totalitários sustentam que ao Estado cabe fixar e aplicar os critérios para distribuir de *modo justo* a riqueza. Contra esses modelos abstratos de justiça — e sobretudo contra aquela "obra sistemática de filosofia política e moral vigorosa, profunda, sutil, de amplo fôlego" que é a *Theory of Justice* de J. Rawls —, Nozick propõe uma *teoria histórica da justiça*. Essa teoria compreende três argumentos. O primeiro é a *aquisição inicial da propriedade*; esse argumento "compreende os problemas de como coisas sem possuidor podem vir a ser possuídas, o processo, ou os processos com que as coisas sem possuidor podem vir a ser possuídas com esses processos, a extensão daquilo que vem a ser possuído com um processo particular, e assim por diante". O segundo argumento refere-se à *transferência da propriedade* de uma pessoa para outra: "neste argumento entram as descrições gerais da troca voluntária, da doação e (no extremo oposto) da fraude e, além disso, faz-se referência a convenções particulares especiais, escolhidas em dada sociedade". O terceiro argumento refere-se à *justiça na propriedade*: "se a injustiça passada formou a propriedade atual de vários modos, alguns identificáveis e outros não, o que a este ponto se deveria fazer para remediar essas injustiças, uma vez que se deva?"

7. Os três princípios da justiça

A matéria do primeiro argumento é regulada, para Nozick, pelo *princípio de justiça na aquisição*: "Um processo que normalmente dá origem a um direito de propriedade permanente e transmissível por herança sobre uma coisa precedentemente sem possuidor, não será feito se a posição de outros, que não têm mais a liberdade de usar a coisa, se tornar pior". O segundo argumento é regulado pelo *princípio de justiça na transferência*: a transferência da propriedade é justa se é fruto de livre vontade e não resultado de imposições, nem de fraude; em linha geral ela se efetua com base em critérios válidos e que funcionam nesta ou naquela sociedade. A matéria do terceiro argumento é regulada pelo *princípio de retificação*: "este princípio usa os dados históricos sobre as situações precedentes e sobre as injustiças nelas realizadas [...], e os dados sobre o curso real, até agora, dos eventos originados por essas injustiças, e favorece uma descrição (ou descrições) da propriedade na sociedade. O princípio de retificação servir-se-á presumivelmente da melhor avaliação dos dados, hipotéticos, sobre o que teria acontecido [...] se a injustiça não tivesse acontecido".

Eis, portanto, delineada em suas linhas de fundo uma teoria histórica da justiça, onde vemos que "a propriedade de uma pessoa é justa se a pessoa tem direito a ela em decorrência dos princípios de justiça na aquisição e na transferência, ou do princípio de retificação da injustiça".

8. Não existe nenhum critério para estabelecer qual é a sociedade perfeita

A ideia de Estado mínimo parece "pálida e fraca", escreve Nozick, se comparada com as esperanças e os sonhos dos teóricos da utopia. Todavia, quais são e quantas são as possíveis utopias? Como será o melhor dos mundos possíveis? E "melhor" para quem? — uma vez que é claro que "entre todos os mundos que posso imaginar, aquele em que eu preferiria viver não será exatamente o mesmo que vocês escolheriam". Aqui Nozick elenca os nomes de diversas pessoas ilustres: "Wittgenstein, Elisabeth Taylor, Bertrand Russell, Thomas Merton, Yogi Berra, Allen Ginsburg, Harry Wolfson, Thoreau, Casey Stengel, [...], Picasso, Moisés, Einstein, Hugh Heffner, Sócrates, Henry Ford, Lenny Bruce, Baba Ram Daas, Gandhi, sir Edmund Hillary, Raymond Lubitz, Buda, Frank Sinatra, Colombo, Freud, Norman Mailer, Ayn Rand, o barão Rothschild, Ted Williams, Thomas Edison, H. L. Peter Kripotkin, vocês e seus genitores". Feita esta lista de nomes, Nozick pede para imaginar que todos eles vivam em uma das utopias quaisquer que foram descritas em seus particulares. Pois bem, qual será a sociedade ideal para todas essas pessoas? Viveriam elas no luxo ou levariam uma vida austera? Em tal sociedade haveria o matrimônio? Seria ele monogâmico? As crianças seriam criadas pelos genitores? Existiria a propriedade privada? Haveria uma religião ou mais fés? O que aconteceria com a arte? Haverá modas de vestuário? Diante de tais e outras perguntas, Nozick conclui que "a ideia de que exista uma resposta compósita melhor do que toda outra para todas essas perguntas, uma sociedade em que *todos* podem viver no mundo melhor, parece-me inacreditável. (E a ideia de que, se houver uma, dela saibamos o bastante para descrevê-la, é ainda mais incrível)".

Texto 1

9. O "Estado mínimo" como único Estado moralmente legítimo e moralmente tolerável

Não existe um *só* tipo de comunidade, e uma só ideia de sociedade perfeita é um ideal sem nenhum fundamento. Por conseguinte, "a sociedade utópica é a sociedade dos experimentos utópicos, de muitas comunidades diferentes e divergentes em que as pessoas levam gêneros de vida diversos com diversas intenções". Eis que então, insiste Nozick, "a utopia é um palco para utopias, um lugar em que a pessoa é livre para se associar voluntariamente a fim de perseguir e tentar atuar sua própria visão de uma vida bela em uma comunidade ideal, mas em que ninguém pode *impor* sua própria visão utópica". É sobre a base de tais premissas que Nozick proclama sua verdade, ou seja, que "a utopia é uma meta-utopia: o ambiente em que podem ser tentados experimentos utópicos; o ambiente em que a pessoa é livre para fazer suas próprias tentativas; o ambiente que deve, em grande parte, ser atuado por primeiro, caso se queiram atuar de modo estável outras visões utópicas particulares". Dentro do palco para utopias, qualquer grupo de pessoas poderá propor seu modelo e tentar convencer os outros a participar na aventura baseada sobre aquele modelo. "Visionários e extravagantes, maníacos e santos, monges e libertinos, capitalistas e comunistas e democratas da participação, quem propõe as falanges (Fourier), os ministérios do trabalho (Flora Tristan), as aldeias de unidade e cooperação (Owen), as comunidades mutualistas (Proudhon), os negócios do tempo (Josiah Warren), os Bruderhof, os Kibbutzim, os 'Kundalini' ioga ashram, e assim por diante, podem todos realizar a tentativa de construir sua visão e oferecer um exemplo sedutor".

Existe, portanto, o palco para utopias e existem as comunidades particulares dentro desse palco. E a este ponto aparece com toda evidência, assegura Nozick, que "o palco para uma utopia que descrevemos equivale ao Estado mínimo. O Estado mínimo é o único moralmente legítimo e o único moralmente tolerável, é aquele que melhor do que todos realiza as aspirações utópicas de fileiras de sonhadores e de visionários". E se as coisas assim se configuram, "o Estado mínimo, o palco para uma utopia, não é talvez uma visão atraente?" A verdade — assim Nozick conclui *Anarquia, Estado, utopia* — é a seguinte: "O Estado mínimo trata-nos como indivíduos invioláveis, que não podem ser usados por outros de certo modo como meios ou ferramentas ou instrumentos ou recursos; trata-nos como pessoas que têm direitos individuais com toda a dignidade que daí provém. Tratando-nos com respeito porque respeita nossos direitos, permite-nos, individualmente ou com quem julgamos melhor, escolher nossa vida e atingir nossos fins e a ideia que temos de nós mesmos, no limite de nossas capacidades; auxiliados pela cooperação voluntária de outros indivíduos investidos da mesma dignidade. Como poderia um Estado ou um grupo de indivíduos *ousar* fazer mais? Ou menos?"

Nozick

1 Ninguém sabe qual é a sociedade perfeita

> Não existe de fato nenhum critério racional e universalmente válido para estabelecer qual é a sociedade perfeita. Por isso – afirma Nozick – a melhor sociedade é "um palco para utopias, um lugar em que as pessoas são livres para se associar voluntariamente, a fim de perseguir e tentar atuar sua própria visão de uma vida boa em uma comunidade ideal, mas na qual ninguém pode impor aos outros sua própria visão utópica".

Wittgenstein, Elizabeth Taylor, Bertrand Russell, Thomas Merton, Yogi Berra, Allen Ginsburg, Harry Wolfson, Thoreau, Casey Stengel, The Lubavitcher Rebbe, Picasso, Moisés, Einstein, Hugh Heffner, Sócrates, Henry Ford, Lenny Bruce, Baba Ram Dass, Gandhi, sir Hedmund Hillary, Raymond Lubitz, Buda, Frank Sinatra, Colombo, Freud, Norman Mailer, Ayn Rand, o barão Rothschild, Ted Williams, Thomas Edison, H. L. Peter Kropotkin, vós e vossos genitores. Existe verdadeiramente um tipo de vida que é melhor para cada uma dessas pessoas? Imaginemos que vivam todas juntas em uma das utopias das quais nunca se tenham lido descrições particularizadas. Experimentemos descrever a sociedade ideal para todas essas pessoas. Seria agrícola ou urbana? Teria grandes luxos materiais ou seria austera e satisfaria apenas as necessidades principais? Como seriam as relações entre os sexos? Haveria uma instituição semelhante ao matrimônio? Seria monogâmico? As crianças seriam criadas pelos genitores? Existiria a propriedade privada? A vida seria serena e segura, ou cheia de aventuras, de desafios, de perigos e de ocasiões de heroísmo? Haveria uma religião, ou mais de uma ou nenhuma? Que importância teria na vida das pessoas? As pessoas basearium sua própria vida sobre interesses privados ou sobre ações cívicas e sobre problemas de política geral? Elas se dedicariam com unidade de propósitos a particulares tipos de atuação e de trabalho, ou de todo tipo de profissões e de prazeres, ou então se voltariam plenamente para atividades satisfatórias no tempo livre? As crianças seriam educadas de modo severo ou permissivo? Do que se ocuparia particularmente sua instrução? Os esportes seriam importantes na vida das pessoas (como expectadores ou como praticantes)? E a arte? Prevaleceriam os prazeres dos sentidos ou as atividades intelectuais? Ou que tipo de coisa? Haveria modas no vestir? As pessoas se empenhariam muito para embelezar seu próprio aspecto? Qual seria sua atitude diante da morte? A tecnologia e as pequenas invenções teriam parte importante na sociedade? E assim por diante.

A ideia de que haja uma resposta global melhor do que qualquer outra para todas estas perguntas, uma sociedade em que *todos* possam viver do melhor modo, parece-me incrível. [...]

Os autores utópicos, cada um muito confiante nas virtudes de sua própria visão e em sua retidão particular, diferem (não menos do que diferem as pessoas acima elencadas) nas instituições e nos tipos de vida oferecidos à emulação. [...]

A conclusão é que não existe *um* único tipo de comunidade e um único tipo de vida conduzido na utopia. A sociedade utópica é a sociedade dos experimentos utópicos, de muitas comunidades diferentes e divergentes em que as pessoas vivem diversos tipos de vida com diversas instituições. Alguns tipos de comunidade serão mais atraentes do que outros para a maior parte das pessoas; as comunidades crescerão e diminuirão. As pessoas abandonarão umas por outras, ou então passarão toda a sua vida em uma só. A utopia é um palco para utopias, um lugar em que as pessoas são livres para se associar voluntariamente a fim de perseguir e tentar atuar sua própria visão de uma vida boa em uma comunidade ideal, mas em que ninguém pode *impor* aos outros sua própria visão utópica. A sociedade utópica é a sociedade de quem é fautor da utopia. (Naturalmente, alguns podem ser felizes onde se encontram. Nem *todos* se agregarão a comunidades experimentais especiais; muitos que de início se absterão, mais tarde se agregarão às comunidades, quando se tornar claro o modo com que realmente funcionam). A verdade que desejo proclamar é que a utopia é uma meta-utopia: o ambiente em que possam ser tentados experimentos utópicos; o ambiente em que as pessoas são livres para fazer suas próprias tentativas; o ambiente que deve, em grande parte, ser realizado em primeiro lugar, caso se queiram realizar de modo estável outras visões utópicas particulares.

R. Nozick,
Anarquia, Estado e utopia.

Capítulo décimo segundo

Michael Novak:
para uma teologia católica do capitalismo democrático

I. A vida e as obras

• Michael Novak nasceu na Pennsylvania em 1933. Estudou na Universidade Gregoriana de Roma e na Catholic University of America de Washington. Seu livro mais influente e mais discutido é *O espírito do capitalismo democrático* (1982).

Socialista democrático quando jovem, Novak há muitos anos rompeu com essa tradição, tornando-se o teólogo católico do capitalismo democrático dos Estados Unidos. E eis o objetivo declarado de sua obra maior: "Gostaria de persuadir muitas pessoas religiosas, de minha própria fé e de outras fés, que um exame sério do sistema americano de economia política põe à disposição, para o futuro do povo judaico, do povo cristão e talvez também de outros povos religiosos, uma sabedoria de grande valor".

De socialista democrático a teólogo do capitalismo democrático dos EUA
→ § 1-2

• Tal sabedoria consiste no "capitalismo democrático". E por *capitalismo democrático* Novak entende três sistemas em um: "uma economia prevalentemente de mercado; uma forma de governo respeitosa dos direitos da pessoa à vida, à liberdade e à busca da felicidade; e um sistema de instituições culturais animadas por ideais de liberdade e de justiça para todos".

Dizer *capitalismo democrático* é, portanto, dizer: economia de mercado + Estado de direito + pluralismo cultural. Este é o sistema que hoje estrutura os Estados Unidos da América, o Japão, a Alemanha e cerca de vinte outros países no mundo. É o sistema que produziu o mais difundido bem-estar entre as populações que o tornaram próprio. É o sistema onde se vê que economia de mercado e Estado de direito vivem e morrem junto: "a democracia política na prática é compatível apenas com uma economia de mercado".

Natureza do capitalismo democrático
→ § 3

• O pensamento católico não compreendeu – e em mais casos hostilizou – a revolução do capitalismo democrático. E no mais das vezes isso aconteceu em base a uma mal-entendida ideia de *solidariedade*. Mas – pergunta-se e pergunta Novak –: diante das necessidades do pobre, do faminto e do oprimido, qual é o sistema socioeconômico mais capaz de libertar da escravidão da miséria e da opressão dos poderosos?

A tal interrogação pode-se honestamente responder que o sistema em grau de oferecer o mais difundido bem-estar e a mais extensa liberdade é justamente o capitalismo democrático. Sem dúvida, o capitalismo democrático não é o Reino de Deus nem está isento de pecado. "E todavia – afirma Novak – todos os outros sistemas de economia política até agora conhecidos parecem piores. Uma esperança como a de aliviar a pobreza e remover a tirania – talvez a nossa última, melhor esperança – está nesse desprezadíssimo sistema".

Os pobres e o capitalismo democrático
→ § 4-5

> *Realiza mais a caritas, o solidarista ou o capitalista?*
> → § 6-8
>
> • Daí o empenho de Novak para a construção de uma *teologia para o capitalismo democrático* com a enucleação das doutrinas religiosas (a *Trindade*: Deus deve ser concebido tanto como comunidade quanto como indivíduo; a *Encarnação*: que nos faz compreender que vivemos em um mundo em que há fraquezas, irracionalidade, maldade; o *pecado original*: uma doutrina que ilumina a mente ingênua e a defende das ilusões das reformas perfeitas realizadas por homens perfeitamente cristãos etc.) que parecem ter influído sobre aquele modelo institucional que, em substância, é o *capitalismo democrático*.
>
> Em todo caso, a doutrina teológica mais elevada do cristianismo é a do *amor*. Mas quem ama mais que os outros: quem fala de solidariedade ou quem, ao contrário, por meio do motor do lucro, cria riqueza, lugares de trabalho e bem-estar? Quem, de fato, é solidário: o solidarista socialista ou o capitalista liberal? Eis a resposta de Novak: "Um sistema de economia política imita a *caritas*, se estende, cria, inventa, produz e distribui riqueza, aumentando a base material do bem comum; se, além disso, funda-se sobre o realismo, se respeita os indivíduos enquanto pessoas, se torna a vida comum mais ativa, intensa, variada e livre". Isso é, justamente, tudo o que faz o *capitalismo democrático*.

1. O teólogo católico do capitalismo democrático

Michael Novak nasceu em 1933 na Pennsylvania. Estudou na Universidade Gregoriana de Roma e na Catholic University of America de Washington. "Por muitos anos — escreve Novak — estudei com a intenção de me tornar sacerdote católico. Quando, tendo deixado esse propósito, continuei como leigo meus estudos de história e de filosofia da religião, a especialização que preferi e a que me dediquei mais foi a da "doutrina social das igrejas".

Socialista democrático na juventude, Novak rompeu há muitos anos com essa tradição e se tornou o teólogo católico do capitalismo democrático dos Estados Unidos da América. Novak expõe assim as razões dessa sua passagem do socialismo para o capitalismo: "A observação das vicissitudes humanas e uma mais intensa reflexão em matéria econômica me levaram gradualmente à persuasão de que, apesar dos desejos, eu não podia continuar socialista, nem 'socialista democrático'".

Autor de volumes como *Freedom with Justice. Catholic Social Thought and Liberal Institutions*, 1984 (*Liberdade com justiça. O pensamento social católico e as instituições liberais*); *Will it Liberate? Questions About Liberation Theology*, 1986 (*Ela nos libertará? Problemas sobre a teologia da libertação*); *This Hemisphere of Liberty. A Philosophy of the Americas*, 1990 (*Este hemisfério de liberdade. Uma filosofia das Américas*: um livro que reúne uma série de conferências feitas em vários países da América Latina), e de intervenções jornalísticas e televisivas, Novak ensinou nas Universidades de Harvard, Standford e Syracuse; é titular da cátedra de Religion and Public Policy no American Enterprise Institute de Washington; em 1981 e 1982 guiou, em Genebra, a delegação estadunidense na Comissão dos direitos humanos das Nações Unidas. Sua maior fama, entretanto, deveu-se ao que é considerado, entre sua atual produção, sua obra-prima, *The Spirit of Democratic Capitalism*, de 1982 (*O espírito do capitalismo democrático*).

2. O significado da maior obra de Novak

Novak declara o objetivo da obra com as palavras seguintes: "Gostaria de persuadir muitas pessoas religiosas, de minha própria fé e de outras fés, que um exame sério do sistema americano de economia política põe à disposição, para o futuro do povo judaico, do povo cristão e talvez também de outros povos religiosos, uma sabedoria de grande valor".

Quando, em 1982, Novak publicou este livro, *The Wall Street Journal* descreveu-o como o "estudo mais importante e mais original sobre as raízes do capitalismo moderno que tenha aparecido há diversos anos". De sua parte, o editor da tradução italiana da obra, Ângelo Tosato, afirmou que "um livro como este parece de particular interesse para a Itália. Se é fato que entre nós o clima está mudando, e de contrário se torna favorável ao capitalismo, é também fato que o caminho para uma participação mais sólida e mais plena difusão parece ainda longo e árduo; nao passível de percorrer com simples impulso emotivo".

3 O capitalismo democrático: sua natureza e sua importância histórico-social

"Entre todos os sistemas de economia política que se sucederam no decorrer da história, nenhum revolucionou tanto a perspectiva da vida humana — prolongando sua duração, tornando possível a eliminação da pobreza e da carestia, ampliando em todo campo as possibilidades de escolher e de se afirmar — quanto o capitalismo democrático". Desse modo Michael Novak

*Michael Novak
é o autor de* O espírito do capitalismo democrático, *em que concilia economia de mercado
e catolicismo.*

inicia seu livro *O espírito do capitalismo democrático*. E por "capitalismo democrático" Novak entende três sistemas em um: "uma economia prevalentemente de mercado; uma forma de governo respeitosa dos direitos da pessoa à vida, à liberdade e à busca da felicidade; e um sistema de instituições culturais animadas por ideais de liberdade e justiça para todos". Trata-se, portanto, de três sistemas que funcionam como um todo unificado, e esse todo unificado é o *capitalismo democrático*. Para ser ainda mais claros, esses três sistemas são: uma forma de governo democrática, uma economia baseada sobre mercados e oportunidades, e um sistema ético-cultural que é pluralista e, no sentido mais amplo do termo, liberal. O capitalismo democrático, diz Novak, é o sistema social dos Estados Unidos da América, do Japão, da Alemanha Ocidental (Novak escreveu seu livro antes da queda do muro de Berlim e da unificação das duas Alemanhas) e de outra vintena de nações no mundo. Uma posterior determinação preliminar adiantada por Novak refere-se à ligação entre sistema político democrático e economia de mercado. Essa ligação — escreve Novak — "não é fortuita: a democracia política na prática é compatível apenas com uma economia de mercado". Por sua vez, continua Novak, "esses dois sistemas alimentam e são melhor alimentados por uma cultura liberal pluralista".

A economia de mercado foi o fator que mais do que qualquer outro revolucionou o mundo entre 1800 e nossos dias. Marx e Engels também reconhecem isso. Com a economia de mercado, os homens começaram a compreender que o bem-estar podia ser produzido "de modo contínuo, sistemático". T. S. Ashton — em um livro editado por F. A. von Hayek, *O capitalismo e os historiadores* — pôs em evidência, contra uma opinião largamente difundida, que os operários, com a revolução industrial, melhoraram sua posição. Novak recorda que "entre 1800 e 1850 na Inglaterra os salários reais duplicaram, e duplicaram ainda mais uma vez entre 1850 e 1900. Nesse ínterim, a população quadruplicou e isso representou um aumento de 1600%. Aumentou também a liberdade de escolhas pessoais: novos alimentos, novas bebidas, novas especializações, novas profissões".

4 O pensamento católico não compreendeu a revolução do capitalismo democrático

Pois bem, diante do nascimento, da consolidação e da ação avassaladora da economia de mercado, as igrejas — afirma Novak — não compreenderam a novidade. As igrejas acusaram a economia de mercado de materialismo e de individualismo. O papa Pio XI havia dito que a tragédia do século XIX era representada pelo fato de que a Igreja havia perdido a classe operária. Apesar disso, salienta Novak, "uma tragédia ainda mais grave para ela foi a de não ter compreendido as raízes ético-culturais da nova economia".

Judaísmo e cristianismo se diferenciam de outras religiões pelo fato de compreender a salvação como uma vocação na história: "A tarefa religiosa de judeus e cristãos não é apenas de purificar suas próprias almas, mas também de mudar o mundo [...]. Santo Agostinho lutou para que a Cidade de Deus fosse visível na Cidade do Homem. Tomás de Aquino ocupou-se com cuidado

---

■ **Capitalismo democrático.** É a forma de sociedade na qual – afirma Novak – três sistemas funcionam como um todo.
Esses três sistemas são: uma forma de governo democrático (ou seja, um Estado de direito), uma economia baseada sobre a lógica de mercado, e um pluralismo ético-cultural.
Eis, nas palavras do próprio Novak, os três sistemas cuja inter-relação constitui o capitalismo democrático: "uma economia prevalentemente de mercado; uma forma de governo respeitosa dos direitos da pessoa à vida, à liberdade e à busca da felicidade; e um sistema de instituições culturais animadas por ideais de liberdade e de justiça para todos".

do governo dos príncipes, da lei natural e da virtude cívica". Também é fato que Jacques Maritain em *Reflexões sobre a América* (escrito em 1938, depois de sua estadia nos Estados Unidos) disse que a forma social americana assemelhava-se ao ideal próximo da tradição judaica e dos Evangelhos, ideal que ele havia delineado em *Humanismo integral* (1936); todavia, também é fato que o pensamento católico "permaneceu de fora e não compreendeu [...] a revolução do capitalismo liberal-democrático". O pensamento católico, em linha geral, viu no capitalismo apenas materialismo, individualismo, egoísmo, utilitarismo, pragmatismo; e a ele pretendeu opor personalismo, comunidade, "solidarismo". E eis, então, que, enquanto todos os sistemas de economia (feudalismo, mercantilismo, corporativismo, socialismo etc.) encontraram seus "simpatizantes" entre os teólogos, nem "sequer um teólogo cristão ou judeu parece ter posto devidamente em claro o porte teológico do capitalismo democrático".

5 O capitalismo democrático é melhor do que todos os outros sistemas até agora conhecidos

O sentimento da solidariedade, o socorro a prestar ao indigente e ao faminto são ideais cristãos (e, hoje mais amplamente, *humanos*) fora de discussão. Mas, diante das necessidades do pobre, do faminto e do oprimido, é preciso se perguntar: qual é o sistema socioeconômico em grau de libertar da escravidão da miséria e da opressão dos poderosos? A tal interrogação, afirma Novak, devemos honestamente responder que o melhor sistema hoje à disposição, pelo que sabemos, é o capitalismo democrático. "O capitalismo democrático — salienta Novak — não é o Reino de Deus, nem está isento de pecado. E, todavia, todos os outros sistemas de economia política até agora conhecidos parecem piores. Uma esperança como a de aliviar a pobreza e de remover a tirania — talvez nossa última e melhor esperança —, está nesse sistema desprezadíssimo". **Texto 1**

6 Uma teologia para o capitalismo democrático

É um grave erro — sustenta Novak — procurar ligar a autoridade da Escritura apenas a um único sistema: "A Palavra de Deus é transcendente. Ela julga todos os sistemas e considera todos como muito deficientes". Por isso, salienta Novak, "os teólogos da libertação do Terceiro Mundo se enganam hoje ao ligar a Escritura a uma economia política socialista". Novak não pretende de fato cair nesse erro, e declara não pretender que "o capitalismo democrático seja a prática de que o cristinismo e o judaísmo são as religiões". O judaísmo e o cristianismo floresceram ambos, ou em todo caso sobreviveram, em todo sistema social. "O judaísmo e o cristianismo não têm necessidade do capitalismo democrático", mesmo que seja verossímil que judeus e cristãos dentro do capitalismo democrático são muito mais livres que em outros sistemas.

Feita esta necessária precisação, Novak procura tornar presentes "as doutrinas religiosas que parecem ter influído na elaboração do modelo institucional, revelando-se depois historicamente como propulsor de desenvolvimento econômico, de liberdade política e de compromisso ético-cultural". Eis, em sua opinião, as mais importantes dessas doutrinas.

1) *A Trindade*. A doutrina da Trindade mostra que Deus deve ser concebido seja como comunidade seja como indivíduo. A Trindade é a imagem da comunidade, em cujo interior a individualidade não deve se perder. "Construir tal comunidade — escreve Novak — significa condividir a vida de Deus". No socialismo, a comunidade, ou seja, o Estado, esmaga o indivíduo. Sob o capitalismo, ao contrário, "o indivíduo é mais livre do que sob qualquer outra forma de economia política experimentada pela humanidade". E é sempre sob o capitalismo democrático que comunidades intermediárias (famílias, grupos de vizinhos, igrejas, sindicatos, empresas, escolas, associações voluntárias etc.) se multiplicam e prosperam, e "se tornam objeto de livre escolha e oferecem uma gama enorme de possibilidades. Sob o capitalismo democrático, todo indivíduo é parte de muitas comunidades.

A vida social de cada um não se esgota no Estado, nem é controlada pelo Estado".

2) *A Encarnação*. Uma das lições mais penetrantes da Encarnação consiste — na opinião de Novak — no fato de que "é preciso sermos humildes, pensar de modo concreto, enfrentar os fatos, ligar-se ao realismo". Deus, encarnando-se, "aceitou a condição humana, aceitando o pior que ela pudesse oferecer, a morte pela mão do Estado, em circunstâncias de zombaria e ódio". A Encarnação nos faz entender que vivemos em um mundo em que há fraquezas, irracionalidades e maldades. E podemos esperar em um modesto progresso, "mas não em uma vitória definitiva sobre a irracionalidade e sobre o pecado". É-nos proibida a utopia, o pensar existir um modelo de sociedade perfeita e o crer podê-la realizar. "Podemos esperar no respeito da decência, mas não sem vigilância. Podemos esperar no senso comum e na sabedoria prática, no amor simples e na virtude heroica, mas devemos estar prontos para as traições. Há, ai de nós, muitos vícios dos quais os seres humanos são presa".

3) *A competição*. Escreve Novak: "É totalmente coerente com a civilização judaica e cristã que dentro delas apareça a forma literária da autobiografia, e que ela, com sua trama, desenvolva a imagem da "ascensão do peregrino": uma viagem, uma corrida, um combate, uma luta contra o eu, o mundo e o demônio. Nesse tipo de vida está implícita a possibilidade de erros, e também estão implícitas graduações de *mais* e de *menos*. A vida está sob julgamento. Nem todos são iguais. Alguns que recebem muitos talentos deles tiram pouco: os esbanjam, os enterram; outros produzem, graças a eles, mais do que lhes fora dado".

Competir é *cum + petere*, é procurar juntos, de modo agonístico: a competição não é um vício. É difícil descobrir as próprias potencialidades sem "o providencial confronto com amigos e rivais". Viver em uma época de baixos níveis "é uma maldição em relação à própria realização. Viver entre rivais inteligentes, vivos e combativos é um grande dom para o desenvolvimento pessoal". E, continua Novak, "não parece contrário ao Evangelho que todo ser humano lute, impelido pela competição com seus semelhantes, para realizar todas as suas potencialidades". É assim, portanto, que, no tribunal de Deus, o julgamento enfrentado por uma nação rica não estará tanto relacionado com sua riqueza, e sim quanto ao uso que dela foi feito: "Os ricos têm razão de tremer. Todavia, se sua riqueza foi produtiva para outros, o mundo tem razão de ser-lhes reconhecido; apesar de que as expectativas de Deus pudessem ser maiores".

4) *O pecado original*. A doutrina do pecado original "destrói toda pretensão humana de possuir virtudes diamantinas". É uma doutrina que ilumina a mente ingênua e a defende das ilusões de reformas capazes de tornar o homem perfeitamente virtuoso. Dentro do capitalismo democrático não faltam nem vícios nem pecados. Em todo caso, "crer no pecado original não contrasta com o fato de ter confiança na parte melhor da natureza humana. Adotando um conjunto apropriado de pesos e contrapesos, a maior parte dos seres humanos responderá aos desafios diários com temperança, generosidade, bom senso e, ocasionalmente, até com heroísmo".

5) *A separação dos reinos*. O texto clássico desta doutrina é "dai a César o que é de César, e a Deus o que é de Deus" (Mateus 22,21). O capitalismo democrático é pluralista. E "isso significa que o sistema político do capitalismo democrático não pode, por princípio, ser um sistema cristão". Ele não pode ser um sistema confessional. E "nem se pode pretender que ele esteja imbuído, de modo *obrigatório*, de valores e finalidades cristãs. Os cristãos em particular e suas organizações podem legitimamente empenhar-se, com meios democráticos, em plasmar a vida da maioria; mas devem também respeitar os direitos dos outros e saber agir com sabedoria prática, respeitando a consciência dos outros mais do que apenas a lei possa requerer". Mais especificamente, depois, "procurar dirigir uma economia com os mais altos princípios cristãos quer dizer destruir tanto a economia como a reputação do cristianismo".

7 Como se obtém o bem comum: apelando à solidariedade ou por meio do motor do lucro?

Eis que chegamos à sexta doutrina: a do *amor cristão*. Para o judaísmo e para o cristianismo "a doutrina teológica mais elevada é a que se refere à personalidade de Deus". *Cáritas* — escreve Novak — é o nome próprio do Criador. E o do amor é o supremo mandamento: "Ama o teu próximo como a ti mesmo" (Mateus 22,39); "amai os vossos inimigos" (Mateus 5,44); "a plenitude da lei é o amor" (Romanos 13,10); "a maior destas [virtudes] é o amor" (1 Coríntios 13,13). "Isso quer dizer — comenta Novak — que aquele que ama não deve ser possessivo, reduzindo o amado a um apêndice do próprio eu. O amado é o 'outro': uma pessoa autônoma. Além disso, o amante deve querer o *bem* do outro, não simplesmente as aparências de bem".

Em relação à economia, o problema, na opinião de Novak, "é como dar livre curso à criatividade e à produtividade, enfrentando, porém, o pecado". Amar os outros significa aceitá-los por aquilo que são, com seu pecado, "procurando, todavia, também o modo de transformar esse pecado em ação criativa para o bem comum". Pois bem, há quem considere que o bem comum seja obtido apelando para a solidariedade social e aos mais elevados ideais morais; e, seguindo tais ideias, tenta-se construir (e foram construídos) sistemas econômicos típicos, por exemplo, do socialismo. Contra tal posição há, ao contrário, quem esteja firmemente convicto de que o bem comum é mais facilmente atingível caso se permita a cada um agir do modo que lhe pareça mais oportuno, e de conservar os frutos de seu trabalho. Para os que sustentam tal posição, "o motor do lucro é adequado para produzir um mais alto nível do bem comum, respeitando o julgamento individual dos operadores econômicos. Quanto mais os operadores econômicos arriscam e investem, maior é a renda que podem disso tirar. A maior parte deles não será egoísta com essa renda, e a colocará novamente em circulação. Se enterrarem seu talento ou o esbanjarem, esta será uma escolha deles; mas dificilmente serão considerados bons administradores. A ideia é que maiores incentivos estimularão maior atividade econômica. Quanto mais economicamente ativa for a maior parte dos cidadãos, mais elevado será o grau da prosperidade comum".

"Para a teoria socialista, o rico torna-se sempre mais rico e o pobre sempre mais pobre; e o pobre torna-se sempre mais pobre por causa do fato de que o rico se torna sempre mais rico. Para o capitalismo democrático tais ideias estão simplesmente erradas. É a atividade econômica que cria riqueza, e quanto mais a atividade econômica cresce, mais riqueza haverá. A teoria do capitalismo democrático "não sustenta que os operadores econômicos sejam iguais por talento, juízo, aplicação e sorte, nem se espera que os resultados sejam iguais. Todavia, sustenta que a atividade econômica, dos poucos ou dos muitos, seja benéfica não só para os operadores mas para toda a comunidade".

8 Quem é de fato solidário: o socialista ou o capitalista?

Quem é, portanto, *de fato* solidário: o socialista ou o capitalista? Eis a resposta de Novak: "Um sistema de economia política imita a *cáritas*, se estende, cria, inventa, produz e distribui riqueza, aumentando a base material do bem comum; se, além disso, se funda sobre o realismo, se respeita os indivíduos enquanto pessoas, se torna a vida comum mais ativa, intensa, variada e livre. Um sistema econômico que torna os indivíduos dependentes não é, ao contrário, um exemplo de *cáritas*, como não o é um amante cujo amor encoraja a dependência. Um sistema coletivista, que não respeita os indivíduos como fontes distintas de compreensões e de escolhas, não é um exemplo de *cáritas*, como não o são uma colmeia ou uma manada de bois". Sem dúvida, o capitalismo democrático não está à altura da concepção judaica do Reino de Deus. Mas ele — salienta Novak — "jamais pretendeu sê-lo". Em todo caso, porém, ele "voluntariamente aceita ser julgado à clara luz do Reino". É é um sistema construído de modo tal de poder ser continuamente reformado e transformado: apenas ele, entre os sistemas conhecidos, possui dentro de si os recursos para se transformar e se corrigir de modo pacífico. O capitalismo democrático é um sistema que "cria uma sociedade não coercitiva, uma arena de liberdade, dentro da qual indivíduos e povos são chamados a realizar, por meio de métodos democráticos, a vocação para a qual cada um crê ter sido chamado".

O calcanhar de Aquiles do capitalismo democrático está em ter deixado de se referir ao espírito humano; de não ter tido teóricos que esclarecessem o bem que ele propicia para a humanidade, que fizessem ver sua consonância com as mais nobres idealidades. Michael Novak pretendeu fazer justamente isso com sua obra: fazer compreender a superioridade moral de um sistema — o do capitalismo democrático, justamente — que, embora tendo mostrado na prática ser melhor, foi feito objeto de insultos e de acusações por parte de uma fileira sem fim de intelectuais de esquerda (e de direita).

NOVAK

1 A responsabilidade de reduzir miséria e fome é apenas nossa

> *Economia de mercado e solidariedade: é este o binômio teórico que permeia a produção científica de Michael Novak. "O capitalismo democrático não é o Reino de Deus, nem é sem pecado. Todavia, todos os outros sistemas de economia política até agora conhecidos parecem piores".*

O padre Arthur McGovern S.J. explica a maior atração do marxismo entre os intelectuais católicos americanos deste modo: "Muitos cristãos estão profundamente perturbados pelas condições existentes no mundo: a enorme diferença entre pessoas que estão bem, são ricas, e pessoas desesperadamente pobres; as enormes despesas com armamentos e bens supérfluos, enquanto as necessidades primárias continuam não atendidas pelo crescente poder de colossais sociedades privadas e por uma cultura que mina os valores cristãos e as verdadeiras necessidades humanas".

Estes sentimentos movem também a mim. E, todavia, se alguém tiver em mente as necessidades materiais do pobre, do faminto e do oprimido mais que os próprios sentimentos, se perguntará: Qual é o modo mais prático e eficaz de elevar a riqueza das nações? O que produz riqueza? Cheguei a pensar que o sonho do socialismo democrático seja inferior ao sonho do capitalismo democrático, e que a superioridade deste último seja, na realidade prática, inegável.

O socialismo democrático me parece agora incoerente. Ele é compatível com a democracia apenas onde permanecem vastas componentes de capitalismo democrático. A questão da programação, em si, não divide mais os socialistas democráticos dos capitalistas democráticos. Programar é humano, e os operadores econômicos devem fazê-lo. O debate refere-se 1) à natureza do Estado (limites da política); 2) ao grau de independência a ser deixada para os operadores econômicos. Muitos socialistas democráticos uniram-se aos capitalistas democráticos ao criticar uma programação estatal centralizada e burocrática. Qual é, então, a nova teoria do Estado propugnada pelo socialismo democrático? Se uma economia for planificada – coercitivamente – não poderá ser democrática. Se for democrática, modelada pelas comunidades locais, não poderá ser planificada pelo centro. Ela *parecerá* muito com uma economia de capitalismo democrático.

Os socialistas democráticos são eloquentes naquilo que se refere à concepção da virtude. Todavia, parecem-me nostálgicos e retrógrados a respeito das instituições políticas e econômicas. Suas imagens, como as minhas de um tempo, a respeito de um futuro com grande participação são tiradas dos agrupamentos citadinos do século XVIII, e suas imagens a respeito da comunidade baseiam-se sobre a vida da aldeia antiga. Eles são hostis ao capitalismo, mas vagos a respeito do futuro crescimento econômico. Sua força está no sistema cultural e ético, sua fraqueza está na análise econômica. Mais ainda, essa fraqueza não parece ser mais tão inocente; parece preceder inconscientemente a tirania. Suas providências invariavelmente aumentam o poder estatal. Olhar para o futuro como para uma solícita e materna presença que está diante de nós, e considerar o socialismo sonhador como benéfico e humano, significa ignorar dúzias de exemplos históricos. O testemunho dos socialismos existentes é claro, e assim é o prognóstico para os socialismos futuros. Deixando de lado as nobres intenções de seus fautores, as estruturas que eles erigem com sua ação prometem aumentar a pobreza e legitimar a tirania.

Resta um ponto a ser salientado. O capitalismo democrático, por mais jovem que seja, mudou frequentemente. Procurando compreender nosso sistema atual, deixei de submeter à revisão a tradicional reconstrução fornecida pelos historiadores do capitalismo, quase todos, ao menos em parte, anticapitalistas. Uma revisão crítica desta reconstrução seria, porém, mais necessária que nunca. Os profundos preconceitos, que a maior parte de nós herda com a educação, transparecem. John Locke escreveu que os inventores de novos processos econômicos e de novos produtos – como o quinino, por exemplo – foram benfeitores da humanidade mais do que muitos dispensadores de caridade do passado. É urgente reexaminar com maior objetividade aqueles que os humanistas, com mal disfarçado veneno, calaram como "barões ladrões". Até aos proprietários de minas, que desempenharam um papel tão desgostoso a Lattimer, seria reconhecido, com toda justiça, o gênio inventivo que abriu novos mundos também para os "explorados". Não há elite na terra que não tenha feito vítimas; nem todas, porém, igualmente libertaram e enriqueceram os demais. Um juízo histórico equilibrado ainda está por ser feito.

Meu objetivo, em todo caso, me induziu a deixar de lado tais questões. Não pretendo reinterpretar o passado, e sim compreender o presente. Mais precisamente, pretendo compreender no presente os ideais institucionais e as fontes do sistema que estão em grau de construir um futuro melhor. Se ao leitor agrada supor que o quadro convencional da exploração do pobre por parte dos chefes de indústria seja um quadro correto, que não abre brechas para quesitos embaraçadores, tudo bem. Reservo a mim o ceticismo a respeito das versões históricas convencionais. Dirijo minha atenção para o futuro.

Este livro [*O espírito do capitalismo democrático*], assim como seu tema, divide-se em três partes. Na primeira parte, procuro expor as crenças estruturais e dinâmicas que animam o capitalismo democrático: seu *Geist*, seu espírito vivo. Na segunda parte, examino brevemente aquilo que hoje permaneceu da ideia socialista, de modo a esclarecer ainda mais, pela via do contraste, a imagem do capitalismo democrático. Na terceira parte, procuro, finalmente, aviar uma consideração religiosa do capitalismo democrático. Em larga escala, deverei tratar aqui de aproximações teológicas antagonistas, mais uma vez para obter luz pelo contraste. Gostaria de persuadir muitas pessoas religiosas, de minha própria fé e de outras fés, que um exame sério do sistema americano de economia política põe à disposição, para o futuro do povo judaico, do povo cristão e talvez também de outros povos religiosos, uma sabedoria de grande valor.

O capitalismo democrático não é o Reino de Deus, nem é sem pecado. Todavia, todos os outros sistemas de economia política até agora conhecidos parecem piores. Uma esperança como a de aliviar a pobreza e de eliminar a tirania – talvez nossa última e melhor esperança – está nesse desprezadíssimo sistema. Os povos que em países longínquos imitam este sistema parecem estar melhor do que aqueles que não o fazem. Por que não podemos esclarecer aquilo que atrai e aquilo que funciona?

Por meio do trabalho solitário e pioneiro de John Courtney Murray S.J., a experiência da liberdade religiosa, adquirida em uma sociedade de capitalismo democrático, depois de tantas resistências finalmente enriqueceu o patrimônio da Igreja católica. Assim também, espero, os argumentos a favor do "sistema natural de liberdade" enriquecerão um dia a concepção da Igreja sobre a economia política.

O mundo que Adão encontrou depois do jardim do Éden deixou a humanidade na miséria e na fome por milênios. Agora que os segredos de um progresso prolongado foram descobertos, a responsabilidade de reduzir miséria e fome não é mais de Deus, mas nossa.

M. Novak,
O espírito do capitalismo democrático.

Bibliografia do volume VII*

Cap. 1. As ciências humanas no século XX

Textos

Piaget: *La rappresentazione del mondo nel fanciullo*. Einaudi, Turim, 1955; *Lo sviluppo mentale del bambino e altri saggi di psicologia*. Einaudi, Turim, 1967, 1972⁶, 1984¹⁶; *La psicologia del bambino* (em colaboração com B. Inhelder). Einaudi, Turim, 1970.

Saussure: *Corso di linguistica generale*. Laterza, Bari, 1970.

Chomsky: *Saggi linguistici*, De Palma (org.). 3 vols. Boringhieri, Turim, 1969-1970; *Conoscenza e libertà*. Einaudi, Turim, 1973; *Intervista su linguaggio e ideologia*, M. Ronat (org.). Laterza, Bari, 1977; *Le strutture della sintassi*. Laterza, Bari, 1980³; *La conoscenza del linguaggio*. Il Saggiatore, Milão, 1989.

Mannheim: *Ideologia e utopia*. Il Mulino, Bolonha, 1970⁴.

Kelsen: *Lineamenti di dottrina pura del diritto*. Einaudi, Turim, 1952.

Perelman: *Trattato dell'argomentazione. La nuova retorica* (em colaboração com L. Olbrechts-Tyteca). Einaudi, Turim, 1966; *Il dominio retorico*. Einaudi, Turim, 1981.

Literatura

Para a **psicologia do século XX**: D. Katz, *La psicologia della forma*. Boringhieri, Turim, 1961; B. M. Foss, *I nuovi orizzonti della psicologia*. Boringhieri, Turim, 1968.

Para **Piaget**: G. Lerbet, *Che cosa ha veramente detto Piaget*. Ubaldini, Roma, 1972; VV.AA., *J. Piaget e le scienze sociali*. La Nuova Italia, Florença, 1973.

Para a **linguística do século XX** e **Chomsky**: L. Heilmann, E. Rigotti, *La linguistica: aspetti e problemi*. Il Mulino, Bolonha, 1975; J. Lyons, *Guida a Chomsky*. Rizzoli, Milão, 1980.

Para a **antropologia cultural**: VV.AA., *Il concetto di cultura*, P. Rossi (org.). Einaudi, Turim, 1970 (de onde foram tirados os textos de Tylor, Malinowski, Boas e Bidney, citados no texto); T. Tentori, *Antropologia culturale*. Studium, Roma, 1976.

Para **Mannheim** e a **sociologia do conhecimento**: G. Morra, *La sociologia della conoscenza*. Città Nuova Editrice, Roma, 1976.

Para **Kelsen**: N. Bobbio, *Giusnaturalismo e positivismo giuridico*. Edizioni di Comunità, Milão, 1965.

Para **Perelman**: N. Bobbio, *Prefazione* a C. Perelman – L. Olbrechts, *Trattato sull'argomentazione*, já citado.

Cap. 2. Marginalismo austríaco e Keynes

Textos

Menger: *Il metodo nella scienza economica*. Utet, Turim, 1937; nova ed. Liberilibri, Macerata, 1995; *I principi di economia*. Utet, Turim, 1967; *Gli errori dello storicismo*. Rusconi, Milão, 1991.

Böhm-Bawerk: *Storia e critica delle teorie del capitale*, vol. I, E. Grillo (org.). Archivio Guido Izzi, Roma, 1986.

von Wieser: *Il valore naturale*, em *Opere*, E. Franco Nani (org.). Utet, Turim, 1982; *La fine dell'Austria*, E. Grillo (org.). Archivio Guido Izzi, Roma, 1989.

von Mises: *L'azione umana*. Utet, Turim, 1959; *La mentalità anticapitalistica*. Armando, Roma, 1988; *Problemi epistemologici dell'economia*. Armando, Roma, 1988; *Socialismo*. Rusconi, Milão, 1990; *Burocrazia*. Rusconi, Milão, 1991.

von Hayek: *L'abuso della ragione*. Vallecchi, Florença, 1967; *La società libera*. Vallecchi, Florença, 1969; *Legge, legislazione e libertà*. Il Saggiatore, Milão, 1986; *La via della schiavitù*. Rusconi, Milão, 1995.

Keynes: *Teoria generale dell'occupazione, dell'interesse e della moneta*. Utet, Turim, 1971; *La fine del lasciar fare*. Utet, Turim, 1971.

Literatura

Para a **Escola austríaca**: E. Saltari (org.), *Nascita e sistemazione dell'economia marginalista*. Loescher, Turim, 1978; S. Ricossa, *Cento anni di classici dell'economia*. Rizzoli, Milão, 1991.

Para **Menger**: R. Cubeddu, *Il liberalismo della Scuola austriaca: Menger, Mises, Hayek*. Morano,

---

*Para a presente bibliografia não nos propusemos, obviamente, nenhuma pretensão de ser completos, mas procuramos fornecer uma plataforma de partida suficientemente ampla para qualquer aprofundamento posterior sério.

Foram excluídas, de propósito, citações de revistas. Os volumes elencados estão todos exclusivamente em língua italiana: é por isso que nunca indicamos, para os autores estrangeiros, que se trata de traduções.

Nápoles-Milão, 1992; D. Antiseri, *Metodologia delle scienze sociali e teoria della politica nella Scuola marginalista austriaca*. Em N. Abbagnano, *Storia della filosofia*, vol. IV. Utet, Turim, 1994.

Para **von Mises:** R. Cubeddu, *Il liberalismo della Scuola austriaca*, cit.; L. Infantino, *L'ordine senza piano*. La Nuova Italia Scientifica, Roma, 1995.

Para **von Hayek:** E. Butler, *Friedrich A. Hayek*. Edizioni Studio Tesi, Pordenone, 1983; R. Cubeddu, *Il liberalismo della scuola austriaca*, cit. Sempre de R. Cubeddu, *Tra Scuola austriaca e Popper*. Esi, Nápoles, 1966.

Para **Keynes:** R. F. Harrod, *La vita di J. M. Keynes*. Einaudi, Turim, 1963.

Cap. 3. Freud e o movimento psicanalítico

Textos

Freud: *La mia vita. La psicoanalisi*, C. Musatti (org.). Mursia, Milão, 1963; *L'interpretazione dei sogni*. Newton Compton Italiana, Roma, 1970; *I motti di spirito*. Newton Compton Italiana, Roma, 1970; *Per la storia del movimento psicoanalitico*. Boringhieri, Turim, 1975; *Il disagio della civiltà, e altri saggi*. Boringhieri, Turim, 1985; *Introduzione alla psicoanalisi*. Boringhieri, Turim, 1985; *Psicopatologia della vita quotidiana*. Boringhieri, Turim, 1985; *Totem e tabù*, introdução de K. Kerèny. Boringhieri, Turim, 1985.

Adler: *Prassi e teoria della psicologia individuale*. Astrolabio, Roma, 1947.

As obras de **Jung** foram traduzidas em português por Editora Vozes, Petrópolis.

Literatura

Para **Freud** e a **psicanálise:** P. Roazen, *Freud: la società e la politica*. Boringhieri, Turim, 1973; L. Ancona, *La psicoanalisi*. La Scuola, Bréscia, 1980.

Para **Adler:** R. Dreikurs, *Lineamenti della psicologia di Adler*. La Nuova Italia, Florença, 1968.

Para **Jung:** VV.AA., *Jung e la cultura europea*. Istituto della Enciclopedia Italiana, Roma, 1974.

Cap. 4. O estruturalismo

Textos

Lévi-Strauss: *Il pensiero selvaggio*. Il Saggiatore, Milão, 1964; *Le strutture elementari della parentela*. Feltrinelli, Milão, 1969.

Foucault: *Le parole e le cose*. Rizzoli, Milão, 1967.

Lacan: *Scritti*, G. Conti (org.), 2 vols. Einaudi, Turim, 1979.

Literatura

Para **Lévi-Strauss:** S. Moravia, *La ragione nascosta. Scienze e filosofia nel pensiero di C. Lévi-Strauss*. Sansoni, Florença, 1972; S. Nannini, *Il pensiero simbolico. Saggio su Lévi-Strauss*. Il Mulino, Bolonha, 1981.

Para **Foucault:** E. Corradi, *La filosofia della "morte dell'uomo". Saggio sul pensiero di M. Foucault*. Vita e Pensiero, Milão, 1977; VV.AA., *Effetto Foucault*. Feltrinelli, Milão, 1986; J. Raichman, *Michel Foucault: la libertà della filosofia*. Armando, Roma, 1987; G. Deleuze, *Michel Foucault*. Feltrinelli, Milão, 1988.

Para **Lacan:** J. M. Palmier, *Guida a Lacan*. Rizzoli, Milão, 1975; M. Francioni, *Psicoanalisi linguistica e epistemologia in Jacques Lacan*. Boringhieri, Turim, 1978; F. Rella, *Il mito dell'altro. Lacan, Deleuze, Foucault*. Feltrinelli, Milão, 1978; M. Galati, *Teoria del linguaggio e prassi analitica in J. Lacan*. Milão, 1981.

Cap. 5. Lógica, matemática, biologia no século XX

Dado o caráter dos temas tratados nesta parte, que versam essencialmente sobre questões científicas específicas, consideramos oportuno fornecer apenas as referências essenciais para a bibliografia crítica, adequadas para ampliar e esclarecer os conceitos expostos no texto.

Literatura

Para a **matemática** e a **lógica no século XX:** E. Carruccio, *Matematica e logica nella storia del pensiero contemporaneo*. Gheroni, Turim, 1958; E. Agazzi, *La logica simbolica*. La Scuola, Bréscia, 1969.

Para a **física no século XX** e **Einstein:** VV.AA., *Albert Einstein scienziato e filosofo*. Boringhieri, Turim, 1958; W. Heisenberg, *Fisica e filosofia*. Il Saggiatore, Milão, 1966; B. Hoffmann, *A. Einstein creatore e ribelle*. Bompiani, Milão, 1977.

Para a **biologia no século XX:** C. C. Dunn, *Breve storia della genetica*. Isedi, Milão, 1978.

Cap. 6. A filosofia da ciência entre as duas guerras

Textos

Schlick: *Tra Realismo e Neopositivismo*. Il Mulino, Bolonha, 1974.

Neurath: *Sociologia e Neopositivismo*, G. Statera (org.). Ubaldini, Roma, 1968; *Empiricism and Sociology*, M. Neurath e R. S. Cohen (orgs.). Reidel, Dordrecht 1973.

Carnap: *La costruzione logica del mondo*, E. Severino (org.). Fabbri, Milão, 1966; *Sintassi logica del linguaggio*, A. Pasquinelli (org.). Silva, Milão, 1966; *Il superamento della metafisica attraverso l'analisi logica del linguaggio*, em VV.AA., *Il Neoempirismo*, A. Pasquinelli (org.). Utet, Turim, 1969.

Bridgman: *La natura della teoria fisica*. La Nuova Italia, Florença, 1965; *La logica della fisica moderna*, V. Somenzi (org.). Boringhieri, Turim, 1977.

Bachelard: *Epistemologia. Testi scelti*, com *Introduzione*, F. Lo Piparo (org.). Laterza, Roma-Bari, 1975; *Il nuovo spirito scientifico*. Laterza, Roma-Bari, 1978.

Literatura

Para o **neopositivismo** em geral: J. R. Weinberg, *Introduzione al Positivismo logico*. Einaudi, Turim, 1975; F. Barone, *Il Neopositivismo logico*, 2 vols. Laterza, Roma-Bari, 1977 (de onde foram tirados alguns trechos de Carnap citados no texto); H. Feigl, *Il Circolo di Vienna in America. La filosofia americana contemporanea*. Armando, Roma, 1980. Veja-se também: B. Russell, *Significato e verità*. Longanesi, Milão, 1963.

Para **Carnap:** A. Pasquinelli, *Introduzione a Carnap*. Laterza, Bari, 1972.

Para **Bridgman:** B. Cermignani, *Introduzione a P W. Bridgman, La critica operazionale della scienza*. Boringhieri, Turim, 1969.

Para **Bachelard:** G. Sertoli, *Le immagini e la realtà. Saggio su Gaston Bachelard*. La Nuova Italia, Florença, 1972; R. Dionigi, *Gaston Bachelard*. Marsilio, Pádua, 1973; F. Botturi, *Struttura e soggettività*, cit.; P. Redondi, *Epistemologia e storia della scienza. Le svolte teoriche da Duhem a Bachelard*. Mondadori, Milão, 1978.

Cap. 7. Popper

Textos

Popper: *Scienza e filosofia*, M. Trinchero (org.). Einaudi, Turim, 1969; *Conoscenza oggettiva. Um punto di vista evoluzionistico*. Armando, Roma, 1975; *Miseria dello Storicismo*, C. Montaleone (org.). Feltrinelli, Milão, 1975; *Congetture e confutazioni*, G. Pancaldi (org.). Il Mulino, Bolonha, 1976; *La società aperta e i suoi nemici*, 2 vols. Armando, Roma, 1977; *Logica della scoperta scientifica*, M. Trinchero (org.). Einaudi, Turim, 1978; *Poscritto alla logica della scoperta scientifica*, 3 vols., W. W. Bartley (org.). Il Saggiatore, Milão, 1984; *La ricerca non ha fine. Autobiografia intellettuale*, D. Antiseri (org.). Armando, Roma, 1996³; *Tutta la vita è risolvere problemi*. Rusconi, Milão, 1996.

Literatura

D. Antiseri, *Karl R. Popper: epistemologia e società aperta*. Armando, Roma, 1972; D. Antiseri, *Regole della democrazia e logica della ricerca*. Armando, Roma, 1977; M. Pera, *Popper e la scienza sulle palafitte*. Laterza, Roma-Bari, 1982; A. Negri, *Il mondo dell'insicurezza. Dittico su Popper*. Angeli, Milão, 1983; G. Brescia, *Epistemologia ed ermeneutica nel pensiero di Karl Popper*. Selena, Fasano, 1986.

Cap. 8. Epistemologia pós-popperiana

Textos

Kuhn: *La struttura delle rivoluzioni scientifiche*. Einaudi, Turim, 1969; *La rivoluzione copernicana*. Einaudi, Turim, 1972.

Lakatos: *Dimostrazioni e confutazioni. La logica della scoperta matematica*, G. Giorello (org.). Feltrinelli, Milão, 1979; *La metodologia dei programmi di ricerca scientifica*, M. D'Agostino. Il Saggiatore, Milão, 1985.

Feyerabend: *Contro il metodo. Abbozzo di una teoria analitica della conoscenza*. Feltrinelli, Milão, 1981; *La scienza in una società libera*. Feltrinelli, Milão, 1981; *Dialogo sul metodo*. Laterza, Roma-Bari, 1989.

Laudan: *Il progresso scientifico. Prospettive per una teoria*. Armando, Roma, 1979; *La scienza e i valori*. Laterza, Roma-Bari, 1987.

Agassi: *Le radici metafisiche delle teorie scientifiche*, E. Riverso (org.). Borla, Roma, 1983.

Watkins: *Libertà e decisione*, M. Baldini. Armando, Roma, 1980; *Tre saggi su "scienza" e "metafisica"*. Borla, Roma, 1983.

Literatura

Para a **epistemologia contemporânea** em geral: VV.AA., *Rivoluzioni scientifiche e rivoluzioni ideologiche*. Armando, Roma, 1977; D. Antiseri, *Perché la metafisica è necessaria per la scienza e dannosa per la fede*. Queriniana, Bréscia, 1980; VV.AA., *Critica e crescita della conoscenza*. Feltrinelli, Milão, 1981 (de onde foram tirados alguns trechos de Lakatos citados no texto); F. Barone, *Immagini filosofiche della scienza*. Laterza, Roma-Bari, 1983.

Cap. 9. Protagonistas da filosofia teórica americana contemporânea

Textos

Quine: *Il problema del significato*. Ubaldini, Roma, 1966; *Parola e oggetto*. Il Saggiatore, Milão, 1970; *I modi del paradosso*. Il Saggiatore, Milão, 1975; *La relatività linguistica e altri saggi*. Armando, Roma, 1986; *Quidditates. Quasi um dizionario filosofico*. Garzanti, Milão, 1991.

Rorty: *Conseguenze del pragmatismo*. Feltrinelli, Milão, 1986; *La filosofia e lo specchio della natura*. Bompiani, Milão, 1986; *La filosofia dopo la filosofia. Contingenza, ironia e solidarietà*. Laterza, Roma-Bari, 1989; *Scritti filosofici II*. Laterza, Roma-Bari, 1993.

Putnam: *Verità e etica*. Il Saggiatore, Milão, 1982; *Ragione, verità e storia*. Il Saggiatore, Milão, 1985; *Mente, linguaggio e realtà*. Adelphi, Milão, 1987; *La sfida del realismo*. Garzanti, Milão, 1991; *Rappresentazione e realtà*. Garzanti, Milão, 1993.

Bartley: *Wittgenstein e Popper maestri di scuola*. Armando, Roma, 1974; *Come demarcare la scienza dalla metafisica*. Borla, Roma, 1983; *Ecologia della razionalità*. Armando, Roma, 1990.

Grünbaum: *I fondamenti della psicoanalisi*. Il Saggiatore, Milão, 1988; *Psicoanalisi. Obiezioni e risposte*. Armando, Roma, 1988.

Literatura

Para **Quine**: P. Parrini, *Linguaggio e teoria. Due saggi di analisi filosofica*. La Nuova Italia, Florença, 1976; L. Handjaras e A. Marinotti, *Epistemologia, logica e realtà: una introduzione a K. Popper e a W.V.O. Quine*. La Nuova Italia, Florença, 1983.

Para **Rorty**: R. Restaino, *Filosofia e post-filosofia in America. Rorty, Bernstein, MacIntyre*. Angeli, Milão 1990.

Para **Putnam**: M. Dell'Utri, *Le vie del realismo*. Angeli, Milão, 1992.

Para **Bartley**: A. M. Petroni, *Il non-giustificazionismo di William W. Bartley III*, em VV.AA., *Un'introduzione all'epistemologia contemporanea*, G. Gava (org.). Cleup, Pádua, 1987; D. Antiseri, *Il razionalismo critico di W. W. Bartley III*, em M. Abbagnano, *Storia della filosofia*, vol. 4. Utet, Turim, 1994.

Para **Grünbaum**: P. Parrini, *Linguaggio e teoria*, cit. pp. 154-156; 188-194; 205-207; 210-261.

Cap. 10. Rawls

Textos

Rawls: *Una teoria della giustizia*, S. Maffettone (org.). Feltrinelli, Milão, 1982.

Literatura

M. Patriarca, *John Rawls: che cosa merita l'uomo*. Armando, Roma, 1985; S. Veca, *La società giusta. Argomenti per il contrattualismo*. Il Saggiatore, Milão, 1988.

Cap. 11. Nozick

Textos

Nozick: *Anarchia, stato e utopia*. Le Monnier, Florença, 1981; *Spiegazioni filosofiche*. Il Saggiatore, Milão, 1987; *La vita pensata*. Mondadori, Milão, 1990.

Literatura

G. Borradori, *Conversazioni americane*. Laterza, Roma-Bari, 1991.

Cap. 12. Novak

Textos

Novak: *Lo spirito del capitalismo democratico e il cristianesimo*. Studium, Roma, 1987; *Verso una teologia dell'impresa*. Liberilibri, Macerata, 1996.

Literatura

A. Tosato, *Presentazione* da ed. italiana de M. Novak, *Lo spirito del capitalismo democratico e il cristianesimo*, cit., pp. IX-XXXIV; D. Antiseri, *Premessa* a M. Novak, *Verso una teologia dell'impresa*. Liberilibri, Macerata, 1996.